오키나와 홀리데이

오키나와 홀리데이

2023년 6월 30일 개정 2판 1쇄 펴냄
2023년 8월 30일 개정 2판 2쇄 펴냄

지은이	인페인터글로벌
발행인	김산환
책임편집	윤소영
디자인	윤지영, 페이지제로
지도	글터
펴낸 곳	꿈의지도
인쇄	다라니
종이	월드페이퍼

주소	경기도 파주시 경의로 1100 연세빌딩 604호
전화	070-7535-9416
팩스	031-947-1530
홈페이지	blog.naver.com/mountainfire
출판등록	2009년 10월 12일 제82호

979-11-6762-054-5-14980
979-11-86581-33-9-14980(세트)

지은이와 꿈의지도 허락 없이는 어떠한 형태로도 이 책의 전부, 또는 일부를 이용할 수 없습니다.
※ 잘못된 책은 바꾸어 드립니다.

OKINAWA
오키나와 홀리데이

인페인터글로벌 지음

꿈의지도

프롤로그

박성희

일본 총영사관, 나가사키현청에서 근무 후 귀국, 2002년에는 서울시청에서 월드컵 기획을 담당했다. 일본 아키타, 아오모리, 이와테, 홋카이도 공동 관광청에서 일본의 북부 지역 홍보를 담당했고, 지금은 아키타를 비롯한 에히메, 와카야마, 오카야마 등 일본 지역의 매력을 소개하는 일과 술과 차, 발효를 테마로 교류와 여행을 기획하고 있다.

일본과 한국을 바쁘게 오가며 많은 곳을 다니면서도 채워지지 않는 허전함이 있었다. 온전히 쉬고 싶을 때, 그냥 위로 받고 싶을 때. 오키나와의 자연과 함께 느긋하게 살아가는 사람들의 모습이 나에게 유난히 단단하게 다가왔고, 그들의 모습이 심하게 위로가 되었다.

다케토미지마섬에서는 태풍으로 4일간 섬에 갇혀 답답했지만, 조용하고 평온한 동네도 가끔 태풍이 오면 축제 같기도 하고 숨통이 트인다는 말에 그들의 여유로운 마음이 부러웠다.

오키나와의 하늘과 구름, 바다에는 무언가 특별하고 선한 에너지가 있는 것일까. 취재로 뜨거웠던 지난 여름, 행복한 식빵 가게 주인 부부의 모습이, 남부의 나른한 바다 공기가, 아기자기한 공방 주인들의 편안한 웃음이, 그냥 좀 편하게 내려놓으라고, 가끔은 흔들리면서 사는 거라고 위로를 해 주었다.

유난히 사람들이 따뜻했던 곳, 오키나와는 흔들리는 소심한 나에게 그냥 쉬었다 가라고 한다. 오랜 동안 준비한 〈오키나와 홀리데이〉가 오키나와를 여행하는 이들에게 소중한 친구가 되기를 바란다.

이윤정

끊임없이 흐르던 땀 때문에 땀띠가 나 간지럽고 아픈 것을 참으며 연고를 바르던 것도, 햇볕에 타 아이스 팩을 얹으며 이마를 찡그렸던 것도 어느새 다 잊었다. 묵었던 숙소에서 올려다봤던 까만 바다 위의 은하수가 자꾸 오키나와 행 티켓을 검색하게 한다. 떠나면 다시 가야 될 이유를 안겨주는 오키나와인 만큼, 이 책도 늘 손 닿는 곳에 놓이기를 기대한다.

정수임

여행잡지 사진기자를 하면서 많은 나라를 갔고, 사진을 찍었다. 재미도 있었지만 어떤 때는 그곳을 온전히 느끼지 못한 채 셔터만 눌러댔다. 우연히 슬로우 라이프를 주제로 한 일본영화 〈안경〉과 〈카모메 식당〉을 동시에 보게 되면서 오키나와와 핀란드가 이상향처럼 느껴졌다. 영화 속 느릿느릿 굼벵이 같은 삶을 느껴보고 싶었다. 그런데 핀란드는 추우니까 우선 가볍게 제치고 오키나와로 떠났다.

나에게 오키나와는 비행기에서 내리는 순간 발걸음도, 몸짓도, 말도 느려지게 되는 공간이다. 나하 시내에선 가끔씩 머릿속 상상에 골몰하다 모노레일을 몇 번씩 놓치기도 하고, 재래시장의 노포에 혼자 앉아 맥주 한 캔에 만두 육즙을 훔치는 순간도 재미있는 인생의 여정처럼 느껴진다.

오키나와에 갈 때마다 다케토미지마섬을 꼭 방문하는데, 차 없는 시골 마을을 자전거로 휘휘 둘러보고 있으면 그곳의 주민이 된 것 같다. 여행지가 일상적인 공간처럼 느껴지는 건 꽤나 괜찮은 기분이고 관광버스에서만 머무른다면 얻을 수 없는 느낌이다. 오키나와의 섬들은 몰라서 보이지 않거나 느끼지 못하는 곳이 많으니 직접 가보고 걷고 헤매고 그다음 뭔가를 발견하길.

이정선

여행을 좋아하던 건축학도가 여행 잡지사를 거쳐 여행작가로 진화했다. 2013년부터 인페인터글로벌과 함께하면서 기자 또는 관광객이었을 때는 몰랐던 일본의 숨겨진 매력을 발견하게 되었고, 이를 사진과 글로 기록하고 있다. 앞으로 또 다른 일본의 풍경과 만나려 한다.

〈오키나와 홀리데이〉 100배 활용법

오키나와 여행 가이드로 〈오키나와 홀리데이〉를 선택한 당신! 분명 멋진 여행이
시작될 거예요. 오키나와에서 무엇을 즐기고, 무엇을 먹으며, 나만의 숙소를
어떻게 고를지, 친절하고 꼼꼼한 〈오키나와 홀리데이〉가 당신을 도와줄 테니까요.
오키나와 여행은 센스 있는 〈오키나와 홀리데이〉와 함께하세요.

1) 오키나와를 꿈꾸다
❶ STEP 01 » PREVIEW를 먼저 펼쳐보세요. 여행을 위한 워밍업이 시작됩니다. 오키나와에서 놓치면 안 될 아름다운 뷰 포인트와 볼거리 가득한 거리, 환상적인 체험과 꼭 먹어봐야 할 음식까지 시원한 사진으로 일단 체크!

2) 여행 스타일 정하기
❷ STEP 02 » PLANNING에서는 나만의 여행 스타일을 찾아보세요. 로맨틱한 드라이브 여행, 아이들과 함께 떠나는 가족 여행, 오키나와와 야에야마 제도의 섬까지 둘러볼 수 있는 실속 여행, 오로지 휴식을 위한 여행, 아웃도어 취향이라면 액티브한 체험 여행 등. 오키나와 본섬과 미야코지마섬, 야에야미 제도까지 오키나와의 여행지를 빠짐없이 둘러보고 계획을 짤 수 있도록 정리했습니다. 오키나와의 교통수단도 미리 확인하면서 여행 스타일을 정해 보세요.

3) 할 것, 먹을 것, 살 것 고르기
여행 스타일을 정했다면, 구체적으로 여행 내용을 채워갈 단계입니다.
❸ STEP 03 » ENJOYING에서 ❹ STEP 05 » SHOPPING까지 보면서 욕심나는 아이템을 꼼꼼하게 체크해 두세요. 요즘 핫한 오키나와 거리와 열대천국의 비치, 느릿느릿 자전거 여행과 슬로우 라이프 쿠킹 클래스는 물론, 평생 잊을 수 없는 멋진 레스토랑과 쇼핑 아이템까지! 오키나와를 여행하는 완벽한 방법을 차근차근 정리해 드려요.

4) 숙소 정하기
어디서 자느냐가 여행의 절반을 좌우합니다. 숙소가 어디냐에 따라 여행 일정도 달라집니다. ❺ STEP 06 » SLEEPING에서 오키나와 여행의 진가를 보여줄 숙소를 살펴보세요. 허니무너를 위한 로맨틱 리조트부터 가족 여행자를 위한 호텔, 싱글 여성을 위한 힐링 호텔, 실속파 시티호텔과 게스트하우스까지 원하는 여행 스타일에 따라 가격대, 시설 등을 고려한 숙소를 소개합니다.

5) 지역별 일정 짜기
여행의 콘셉트와 목적지를 정했다면 이제 지역별로 묶어 동선을 짜볼까요? ❻ ❼ OKINAWA BY AREA에서는 지역별 관광지와 쇼핑, 레스토랑을 체크하면서 여행 동선을 그려봅니다. ❽ GO AROUND에서는 지역별로 어떻게 갈지, 어떻게 다닐지에 대한 자세한 이동 정보도 확인할 수 있습니다.

6) D-day 미션 클리어
여행 일정까지 완성했다면 책 마지막의 ❾ 여행준비 컨설팅을 보면서 혹시 빠뜨린 것이 없는지 다시 챙겨보세요. 여행 50일 전부터 출발 당일까지 날짜별로 챙겨야 할 것들과 체크해야 할 것들이 정리되어 있습니다.

7) 홀리데이와 최고의 여행 즐기기
이제 모든 여행 준비가 되셨나요? 〈오키나와 홀리데이〉를 꼼꼼히 체크하셨겠죠? 그래도 여행은 늘 변수가 있어요. 오키나와에 도착해 마음이 변할 수도 있고, 일정이 바뀔 수도 있으니 언제든 〈오키나와 홀리데이〉를 펼쳐서 후회 없는 여행을 만들어 보세요. 계획하지 않은 모험이 여행 후 멋진 추억이 되기도 하니까요.

CONTENTS

006 프롤로그
008 활용법
010 오키나와 전도

OKINAWA BY STEP
여행 준비&하이라이트

STEP 01
Preview
오키나와를 꿈꾸다

018 01 오키나와 MUST SEE
022 02 오키나와 MUST DO
026 03 오키나와 MUST EAT

030 01 아이와 함께 떠나는 4박5일 가족여행
032 02 로맨틱 절경 4박5일 드라이브 코스
034 03 렌터카 없이 떠나는 6박7일
　　　오키나와 & 야에야마 제도 실속여행

STEP 02
Planning
오키나와를 그리다

036 04 오직 휴식이 목적, 4박5일 리조트 휴식여행
038 05 외로울 틈이 없는 4박5일 오키나와 싱글여행
040 06 멈출 수 없어, 액티브한 체험여행
043 07 오키나와 섬까지 둘러보는 9박10일 장기여행
046 08 일본 속의 다른 일본, 오키나와 역사
050 09 오키나와 여행 만들기
052 10 오키나와 교통 완전정복

STEP 03
Enjoying
오키나와를 즐기다

060 01 이곳이 정녕 일본? 열대천국 오키나와 비치 셀렉트
066 02 바닷속으로 풍덩~ 오키나와 해양 스포츠
076 03 가족, 연인과 함께 즐기는 색다른 바다 체험
078 04 바다가 아니어도 해야 할 것 가득! 정글 체험
082 05 느리게 여행하는 가장 완벽한 방법 자전거 여행

088	06 오키나와 렌터카 로망, 드라이브길 BEST 5
092	07 오키나와의 가로수길, 우키시마도리 & 뉴파라다이스도리
094	08 영화의 섬, 오키나와
098	09 오키나와 최신 문화 트렌드가 있는 뮤지엄 & 갤러리 숍
102	10 마음을 비우고 또 채우고, 오키나와의 추천 도예 & 시사 체험 코스
106	11 리얼 오키나와! 슬로우 라이프를 즐기는 오가닉 쿠킹 클래스

STEP 04
Eating
오키나와를 먹다

112	01 오키나와 음식 백과사전
116	02 소박한 오키나와 맛을 즐겨라, 오키나와 가정식
120	03 우리가 아는 맛이 아냐! 오키나와 스타일 소바
124	04 오키나와 로컬의 맛, 나하 시장 뒷골목 탐방
126	05 눈도 즐겁고 입은 더 즐겁다, 전망 좋은 카페 & 레스토랑
130	06 남국의 달콤 쌉쌀한 커피 & 디저트 카페
134	07 초스피드 렌터카 여행자를 위한 가볍고 든든한 음식

STEP 05
Shopping
오키나와를 남기다

138	01 슬로우 감성이 충만한 오키나와 디자인 편집숍
142	02 메이드 인 오키나와 오키나와 제품 전문숍
146	03 오키나와의 알로하셔츠 가리유시 웨어 전문숍
148	04 자연을 닮은 그릇 오키나와 도자기 & 유리공예
152	05 쇼핑참새의 방앗간 대형쇼핑몰 BEST 4
154	06 놓치지 말자, 오키나와 대표 쇼핑 리스트

STEP 06
Sleeping
오키나와에서 자다

158	01 허니무너를 위한 로맨틱 리조트
162	02 싱글 여성을 위한 힐링호텔
164	03 가족 여행자를 위한 리조트호텔
168	04 실속파 여행자를 위한 시티호텔
172	05 오키나와를 체험하라, 오키나와식 게스트하우스
174	06 오키나와 숙소 Q&A

OKINAWA BY AREA
오키나와 지역별 가이드

01 나하 178
- 180 나하 미리보기
- 181 나하 추천 코스
- 182 나하 찾아가기
- 184 MAP
- 190 ENJOY
- 199 게라마 제도
- 204 EAT
- 216 BUY
- 231 SLEEP

02 남부 238
- 240 남부 미리보기
- 241 남부 추천 코스
- 242 MAP
- 244 ENJOY
- 252 EAT
- 258 BUY
- 259 SLEEP

03 중부 262
- 264 중부 미리보기
- 265 중부 추천 코스
- 266 중부 찾아가기
- 267 MAP
- 270 ENJOY
- 277 EAT
- 283 BUY
- 291 SLEEP

04 북부 294
- 296 북부 미리보기
- 297 북부 추천 코스
- 298 북부 찾아가기
- 299 MAP
- 304 ENJOY
- 314 EAT
- 322 BUY
- 323 SLEEP

05 미야코지마섬 330
- 332 미야코지마섬 미리보기
- 333 미야코지마섬 추천 코스
- 334 MAP
- 336 ENJOY
- 341 EAT
- 347 BUY
- 352 SLEEP

06 야에야마 제도 354

356	야에야마 제도 미리보기
357	MAP
358	**이시가키지마**
359	이시가키지마 추천 코스
360	이시가키지마 찾아가기
362	MAP
364	ENJOY
370	EAT
374	BUY
380	SLEEP
382	**다케토미지마**
383	다케토미지마 추천 코스
384	MAP
385	ENJOY
387	EAT
389	BUY
391	SLEEP
392	**이리오모테지마**
393	이리오모테지마 추천 코스
393	MAP
394	ENJOY
398	EAT

400	여행준비 컨설팅
410	꼭 알아야 할 오키나와 상식
412	이건 꼭 읽자! 오키나와 여행 주의사항
413	INDEX

Step 01
Preview

오키나와를
꿈꾸다

01 오키나와 MUST SEE
02 오키나와 MUST DO
03 오키나와 MUST EAT

PREVIEW 01
오키나와
MUST SEE

세계문화유산부터 신들이 사는 숲까지 성스럽고 이국적인 것들로 가득 찬 섬. 어딜 봐도 바다인 섬에서 바다 내음 즐기며 여행을 시작하자.

1 만자모 万座毛
'괜찮아 사랑이야' 낭만의 여행지 → P.304

3 긴조초 이시다타미미치
세계문화유산으로 지정된 돌길 → P.194

4 세화우타키 齋場御嶽
신들이 사는 신비로운 숲 → P.248

2 추라우미 수족관 沖縄美ら海水族館
아이들 인기를 한 몸에 받고 있는 넘버 원 여행 스폿! → **P.076**

5 다케토미지마
분홍색 지붕과 돌담이 정겨운
오키나와 전통 마을 → **P.382**

6 외국인 주택단지
오키나와 핫 플레이스가 된 미나토가와
외국인 주택단지의 빈티지 숍 → **P.282**

7 니라이카나이 다리
푸른 바다를 가르며 난 오키나와 최고의 드라이브 코스 → **P.245**

8 이리오모테지마섬
오키나와의 자연을 통째로 만끽하는 에코 투어의 중심지 → **P.392**

9 나하 고쿠사이도리
오키나와의 쇼핑과 맛이 모두 여기에! → P.190

10 쓰보야 야치문도리
느릿느릿 천천히 쉬어가고 싶은 도자기 거리 → P.192

PREVIEW 02
오키나와
MUST DO

남국의 섬답게 다양한 해양 액티비티와 야외 스포츠가 발달해 있다. 파도에 몸을 싣고 몸을 움직이다 보면 일상에 지쳐있던 몸도 어느새 활력을 찾고, 서서히 바다 소리에 푹 빠져들게 된다.

1 풍덩~하고 남국의 바다 속으로 스쿠버다이빙 & 스노클링

2 슬로우~슬로우~ 자전거 여행

3 해안선을 따라 즐기는 드라이빙

4 아무도 없는 아침 바닷가 산책

5 마음의 평화를 되찾는 호캉스와 마사지

STEP 01
PREVIEW

6 오키나와 자연을 탐험하는 트레킹

7 작열하는 태양에 쿨하게 맞서는 방법, 선탠

8 잠자던 미각을 깨우는 여행, 맛집 투어

9 전망 카페에서 즐기는 여유로운 차 한 잔

10 오키나와 스타일의 쇼핑

STEP 01
PREVIEW

생소하지만 먹을수록 중독되는
그 맛, 채소의 알싸한 맛을
즐기는 **고야 찬프루**

아야구 식당 p.119

줄 서는 시간도 아깝지 않은
오키나와 소바

데우치소바 기시모토 식당 p.121

오리온 맥주 한잔과 즐기는
만두에서 흐르는 육즙의 감동
소룡포

벤리야 p.212

> PREVIEW 03
> # 오키나와 MUST EAT

생명력이 가득한 땅, 오키나와현산 식재료로 만들어진 음식을 즐기며 건강과 맛을 함께 챙기자.
일본 본섬에서 먹어보지 못한 독특한 식재료와 놀라운 맛이 기다리고 있다.

연두부처럼 부드럽게 살살 녹는
테비치(족발)

마블링이 예술인 오키나와
토종 흑돼지의 육즙
단맛 나는 **아구 샤브샤브**

우후야 p.117

채소를 먹었는데 고기를 먹은
것처럼 든든
채소로 만든 건강요리

우키시마 가든 p.107

한 번 먹으면 목장을 지나다 소떼만
봐도 군침이 도는 이시가키지마
섬의 대표 브랜드 **이시가키 소고기**

기타우치 목장 p.372

섬유질이 풍부한 망고 과육들이
빙수 위에 살아있다. 달콤한 그 맛
망고 빙수

이시다타미차야 마다마 p.131

미네랄이 풍부한 진짜 리얼 천연
단맛, 오키나와 흑설탕 뿌린
팥빙수

그냥 거품 같아 보이는데 차라고?
4차원 같은 맛 **부쿠부쿠차**

휴가지의 밤을 함께 즐기는
최고의 동반자, 남국의 술
아와모리

다디 단 열대의 자연을 입안에
담다. 내가 오키나와에 오는 이유
열대과일

오키나와 대표 특산품, 집에 갈
때 가방 속에 쏙~ 자색 고구마
베니이모 타르트

어두움이 깊을수록 별은 더 밝게
빛난다. 별 마크가 인상적인
오리온 맥주

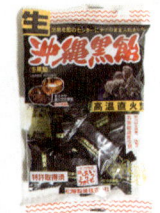

오키나와의 더위에 지쳤다면
달콤한 사탕으로 에너지 충전
천연 흑설탕 사탕

01 아이와 함께 떠나는 4박5일 가족여행
02 로맨틱 절경 4박5일 드라이브 코스
03 렌터카 없이 떠나는 6박7일 오키나와 & 야에야마 제도 실속여행
04 오직 휴식이 목적, 4박5일 리조트 휴식여행
05 외로울 틈이 없는 4박5일 오키나와 싱글여행

Step 02
Planning

오키나와를 **그리다**

06 멈출 수 없어, 액티브한 체험여행
07 오키나와 섬까지 둘러보는 9박10일 장기여행
08 일본 속의 다른 일본, 오키나와 역사
09 오키나와 여행 만들기
10 오키나와 교통 완전정복

PLANNING 01

아이와 함께 떠나는 **4박5일 가족여행**

아이와 함께 한다면 무리한 스케줄은 피하자. 주변 섬으로 이동해서 뭔가 더 보려고 하는 욕심보다는 가족과 즐길 수 있는 기본에 충실할 것.

PLAN 공항에서 호텔까지는 리무진버스를 이용하고, 이동이 필요한 북부 관광에는 렌터카를 이용하는 것이 좋다. 중부를 중심으로 숙박하면서 필요한 일정에만 렌터카를 이용, 마지막 일정에 나하 쇼핑과 식도락을 즐기는 가족을 위한 여행 코스.

식사 향토 요리가 아이들 입맛에 맞지 않다면 다양한 외국 브랜드의 프랜차이즈도 많으니 입맛대로 고를 것.

숙소 오키나와 중부 지역의 아메리칸 빌리지에는 아이들과 함께 즐길 수 있는 테마파크가 있다. 빌리지 내의 호텔에 숙박하면서 놀이공원과 비치, 쇼핑을 즐길 수 있으니 이동에 크게 신경 쓰지 않아도 되어 편하다. 그 외에도 중부 지역에는 가족 여행객들이 선호하는 대형 리조트들이 모여 있어 렌터카를 이용한다면 선택의 폭이 넓어진다.

주의사항 나하 시내에서 렌터카를 이용할 경우 주차 비용이 비싸므로 주차가 가능한 호텔을 이용하고, 관광과 쇼핑의 명소 고쿠사이도리는 도보로 이동할 수 있는 동선을 짜도록 하자.

이동 공항에서 중부 호텔까지는 리무진버스를 이용하고, 북부, 중부 관광 시에는 렌터카를 이용하는 것이 편리하다. 렌터카는 추가비용을 내면 호텔까지 차를 가져다 주는 곳도 있다. 나하 도심은 관광지역을 중심으로 모노레일이 운행되기 때문에 모노레일을 활용하는 것이 제일 현명한 선택이다.

TIP 오키나와 리조트에는 다양한 해양 스포츠 프로그램이 많으니 미리 꼼꼼히 체크해서 아이들과 즐길 수 있는 레포츠를 예약하자. 매주 주말에 중부 차탄초의 명물인 한비 나이트 마켓이 아라하 비치 옆에서 열리니 저녁 7~9시 사이에 들러보자.

[1일 중부]

11:55 나하공항으로 입국
14:37 리무진버스 탑승
15:40 차탄초의 아메리칸 빌리지 내, 호텔 도착
16:00 체크인 후 아메리칸 빌리지 관광
18:30 선셋 비치 일몰을 감상하면서 추라티다에서 뷔페 식사
20:00 아메리칸 빌리지 야경 산책

[2일]

10:00 추라유 천연온천풀장 또는 아하라 비치에서 물놀이

17:00 이온 차탄점 또는 메가 돈키호테 기노완점에서 쇼핑&식사

[3일 북부]

09:30 렌터카 픽업
10:00 동남식물낙원에서 야외 피크닉 분위기로 점심식사
13:00 무라사키무라에서 류큐 문화 체험
14:30 북부 만자모로 출발
15:00 만자모에서 사진 남기기

16:00 오키나와 추라우미 수족관에서 해양 수족관 체험

19:00 구르메 회전초밥 시장에서 식사
20:30 추라유에서 온천 후 휴식

[4일 나하]

09:00 호텔 조식 후 체크아웃
09:50 슈리성 산책
12:30 맥스밸류 마키시점의 레스토랑 오토야에서 식사. 식료품 및 기념품 쇼핑
15:00 고쿠사이도리 주변 호텔 체크인 후 도보로 쓰보야 야치문도리(도자기거리) 산책, 고쿠사이도리에서 관광 및 쇼핑
18:00 고쿠사이도리 주변 레스토랑에서 저녁식사

[5일]

09:00 오키나와 현립 박물관·미술관에서 문화 체험
10:30 나하공항으로 출발, 렌터카 반납
13:00 나하공항에서 인천으로 출발

STEP 02
PLANNING

PLANNING 01
로맨틱 절경 **4박5일 드라이브 코스**

싱그러운 바람, 상큼한 바다 내음, 해변도로를 따라 달리는 오키나와는 드라이브 천국이다. 꿈에 그리던 달달한 여행, 절경 스폿을 따라 떠나 보자.

PLAN 공항에서 렌터카 픽업 후 본섬 남부에서 출발해 중부, 북부를 거쳐 올라가는 드라이브 코스. 오키나와를 남북으로 관통하는 58번 국도와 오키나와 고속도로만 잘 이용하면 주요 관광 스폿을 모두 섭렵할 수 있다.

식사 넓은 하늘, 푸른 바다, 시원한 드라이브 코스를 따라 오키나와를 달리다 보면 한적한 장소에 탄성이 절로 나오는 멋진 레스토랑을 만날 수 있다. 상상 속 언덕 위의 작은 집에서 로맨틱한 사랑 고백을 받는다면 무조건 예스!

숙소 오키나와 중부와 북부에서는 멋진 자연 풍경을 즐길 수 있는 리조트 호텔 추천. 나하에서는 고쿠사이도리를 도보로 이용할 수 있고 주차를 할 수 있는 나하 시내 호텔을 선택하는 것이 좋다.

이동 렌터카가 필수. 단 시내에서는 렌터카를 반납하고 도보나 모노레일로 다니는 것이 주차 스트레스를 줄일 수 있다.

[1일 남부]

11:55 나하공항으로 입국
12:30 렌터카 픽업하고 남부 여행 시작
13:20 고민가 레스토랑 야기야에서 오키나와 소바 먹기. 이곳 디저트 팥빙수도 강추!
15:00 니라이카나이 다리 드라이브
15:30 세화우타키 산책
17:30 미바루 비치 산책 후 카리카의 야외 테라스에서 저녁식사

[2일 남부·북부]

11:00 체크아웃 후 미나토가와 스테이트사이드 타운 핫 플레이스에서 쇼핑&점심식사
13:00 요미탄 야치문노사토 거리 산책
15:00 북부 바다의 절경을 감상할 수 있는 리조트호텔 체크인
16:30 모토부 반도와 세소코 대교로 연결된 투명도 최고의 세소코 비치

17:00 비세마을 후쿠기 가로수길에서 로맨틱 비치 거닐기
18:30 우후야에서 류큐요리로 저녁식사

[3일 북부·중부]

09:00 만자모 산책
10:30 드라마 〈괜찮아, 사랑이야〉에 등장한 로맨틱 드라이브 코스 고리 대교로 GO~

11:30 고리 오션 타워에서 전망도 보고 쇼핑도 하고
12:30 구불구불 산길 따라 카페 고쿠 도착. 오키나와산 채소 요리 정식으로 점심식사
14:30 호텔 앞 비치에서 여유로운 시간 보내기

[4일 중부]

09:00 호텔 조식 후 체크아웃
10:00 세계문화유산 가쓰렌 성터에서 전망 감상

11:00 해중도로 드라이브 후 이케이 비치로 출발~
13:00 돌아오는 길에 해중도로 중간 지점 휴게소에서 점심식사
15:30 슈리성 공원 관광
17:00 호텔 체크인
17:30 걸어서 고쿠사이도리, 뉴파라다이스도리, 우키시마도리 관광&쇼핑
19:30 나하항에서 디너 크루즈

[5일]

09:40 오키나와 아웃렛 몰 아시비나에서 쇼핑
10:50 나하공항으로 출발

PLANNING 03

렌터카 없이 떠나는 **6박7일 오키나와 & 야에야마 제도 실속여행**

렌터카가 없어도 대중교통이 없어도 오키나와를 똑 부러지게 즐기는 방법! 바로 유명 관광지의 옵션 투어를 잘 활용한 실속여행 플랜만 따라가면 된다.

© Soo Im Jung

PLAN 공항에서 나하 시내로 이동해 주요 관광 스폿을 둘러보고, 정기 관광버스 투어를 이용한 남부&북부 코스와 게라마 제도의 무인도 여행까지 즐길 수 있는 실속 여행 코스.

식사 고쿠사이도리에서는 다양한 오키나와 요리를 선택할 수 있다. 향토요리, 이자카야, 소바, 라멘, 해외 프랜차이즈, 요즘 핫한 오가닉 레스토랑까지 마음대로 고를 것.

숙소 항구와 터미널이 시내와 가깝기 때문에 무인도 여행과 버스 투어 이용이 편리한 나하 시내 시티호텔을 이용하는 것이 좋다.

이동 나하 시내는 모노레일을, 무인도 여행과 버스 투어는 집결지에 도착해 준비된 교통편을 이용하면 된다.

[1일 나하]

11:55 나하공항으로 입국
13:30 모노레일 타고 호텔 도착해 짐 맡기기
14:00 슈리성 공원으로 출발.
15:30 모노레일 마키시역에서 내려 뉴파라다이스도리, 고쿠사이도리에서 쇼핑&식사

[2일 게라마 제도 비치 투어(택1)]

❶ 자마미지마섬
09:00 도마린 항구에서 고속선 '퀸 자마미' 타고 자마미 항구로 이동
09:50 자마미 항구에서 버스 타고 비치로~
10:00 후루자마미 비치에서 열대어 스노클링. 정기버스 타고 자마미항으로 이동해 마을 산책
17:20 자마미 항구에서 다시 도마린 항구로 이동

❷ 도카시키지마섬(3월1일~9월30일)
09:00 도마린 항구에서 마린라이너 도카시키 타고 도카시키 항구로 이동
09:30 항구에서 버스나 택시 타고 비치로~
10:00 아하렌 비치 마음껏 즐기기. 도카시쿠 비치에서 바다거북을 만나는 행운까지!
17:30 도카시키 항구 → 도마린 항구

❸ 나간누지마섬
08:30 미리 예약한 프로그램 따라 호텔 출발
09:30 도마린 항구에서 크루즈 타고 출발
09:50 나간누지마섬의 산호바다에 풍덩~
15:00 나간누지마섬에서 도마린 항구로 이동
16:00 우키시마도리, 쓰보야 야치문도리 산책

[3일 중부]

10:00 미하마 아메리칸 빌리지로 이동해 쇼핑, 점심식사
15:00 추라우에서 온천
17:00 선셋 비치 산책
19:00 오모로마치역에서 저녁식사.
20:30 사카에마치 시장 꼬치구이 전문점
22:30 아사토역에 있는 24시간 슈퍼 리우보에서 쇼핑

* 정기관광버스 1일 투어로 대체 가능. 노선버스를 이용하지 않고 미리 1일 투어를 신청해 남부, 중부, 북부를 둘러볼 수도 있다. 코스에 따라 오전 8시 30분 또는 9시에 나하에서 출발해 4시간~9시간 30분 정도 소요되며, 다시 나하로 돌아오는 코스다.

[4일 이시가키지마]

10:30 모노레일 타고 나하공항으로 출발
12:15 국제선 바로 옆 국내선터미널에서 이시가키지마로 출발
13:20 이시가키공항 도착
14:20 버스 타고 이시가키 페리터미널로 이동.
18:30 공설시장이 있는 유그레나 몰로 고고!
19:30 남국의 음식 즐기기

[5일 이시가키지마 · 다케토미지마]

08:55 이시가키 버스터미널에서 가비라 행 버스 탑승
09:40 가비라 만 도착 후 관광
10:40 이시가키 버스터미널로 이동
11:25 버스터미널 도착 후 페리터미널로 도보 이동
12:00 이시가키 페리터미널에서 다음날 떠날 이리오모테지마 관광 옵션 미리 예약 후 다케토미지마섬으로 출발
12:10 자전거 대여해 섬 여행하기
14:00 아름다운 돌담길 라이딩, 별모래 해변에서 별모래 찾기
16:00 하야 나고미 카페에서 쉬어가기
17:00 다시 이시가키지마로 돌아가기
18:00 유그레나 몰에서 저녁식사

[6일 이리오모테지마]

* 이시가키 페리터미널 내 여행사에서 판매하는 관광투어 프로그램 이용
08:00 체크아웃. 페리터미널 여행사에 짐 맡기기
08:40 이시가키지마 출발
09:10 이리오모테지마에 도착해 관광 시작. 나카마 강 크루즈, 유부지마 물소차 타기
17:25 이시가키항 도착
17:30 이시가키공항으로이동
19:25 나하공항 도착, 호텔 체크인 후 나하 시내에서 마지막 밤

[7일 나하]

08:40 오모로마치역으로 이동
09:00 오키나와 현립 박물관·미술관 관람, 산책
10:30 모노레일 타고 나하공항으로
13:00 나하공항에서 인천으로 출발

PLANNING 04
오직 휴식이 목적, 4박5일 리조트 휴식여행

여행지에서 빡빡한 스케줄에 눈 버리고 몸 버리고 싶지 않다. 난 그냥 느긋느긋 놀면서 쉬다 가련다. 여행지라고 다 봐야 하나. 내 여행의 목적은 휴식~

PLAN 빠듯한 일정으로 여행하는 것이 맞지 않고 비행기 타고 왔는데 굳이 다시 비행기를 타고 다른 섬으로 이동하고 싶지 않다면 본섬에서 충분히 남국의 분위기를 즐기며 쉴 수 있다. 나하를 중심으로 본섬을 가볍게 여행하며 리조트에서 사우나도 하고 여유를 즐기자.

식사 건강한 섬 채소로 만든 향토 요리가 많다. 고야 찬프루, 우미부도 같은 오키나와 건강식도 꼭 시도해 보자.

숙소 스파 시설이 잘 되어 있는 고급 리조트와 풍경이 아름다운 부티크 게스트하우스를 선택해서 느긋하게 쉬어 가자.

주의사항 스파나 인기 있는 부티크 게스트 하우스는 정말 빨리 예약이 마감된다. 꼭 이용하고 싶다면 서두를 것.

이동 나하 도심지에서는 모노레일, 그 외 지역은 렌터카를 이용하는 것이 편리하다.

TIP 중·북부에 위치한 고급 리조트에는 스파와 마사지, 해양 스포츠 프로그램 등이 있으니 리조트에서 쉬면서 나를 위한 휴식을 갖도록 하자. 한편 남부 지역은 최근 전망 좋은 카페와 작은 부티크 게스트하우스가 늘어나고 있다. 그만큼 조용하고 경치가 좋은데다 깨끗하고 서비스가 좋으며 따뜻한 인정도 느낄 수 있다.

[1일 중부]

- 11:55 나하공항으로 입국
- 13:30 미나토가와 스테이트 사이드 타운
  (외국인주택단지)에서 간단한 식사와 쇼핑
- 15:00 요미탄 야치문노사토 에서 도자기 구경
- 16:30 기암괴석의 절경 만자모 관광
- 17:30 만자모 주변의 리조트 호텔 체크인

[2일 북부]

- 00:30 느긋하게 조식 후 리조트 풍장에서 여유로운 시간 보내기
- 16:00 일본 최장 다리 고리 대교 드라이브, 고리 오션 타워 전망 즐기기
- 17:00 비세마을 후쿠기 가로수길 산책
- 17:30 호텔 오리온 모토부 리조트&스파 내의 이자카야 레스토랑 가리에서 오키나와 전통 메뉴로 식사

[3일 중부·남부]

- 10:00 조식 후 체크아웃
- 11:00 안바루 숲을 따라 야에다케 산 드라이브. 야에다케 중턱에 있는 야에다케 베이커리에서 천연 효모빵 구매 후 야에다케 정상에 올라 피크닉

- 13:00 소바 로드에서 오키나와 소바로 점심식사
- 15:00 세계문화유산 가쓰렌 성터 산책
- 16:00 해중도로에서 이케이 비치까지 드라이브

- 19:00 카이자 게스트 하우스 체크인. 몽환적인 남부 전망을 즐기면서 꿈같은 휴식
- 19:30 일본 요리점 쓰네에서 해산물 요리 즐기기

[4일 남부·나하]

- 09:00 카이자의 야외 오픈 사우나에서 목욕, 환상적인 조식 즐기기
- 11:00 미바루 비치 산책
- 12:00 니라이카나이 다리를 건너 세화우타키 산책
- 14:00 아자마항에서 페리타고 구다카지마로~
- 17:00 구다카지마 도쿠진항에서 아자마항으로(동절기는 16:30분)
- 17:20 아자마항 도착 후 나하로
- 18:30 나하에서 렌터카 반납 후 호텔 체크인. 고쿠사이도리, 뉴파라다이스도리 산책, 저녁식사
- 20:00 아쉬운 마지막 밤을 더 즐기고 싶다면 아사토역으로 이동. 사카에마치 시장에서 왁자지껄한 주점 즐기기

[5일 나하]

- 09:00 다이이치 호텔에서 오키나와 약선 요리 조식(예약 필수)
- 10:30 모노레일 타고 나하공항으로
- 13:00 나하공항에서 인천으로 출발

PLANNING 05

외로울 틈이 없는 **4박5일 오키나와 싱글여행**

혼자여서 좋다. 놀고 싶을 때 놀고 쉬고 싶을 때 쉬고, 뭘 그리 많이 사냐고 판잔주는 친구도 없다. 오롯이 나에게 집중하는 시간이 필요하다면 오키나와만큼 좋은 곳도 없다.

PLAN 적당한 액티비티와 무료하지 않을 만큼의 휴식을 즐기는 여행으로 스케줄을 짜보자. 렌터카가 확실히 편리하지만 일본에서 혼자 운전하기 두렵다면 굳이 렌터카를 이용하는 것보다 관광투어 버스를 이용하는 것이 더 나은 여행을 만들 수도 있다.

식사 고야 찬프루, 우미부도 같은 새로운 음식부터 혼자 먹어도 너무 달콤한 망고 팥빙수까지. 입맛은 절대 외롭지 않다.

숙소 도미토리가 있는 게스트 하우스부터 비즈니스호텔, 고급 럭셔리 리조트까지 예산에 맞게 고르자.

주의사항 살 것 많은 오키나와의 숍들은 대부분 저녁 6시쯤 문을 닫는다. 일할 때 일하고 여가는 충분히 즐기는 오키나와의 정서에 익숙해지자. 일본의 밤거리는 위험하진 않지만 섬의 밤은 도시의 밤보다 어두운 편. 혼자 여행하는 여성이라면 너무 외진 곳은 피하자.

이동 하루 정도 더 여유가 있거나 시간이 남는다면 다케토미지마에서 1박을 하거나 이리오모테지마의 1일 투어를 추가해 보는 것도 좋다. 이시가키에서 다케토미지마, 이리오모테지마는 배로 10~40분 정도의 거리이며, 때 묻지 않은 대자연 정글에서 뜻밖의 힐링을 얻을 수 있다.

TIP 다케토미지마 내부에는 24시간 편의점이 없으니 맥주나 주전부리 등은 이시가키지마에서 미리 준비해 갈 것.

[1일 이시가키지마]

- 11:55 나하공항으로 입국
- 14:00 이시가키지마섬으로 출발
- 15:05 이시가키공항 도착
- 15:20 공항버스를 타고 이시가키페리터미널역으로 이동, 버스를 타고 시골풍경 즐기기
- 16:00 페리터미널역 하차 후 주변 호텔 체크인
- 16:40 공설시장이 있는 유그레나 몰로 이동.
- 18:00 남국의 음식을 즐기기

[2일 이시가키지마·다케토미지마]

- 08:30 이시가키 페리터미널에서 다케토미로 출발
- 09:00 다케토미지마 도착 후 자전거 대여해 이동
- 09:30 가이지 비치에서 별모래 줍기
- 10:00 곤도이 비치의 투명한 바다로 풍덩~ 수영도 즐기고, 책도 보면서 선탠
- 13:00 가든 아사히에서 명물 보리새우 런치나 아에야마 소비 한 그릇 후루룩~
- 13:30 나고미 탑에 올라 전통마을의 모습을 한눈에 감상. 마을 산책
- 14:30 나고미 탑 앞 카페에서 고야 주스 한 잔~
- 15:45 페리 타고 이시가키지마로 이동
- 16:20 공항으로 이동
- 17:00 공항 도착 후 수속
- 17:50 이시가키공항 출발
- 18:45 나하공항 도착, 호텔 체크인 후 사카에마치로~
- 20:00 아사토역 사카에마치 시장의 벤리야에서 맥주와 소룡포 만두로 저녁식사. 리우보 슈퍼마켓에서 스낵과 생활용품 구입

[3일 북부 정기관광버스 1일 투어]

- 08:00 T 갤러리아 오키나와 앞 집합 장소에서 출발 추라우미 수족관 자율 관람(2시간 30분), 나고 파인 파크(1시간), 만자모(30분)
  *투어 버스 시간은 이동 상황에 따라 달라질 수 있음
- 18:00 오모로마치역에서 버스 하차. T 갤러리아 오키나와 면세점에서 쇼핑 후 저녁식사

[4일 나하]

- 09:00 모노레일 타고 슈리성으로 출발
- 09:30 슈리성 공원과 긴조초 이시다타미미치 돌길 산책

- 13:00 고쿠사이도리로 이동. 오키나와의 가장 핫한 거리인 뉴파라다이스도리와 우키시마도리에서 식사와 쇼핑
- 16:30 쓰보야 야치문도리에서 차 한 잔~
- 18:00 오모로마치역으로 이동. 나하 메인 플레이스에서 식사 후 T 갤러리아 오키나와에서 쇼핑

[5일 나하]

- 10:30 모노레일 타고 나하공항으로 출발
- 13:00 나하공항에서 인천으로 출발

PLANNING 06
멈출 수 없어, **액티브한 체험여행**

스쿠버다이빙, 서핑 같은 해양 스포츠를 좋아하는 사람에게 오키나와는 천국 같은 곳이다. 어딜 가도 사방에 섬들이 둥둥 떠 있는 남국의 세계를 즐길 준비가 되었다면, 멋진 구릿빛의 지중해 피부를 선물로 얻을지어다.

PLAN 오키나와에는 작은 섬에서 바다를 오롯이 즐기며 다양한 해양 체험을 할 수 있는 프로그램이 많다. 다이빙&스노클링, 카약, 정글트레킹 등 원하는 것을 골라 하루, 이틀 정도의 일정으로 남국의 자연, 바다를 맘껏 즐겨 보자.

식사 액티브한 운동 후 충분한 음식을 섭취하자. 인기 있는 유명 가게부터 길모퉁이 소바 가게까지 시장이 반찬이다.

숙소 다이버들을 위한 게스트하우스를 운영하는 다이빙 숍도 많고 리조트 내에서도 해양 액티비티를 신청할 수 있으니 자신의 예산에 따라 선택하자. 좀 더 전문가용 다이빙을 원한다면 다이버 전문 게스트하우스가 정보를 공유하기 좋다.

주의사항 프로급 경험자라도 해외에서 단독으로 해양 스포츠를 즐기는 것은 위험하다. 되도록 안전을 위해 영어나 한국어가 가능한 투어 여행사의 현지 프로그램을 이용해서 안전하게 스포츠를 즐기자.

이동 장거리 섬 이동은 비행기로, 짧은 구간은 페리로 이동한다. 체력소모가 있는 여행의 특성상 이동수단은 비싸더라도 편하고 빠른 것을 이용하자.

TIP 갈아입을 수 있는 여분의 옷을 준비해가는 것이 좋다. 카약을 타거나 트레킹을 한다면 가방이 젖을 수 있으니 되도록 방수가 되는 아이템들을 이용할 것. 미처 준비하지 못했다면 여분의 비닐봉지라도 준비해 가자.

다이빙&스노클링 +1 Day (택1)

❶ 오키나와 본섬
- 08:00 아침 식사 후 예약해 둔 프로그램에 따라 다이빙&스노클링 출발
- 12:00 체험 투어 후 호텔로 돌아와 휴식
- 12:30 렌터카 픽업해 미나토가와 스테이트사이드 타운 핫 플레이스에서 쇼핑, 점심식사
- 14:30 58번 해안도로를 따라 오키나와 바다의 절경 감상
- 16:00 기암괴석의 절경 만자모로~
- 18:00 이온 차탄점 또는 메가 돈키호테 기노완점에서 쇼핑과 식사
- 20:00 천연 온천 스파 추라유에서 온천 후 휴식

❷ 자마미지마섬
- 09:00 도마린 항구에서 고속선 퀸 자마미 타고 자마미 항구로 이동
- 09:50 자마미 항구에 도착해 버스 타고 비치로~
- 10:00 후루자마미 비치에서 열대어와 즐거운 시간. 정기버스로 자마미 항구까지 이동 후 도보로 마을 산책
- 17:20 자마미 항구에서 도마린 항구로

❸ 도카시키지마섬(3월~9월)
- 09:00 도마린 항구에서 마린라이너 도카시키 타고 도카시키 항구로 이동
- 09:30 도카시키 항구 도착 후 버스나 택시 타고 비치로~
- 10:00 오키나와에서 가장 맑고 푸른 아하렌 비치 마음껏 즐기고 마을 산책
- 17:30 도마린 항구로 다시 출발

❹ 나간누지마섬(투어 예약 필수)
- 08:30 호텔 출발
- 09:30 도마린 항구에서 크루즈 타고 출발
- 09:50 나간누지마 도착. 무인도에서 마음껏 해수욕 즐기기
- 15:00 나간누지마에서 출발
- 15:20 도마린 항구 도착

다이빙 +2 Day

[1일 이시가키지마섬]
- 11:55 나하공항으로 입국
- 14:00 국제선 바로 옆에 위치한 국내선 터미널에서 이시가키지마로 출발
- 15:05 이시가키지마 도착
- 15:40 요네하라 캠프장 행 버스로 공항에서 클럽메드 가비라 이시가키로 이동. 체크인 후 호텔 내 여러 액티비티 즐기며 망중한

[2일 이시가키지마섬]
- 09:00 사전에 예약한 다이빙 프로그램의 스케줄에 따라 이동. 가비라 만 앞바다에서 만타(가오리)와 함께 하는 다이빙 투어
- 16:00 공항으로 이동
- 17:00 공항 도착 후 수속
- 17:50 이시가키공항 출발
- 18:45 나하공항 도착. 호텔 체크인 후 고쿠사이도리에서 저녁식사

카약&정글트레킹&스노클링 +2 Day

[1일 이시가키지마·이리오모테지마]
- 11:55 나하공항으로 입국
- 14:00 국제선 바로 옆에 위치한 국내선 터미널에서 이시가키지마로 출발
- 15:05 이시가키지마 도착. 공항 인포메이션 센터에서 지도와 가이드북을 챙겨 공항버스를 타고 이시가키 페리터미널역으로 이동. 버스를 타고 섬의 시골 풍경 즐기기
- 15:40 페리터미널역 하차 후 이리오모테지마로~
- 16:30 이리오모테지마 도착 후 숙소로 이동. 간단하게 맥주 마시며 남국의 바다 감상

[2일 이리오모테지마]
- 08:00 사전에 예약해둔 이리오모테 액티브 투어 여행사 버스를 타고 출발지로 이동. 카약과 정글 트레킹(나라 폭포 트레킹)으로 진정한 오키나와의 대자연을 만나는 시간
- 14:30 이리오모테 항구에서 출발
- 15:10 이시가키 페리터미널에 도착해 유그레나 몰 산책 후 공항으로 이동
- 17:00 공항 도착
- 17:50 이시가키공항 출발
- 18:45 나하공항 도착. 호텔 체크인 후 고쿠사이도리로

PLANNING 07

오키나와 섬까지 둘러보는 **9박10일 장기여행**

오키나와 최고의 매력은 섬 속의 섬에서 완벽한 휴식을 취할 수 있다는 것. 오키나와 본섬보다 더 남단에 있는 야에야마 제도, 미야코 제도에 있는 섬들을 방문해 평화로운 나만의 여행을 계획해 보자. 이시가키지마를 거점으로 전통마을이 원형 그대로 남아있는 다케토미지마와 와일드한 이리오모테지마 등 오키나와를 즐기려면 일주일이 모자라다.

PLAN 본섬의 북부 지역은 관광 스폿이 모여 있는 곳. 렌터카를 픽업해 고속도로를 타고 북부 지역으로 이동, 관광지를 섭렵한 다음 58번 국도를 타고 여유롭게 남하하며 본섬을 돌아보고 주변 섬들로 이동해 여행을 즐긴다. 본섬 나하는 쇼핑의 중심지. 나하 여행은 되도록 여행 말미에 잡아야 여행 도중 득템한 물건들로 짐의 노예가 되지 않는다.

식사 섬 각각의 특산물이나 향토 요리는 그 지역이 아니면 본고장의 맛을 느낄 수 없다. 향토 요리는 한번은 꼭 먹어볼 것. 신선한 섬 채소나 과일로 만든 샐러드나 디저트들을 듬뿍 섭취해 건강도 챙기자.

숙소 장기 섬 투어를 목적으로 한다면 섬의 페리 터미널 인근에 숙소를 정하고 각 섬으로 페리를 타고 가는 것이 피로가 덜하고 편하게 여행할 수 있다. 보통 터미널 주변에 음식점, 숍들이 몰려 있어 여러 가지로 편리하다.

주의사항 기후나 도로 상황에 따라 섬의 교통은 가변적이다. 버스나 배를 놓치거나 하는 돌발 상황은 여행지 어디서나 일어날 수 있는 일. 나중에는 여행지의 에피소드가 되니 여유를 즐기자.

이동 오키나와 본섬을 여행할 생각이라면 시간 제약이 없는 렌터카를 이용하면 편리하다. 섬과 섬 사이 교통수단은 비행기나 페리를 이용한다.

TIP 야에야마 제도 여행 시 하루 동안 다케토미지마와 이리오모테지마를 둘러보는 여행투어 상품을 이시가키 페리터미널에 있는 여행사에서 판매하고 있다. 하루쯤 투어 상품을 이용하는 것도 괜찮은 선택.

STEP 02
PLANNING

[1일 나하]
11:55 나하공항으로 입국
13:30 모노레일 타고 나하 도심으로 이동
14:00 호텔 체크인. 모노레일 타고 슈리성 공원으로 이동. 류큐찻집 아시비우나에서 점심식사. 슈리성과 긴조초 이시다타미미치 돌길 관광과 산책
17:00 모노레일 아사토역에 있는 사카에마치 시장으로 이동.

[2일 북부]
09:00 호텔 체크아웃하고 렌터카 픽업
10:00 오키나와 고속도로를 타고 본섬 북부로 이동 84번 도로의 소바거리에서 오키나와 소바로 점심식사
13:00 추라우미 수족관, 비세마을 후쿠기 가로수길 산책
18:00 고리 대교를 타고 고리지마 섬 드라이브. 58번 국도를 타고 북부로 이동. 도로 휴게소 식당에서 향토 요리로 저녁식사
19:00 JAL 프라이빗 리조트 오쿠마 체크인

[3일 중부·북부]
10:00 반짝거리는 바다를 바라보며 아침 조식 후 호텔 체크 아웃. 오키나와 최북단에 있는 헤도미사키로 이동
10:30 헤도미사키 관광. 다이세키린잔에서 얀바루의 자연을 즐기며 가벼운 트레킹
13:00 나키진의 전망 좋은 레스토랑에서 점심식사 후 만자모로 이동, 산책
15:30 요미탄 야치문고사토(도자기마을)에서 작품 감상하며 차 한 잔
16:30 해중도로 관광
19:00 중부 지역 호텔 체크인

[4일 남부]
09:30 호텔 조식 후 본섬 남부로 이동. 니라이카나이 다리, 세화우타키 관광 후 미바루 비치 근처에 있는 하마베노차야에서 식사와 디저트
15:05 나하공항으로 이동. 렌터카 반납
16:10 이시가키지마로 출발
17:00 이시가키공항 도착. 공항버스 타고 이시가키 페리터미널로 이동. 호텔 체크인
18:30 택시 타고 기타우치 목장 하마사키 본점으로 이동, 전국 명품 브랜드 이시가키 흑소고기로 저녁식사

[5일 이시가키지마·다케토미지마]
08:55 이시가키 버스터미널에서 가비라행 버스 탑승. 가비라 만 관광
10:40 가비라 만에서 버스 탑승, 버스터미널로 이동(반드시 버스 스케줄 사전 체크)
12:00 이시가키 페리터미널에서 다케토미지마로 출발. 페리터미널에서 이리오모테 관광투어 사전 예약
12:30 다케토미지마 도착. 호텔 체크인 후 자전거 대여해 섬 여행. 물소차를 타고 전통마을 체험. 하야 나고미 카페에서 전통마을의 풍경을 감상하며 점심식사
17:00 다시 이키가키지마로 돌아가기
18:00 섬 요리 레스토랑 파이누시마에서 로컬사람들 틈에서 식사와 아와모리 한 잔. 섬의 밤 문화를 즐기기

[6일 이리오모테지마]
08:00 아침 조식 일찍 먹고 체크아웃. 페리터미널 여행사에 짐 맡기기
08:40 이시가키지마 출발
09:10 이리오모테지마 도착, 관광 시작

나카마 강 크루즈, 유부지마섬 물소차 타기, 호시스나노하마 해변에서 자유롭게 아이스커피 한잔 즐기며 해변 풍경 감상

17:25 이시가키 페리터미널 도착, 택시로 공항 이동
18:40 미야코지마행 비행기 출발
19:10 미야코지마 도착, 택시로 호텔 이동, 체크인
20:00 미야코지마의 번화가 시모자토 거리의 우사기야 향토 요리도 맛보고 전통 민요 공연 즐기기

[7일 미야코지마]

09:00 호텔에서 렌터카 픽업, 미야코지마 관광 시작
11:30 구리마 대교 근처에서 점심식사
14:00 히가시헨나 곶 등대에서 인력거 타기

15:30 스나야마 비치에서 휴식
17:30 시기라 황금 온천에서 온천 즐기기. 류큐노가제 아일랜드 마켓에서 쇼핑 및 식사
20:00 시모자토 거리에 있는 보클리즈 레시피에서 가볍게 자연산 와인을 즐기며 로맨틱한 섬의 밤 즐기기

[8일 나하]

09:00 호텔 조식, 공항으로 이동, 렌터카 반납
10:55 나하로 출발
11:45 나하 도착, 모노레일 타고 나하 중심지로 이동
12:30 호텔에 짐 맡기고 나하 관광 시작.
18:00 우키시마 가든에서 섬 스타일 건강 요리 즐기기

[9일 중부·나하]

10:00 나하 시외버스터미널에서 미하마 아메리칸 빌리지행 버스(28, 29, 120번) 타고 아메리칸 빌리지 관광, 선셋 비치, 추라유에서 야외 온천 풀장 즐기기
19:00 오모로마치역에서 시외버스 하차. 식사 후 T 갤러리아 오키나와에서 쇼핑.

[10일 나하]

09:00 오키나와 현립박물관·미술관 관람
10:30 호텔로 돌아와 모노레일 타고 나하공항으로 출발

PLANNING 08
일본 속의 다른 일본, 오키나와 역사

오키나와는 섬이 생겨나 지금껏 한 번도 풍파를 겪지 않은 듯 아름답고 화려한 휴양지의 모습이지만, 역사를 들여다보면 아픈 상처를 가진 곳이다. 지금은 일본에 편입됐지만 1429년부터 450년간 슈리성을 거점으로 하는 류큐왕국으로 존재했고, 제2차 세계대전을 겪으면서 미군정의 통치 아래에 있는 등 일본 본토와는 확연히 다른 배경이 오키나와만의 독특한 색을 가장 잘 설명해준다.

1. 류큐왕조 시대(1429~1879년)

오키나와는 아지라는 호족이 지배하던 시대를 지나 14세기 중반에 '삼산三山'이라고 불리는 세력이 지배하는 소국가 체제였다. 그러다 1429년, 중산中山 쇼하시가 북산北山과 남산南山을 통합하면서 슈리성에서 류큐왕조를 열었다. 이후 류큐왕국은 일본, 조선, 동남아시아 등 여러 나라와 활발한 교역을 펼치며 발전하였고, 특히 중국과는 조공을 바치고 책봉을 받는 관계에 있었다. 류큐왕조는 1897년 메이지 신정부에 의해 슈리성이 점령되기 전까지 독자적인 문화를 발전시켰다.

| 오키나와 역사 관광의 기점 슈리성 |

오키나와가 1879년 일본 메이지정부 시대에 일본 본토로 종속되기 전, 류큐왕조의 왕궁이었던 슈리성은 나하시의 대표적 관광 명소이다. 일본 본토의 왕궁들과는 다르게 산호 석회암 돌벽에 둘러싸인 선명하고 붉은색의 왕궁은 류큐왕조의 독자적 건축양식과 더불어 당시 교역이 활발했던 중국의 영향을 받은 흔적이다. 1945년 오키나와 전쟁 시 소실되었다가 최근에 복원되어 지금은 깔끔한 도시 공원으로 정비되었으며, 관광명소답게 슈리성의 입구이자 상징인 슈레이몬 앞은 항상 관광객들의 발길이 끊이지 않는다.

2. 오키나와 전쟁(1945년)

태평양전쟁 당시 오키나와에서는 일본에서 유일하게 육지전이 있었고, 이 전쟁에서 수많은 오키나와 주민들이 희생되었다. 또한 지하에 일본군 사령부가 있었던 슈리성을 비롯해 류큐왕조의 문화재가 파괴되었다. 오키나와전쟁이 끝나던 6월 23일은 '위령의 날'로서 공휴일로 지정되어, 매년 마지막 격부지인 이토만시 평화기념공원에서 추모 위령제가 열리고 있다.

3. 미군 통치 시대(1945~1972년)

오키나와 전쟁이 끝나고 오키나와는 미국이 점령하게 되었다. 1952년 류큐정부가 수립되었고, 미국 법률에 근거한 통치가 이루어졌다. 지금도 현지인들에게 영어로 길을 물어볼 때 본토에 비해 영어에 대한 거부감이 없는 편. 이후 1969년 일본의 사토 수상과 미국의 닉슨 대통령의 합의로 1972년 마침내 일본으로 편입되었다.

4. 일본 편입~현재 (1972년~)

1972년 일본 본토로 편입된 오키나와는 일본 내에서 신혼여행지로 인기를 얻으며, 리조트호텔이 차례차례 오픈했다. 또한 1975년 국제해양박람회가 개최되고 일본 본토에서 인기 있는 관광지로 각광을 받으면서 2000년에는 제27회 주요국 수뇌회담인 '규슈·오키나와 서미트'가 개최되었다. 최근에는 오키나와를 배경으로 한 드라마와 영화가 제작되고, 오키나와 출신의 아티스트가 활약하면서 일본 국내는 물론 한국, 대만, 홍콩 등 아시아 각국 관광객에게 인기를 얻고 있다.

STEP 02
PLANNING

| Theme |
오키나와 문화 아이템

일본인 듯 일본 아닌 일본 같은 오키나와~ 다양한 외국 문화가 역사의 흐름에 따라 들어와 얽히고설키면서 그들만의 독창적이고 개성 있는 문화를 형성했다.
오키나와를 대표하는 아이템들, 뭐가 있을까?

산신 三線

오키나와를 대표하는 현악기로, 일본 본토에서는 샤미센三味線이라 불린다. 원래 중국이 기원이며 오키나와를 통해 일본 본토로 전해졌다고 한다. 본토 샤미센보다 크기가 조금 더 작고 몸통 부분을 뱀 가죽으로 만든 것이 특징이다. 류큐 전통음악에서 팝까지 다양하게 연주되며 3개의 현으로 소리를 낸다. 연주법이 어렵지 않아 산신 연주법을 가르쳐 주는 산신 클래스도 인기 관광 아이템이다.

시사 シーサー

오키나와 방언으로 '사자'를 뜻한다. 이집트의 스핑크스에서 기원했다고 전해지며 실크로드를 통해 14세기경 중국에서 오키나와 사자상 형태로 전해졌다는 설이 유력하다. 오키나와에서는 주택 앞이나 지붕 위에 시사가 있는 풍경이 흔하며 좋지 않은 기운을 막아주는 수호신 역할을 한다. 입을 벌리고 있는 것은 수컷으로 복을 불러들인다고 해서 오른쪽에, 입을 다문 것은 암컷으로 재난을 들이지 않는다는 의미로 왼쪽에 둔다. 고쿠사이도리 기념품 가게에서 시사를 테마로 한 여러 가지 기념품을 팔고 있다.

야치문 やちむん

야치문은 오키나와 도자기를 뜻한다. 류큐 교역시대부터 중국을 비롯한 동남아시아 각국의 영향을 받으면서 독자적으로 발전해 왔다. 전쟁 전에는 물이나 된장을 담는 항아리로 만들어졌고 전후에는 주로 접시나 그릇 등 실용적 목적으로 만들어 항상 사람들 가까운 곳에 존재하는 생활도자기 성격이 강하다. 참신한 색깔이나 디자인이 등장하는 현대에도 소박하고 질리지 않는 감각이 여전히 전해져 내려오고 있다.

류큐 유리 琉球硝子

오키나와 전쟁 이후 미군 군정의 지배 동안 새로운 오키나와의 유리공예문화가 생겼는데 바로 류큐 유리공예이다. 미군 기지에서 나오는 콜라나 맥주 빈병을 원료로 컵, 그릇 등을 만들어 판매하면서 시작되었고 지금은 오키나와를 대표하는 유리공예품 중 하나가 되었다. 하나하나 수작업으로 완성해 개성 있으며, 빈병의 재활용이라는 측면에서 자연친화적 아이템이다.

에이사 えいさー

오키나와에서 이어져 내려오는 추석 전통무용 봉오도리의 일종으로, 조상의 영령을 송영하기 위해 청년들이 노래와 음악에 맞춰 춤을 추면서 마을을 행진하는 의식이다. 최근에는 북을 들고 춤을 추는 스타일이 많아졌고, 춤 자체를 감상하기 위해 각 지역 에이사를 모아서 이벤트를 개최하기도 한다. 또한 에이사 형태를 접목시킨 대중음악이나 창작 에이사 그룹도 있어, 에이사 축제 기간이면 오키나와의 흥겹고 개성 있는 에이사 문화를 체험할 수 있다. 에이사 축제는 추석(음력 8월 15일) 다음 주의 토·일요일, 오키나와 고자운동공원에서 열린다(www.zentoeisa.com).

빈가타 紅型

빈가타는 오키나와를 대표하는 염색 기법 중 하나로 남국의 자연풍경을 그대로 옮겨 담은 듯 선명한 색깔의 염색 직물들을 말한다. 직물 위에 직접 색을 칠하고 그 위에 선명한 색을 한 번 더 덧씌우는 세밀한 작업을 거친다. 15세기 류큐왕조 시절 일본 본토, 중국, 동남아시아의 문화를 흡수하여 오키나와의 독자적 염색물로 발전하였다. 류큐왕조 시대에는 왕족이나 귀족 여성들만 착용할 수 있었던 고급스러운 천이었지만, 현재는 티셔츠나 가방, 생활 인테리어 용품 등에 다채롭게 이용되고 있고, 저렴한 가격의 선물용 아이템도 많다.

찬프루 문화 ちゃんぷる

찬프루는 채소와 두부를 섞어서 볶은 오키나와 가정식 음식을 말하는데, 오키나와 이자카야에 가면 고야 찬프루(고야), 후 찬프루(면), 다마나 찬프루(양파, 양배추), 마미나 찬프루(두부, 숙주나물)처럼 메인 재료를 앞에 붙인 찬프루 메뉴를 볼 수 있다. 한편 역사적으로 동남아시아, 중국, 일본, 미국 등의 문화가 섞여 있는 오키나와 문화를 찬프루 문화라고도 하며, 찬프루의 어원은 인도네시아어 'Campur(섞다)'가 오키나와에 전해졌다는 설이 있다.

PLANNING 09

오키나와 여행 만들기

오키나와 직항편이 신규 취항으로 늘어나면서 가장 뜨거운 여행지로 급부상하고 있는 오키나와. 오키나와 여행을 결정한 이상, 출발 전까지 항공권 구매부터 숙소, 예산 짜기, 교통 등 함께 체크리스트를 만들어 꼼꼼하게 준비하면 짧은 여행 기간이라도 알차게 쓸 수 있다. 현지에서 우왕좌왕하는 실수를 줄이고 두 배 즐거운 여행 플랜을 짜보자.

여행 형태와 기간은?

오키나와 직항편이 있는 나하국제공항에서 시작해 나하 시내와 중부, 북부를 여행하는 것이 가장 일반적인 방법이다. 개인차가 있지만 본섬만 여행한다면 4~5일 정도, 주변 섬까지 여행하려면 일주일 이상 넉넉하게 일정을 잡는 것이 좋다.

여행 시기, 언제가 좋을까?

오키나와는 3월 중순부터 10월까지 해수욕을 즐길 수 있는 휴양지다. 1~2월경의 겨울 평균 기온은 17도 정도. 3월이면 이미 초여름 날씨가 되니, 거의 연중 가벼운 차림으로 생활할 수 있다. 여름방학 시즌이나 일본 골든위크엔 일본 국내 여행객들이 많으므로, 가장 호텔이 비싼 시기이다. 해수욕이 가능한 시즌 중에서 3월 중순에서 4월, 그리고 9월, 10월에는 현지 호텔 프로모션 등을 잘 체크하면 할인된 가격으로 오키나와 여행을 즐길 수 있다. 해수욕이 아니라면 2월과 11월의 오키나와를 여행하는 것도 꽤나 상쾌하다.

오키나와 여행 예산은?

본섬에서의 여행이라면 시외버스를 이용할 수도 있지만, 대중교통이 불편한 북부 지역은 렌터카를 이용하는 것이 좋다. 숙박비를 제외한 시내 교통비, 식사비, 간식비 등으로 하루 3,000~5,000엔 정도로 계산하면 된다. 4박5일 렌터카를 이용한 여행이라면 현지 비용으로 40,000엔 정도.

오키나와 숙박비는?

게스트하우스는 3,000엔 정도, 비즈니스급의 시티호텔은 5,000~8,000엔, 그리고 오키나와 스타일의 소규모 호텔과 대형 리조트호텔은 10,000~20,000엔 정도로 가격과 스타일이 천차만별이다. 오키나와의 최고급 서비스를 즐길 수 있는 럭셔리 호텔까지 오키나와의 숙소는 매우 다양하고 찾아보면 나를 위한 숙소도 무척 많으니 나에게 최상의 조건을 찾도록 하자.

항공 스케줄은?

2023년 5월 현재 대한항공, 아시아나항공, 제주항공, 진에어, T-way가 오키나와 노선을 운행하고 있다. 인천-나하 간 비행시간은 대략 2시간 15분이며, 서비스와 가격에 따라 맞춤 선택하면 된다. 저가항공사에서는 파격 할인가의 티켓도 종종 판매한다. 단, 저렴할수록 변경 및 취소가 불가능하거나 취소 수수료가 붙기도 하는 등 조건이 까다로우니 구매하기 전 꼼꼼히 확인해야 한다. 오키나와 본섬과 함께 이시가키지마섬을 거점으로 한 야에야마 제도를 여행하는 경우, 나하에서 일본트랜스오션항공(JTA), 류큐에어커뮤터(RAC), 전일본공수(ANA), 솔라시드에어 등의 일본 국내선 항공편으로 환승하면 된다. 이시가키공항까지 약 1시간 소요된다.

대한항공(매일) kr.koreanair.com

편명	인천 출발	오키나와 도착
KE755	08:05	10:25
편명	오키나와 출발	인천 도착
KE756	09:55	12:15

아시아나항공(매일) www.flyasiana.com

편명	인천 출발	오키나와 도착
OZ0172	09:40	11:55
편명	오키나와 출발	인천 도착
OZ0171	13:00	15:20

제주항공(매일) www.jejuair.net

편명	인천 출발	오키나와 도착
7C1802	13:30	15:45
편명	오키나와 출발	인천 도착
7C1801	16:35	18:55

진에어(매일) www.jinair.com

편명	인천 출발	오키나와 도착
LJ245	10:35	12:50
편명	오키나와 출발	인천 도착
LJ246	13:50	16:05
편명	부산 출발	오키나와 도착
LJ241(화·목·토)	08:05	10:05
편명	오키나와 출발	부산 도착
LJ242(화·목·토)	11:05	13:00

티웨이항공(매일) www.twayair.com

편명	인천 출발	오키나와 도착
TW8271	11:30	14:00
TW271	14:05	16:20
편명	오키나와 출발	인천 도착
TW8272	14:50	18:10
TW272(토·일)	17:30	19:45

피치항공(매일) www.flypeach.com

편명	인천 출발	오키나와 도착
MM906	16:10	18:25
편명	오키나와 출발	인천 도착
MM905	13:10	15:30

*항공 스케줄은 항공사 사정에 따라 수시로 변경될 수 있으니 항공사 운항 정보를 확인하자.

PLANNING 10
오키나와 교통 완전정복

일본 본토와 달리 자동차 중심사회인 오키나와에서 대중교통을 이용해 여행하기란 쉽지 않다. 나하시는 모노레일, 버스 등 대중교통이 잘 갖추어져 있지만 그 외 오키나와 지역과 주변 섬들을 여행하려면 아무래도 렌터카나 투어 상품을 적절히 활용하는 것이 좋다.

나하공항에서 목적지까지 이동하기

1. 나하 시내 ▶ 모노레일
나하 시내를 가로지르는 모노레일(p.190)이 가장 편리하다. 나하공항 국내선 터미널 2층에서 모노레일 나하공항역으로 바로 연결되며 마키 시역까지 16분 정도 소요된다. 한편 택시를 타면 나하공항에서 고쿠사이도리까지 1,500엔~2,000엔 정도다.

2. 중부·북부 ▶ 고속버스
나하공항에서 111번 고속버스나 120번 나고니시공항선을 타면 오키나와 중부와 북부로 이동할 수 있다.

111번

나하 버스터미널 — 기노완시(중부) — 기타나카구스쿠손
나고시 버스터미널 — 긴부초(북부) — 우루마시 — 오키나와시

120번

나하 버스터미널 — 우라소에시(중부) — 기노완시
나고시 버스터미널 — 온나손(북부) — 요미탄손 — 차탄초

3. 중부·북부 ▶ 리무진버스
국내선 터미널 1층에 위치한 리무진버스 티켓 카운터에서 구매하거나, 각 리조트 호텔 프런트에서 구매할 수 있다. 구입 전 숙박할 호텔 이름을 확인하고 노선을 체크할 것. 리무진버스의 출발 시간은 국내선 도착 시간에 맞춰 정해져 있지만, 지역별로 1일 2~3회, 성수기에는 편수가 더 추가 되므로 미리 홈페이지에서 출발 시간을 확인하고 이용하면 된다.

전화 098-869-3301(공항리무진 안내센터)
Fax 098-869-3302
홈페이지 okinawabus.com

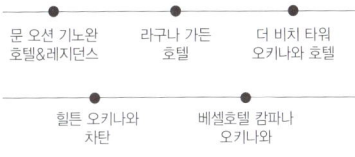

A 에어리어
- 문 오션 기노완 호텔&레지던스
- 라구나 가든 호텔
- 더 비치 타워 오키나와 호텔
- 힐튼 오키나와 차탄
- 베셀호텔 캄파나 오키나와

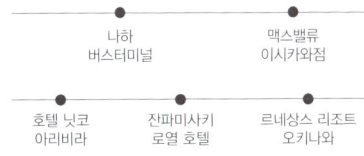

B 에어리어
- 나하 버스터미널
- 맥스밸류 이시카와점
- 호텔 닛코 아리비라
- 잔파미사키 로열 호텔
- 르네상스 리조트 오키나와

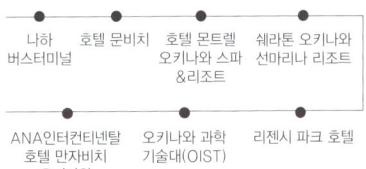

C 에어리어
- 나하 버스터미널
- 호텔 문비치
- 호텔 몬트렐 오키나와 스파&리조트
- 쉐라톤 오키나와 선마리나 리조트
- ANA인터컨티넨탈 호텔 만자비치 오키나와
- 오키나와 과학기술대(OIST)
- 리젠시 파크 호텔

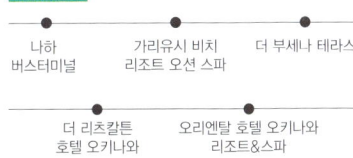

D 에어리어
- 나하 버스터미널
- 가리유시 비치 리조트 오션 스파
- 더 부세나 테라스
- 더 리츠칼튼 호텔 오키나와
- 오리엔탈 호텔 오키나와 리조트&스파

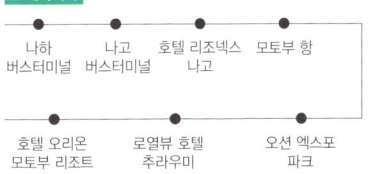

E 에어리어
- 나하 버스터미널
- 나고 버스터미널
- 호텔 리조넥스 나고
- 모토부 항
- 호텔 오리온 모토부 리조트 앤 스파
- 로열뷰 호텔 추라우미
- 오션 엑스포 파크

교통수단

1. 렌터카

오키나와에서 대중교통을 이용해 여행하기란 쉽지 않다. 특히 주변 섬들은 한두 시간에 한번 꼴로 버스를 운행하거나 대중교통이 가지 않는 곳도 많다. 그렇다보니 오키나와 여행의 대세는 아무래도 렌터카를 이용하는 것. 일본 차선이 우리나라와 반대라고 해서 너무 두려워하지 말자. 덜덜 떨며 초긴장 상태로 운전대를 잡더라도 한 시간쯤 지나면 한 손으로 핸들을 잡고 등을 기댄 채 운전하게 될 테니. 비교적 운전 매너도 좋고 대부분의 지역은 차가 많지 않아 안전한 운전이 가능하다. 렌터카 이용 전에 현지 운전에 대한 기본 정보와 도로 신호 및 운전 시 주의사항, 내비게이션 사용법 등을 반드시 확인하고 이용하도록 하자. 본 섬 외에도 이시가키지마, 미야코지마 등 각 섬마다 렌터카회사 시스템이 잘 갖추어져 있고, 익숙해지면 구석구석 마음대로 다닐 수 있는 자유와 즐거움을 느낄 수 있다.

렌터카 이용방법

전화나 인터넷으로 직접 예약하거나 여행사, 항공사에 연계된 렌터카 서비스를 예약할 수 있다. 필요 서류는 국제운전면허증과 여권 사본. 차량 대수가 한정돼있기 때문에 성수기에는 인기 모델을 미리 예약해 두는 것이 좋다. 한국어버전이 있는 렌터카 사이트도 있고, 일본어나 영어라도 스텝별로 선택만 하면 되므로 생각보다 예약하기 어렵지 않다. 만 6세 이하의 어린이가 동행하는 경우는 어린이용 카시트가 의무화되어 있으니, 예약 시 확인하도록 하자. 국내 여행사에서 에어텔 상품과 렌터카 예약을 함께 할 수 있는 상품도 있으니 여행 패턴에 맞추어서 선택하면 된다. 24시간 기준 1,000cc 이하의 경차는 약 4,700엔, 하이브리드카는 9,450엔 정도로 국내 렌터카 비용과 비교해도 크게 비싸지 않다.

- TOYOTA 오키나와 공항점 Tel 098-857-0100
  Web www.rent.toyota.co.jp(영어 예약 가능)
- OTS 렌터카 Tel 0120-34-3732
  Web www.otsrentacar.ne.jp(한국어 예약 가능)
- 닛산 렌터카 오키나와 Tel 098-867-4123
  Web nissan-rentacar.com/kr(한국어 예약 가능)
- 닛폰 렌터카 Tel 0800-500-0919
  Web www.nipponrentacar.co.jp(영어 예약 가능)
- 오릭스 Tel 098-851-0543
  Web car.okitour.net
- 여행박사 Tel 070-7017-2100
  Web www.tourbaksa.com
- 하나프리 Tel 1577-1233 Web www.hanafree.com

공항에서 렌터카 픽업

예약 시 도착 편을 미리 이야기해 두면 스태프가 공항 로비에서 기다리며, 셔틀버스를 타고 렌터카 영업소로 가서 접수하면 된다.

호텔에서 렌터카 픽업

렌터카 영업소에서 호텔까지 픽업 서비스를 하는 경우도 있지만, 픽업 서비스가 없는 경우 버스나 택시로 렌터카 영업소까지 직접 방문해야 한다. 픽업 서비스에 추가 요금이 발생할 수 있다.

나하 시내에서 렌터카 픽업

호텔이 모여 있는 곳 주변으로 렌터카 업체가 있지만 주소 찾기가 쉽지 않다면 T 갤러리아 오키나와 면세점에 있는 렌터카 사무소를 이용할 수 있다.

렌터카 반납

가솔린을 가득 채운 상태에서 빌리고 반납 시 다시 가득 채워서 돌려준다. 보통 렌터카 회사 근처에 주유소가 있다. 원래 빌린 영업소에서 반납하는 것이 일반적이지만 같은 회사의 다른 지점이나 공항에서 반납할 수 있도록 하는 서비스도 있고, 비용을 지불하면 호텔에서 반납할 수도 있으니, 렌터카 이용 스케줄에 맞추어서 선택하면 된다.

운전 주의사항

❶ 절대 잊지 말 것! 일본은 차량이 좌측통행을 하는 몇 안 되는 나라 중 하나이다. 금방 익숙해지니 겁먹을 필요는 없지만 낯선 곳에서 방심은 금물이다. 운전석과 진행 방향이 한국과 반대이며 깜빡이는 오른쪽, 와이퍼는 왼쪽으로 비 오는 날 간혹 당황할 수 있다.

❷ 좌측통행이라 주차장에 들어갈 때 제일 헷갈린다. 많은 사고가 주차장에 들어갈 때 일어나는데 들어가는 입구가 우리랑 반대라는 것을 기억할 것. 호텔 출입 시 특히 유의하자.

❸ 운전 중 내비게이션 조작 금지. 일본 차량의 경우 드라이브 상태일 때 목적지 검색 등을 할 수 없고, 반드시 P상태나 핸드브레이크가 당겨진 상태에서만 조작할 수 있다. 출발 전에 장소를 체크하여 루트를 확인한 후 천천히 출발한다.

❹ 삼색 신호등으로 한국과 같다. 단 신호등 밑에 방향등 신호가 있는 경우는 우회전 신호를 받고 크게 우회전을 하면 되지만, 우회전 방향등 신호가 없는 경우에는 초록 주행 신호에 비보호 주행이다. 단 반대쪽 직진 차량이 있으면 양보하고, 횡단보도에 사람이 건너지 않는 것을 확인하고 크게 우회전해서 주행한다.

❺ 적신호에도 우회전이 되는 한국과 달리 일본에서는 좌회전도 청신호를 받고 통과하며, 좌회전 시 횡단보도도 청신호로 바뀌니 좌우를 살피고 출발해야 한다. 한편 신호에 상관없이 정지선에서는 일단 정지 후 출발해야 한다.

❻ 다이코代行라고 부르는 대리기사 시스템이 있다. 가까운 거리는 2,000엔 정도로 저렴하진 않지만 음주 시 가게에 부탁해서 꼭 이용하자.

> **Tip 나하에서 주행 시 주의사항**
> 고쿠사이도리는 매주 일요일 12시에서 18시까지 보행자천국(트랜짓 몰)이 실시된다.
> 보행자천국 실시 시간 중에는 교통 규제가 있고, 노선버스도 우회로로 운행을 하므로 일반 차량도 원칙적으로 진입 금지된다. 또한 평일 출퇴근 시간의 노선 확보와 정체 완화를 위해 버스 차선 규제가 있는데, 이 시간대에 일반 차량이 통행하면 벌금을 내야 할 수도 있으니 주의가 필요하다.

내비게이션 작동 방법

한국 내비게이션과 순서나 작동 방식도 거의 비슷하다. 처음엔 조금 어색하지만 몇 번 사용하다 보면 금방 익숙해진다. 검색 시 전화번호나 맵코드(6~10자리의 번호)를 미리 알고 있으면 언어에 상관없이 검색할 수 있어 편리하다. 하지만 유명한 관광지가 아닌 레스토랑, 숍의 경우 맵코드가 없고 전화번호나 주소로도 자세한 검색이 어려울 수 있다. 주변 관광지나 명소로 찾아간 후 근처에서 입간판 등의 표식을 따라 가면 된다. 버튼을 터치하면 목적지가 표시되고, 목적지 설정 후 안내 개시 버튼을 터치하면 출발~ TOYOTA 렌터카에서는 한국어 내비게이션도 선택할 수 있으니 필요하면 예약 시 선택하도록 하자.

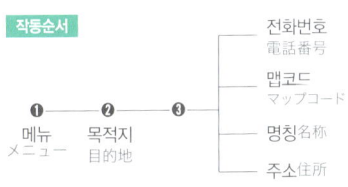

> **Tip 구글맵 활용하기**
> 일본은 핸드폰 로밍의 혜택을 비교적 잘 누릴 수 있는 편. 가고자 하는 곳의 한자 지명을 폰에 입력해 두었다가 필요할 때 구글맵에 복사해 사용하면 빨리 위치를 찾을 수 있다.

2. 택시

비싸지만 그래도 서비스 만점인 일본택시. 일본 택시는 친절하고 매너 좋기로 유명하다. 택시 도어가 자동으로 개폐되며 짐 운반 등도 도와준다. 먼 거리는 너무 비싸므로 대중교통 이용이 애매한 곳 이동에 잘 활용하면 좋다. 일반적으로 소형 기본요금(1.8km)은 560엔이며, 저녁 10시 이후부터 20%의 심야할증료가 추가된다.

3. 시외버스

나하에서 남부, 중부, 북부로 이동할 때 이용하는 시외선 중 가장 빠른 버스는 고속버스 111번이다. 나하 시내를 지나지 않아 단 1시간 45분만에 주파하며, 배차 간격은 25~45분이다. 가능한 나하 시내에서는 모노레일과 시내 노선버스를 이용하고, 버스를 타고 시외로 이동할 때에는 나하버스터미널에서 목적지와 출발 시간을 잘 확인하고 이용하자. 동전이 없는 경우, 승차요금 기계 앞에 있는 환전기에 지폐를 넣고 환전한 후 지불한다.

> **Talk 섬마다 그 섬만의 시간이 있다**
> 오키나와의 일반도로에서 제한속도는 60km, 가장 스피드를 낼 수 있는 고속도로에서는 80km(일부 60km) 정도다. 오키나와에서는 마음이 급해도 천천히 달려야 한다. 게다가 주변 섬으로 들어가면, 오키나와 본섬보다도 더 천천히 그들만의 시간으로 달리는 것을 느낄 수 있다. 신호가 없는 교차로가 많고, 느리고, 차량도 그다지 많지 않다. 앞차에 너무 붙어서 가는 것도 예의에 어긋나니 그 섬의 시간을 즐기는 여유를 갖자.

한국어 가이드가 동행하는 1일 버스투어

오키나와 남부와 북부의 인기 관광 스폿을 한국어로 부담 없이 여행하는 방법. 북부 투어는 T 갤러리 오키나와 면세점에서 오전 8시에 출발해 추라우미 수족관, 나고 파인애플 파크, 만자모 등을 돌아보는 데 10시간 정도 소요된다. 남부 투어는 현청 앞(류보 백화점 맞은 편)에서 오전 9시에 출발하는 오키나와 월드행과 9시 30분에 출발하는 이토만 방면 중 끌리는 쪽을 선택하면 된다. 남부 투어는 7시간 소요. 4시간 동안 알짜배기만 도는 반나절 남부 투어도 있다.

Data 전화 070-7447-5749(서울), 098-917-5588(오키나와) 요금 북부 투어 65,000원~, 남부 투어 각각 48,000원~ (어른 기준) 홈페이지 www.jinotour.com

오키나와 버스 정기관광버스 & 기획버스투어

오키나와 버스의 버스투어 상품으로 테마와 소요 시간에 따라 4가지 코스를 선택할 수 있다. 홈페이지와 전화로 예약할 수 있으며, 나하공항 국내선터미널 1층 여행사를 통해서도 가능하다. 버스는 나하시청 맞은 편의 ㈜오키나와버스 본사 정기관광버스 승강장에서 출발한다. 좌석에 여유가 있을 경우 출발 직전이라도 현장에서 티켓을 구매할 수 있다. 기본은 일본어로 안내하지만 관광지에 도착해 버스에서 내리기 전 돌아와야 할 시간을 피켓에 적어주니 일본어를 못해도 충분히 이용 가능하다. 렌터카를 이용하지 않고 나하 시내에서 휴가를 즐기는 사람이라면 하루 정도 가볍게 북부 추라우미 수족관까지 여행할 수 있는 B코스를 추천한다.

Data 오키나와버스 주소 沖縄県那覇市泉崎1-10-16 전화 098-862-6737 홈페이지 okinawabus.com

	코스	루트	출발시간	요금
정기 관광 버스	A코스 남부 전쟁유적지 & 오키나와 월드	오키나와버스 본사 → 구해군사령부 방공호 → 히메유리의 탑 → 오키나와 평화공원 → 오키나와 월드 → 나하버스터미널	08:30 (7시간 소요)	어른 5,200엔, 어린이 3,100엔 (오키나와 월드 입장료, 식사 포함)
	B코스 추라우미 수족관 & 나키진 성터	오키나와버스 본사 → 만자모 → 오리온 모토부 리조트&스파 → 추라우미 수족관 → 나키진 성터 → 나고 파인애플 파크 → 나하버스터미널	08:45 (10시간 소요)	어른 7,000엔, 어린이 3,600엔 (나키진 성터 입장료, 식사 포함, 수족관 입장료 불포함)
기획 버스 투어	중부 관광지 코스	오키나와버스 본사 → 류큐무라 → 자키미 성터 → 오카시고텐 요미탄본점 → 자키미구스쿠 성터 → 미치노에키 가데나 → 비오스의 언덕 → 오키나와버스 본사	08:30 (8시간 30분 소요)	어른 5,500엔, 어린이 4,500엔 (류큐무라, 비오스의 언덕 입장료, 식사 포함)
	나하 세계 문화유산 코스	오키나와버스 본사 → 다마우둔 → 슈리성 공원 → 긴조초 이시다타미미치 → 시키나엔 → 오키나와버스 본사	13:00 (4시간 소요)	어른 4,000엔, 어린이 3,000엔 (다마우둔, 슈리성 공원, 시키나엔 입장료 포함)

| Theme |
오키나와 본섬만으로는 부족해! 여행사 섬 투어 프로그램

야에야마 제도의 여러 섬을 빠르고 효율적으로 보고 싶다면 여행사의 투어 프로그램을 추천한다.
야에야마 제도는 관광업이 발달한 곳이라 여행사 투어 프로그램이 다양하고 체계적이다.
버스나 페리 탑승 시 가이드에게 시간 체크하는 것만 잊지 않는다면 일본 관광객들 틈에서 즐겁게
여행할 수 있다. 이시가키 페리터미널 내에 있는 여행사들 중 한 곳을 골라 예약 신청하면 된다.

히라타 관광 平田観光
42년 전통의 야에야마 제도 관광을 주로 하는 여행사. 솔로 여행, 여자 여행, 이시가키지마 섬에서의 세그웨이 투어 등 다양한 여행 상품이 있다.
Data 주소 沖縄県石垣市美崎1番地 石垣港離島ターミナル内 전화 0980-82-6711
홈페이지 www.hirata-group.co.jp

안에이 관광 安栄観光
이시가키지마와 야에야마 제도를 연결하는 정기 운항선을 운영하고 있다. 정기 운항선 승선권과 섬 내 여행 상품 등을 판매하고 있으며 함께 구입할 경우 더욱 저렴하게 구매할 수 있다.
Data 요금 이시가키지마~다케토미지마 왕복 1,520엔
전화 0980-83-0055 홈페이지 www.aneikankou.co.jp

야에야마 제도의 섬을 세 곳 이상 방문한다면
가리유시 패스 かりゆし周遊券

총 10개의 항로를 최대 4일간 자유롭게 이용할 수 있는 패스. 야에야마 관광페리가 운항하는 전 항로를 이용할 수 있기 때문에 아주 열심히 단기간에 주변 섬을 모두 훑고 싶은 사람들에게 추천한다. 다케토미지마(편도 790엔, 왕복 1,520엔)와 이리오모테지마(오하라항 편도 2,060엔, 왕복 3,960엔)만 갈 생각이라면 요금 면에서는 메리트가 없다. 이시가키 페리터미널에 있는 야에야마 관광페리 매표소에서 구매할 수 있고, 승선 전 승선권으로 교환 후 사용한다. 유효 기간 내 1항로당 2번 왕복 가능하며 하루 두 개 이상의 섬에 갈 예정이라면 아침에 한꺼번에 미리 발급해 놓는 것이 편하다.

Data 야에야마관광페리 八重山観光フェリー
요금 3일권 어른 8,800엔, 어린이 4,400엔, 4일권 어른 9,800엔, 어린이 4,900엔
전화 0980-82-5010 홈페이지 yaeyama.co.jp/josen.html

01 이곳이 정녕 일본? 열대천국 오키나와 비치 셀렉트
02 바닷속으로 풍덩~ 오키나와 해양 스포츠
03 가족, 연인과 함께 즐기는 색다른 바다 체험
04 바다가 아니어도 해야 할 것 가득! 정글 체험
05 느리게 여행하는 가장 완벽한 방법 자전거 여행
06 오키나와 렌터카 로망, 드라이브길 BEST 5

Step 03
Enjoying

오키나와를
즐기다

07 오키나와의 가로수길, 우키시마도리 & 뉴파라다이스도리
08 영화의 섬, 오키나와
09 오키나와 최신 문화 트렌드가 있는 뮤지엄 & 갤러리 숍
10 마음을 비우고 또 채우고, 오키나와의 추천 도예 & 시사 체험 코스
11 리얼 오키나와! 슬로우 라이프를 즐기는 오가닉 쿠킹 클래스

ENJOYING 01

이곳이 정녕 일본?
열대천국 오키나와 비치 셀렉트

풍경이 밋밋하지 않아 눈이 즐겁고 비치 시설도 잘 구비되어 있는 오키나와 비치에서 파우더 같은 하얀 모래에 발을 쑥 넣어 모래의 감촉을 느껴보자. 빛에 따라 시시각각으로 변하는 아쿠아 블루의 오묘함도 즐겨 보자. 제트스키를 타고 바다를 가로질러보는 것도 좋다. 암튼 오키나와 하면 역시 비치!

풍경 굿~ 투명도 오키나와 비치가 최고
오키나와 본섬 비치 BEST 5

잔잔한 바다에서 물놀이를 즐긴다면
에메랄드 비치 エメラルドビーチ

해양박공원 옆에 위치한 비치로 순백색의 모래해변과 초록빛 바다의 조화가 아름답다. 인공비치라 산호가 없어 스노클링 포인트는 아니지만 공원 내 비치인 만큼 관리가 잘 되어 수질이 좋고 멀리 이에지마섬까지 보여 전망도 좋다. 공원 내 추라우미 수족관을 보고 바로 비치에서 해수욕을 즐길 수 있어 아이 동반 여행이라면 동선이 편리한 비치 중 하나이다.

Data **지도** 302p-F **가는 법** 나하공항에서 국도로 3시간, 고속도로로 2시간(교다 IC에서 28km). 또는 나하공항에서 얀바루 급행버스 타고 기념공원앞 정류장 하차(2시간 20분). 나고버스터미널에서 65, 66, 70번 버스 타고 기념공원앞 정류장 하차(54분) **주소** 沖縄県国頭郡本部町石川424 **전화** 0980-48-2741(해양박공원) **운영시간** 4~9월 08:30~19:00(10월 ~17:30)

물놀이도 쇼핑도 즐긴다면
아라하 비치 アラハビーチ

젊음의 거리인 미하마 아메리칸 빌리지 남쪽에 위치한 아라하 비치는 아라하 공원 내에 있으며 깨끗한 관리로 현지인은 물론 관광객에게 높은 인기를 얻고 있다. 야외무대나 잔디광장, 분수, 농구코트 등이 있고, 해양 액티비티도 즐길 수 있다. 가장 큰 장점은 역시 중부 최대의 쇼핑 지역인 미하마 아메리칸 빌리지가 인근에 있다는 점. 아라하 비치에서 북쪽으로 도보 약 25분, 차로 약 8분 거리에 있는 쇼핑 지역은 데포 아일랜드, 데포 빌딩, 이온 백화점, 영화관 등 볼거리 즐길 거리가 넘쳐난다.

Data **지도** 267p-B **가는 법** 나하공항에서 차로 40분. 또는 나하공항에서 나고시 공항선 120번, 나하버스터미널에서 63번 타고 한비타운앞 정류장에서 내려(45분) 도보 5분
주소 沖縄県中頭郡北谷町北谷2-21 **전화** 098-936-0077
운영시간 4월 중순~10월 말 09:00~17:00(시기별로 변동)

본섬 최고의 물 투명도를 자랑하는 로컬 비치
세소코 비치 瀬底ビーチ

모토부 반도에서 다리로 이어지는 세소코지마섬에 있는 천연 비치. 뛰어난 물 투명도로 유명해 오키나와에서도 손꼽히는 비치 중 하나이다. 얕은 수심의 해안가에서도 선명한 색상의 열대어들을 볼 수 있고, 무릎까지만 다리를 담그고 있으면 열대어 무리가 다리 사이로 헤엄쳐 다닌다. 약 700m의 롱비치에서 이에지마섬, 민나지마섬을 조망할 수 있고 석양 또한 아름답다.

Data **지도** 302p-F
가는 법 나하공항에서 차로 2시간 10분
주소 沖縄県国頭郡本部町瀬底5750
전화 0980-47-2386
운영시간 4월 하순~10월 중순 09:00~17:00 (7~9월 ~17:30)
요금 주차장 1,000엔
홈페이지 www.sesokobeach.jp

질 좋은 천연모래와 투명한 바다
이케이 비치 伊計ビーチ

이케이지마섬 입구에 위치해 있다. 미세한 천연모래가 이어지는 비치로 조수간만의 차가 적기 때문에 시간에 신경 쓰지 않고 수영할 수 있다. 샤워시설 등 편의시설이 잘 갖추어져 있고 대여용품도 충분하다. 캠핑과 바비큐 파티를 즐길 수 있는 것도 장점인데 약간의 제약사항이 있다. 개인 바비큐 조리기구 반입은 금지하고 있으며 음식 재료를 가져올 시 조리기구와 텐트를 대여해준다. 해변 바비큐 파티를 원할 시 미리 예약하면 음식부터 텐트까지 모두 대여 가능하다(홈페이지 참조). 해변 캠핑을 원할 경우엔 텐트를 대여할 수 있고, 텐트를 가져오지 않았다면 쿨러룸(에어컨과 콘센트만 있는 방)에서 별 헤는 밤을 제대로 체험해볼 수 있다. 해변 캠핑족은 아무래도 외국인보다는 현지인이 다수지만 예약시스템이 간단하기 때문에 한 번 도전해 볼만하다.

Data 지도 269p-H
가는 법 나하공항에서 차로 70분
주소 沖縄県うるま市与那城伊計405
전화 098-977-8464
운영시간 4~10월 10:00~17:00
요금 중학생 이상 시설 이용료 400엔(캠핑 600엔), 샤워이용 200엔, 텐트&의자&테이블 당일 (대)3,000엔, (소)2,000엔, 1박 (대)3,500엔, (소)2,500엔, 개인텐트 자리 이용료 500~1,000엔, 바비큐(고기, 야채, 조미료, 철판, 가스) 1인분 1,600엔
홈페이지 www.ikei-beach.com

산책을 즐길 수 있는 부담 없는 비치
미바루 비치 新原ビーチ

약 2km에 달하는 천연 비치. 수영을 하지 않는 사람도 대만족인 비치가 이곳! 비치를 따라 특이한 형태의 크고 작은 돌섬들이 풍경화의 한 장면처럼 물 위로 솟아 있다. 수심이 깊지 않아 간조 때는 산호초까지 걸어갈 수 있기 때문에 옷을 입은 채로 비치를 즐길 수도 있다. 글라스보트 체험이나 보트 대여, 매점, 레스토랑 등의 시설도 있어 오키나와 본래의 소박한 풍경 속에서 바다를 만끽할 수 있다.

Data 지도 243p-E
가는 법 나하공항에서 차로 40분
주소 沖縄県南城市玉城字百名 1599-6 **전화** 098-948-1103 (미바루 비치 마린센터)
운영시간 비치 4월 말~9월 말, 글라스보트 09:00~16:00
요금 주차료 1일 500엔, 샤워&탈의실 이른 300엔, 어린이 200엔, 글라스보트 어른 1,700엔, 어린이 900엔,
홈페이지 www.mi-baru.com

호텔 앞 비치가 그냥 딱 내 눈 앞에, 편의성 짱 시설도 짱
오키나와 본섬 리조트 앞 비치 BEST 6

오키나와의 리조트는 거의 서쪽 해안에 몰려 있다. 리조트들 대부분이 비치를 끼고 있어 숙박을 하면서 편리하게 비치를 이용하고 해양 액티비티도 즐길 수 있다. 리조트에 숙박하지 않아도 약간의 비치 이용료를 내면 비치와 리조트 수영장, 편의시설을 이용할 수 있으니 호텔 내 액티비티 카운터나 비치에 딸린 마린센터를 방문해 신청하자.

북부 얀바루의 자연으로 둘러싸인 비치
오쿠마 비치 オクマビーチ

자연경관이 뛰어난 얀바루 지역에 위치한 비치. 오쿠마 프라이빗 비치&리조트 내에 위치한 약 1km에 달하는 비치로 스포츠 액티비티를 위한 다양한 시설이 있다. 리조트가 몰려있는 중부지역 비치들에 비해 사람이 적기 때문에 좀 더 한적하고 깨끗한 비치 분위기를 즐길 수 있다.

Data 지도 299p-C 가는 법 나하공항에서 차로 약 2시간 교다 IC에서 36km 주소 沖縄県国頭郡国頭村字奥間 913
전화 0980-41-2222(오쿠마 프라이빗 비치&리조트)
운영시간 09:00~18:00
요금 비치 이용료(샤워 가능) 어른 1,500엔, 어린이 1,000엔
홈페이지 okumaresort.com/

360도 해중전망탑과 글라스보트를 즐길 수 있는
부세나 비치 ブセナビーチ

오키나와에서도 투명한 바다로 유명한 곳으로, 나고시에 있는 최고급 리조트인 부세나 테라스 호텔 앞에 위치한 비치다. 유리창을 통해 360도 바닷속 조망이 가능하다. 산호초나 열대어를 가까이 관찰할 수 있는 해중전망대와 해저를 볼 수 있는 글라스보트 선착장이 있는 부세나 해중공원이 바로 옆에 있어 관광지로도 유명하다.

Data 지도 300p-F
가는 법 나하공항에서 차로 1시간 10분(교다 IC에서 5km)
주소 沖縄県名護市字喜瀬1808
전화 0980-51-1333 (더 부세나 테라스 호텔)
운영시간 09:00~17:00 (7월~8월 ~18:00)
요금 비치 이용료(샤워 가능) 1인 3,300엔, 해중전망탑&글라스보트 어른 2,100엔, 중학생 이하 1,050엔
홈페이지 www.terrace.co.jp/busena(더 부세나 테라스 호텔), www.busena-marinepark.com/korea(부세나 해중공원)

만자모의 절경이 한눈에 들어오다
만자 비치 万座ビーチ

ANA 인터콘티넨탈 만자 비치 리조트 앞에 위치한 약 220m의 기다란 비치. 순백의 백사장과 탁월한 투명도, 게다가 아름다운 풍광으로 유명한 만자모의 장관까지 즐길 수 있는 만족도 최고의 비치 중 하나이다. 북부 온나손의 만자모는 해안을 따라 기암괴석들이 독특한 형상으로 뻗어 있어 오키나와의 절경 중 하나로 드라마, 뮤직 비디오 촬영지로 인기가 높다. 한편 만자 비치 리조트의 '마린팩' 해양레저 패키지 세트는 하루 종일 비치에서 액티비티를 즐기고 싶은 사람들에게 적합한데 제트스키, 씨워크, 만자모 관광, 요트 크루즈, 스탠드업 패들보드 등 다양한 해양 액티비티가 준비되어 있다.

Data 지도 300p-J
가는 법 나하공항에서 차로 1시간 (야카 IC에서 7km)
주소 沖縄県国頭郡恩納村瀬良垣2260 **전화** 098-966-1211 (ANA 인터컨티넨탈 만자 비치 리조트)
운영시간 09:00~17:00(시기마다 변동) **요금** 입장 무료, 골든위크, 7월~9월에는 500엔, 마린팩 패키지 세트 어른 5,500~13,000엔(성수기 요금), 어린이 5,000~12,000엔
홈페이지 www.anaintercontinental-manza.jp

Tip 해파리 주의
5~10월 사이 해파리가 출몰하는 시기에는 드물게 수심 50cm의 얕은 곳에서도 해파리를 볼 수 있다. 사고가 잦은 것은 아니지만 해파리 방지 그물 안에서 수영하는 것이 좋고, 안전수칙도 지키도록 하자.

바다를 감상하다 듀공을 발견할지도 몰라
카누차 비치 カヌチャビーチ

오키나와 자연에 둘러싸인 카누차 리조트 앞의 비치. 약 3,000년 전부터 성장하고 있는 조몬 산호가 군생하는 카누차 비치의 보드라운 모래 비치에서 물놀이를 즐기거나 글라스보트 등 체험을 할 수 있다. 또한 비치 앞바다는 세계적 희귀종인 듀공의 출몰지로도 유명하니, 거대한 몸놀림으로 유유히 헤엄치는 듀공과의 만남을 기대해보자.

Data 지도 301p-G 가는 법 나하공항에서 고속도로로 1시간 30분(교다 IC에서 21km). 또는 나하공항에서 카누차 셔틀버스로 1시간 40분(2,200엔, 홈페이지 예약) 주소 沖縄県名護市字安部156-2 전화 0980-55-8880 (카누차 리조트) 운영시간 3월 말~10월 말 09:00~18:00 요금 비치 이용료(샤워 가능) 어른 1,650엔, 어린이 550엔 홈페이지 www.kanucha.jp

워터버드 타고 새처럼 수중 탐험하기
비비 비치 이토만 美々ビーチいとまん

사잔 비치 호텔&리조트 오키나와 바로 앞에 위치한 비치로, 해변 휴양과 해양 스포츠를 즐길 수 있는 곳이다. 수중 체험을 새로운 느낌으로 즐길 수 있는 워터버드를 비롯해 스노클링, 바나나보트 등 다양한 체험 아이템이 준비되어 있다. 워터버드는 수중 보드를 배 옆에 장착, 마스크를 끼고 가만히 앉아 수중 잠수를 즐길 수 있는 레저로 새가 나는 것처럼 스피디하고 안전하게 해저를 감상할 수 있다. 워터버드 문의 098-994-1419(이치마린)

Data 지도 242p-D 가는 법 나하공항에서 차로 20분 주소 沖縄県糸満市西崎町1-6-15 전화 098-840-3415 운영시간 4월 말~10월 말 09:00~18:00(7~8월 ~19:00) 요금 워터버드(60분) 어른 8,100엔, 어린이 7,020엔, 스노클링 5,500엔, 바나나보트 1,650엔 홈페이지 bibibeachitoman.com

해양생태계가 살아 숨 쉬는 비치
니라이 비치 ニライビーチ

호텔 닛코 아리비라 앞에 펼쳐져 있는 니라이 비치는 일몰로 유명한 천연 비치. 리조트 앞 비치지만 자연이 그대로 보존되어 있어 바다거북이 산란을 할 만큼 살아 있는 오키나와의 자연을 느낄 수 있는 곳이다. 비치 앞바다는 다양한 해양 생태계의 모습을 간직하고 있어 스노클링과 다이빙을 즐기기에도 완벽한 조건. 저녁이면 동중국해 너머로 해가 지는 것을 볼 수 있어 멋진 저녁놀을 감상하며 낭만적인 데이트를 즐길 수 있다.

Data 지도 268p-B 가는 법 나하공항에서 차로 40분 주소 沖縄県読谷村儀間600 전화 098-982-9111(호텔 닛코 아리비라) 운영시간 4~10월 09:00~18:00 요금 글래스 보트 2,500엔, 스노클링 4,500엔 홈페이지 www.alivila.co.jp

ENJOYING 02

바닷속으로 풍덩~ **오키나와 해양 스포츠**

오키나와는 언제나 여름의 섬이다. 짧은 겨울을 제외하면 수영, 스쿠버다이빙, 스노클링 같은 해양 레포츠들을 언제든 즐길 수 있다. 그냥 느긋하게 비치에 앉아 쉬러 왔다가도 눈앞에서 서핑을 즐기는 구릿빛 피부들을 보면 배워보고 싶은 욕구가 불끈 불끈~

스노클링

나하항에서 크루즈로 20분이면 도착하는 무인도
나간누지마섬 스노클링 ナガンヌ島 | Nagannu Island

나하에서 서쪽으로 15km 떨어져 있는 나간누지마섬은 나하의 도마린 항구에서 고속선으로 20분이면 도착하는 오키나와 최고의 스노클링 스폿이다. 순백의 산호 모래사장과 투명한 에메랄드 바다색이 일품. 편의시설이 전무한 다른 무인도 비치와는 달리 탈의실, 샤워시설, 화장실, 매점, 게스트 하우스 등 편의시설이 완벽하게 갖추어져 있고 스노클링 외에도 씨워크, 보트 스노클링 투어 등 다양한 액티비티를 즐길 수 있다. 바다거북의 산란장소이고 멸종 위기의 철새들의 휴식처이기도 해 섬 내부에 출입 금지 구역도 있고, 샤워 시 비누나 샴푸 사용도 금지하고 있으니 주의할 것. 수영 가능 구역에서 스노클링을 하는 경우 구명조끼를 반드시 사용해야 한다. 스노클링 스쿨에 참가하려면 일본어가 가능해야 한다.

Data 지도 201p
가는 법 나하 도마린 항구에서 크루즈 타고 20분
주소 沖縄県那覇市泊3-14-2 (도마린 항구)
전화 098-860-5860
요금 샤이니 나간누지마 1일 플랜 (왕복 크루즈) 4~6·10월 어른 5,800엔, 어린이 4,800엔, 7~9월 (중식 포함) 어른 7,400엔, 어린이 6,400엔, 스노클링 세트 대여(구명조끼 포함 1일) 1,500엔
홈페이지 www.nagannu.com

무인도에서 즐기는 유유자적 레포츠
게라마 제도 바다 카약 & 스노클링 慶良間諸島 | Kerama Islands

카약과 스노클링을 동시에 즐길 수 있는 체험으로, 바다 카약과 얕은 물에서 하는 스노클링을 즐길 수 있다. 강사가 설명해 주고 동행하기 때문에 초보자도 안심하고 탈 수 있지만, 언어적인 제약이 있으니 일본어가 가능하다면 도전해보자. 오전에 숍으로 집합해 간단한 교육을 받은 후 카누를 타고 무인도로 들어가 스노클링과 식사를 즐긴다. 운이 좋으면 게라마 제도의 거북이를 보는 행운도 누릴 수 있다. 다시 카누를 타고 들어오는 일정으로 느긋하고 다양하게 오키나와 바다를 즐기고 싶은 사람들에게 적합하다.

Data 네이처랜드 카약스 지도 201p 가는 법 자마미 항구에서 도보 10분 주소 沖縄県島尻郡座間味村座間味 426 전화 098-987-2187 요금 1일 투어 어른 12,650엔, 초중생(6세 이상) 7,150엔 홈페이지 okinawakayak.jp

자연광이 선사하는 푸른 신세계 속으로
아오노 동굴 스노클링 투어 青の洞窟 | Blue Cave

오키나와 본섬 온나손의 마에다 곶에 위치한 아오노 동굴은 동굴 안으로 들어온 자연광이 물에 투과되어 신비로운 청록색 빛을 발하는 해저 세계다. 동굴의 이름인 '아오青' 역시 푸른빛을 뜻하는 일본어. 원래는 태풍 등으로 풍파가 거세질 때 작은 배들의 피난처로 사용되었던 곳이라 한다. 오키나와는 다이빙이나 스노클링을 주 목적으로 오는 레저 여행객도 많은데 아오노 동굴에서 스노클링을 하면서 열대어를 감상하는 코스는 가장 인기 있는 스노클링 프로그램 중 하나이다. 위험하지 않고 어린이도 충분히 체험 가능하다. 다이빙 체험을 한다면 물 안에서 동굴 입구를 향해 고개를 들어볼 것. 마치 물고기가 하늘을 나는 듯한 몽환적인 광경을 목격할 수 있다. 초급자용부터 전문가용까지 다양한 코스가 마련되어 있으며, 바다 카약과 동굴 스노클링을 함께 하는 코스가 가장 인기 프로그램. 보통 2~3시간 정도 소요되며 잠수복을 착용하기 때문에 겨울에도 투어가 가능하다.

Data 톰파린 잠파점 **지도** 268p-B **가는 법** 나하공항에서 차로 55분 (이시가키IC에서 5.4km) **주소** 沖縄県国頭郡恩納村前兼608番地 **전화** 098-989-0207(톰파린 후차쿠 지점) **요금** 스노클링 1인 5,850엔 **홈페이지** www.top-mf.com

스노클링과 다이빙 모두 최적의 비치
오도 해안 스노클링 大度海岸 | Odo Coast

오키나와 본토 남부 이토만시에 위치한 비치. 존 맨 비치라고도 불리는데, 조난당한 미국인 존 맨이 상륙한 장소라 하여 붙여진 이름이다. 이곳의 매력 포인트는 다른 비치에서 볼 수 없는 다양한 산호 군락. 스노클링만으로 경이로운 바다 세계를 감상할 수 있다. 오전 만조 시간에 아름다운 산호의 자태를 감상하며 스노클링을 즐기다가, 간조 때가 되면 물이 빠져 스노클링 대신 산책을 하며 바위의 바다 생물을 관찰할 수 있다. 다이빙 포인트로도 유명하며 나하에서 30분 정도면 갈 수 있어 현지인들이 많이 오는 비치이다.

Data **지도** 242p-E **가는 법** 나하에서 차로 30분 **주소** 沖縄県糸満市大度 240-7 **전화** 098-840-3100(이토만시 관광협회)

남부 무인도에서 즐기는 스노클링
고마카지마섬 스노클링 コマカ島 | Komaka Island

다채로운 산호들과 형형색색의 열대어들이 유유히 헤엄치는 오키나와의 투명한 에메랄드 바다는 스노클링을 하기에 최적의 장소이다. 그중에서도 남부 치넨 마을 앞바다에 있는 아주 작은 무인도 고마카지마는 섬 전체가 비치인데다 물 안은 열대어와 산호초가 그득그득해 눈이 호사스러울 정도. 쨍쨍한 햇빛을 받으면 형용할 수 없이 아름다운 수중 세계를 체험할 수 있다. 본섬에서 고속정으로 15분 거리로 수영, 다이빙, 스노클링을 모두 즐길 수 있는 최상의 장소. 섬 중간에 숲이 우거진 작은 언덕이 있어 휴식하기도 좋다. 다만 화장실 외에는 편의시설이 없으니 음료, 음식, 파라솔 등 필요한 것을 승선 전 미리 준비해야 한다. 치넨 반도의 치넨 해양레저센터에서 투어 신청 및 섬 픽업 서비스를 제공하며, 스노클링 스쿨은 일본어 가능자만 할 수 있다.

Data 지도 243p-B 가는 법 나하에서 국도 331호를 따라 치넨 방면으로 40분 타고 고속선으로 10분 주소 沖縄県南城市知念字久手堅 676 (치넨해양레저센터) 전화 098-948-3355 요금 픽업 서비스 3,000엔 (7월~8월 3,500엔), 스노클링 세트 대여 1,500엔, 구명조끼 대여 500엔

 Tip

스노클링 주의사항
❶ 모든 해양 스포츠의 기본인 준비 운동은 철저히 한다.
❷ 구명조끼를 반드시 착용하고, 2인 1조로 움직이자. 불의의 사고가 일어났을 때 주위에 사람이 없으면 큰 사고로 이어질 수 있으니, 가이드에게서 멀리 떨어지지 않도록 한다.
❸ 마스크에 물이 들어갔을 경우 어떻게 제거하는지 미리 숙지한다.
❹ 고개를 너무 숙이면 스노클에 물이 들어가니 시선을 전방 아래로 유지한다.
❺ 스노클링 중 일어서려는 경우 배영처럼 얼굴이 하늘을 향하게 몸을 돌려 몸을 일으킨다.
❻ 수영할 때는 오리발로 천천히 크게 헤엄친다.
❼ 무엇보다 안전이 가장 중요하다.

다이빙

상상, 그 이상의 감동
고래상어 다이빙 ジンベエザメダイビング

추라우미 수족관의 유리벽 안 고래상어를 보는 것만으로 만족할 수 없다면? 바로 눈앞에서 어마어마한 크기에 압도당하고 싶다면 고래상어와 함께 하는 다이빙이 있다. 오키나와에서 가장 인기 있고 역동적인 다이빙 투어로 3~4m 가까이에서 고래상어와 함께 수영하고 심지어 만져볼 수도 있다(만 10세 이상부터 신청 가능. 미성년자는 보호자와 함께 참가). 어류 중 가장 큰 어종인 고래상어는 열대 아열대 해역에 서식하는 종으로, 오키나와에서는 5~6월에 많이 볼 수 있다. 길이는 최장 20m 정도이고 덩치에 맞지 않게 성격은 온순한 편. 고래상어 서식지는 요미탄항에서 800m 정도밖에 떨어져 있지 않고 요미탄손 항구에서 다이빙 포인트까지 보트로 10분 정도 이동한다. 다이빙 코스를 운영하는 톱마린(잠파점)에서는 중부 지역 호텔까지 송영 버스 서비스도 시행한다.

Data 톱마린 잠파점 지도 268p-F
가는 법 나하공항에서 차로 약 55분, 요미탄손 어업협동조합 B1 **주소** 沖縄県中頭郡読谷村字都屋33
전화 098-956-0070(일본어) **요금** 고래상어 다이빙(장비, 승선비, 보험 포함) 13,700엔 **홈페이지** www.top-mz.com

신비스러운 동굴 탐험
아오노 동굴 다이빙 青の洞窟ダイビング

마에다 곶에 위치한 아오노 동굴은 스노클링 스폿으로도 환상적인 곳이지만 다이버들에게도 꼭 한 번쯤 도전하고픈 미지의 세계다. 동굴 안으로 들어가면 바다를 그냥 바라볼 때의 푸른색과는 차원이 다르다. 빛이 만들어 낸 신비하고 미묘한 푸른 바다를 체험하게 된다. 암흑의 동굴 입구를 뚫고 들어오는 빛 사이로 유영하는 열대어군을 보고 있으면 아찔한 흥분이 느껴질 정도. 다이빙투어 회사에서 가이드 1인당 두 사람의 다이버로 입수하기 때문에 초보자도 안심하고 할 수 있다. 보통 숍에 도착해 다이빙 슈트로 갈아입고 보트를 타고 아오노 동굴로(동굴까지 약 5분) 가서 다이빙 장비 장착 후 다이빙을 즐긴다. 숍 대부분 샤워시설이나 탈의실 등의 편의시설을 잘 갖추고 있다.

Data 톱마린 후차쿠점
지도 268p-B **가는 법** 나하공항에서 차로 55분(이시가키 IC에서 5.4km)
주소 沖縄県国頭郡恩納村前兼608番地
전화 098-989-0207(일본어)
요금 다이빙코스 1인 12,650엔 **홈페이지** www.top-mf.com

다이빙 마니아라면 바다거북과 함께
게라마 제도 다이빙 慶良間諸島ダイビング

오키나와 남서쪽에 위치한 게라마 제도는 배로 약 50분 거리에 위치해 있고 물 투명도가 높아 다이빙 포인트로 인기가 높다. 다양한 어종이 살고 있고 운이 좋다면 바다거북과 함께 수영하는 기회도 잡을 수 있다. 보통 다이빙 스쿨에서는 나하항에서 출발, 게라마 제도로 넘어가 다이빙 보트로 갈아탄 후 다이빙 체험이 가능하다. 단 바다거북과 함께 다이빙을 하려면 우선 다이빙 자격증을 소지한 10세 이상의 건강한 신체여야 한다.

Data 난쿠루다이버
지도 201p 가는 법 나하에서 58번 도로 따라 온나손 방면으로 45분, 가네쿠 해변공원 옆
주소 沖縄県中頭郡嘉手納町水6-17-17 シーハウス1F
전화 098-982-8908(난쿠루 다이버즈)
요금 보트 다이빙 14,300엔
홈페이지 www.nankurudivers.com

\Talk/

SDI 다이빙 자격증 따기
오키나와의 많은 다이브 센터에서 국제공인 다이버 자격증인 SDI 강습을 하고 있다. 초급부터 고급까지 레벨이 다양하니 오키나와의 심해를 즐기며 자격증도 따고 싶다면 도전 피라니아 다이버즈는 SDI/TDI 자격증 과정을 운영 중이다. PADI 자격증은 난쿠루 다이버에서 운영 중이니 선택하면 된다.
Data 피라니아 다이버즈 오키나와(영어, 독어, 일본어 가능)
지도 302p-J 가는 법 나하공항에서 온나손 행 버스 20번, 120번 타고 인부키보 가오카에서 하차. 또는 북부 방향 공항리무진 버스 타고 가리유시 비치 리조트 역에서 하차(픽업 서비스 가능) 전화 098-967-8487 주소 沖縄県国頭郡恩納村字名嘉真2288-532 요금 SDI 디스커버 다이빙 코스 20,000엔~ (교재별도)
홈페이지 www.piranha-divers.jp

Tip 오키나와는 세계 다이버들의 성지
오키나와는 약 20m에 달하는 길이의 거대한 고래상어, 거북이, 대형 가오리 만타 등 한국에서 볼 수 없는 이국적 어종이 풍부할 뿐 아니라 함께 수영을 하거나 만져볼 수도 있어 색다른 경험을 선사한다. 다이빙 자격증이 없어도 초보자용 체험 다이빙이 있고, 노련한 강사진도 많으니 한번 시도해보자.

ENJOYING

자격증 있는 다이빙 마니아들의 최고 스폿
이시가키지마섬 다이빙 포인트 石垣島 | Ishgaki Island

게라마 제도의 이시가키지마 북부 지역은 산호초가 풍부한 바다 생물체의 낙원으로 다이버들의 성지다. 커다란 가오리 만타와 수영할 수 있는 유명한 다이빙 스폿 '만타 스크럼블'을 비롯해 다채로운 열대어를 감상할 수 있는 곳들이 많다.

이시가키지마섬 다이빙 포인트
石垣島ダイビングポイント

1. 이바루마 리프
다이내믹한 지형이라 큰 물고기도 많고 열대어 색이 다채롭다.

2. 요네하라 지역
수심이 얕은 완만한 다이빙 포인트다.

3. 만타 스크럼블
가비라 만 앞바다. 만타와 수영할 수 있는 최고 인기 스폿이자 다이버들이 이시가키지마섬에 오는 이유다.

이시가키지마 다이빙 스쿨

다이빙 스쿨 바다 강좌
ダイビングスクール海講座

안전관리에 철저하며 혼자서도 이용할 수 있는 스쿨. 만타를 만날 수 있는 스폿까지 매일 출항한다.
Data **가는 법** 픽업 서비스 요청 가능 **주소** 沖縄県石垣市川平 1287-97 **전화** 0980-88-2434 **요금** 체험다이빙 18,000엔~ **홈페이지** umicoza.jp

바다의 교실 うみの教室

스태프와 시설이 잘 완비되어 있고 이시가키지마 바다에 대해 잘 아는 다이빙 숍.
Data **가는 법** 이시가키공항에서 차로 20분, 이시가키지마 이바루마 농원石垣島伊原間農園 옆 **주소** 沖縄県石垣市伊原間 4-96 **전화** 0980-89-2191 **요금** 만타 코스(장비, 보험 포함) 24,750엔 **홈페이지** umikyo.com

솔레 스쿠버 다이빙 서비스
ダイビングサービス ソレイユ

초보자도 깊이 5m에서 체험 다이빙과 스노클링을 즐길 수 있다. 가비라 만의 만타 포인트에서 다이빙을 즐길 수 있다. 풀페이스 마스크를 착용해 코로 숨을 쉬며 다이빙을 즐길 수 있는 것이 특징.
Data **가는 법** 이시가키공항에서 차로 35분 **주소** 沖縄県石垣市新栄町53-15 **전화** 0980-87-0434 **요금** 풀페이스 체험 다이빙 17,600엔 **홈페이지** www.soleil-ile.com

크루징 투어

오키나와 바다를 자유롭게 달려보자
크루징 투어 Cruising Tour

크루즈를 타고 오키나와 바다를 누비는 크루징 투어를 기본으로 스노클링, 체험 스쿠버 다이빙, 낚시, 선셋 크루즈 등 다양한 마린 액티비티를 즐길 수 있다. 사전 예약제로 진행되며 당일 신청 인원이 4명 이상이여야 출발 가능하다(기노완 마리나에서 출발). 한편 크루즈 차터(대여)도 가능하다. 38인승 크루즈를 대여 시 제트스키 1대와 8인승 바나나보트, 3인승 비스킷튜브, 낚시장비 7세트 및 미끼를 포함해 한국인 스태프가 동반한다.

Data 전화 070-7663-9649(한국어 가능) 요금 크루즈 선상 스노클링&해양스포츠(바나나보트/비스킷 튜브 등 택일) 12500엔, 선셋 크루즈 5000엔, 선상 체험 낚시 10500엔, 크루즈 차터(38인승) 반일 250,000엔, 1일 350,000엔

서핑

오키나와 토박이의 서핑, 스케이트보드, 아트 숍
그린 더 보드 컬처 Green THE BOARD CULTURE

오키나와에서 평생을 살아온 오키나와 토박이가 운영하는 숍으로 서핑보드와 스케이트보드, 서핑 관련 매거진 등도 판매한다. 나하공항에도 지점이 있고, '오키나와는 일본 본토와 달라요'라고 말하는 토박이 주인의 자긍심도 높이 살만하다.

Data 지도 184p-E 가는 법 나하공항에서 58번 도로 이용 차로 25분 주소 沖縄県宜野湾市大山2-1-6
전화 098-898-7373
운영시간 12:00~19:00(목요일 휴무, 그 외 부정기 휴무)
홈페이지 www.island-bros.com

프로 강사의 즐거운 레슨
해피 서핑 오키나와 HAPPY SURFING OKINAWA

미국인 프로 서핑 강사가 운영하는 서핑 스쿨. 주인이자 서퍼인 대니 밀라도 씨는 세계 여러 서핑 대회들에 참여했고 캘리포니아, 하와이에서 서핑 강사로 일하다 오키나와의 파도에 반해 이곳에 정착했다고 한다. 영어로 수업이 가능하며 요미탄 지역에 위치해 있다. 스탠드 업 패들보드 레슨도 가능하다. 도미토리가 있는 게스트 하우스도 운영하고 있어 정말 전문적으로 서핑을 파고 싶은 사람에게 적합하다.

Data 지도 268p-F
가는 법 나하공항에서 차 타고 북쪽으로 1시간, 토리이 스테이션 미군시설 근처 **주소** 沖縄県中頭郡読谷村都屋431-3
전화 090-1943-8654
요금 초급자 서핑 레슨(서핑보드 포함) 15,000엔
홈페이지 happysurfingokinawa.com

바다 위를 걷는 제일 쉬운 스포츠
스탠드 업 패들보드 Stand Up Paddle Board

힘 안 쓰고 서핑의 기분을 즐길 수 있는 스탠드 업 패들보드는 긴 보드 위에 서서 노를 젓는 해양 스포츠다. 하와이에서 유행하던 것으로 서핑보드와 카약을 버무려 놓은 형태인데, 파도가 적은 조용한 비치에서 마치 바다 위를 걷는 것 같은 기분을 느낄 수 있다. 처음에는 바다 위에서는 것이 어색하고 무섭지만 금방 익숙해지는 해양 스포츠 중 하나.

Data
호텔 닛코 아리비라 마린스포츠
가는 법 나하공항에서 차로 60분. 또는 나하공항 리무진 버스 B에어리어 타고 1시간 30분
주소 沖縄県読谷村儀間600
전화 098-982-9622
(내선 6800 마린하우스)
요금 체험 레귤러 코스(30분) 3,500엔(예약 필수)
홈페이지 www.alivila.co.jp

| Theme |
서퍼들에게 오키나와 바다란?

한국에서도 색다른 여름 스포츠로 각광받기 시작한 서핑. 서핑 인기에 힘입어 새로이 주목받는 곳이 바로 오키나와다. 한국에서 가까우면서도 서핑하기 최적의 파도 조건을 가진 오키나와는 한국의 숙련된 서퍼들이 즐겨 찾는 지역. 이미 일본 서핑의 메카로 여름이면 서핑을 배우거나 타러 오는 일본 젊은이들로 넘쳐나고 서핑 스쿨도 많다. 하와이 지형과 비슷한 편으로, 특히 오키나와현 북부는 조류가 강하고 파도가 세서 전문 서퍼들에게 인기 있는 스폿들이 많다. 산호가 많은 바다라 반드시 조류와 지형에 능한 전문가의 조언과 레슨을 받고 바다로 뛰어들 것. 4~5월은 파도가 약해 초급자가 배우기 최적의 시기다. 무엇보다 서핑은 날씨 영향을 많이 받으므로 안전을 위해 레슨 예약을 하더라도 취소될 경우가 있다.

체험서핑 体験サーフィン

처음 서핑에 입문하는 사람들도 가볍게 체험할 수 있는 서핑 코스를 운영하는 서핑 스쿨이 많다. 체험 시간은 3시간부터 하루 종일까지 다양하게 있다. 일단 숍에서 서핑 슈트로 갈아입고 준비운동을 한 다음 해안에서 설명을 듣고 연습을 한다. 육상 훈련 후 바다로 들어가 반복 연습을 하다 보면 처음엔 일어서기 쉽지 않지만 일단 한 번 성공한 다음부터는 그 매력에서 헤어날 수 없는 것이 바로 서핑이다. 모든 장비의 대여가 가능하며 다이빙 스쿨에서 보통 게스트하우스도 함께 운영하는 경우가 많아 장기로 머물면서 서핑을 배울 수 있다.

ENJOYING

ENJOYING 03

가족, 연인과 함께 즐기는 **색다른 바다 체험**

오키나와는 여름과 바다의 섬. 물에 뛰어들어 수상 스포츠를 즐기지 않더라도 바다를 만끽하는 방법이 다양하다. 거대한 희귀 바다생물들과 함께라서 더욱 흥분되고 생동감 넘치는 체험들이 오키나와 곳곳에!

오키나와 하면 떠오르는 그 곳
오키나와 추라우미 수족관 沖縄美ら海水族館

오키나와 여행에 대한 기사나 광고에 꼭 나오는 단골 스폿. 그만큼 매력적인 공간이다. 오키나와의 바다를 테마별로 재현해 놓은 세계 최대 규모의 수족관으로 해양박공원 내에 있다. 고래상어와 쥐가오리 등 한국에는 없는 대형 어종들을 만나볼 수 있는 세계 최대급의 수조가 있으며, 수족관은 바다로의 초대, 산호초 여행, 구로시오로의 여행, 심해로의 여행이라는 4가지 테마로 꾸며져 있다. 바다 같은 수조를 바라보고 있으면 마치 심해로 들어가는 듯한 느낌을 받으며 마음이 편안해진다.

Data **지도** 302p-F **가는 법** 나하공항에서 고속도로로 2시간. 나하공항에서 얀바루 급행버스 타고 기념공원앞 정류장 하차(2시간 20분). 또는 나고버스터미널에서 65, 66, 70, 111, 117 버스 타고 기념공원앞 정류장 하차 후 도보 10분 **주소** 沖縄県国頭郡本部町石川424 **전화** 0980-48-3748 **운영시간** 3~9월 08:30~20:00, 10~2월 08:30~18:30(마감 1시간 전까지 입장, 12월 첫째 수·목요일 휴관) **요금** 어른 2,180엔, 고등학생 1,440엔, 초중생 710엔 **홈페이지** churaumi.okinawa

크루즈에서 석양을 즐기며 와인 한잔
디너 크루징 Dinner Cruising

나하항에서 출발하는 객선을 타고 2시간 디너 크루즈를 만끽할 수 있다. 대형 선박이므로 배 멀미 걱정은 접어둘 것. 석양을 바라보며 오키나와의 식재료로 만든 요리를 음미하고, 라이브로 들려주는 음악도 감상할 수 있다. 디너는 코스별로 다른데 최고급 코스인 CATTLEYA COURSE에는 쇠고기 안심 스테이크와 랍스터가 함께 나온다. 날씨에 따라 좌우되는 투어 중 하나지만, 맑은 날 일몰 풍경을 만나게 된다면 오키나와를 떠올릴 때 한참동안 붉게 물든 저녁놀만 떠오를 정도로 장관이다. 2일 전까지 사전예약은 필수.

Data 웨스트마린
가는 법 나하부두 선대합소에서 출발(모노레일 아사히바시역에서 도보 10분)
주소 沖縄県那覇市通堂町2-1
전화 098-866-0489
운영시간 4~9월 17:45~19:30, 10~3월 17:00~18:45
요금 5,200엔~
홈페이지 ja.westmarine.co.jp

보트에서 즐기는 바다 속 풍경
글라스 보트 Glass-bottom boat

바닥 한 면이 유리로 되어 있어 배 위에서 오키나와의 푸른 바닷속을 유유히 헤엄치는 물고기 떼를 비롯해 형형색색의 해중 생물을 들여다볼 수 있다. 글라스 보트에 일단 탑승하면 산호와 열대어 보는 재미에 시간 가는 줄 모른다. 사전 예약제로 진행돼 2인 이상 출발 가능하나, 정원이 12명이라 성수기에는 이용자가 많으니 미리 확인해 두는 것이 좋다. 당일 날씨와 해상 상황에 따라 시간 등의 변동, 중지되는 경우가 있으며, 초등학생 이하는 반드시 보호자를 동반해야 한다.

Data 호텔 닛코 아리비라 마린스포츠
가는 법 나하공항에서 차로 60분. 또는 나하공항에서 리무진버스 B에어리어 방향으로 1시간 30분 **주소** 沖縄県読谷村儀間600 **전화** 098-982-9622(내선 6800 마린하우스) **요금** 어른 2,500엔, 4세~초등학생 2,000엔 **홈페이지** www.alivila.co.jp

겨울에만 누릴 수 있는 특별한 바다여행
웨일 왓칭 Whale Watching

매년 겨울이 되면 번식을 하기 위해 찾아오는 흑고래를 자마미지마섬 앞바다에서 배를 타고 만나볼 수 있다. 담당 직원이 전망대에서 고래의 움직임을 주시하고 있기 때문에 고래를 만날 수 있는 확률이 높다. 흑고래 출몰 시즌은 12월 말부터 3월 말까지 오전, 오후 각 2회씩 투어가 있고 약 3~4시간 정도 소요된다. 호텔 픽업 서비스가 있다. 일부 이용할 수 없는 호텔도 있으니 미리 확인하자. 2일 전까지 예약 필요.

Data 마린 클럽 베리 나하점
가는 법 나하공항에서 차로 15분 **주소** 沖縄県那覇市港町2-3-13
전화 0120-10-5578(한국어 대응 가능) **요금** 어른 5,480엔, 만6세~12세 4,480엔 (승선비·가이드비 포함) **홈페이지** www.berry7.com/lang/ko

ENJOYING 04

바다가 아니어도 해야 할 것 가득!
오키나와 정글 체험

오키나와 여행에서 신나는 액티비티는 빠질 수 없는 체험 중 하나. 할 수 있는 액티비티가 가득해서 고르는 것이 힘들 지경이다. 수영 할 만큼 했다, 바닷속도 볼 만큼 봤다, 그럼 이젠 오키나와의 밀림 속으로 떠나보자.

카약

오키나와에서 제일 긴 물줄기 따라 즐기는 카약
히지야가와 맹그로브 카약 투어
比謝川マングローブカヤック | 히지야가와강

히지야가와는 요미탄손과 가데나초의 경계를 흐르는 하천으로 오키나와에서 제일 큰 강이다. 오키나와 전쟁 당시에는 화물선을 운행하던 유서 깊은 곳이기도 하다. 이 강을 가로지르는 히지야가와 맹그로브 카약 투어는 카약을 저어 맹그로브 숲과 갯벌에 서식하는 생태계를 감상하는 자연 에코 투어다. 카약은 출발 전 약간의 스킬만 익히면 초보자도 쉽게 탈 수 있다. 일단 약속 장소에 모여 장비를 준비한 뒤 체험투어 강의에서 패들 사용법 등을 숙지한 다음 배에 올라 약 1시간의 카약 체험을 한다(총 2시간 소요). 보통 여행사마다 투어 가격에 가이드비용, 카약 장비 대여료, 보험 등이 포함되어 있다. 다만 일본어 중심의 투어 가이드이고 사전 예약제로 진행된다.

Data 웨이브 마린 클럽
가는 법 패밀리마트 요미탄후루겐점読谷古堅店 주차장 내(집합소), 나하공항에서 집합소까지 차로 1시간
주소 沖縄県中頭郡読谷村字古堅654-1 **전화** 098-894-0545(웨이브 마린클럽)
운영시간 08:00, 10:00, 12:00, 14:00, 16:00(4월 말~10월) **요금** 카약 1인 탑승 어른 6,300엔, 어린이 5,300엔, 2인 이상 탑승 어른 5,300엔, 어린이 4,300엔(가이드, 카약 장비 대여, 보험 포함)
홈페이지 wave-net-jp.com/menu/river_kayak

트레킹

오키나와 현지인의 최고 인기 캠핑장
히지오타키 트레킹 比地大滝 | 히지 폭포

북부의 얀바루 지역에 있는 히지오타키는 약 1.5km의 트레킹과 캠핑을 즐길 수 있는 삼림 공원이다. 오키나와 현지인들의 캠핑 장소로 인기가 높은 히지오타키는 히지가와 강 상류에 있으며 높이 26m를 자랑하는 오키나와 본섬 최고의 폭포. 산속에 있는 폭포까지 걸어서 약 40분 소요되며, 중간 중간 쉼터가 있어 힘들이지 않고 걸을 수 있다. 얀바루쿠이나(흰눈썹뜸부기) 등 일본 천연기념물로 지정된 동물들이 살고 있는 오키나와 밀림의 비경을 산책으로만 즐기기 아쉽다면, 삼림 공원 내에 있는 히지캠핑장을 이용해보자. 관리사무실, 화장실, 매점 등 시설이 잘 완비되어 있으며 예약제(전화)로 운영된다.

Data 가는 법 나하공항에서 고속도로 타고 2시간 50분(교다 IC에서 40km)
주소 沖縄県国頭郡国頭村比地781-1
전화 0980-41-3636(히지오타키 캠핑장)
운영시간 4~10월 입장 09:00~16:00 (폐관 18:00), 11~3월 09:00~15:00 (폐관 17:30)
요금 삼림공원 입장료 어른 500엔, 어린이 300엔, 캠핑 사이트 이용료(1박) 2,000엔 **홈페이지** hiji.yuiyui-k.jp

얀바루의 경이로운 트레킹
다이세키린잔 大石林山 | 다이세키린 산

헤도미사키(헤도 곶) 근처의 다이세키린잔에서는 기암석, 거석, 아열대숲, 어린이와 노약자도 즐길 수 있는 전망대 코스를 포함한 4개의 산책 코스가 있다. 각 30분 내외의 산책길로 배리어 프리 코스도 있으며, 여러 가지 표정의 아열대 자연 경관을 체험할 수 있다. 추라우미 전망대 코스에서는 날씨가 좋은 날은 30km 떨어진 가고시마 현 요론지마까지 볼 수 있다.

Data 가는 법 나하공항에서 고속도로 타고 3시간(교다 IC에서 53km)
주소 沖縄県国頭郡国頭村宜名真 1241 **전화** 0980-41-8117
운영시간 09:30~16:30
요금 어른 1,200엔, 소인 550엔
홈페이지 www.sekirinzan.com

아열대숲에서 마이너스 이온을 만끽하자
얀바루 마나비노모리 やんばる学びの森 | 얀바루 배움의 숲

아열대 정글 숲에서 자연 트레킹을 할 수 있는 산책로와 레스토랑, 숙박시설을 모두 갖춘 자연 교육 센터이다. 가이드워크 프로그램과 카누투어 등 다양한 자연 체험 프로그램을 운영하고 있다(예약 필수). 자연 그대로 우거진 얀바루 동식물을 관찰할 수 있다. 가이드워크는 안타깝지만 일본어 설명만 제공되기 때문에, 입장료를 내고 자유롭게 거닐 수 있는 네이처 트레일을 추천한다.

Data 가는 법 나하공항에서 고속도로 타고 3시간(교다 IC에서 53km)
주소 沖縄県国頭郡国頭村安波 1301-7 전화 0980-41-7979
운영시간 08:30~17:30
요금 네이처 트레일 산책로 어른 300엔, 초등학생 200엔, 가이드워크 어른 3,500엔, 초등학생 2,500엔
홈페이지 yanbaru-manabi.com/

STEP 03
ENJOYING

ENJOYING **05**

느리게 여행하는 가장 완벽한 방법
오키나와 자전거 여행

바람이 분다. 바다가 있다. 오키나와는 자전거 여행 마니아들의 천국. 일 년 내내 자전거를 타기 좋다. 오키나와 본섬 주변의 작은 섬에서는 느리게 자전거를 타고 아름다운 풍경 속에서 기분 좋은 바람을 느낄 수 있다.

본섬 남부의 작은 섬에서 느끼는 완벽한 평화
구다카지마섬 久高島

오키나와 본섬 남부 아자마항에서 고속선으로 20분이면 도착하는 구다카지마섬은 전형적인 오키나와의 시골 마을. 자전거를 타고 섬을 둘러보며 조용한 비치에서 휴식을 취할 수 있다. 농부가 밭일을 하는 시골길이나 마을 조그만 우체국, 밀키스 색의 비치들. 소박하면서도 흙 속 진주처럼 반짝하고 나타나는 파노라믹 풍경을 보며 즐기는 라이딩은 오키나와의 진정한 매력 중 하나이다. 항구에 도착하면 자전거 대여점이 있고 섬 둘레가 8km밖에 되지 않아 두세 시간이면 여유롭게 섬 라이딩을 즐길 수 있다.

Data 지도 242p-C **가는 법** 오키나와 본섬 남부 아자마항에서 고속선으로 20분

> **Tip 자전거 여행 주의사항**
> 1. 오키나와는 남국의 섬. 햇볕이 정말 세다 세! 자외선 차단제와 물은 무조건 챙길 것. 햇빛 알레르기가 있다면 긴팔 옷을 입어 화상으로부터 피부를 보호하자.
> 2. www.bicyclemap.net/map 일본 자전거 여행에 유용한 사이트이다. 일본 자전거 여행 애호가들의 정보가 이곳에 다 있다.

STEP 03
ENJOYING

만날 여기서 자전거 타며 살고 싶다
다케토미지마섬 竹富島

이시가키지마섬에서 고속선으로 약 10분 정도 배를 타고 가면 도착하는 작은 섬 다케토미지마. 둘레가 9.2km밖에 안 돼 자전거로 돌아보면 반나절도 채 걸리지 않아 원래의 시작점에 도착한다. 섬이 전체적으로 평평하고 차도 거의 다니지 않아 한적한 라이딩을 즐길 수 있다. 섬 중심부의 마을은 여전히 소박한 옛 모습을 간직한 채 여행객들의 마음을 간질인다. 악귀를 쫓아준다는 사자 모양의 토기 시사가 붉은 기와지붕에 앉아있는가 하면, 민가를 소담하게 둘러싼 산호 돌담이 그저 평온해 보인다. 일년 내내 만발하는 히비스커스 꽃망울 속으로 자전거 여행도 가능하다. 흰 산호 모래길 마을 곳곳에는 카페와 레스토랑이 있으니 지칠 때는 잠시 자전거를 세워놓고 쉬어가면 된다. 섬 자전거 여행의 공통점은 자전거에 굳이 열쇠를 채우지 않아도 전혀 걱정할 필요가 없다는 것과 자연 친화적 자전거 보관소가 무척 예쁘다는 것. 그리고 차가 거의 다니지 않아 안전한 라이딩이 가능하다는 점이다. 가족이나 친구와 함께 꼭 방문해 볼 만한 섬이다. 단 마을 골목에서는 물소차가 다니니 교차로에서 주의할 것.

Data 지도 357p 가는 법 이시가키 페리터미널에서 고속선으로 10분

> **Tip** 다케토미지마에서 자전거 빌리기
> 자전거 대여까지 포함된 다케토미 패키지 투어를 여행사나 페리 회사에서 판매하고 있다. 하지만 시간에 얽매이지 않고 자유롭게 자전거를 대여해서 섬을 둘러보고 싶다면 다케토미항에 내리자마자 왼쪽에 위치한 자전거 대여점을 이용하면 된다. 자전거 대여점이라고 해서 부스가 따로 차려져 있는 것이 아니라 페리 도착 시간에 맞춰 자전거 대여 회사 버스가 기다리고 있는데, 그걸 타면 마을 자전거 대여점까지 데려다 준다.

| 오키나와 본섬 자전거 대여점 |

류큐 렌탈사이클 琉Qレンタルサイクル [나하시]
모노레일 마키시역牧市駅 근처에 있는 자전거 대여점으로 미니벨로, 하이브리드 자전거, 로드 자전거 3종류의 자전거를 보유하고 있다. 800엔을 추가 지불하면 나하 시내의 호텔, 관광지, 역으로 자전거를 배달, 수거하는 서비스도 있다.
Data 가는 법 모노레일 마키시역에서 도보 3분 앞 **주소** 沖縄県那覇市牧志 3-18-13 **전화** 098-836-5023 **운영시간** 09:00~18:00 **요금** 1일 1,000엔~, 1주일 6,100엔~, 1달 18,300엔~ **홈페이지** cycle.sunnyday.jp/rental

오키나와 린교 주식회사 마에지마 2호점 沖縄輪業株式会社 前島2号店 [나하시]
오키나와에서 자전거 판매를 전문으로 하는 린교 주식회사가 운영하는 렌탈숍. 한국인에게도 친숙한 자이언트사의 자전거를 메인으로 하이브리드, 로드, 전동 자전거 라인을 갖추고 있어 선택의 폭이 넓다.
Data 가는 법 미에바시역에서 도보 5분 **주소** 沖縄県那覇市前島2-10-3 **전화** 098-943-6768 **운영시간** 11:00~19:00(목요일 휴무) **요금** 4시간 2,000엔~ **홈페이지** okirin.ti-da.net/e2950894.html

후쿠 렌탈 사이클 福レンタルサイクル [북부]
오키나와 전통 민가가 많은 비세 지역에 있는 자전거 렌탈숍. 방풍림으로 조성된 후쿠기 가로수길을 즐기기 좋은 곳에 있다. 추라우미수족관에서 도보 10분 거리에 있다.
Data 가는 법 나하공항에서 차로 1시간 **주소** 沖縄県国頭郡本部町備瀬511 **전화** 0980-48-2584 **운영시간** 09:00~17:00 **요금** 1시간 500엔, 1일 1,500엔, 전동 자전거 1시간 1,000엔, 1일 3,000엔 **홈페이지** www.fukugi-namiki.com/renta.html

Theme
오키나와 사이클링 축제&코스

| FESTIVAL |

투르 드 오키나와 Tour de Okinawa

매년 11월, 오키나와 북부의 나고시에서 열리는 자전거 애호가들의 축제 '투르 드 오키나와'. 일반인에게 생소할지 모르나 난이도와 대회 구성도 면에서 아시아 최고 수준의 레이싱 대회여서 사이클링 애호가들이 꼭 참가해 보고 싶어 하는 축제 중 하나다. 가장 짧은 10km(초등부 레이스)부터 210km(북부 얀바루 코스)의 가장 긴 구간까지 단계별 레이싱 코스가 준비되어 있고 프로 선수용 국제 레이스부터 아마추어 레이스까지 다양한 행사를 진행하고 있다. 선수가 아니더라도 오키나와 자연 풍광을 즐기며 평소 자전거로 다닐 수 없었던 도로를 안전하고 스피디하게 달릴 수 있는 최고의 기회이니 관심 있는 자전거 애호가는 도전해 보자. 신청기간 동안 홈페이지에서 신청을 받는다.

Data 요금 성인 코스 참가비 13,000엔~ 홈페이지 tour-de-okinawa.jp

추라우미 카이도 사이클링 ちゅらうみ海道サイクリング

오키나와 북부를 무대로 펼쳐지는 사이클링 대회. 초심자(10km)부터 중급자를 위한 60km, 상급자용 100km 코스 3가지로 나누어 개최된다. 시간을 겨루며 경쟁하는 게 아니라 모토부, 나키진손, 나고시 등 오키나와 북부의 산과 바다를 즐기며 달리기 위한 대회다. 1월에 열리며 사전접수를 통해서 진행된다. 개최일은 홈페이지를 통해 확인하자.

Data 요금 참가비 5,000엔~ 홈페이지 okinawa-ca.jp/ky

슈가 라이드 구메지마 シュガーライド久米島

오키나와 본토에서 비행기로 30분, 선박으로 3시간 거리에 있는 낙도 구메지마에서 열리는 사이클링 이벤트. 본토와는 다른 섬의 정취를 즐길 수 있다. 천천히 달리며 섬을 구경하는 35km 코스부터 스포츠를 즐기고 싶은 선수급 참가자들을 위한 90km 코스까지 있다. 자신의 실력에 맞춰 참가하면 된다. 개최 시기는 11월 말이며, 홈페이지를 통해 신청하면 된다. 섬 주민의 가이드로 가볍게 둘러보는 관광 라이드도 있으니 가벼운 마음으로 들러보자.

Data 요금 참가비 3,500엔~ 홈페이지 www.sugar-ride.com

| COURSE |

치넨 반도 知念半島

본섬 남부의 치넨 반도는 아름다운 에메랄드 바다를 품은 아자마산산 비치, 류큐왕국 최고의 성지인 세화우타키, 최고의 드라이빙 코스로 유명한 니라이카나이 다리 등 볼거리가 풍부한 곳이다. 자전거 전용도로도 잘 갖추어져 있어 자전거 여행족이 선호하는 코스. 도로 중간중간 작고 아담한 레스토랑, 카페가 있어 라이딩에 지치면 잠깐 쉬면서 여유를 즐기면 좋다. 평지가 아니라 언덕도 제법 있어 칼로리 소모가 높은 편이다. 뜨거운 여름 라이딩을 할 경우 체력유지에 신경 써야 되는 코스이다. 코스를 완주하기보다 자신에게 맞는 구간을 정해 라이딩하는 것이 좋다. 자세한 정보는 자전거 여행정보 사이트 www.bicyclemap.net/map에서 확인할 수 있다.

코스
오코쿠노 이시다타미미치(돌길) → 쓰키시로노미야(옛 성터) → 아자마산산 비치 → 치넨미사키 공원 → 니라이카나이 다리 → 오키나와노미치 자전거길 (총 18.4km)

58번 국도 国道58号

사이클링 전문가를 위한 서해안 리조트 사이클링 코스다. 나하에서 오키나와 최북단 헤도미사키까지 이어지는 서해안 주도로인 58번 국도는 오키나와 사이클링 투어의 성지 같은 곳. 계속 이어지는 해안도로를 따라 두 바퀴로 즐기는 풍경이 너무나도 숨 막히게 아름답다. 자전거길이 잘 정비되어 있어 일반인들도 충분히 즐길 수 있지만 가끔 차로가 좁아지는 구간에서는 주의가 필요하다.

Data 가는 법 나하공항에서 북쪽으로 이어진 도로가 58번 국도

STEP 03
ENJOYING

ENJOYING 06

오키나와 렌터카 로망, **드라이브길 BEST 5**

오키나와는 자동차가 주요 교통수단. 일반 대중교통도 대도시 나하를 제외하고는
이용하기가 쉽지 않다. 정해진 노선만 가는 관광버스 대신 자유롭게 멋진 드라이브 코스를
즐기고 싶다면 렌터카 여행이 제격이다.

58번 서해안 국도 드라이브 코스

북부 온나손 야마다 ➔ 북부 나고시 기세 (총20km)

오키나와 서해안의 메인 교통로로 아름다운 바닷길을 따라 드라이브할 수 있는 최상의 코스다. 추라우미 수족관, 미하마 아메리칸 빌리지, 만자모 등 대표적 관광지는 모두 이 도로를 통해 갈 수 있고, 온나손 야마다에서 나고시 기세까지 20km 정도 이어지는 해안선에는 고급 비치 리조트들이 집결해 있다. 특히 일몰 시간의 드라이브는 강력 추천. 나고시부터 추라우미 수족관이 있는 해양박공원까지 가는 449번 도로도 아름다운 해안 도로로 유명하다. 58번 도로를 타고 북쪽으로 진행하다 21세기 숲을 지나면 얀바루 방향의 58번 국도와 해양박공원 방향의 449번 도로 갈림길이 나오는데, 해안을 쭈욱 따라가는 것이 바로 449번 도로. 해양박공원으로 가려면 지나가는 코스지만 정말 근사한 해안 도로 풍경을 볼 수 있다.

> **Tip 오키나와 도로 이것만 기억하자**
> 오키나와 본섬의 도로들은 리조트가 비치를 따라 이어져 있는 서해안과 남해안 중심으로 발달되어 있다.

• **58번 국도(서해안도)**
서해안의 메인 도로. 나하부터 최북단 헤도미사키까지 쭉 이어진다. 이 도로만 따라가도 웬만큼 유명한 오키나와 관광지는 다 커버하며, 대부분 해안도로라 아름다운 바다를 즐기며 드라이브 할 수 있다. 국도라 통행료도 없고 아름다운데다 대부분 직진 코스라 헤맬 염려도 없다.

• **331번 국도(남해안도)**
나하부터 남해안 해안을 따라 도는 해안도로로 아름다운 전망 카페나 레스토랑이 많다.

• **오키나와 고속도로**
남부 하에바루초부터 북부 나고 근처의 교다 IC까지 이어지는 본섬 횡단 고속도로. 나하시에서 천천히 58번 국도로 북상하면서 중부 미하마 아메리칸 빌리지와 북부 해양박공원, 얀바루 지역까지 즐기고, 나하시로 다시 내려올 때는 나고시의 교다 IC에서 고속도로를 타는 루트가 일반적이다. 추라우미 수족관이 있는 해양박공원을 제일 먼저 보고 싶다면 나하공항 쪽에서 고속도로를 타고 북부 교다 IC까지 북상해서 해양박공원을 들렀다가 58번 국도를 타고 천천히 중부, 남부로 내려올 수도 있다.

331번 남해안 국도 드라이브 코스

헤이와키넨코엔(평화기념공원) ➜ 미바루 비치 ➜
니라이카나이 다리 ➜ 세화우타키 (총 18km)

에메랄드빛 바다가 드라이브 내내 사람을 들뜨게 하는 해안도로다. 미바루 비치 인근에는 덴쿠노차야, 하마베노차야 등 전망 카페들이 많이 있어 잠시 바다를 바라보며 쉬어가는 것만으로도 낭만적이다. 86번 도로에서 331번 도로로 이어지는 니라이카나이 다리는 남부 드라이브 코스의 하이라이트. 660m의 꼬불꼬불한 다리의 해안도로는 '우아'하고 감탄사를 거듭하며 내려오게 만든다. 다만 니라이카나이 다리에서는 정차할 수 없으니 천천히 서행해서 내려오자. 니라이카나이 다리를 건너 세화우타키까지 가는 해안도로는 커브길이 많아 주의가 필요하다.

Data 가는 법 나하공항에서 차로 40분 주소 沖縄県糸満市字摩文仁448(평화기념공원)

고리지마섬 일주 드라이브 코스

고리지마 ➜ 야가지시마 (총 8km)

둘레 약 8km의 작은 고리지마는 고리 대교를 사이에 두고 야가지시마와 연결된다. 고리 대교에서 바라다보이는 아름다운 바다색은 눈 뜨면 바다인 오키나와에서도 수준급 클래스. 특히 날씨가 좋은 날엔 감탄이 절로 나온다. 섬 내부는 사탕수수밭과 시골 마을뿐이지만 그런 소박한 풍경이 더 매력적으로 다가오는 곳이다. 준비물을 챙겨와 고리 대교 옆 고리 비치에서 해수욕을 즐기는 것도 추천한다.

Data 가는 법 나하공항에서 고속도로 따라 2시간 10분(교다 IC에서 22km). 또는 추라우미 수족관에서 차로 30분

Tip 좌측 차선으로 운전하는 일본 도로 운전에 겁먹을 것이다. 오키나와는 차량이 적고 느리게 운전하는 분위기라 조금 용기를 내면 금방 익숙해진다.

해중도로 섬 일주 드라이브 코스

해중도로 → 헨자지마섬 & 미야기지마섬 & 이케이지마섬 (총 16.7km)

오키나와 본섬 최고의 라이딩 코스 중 하나. 본섬과 섬들을 이어주는 다리를 따라 섬 여행까지 하는 드라이브 코스는 컨버터블 스포츠카에 대한 욕구를 주체할 수 없게 만드는 곳이다. 해중도로에 위치한 해중도로 비치는 작은 백사장임에도 불구하고 편리함과 아름다운 석양이 단연 돋보이는 곳이니, 드라이브 도중 잠깐 들러 비치를 즐겨 보자. 샤워실, 매점 등 편의시설이 잘 갖춰져 있다.

Data 가는 법 나하공항에서 고속도로를 타고 나하 IC로 진입해 오키나와키타 IC 경유(70분). 또는 나하공항에서 국도 330번→329번 이용(80분)

이시가키지마섬 해안도로 드라이브 (총 139.2km)

이시가키지마는 100여 개가 넘는 오키나와 섬 중 세 번째로 큰 섬이지만, 해안도로를 따라 섬을 일주하면 차로 3시간 만에 완주할 수 있는 작은 섬이다. 섬 내 최고 속도는 50km. 차를 타고 이 정도로 느리게 달리기가 익숙하지 않을지도 모르지만, 해안을 따라 볼거리가 풍부하니 풍광을 즐기며 천천히 달리는 것도 오키나와 여행만이 줄 수 있는 특별한 추억이 될 것이다.

Data 가는 법 나하공항에서 이시가키지마 직항편 이용, 나하에서 비행기로 1시간

ENJOYING 07

오키나와의 가로수길,
우키시마도리 & 뉴파라다이스도리

우리로 치면 명동거리에 해당하는 나하의 번화가 고쿠사이도리에서 시야를 조금만 더 넓히면 도시의 번잡함에서 벗어나 옛 정취가 살포시 녹아든 우키시마도리와 뉴파라다이스도리가 나타난다. 조용하면서 트렌디한 이곳에서 주의할 것은 오직 지름신 뿐~

> **Tip** 나하의 고쿠사이도리 중간쯤, 편의점 로손Lawson Kokusai Tsumatsuo을 끼고 있는 사거리에서 도로 좌우로 우키시마도리와 뉴파라다이스도리가 시작된다. 거리로 들어서면 일본 옛 민가들이 남아있고 한적한 느낌이지만 관광지화되기 전의 신사동 가로수길 느낌을 준다. 주차공간이 따로 없으니 고쿠사이도리 주변이나 시장 주차장에 차를 세우고 산책해 보자.

걷는 순간부터 새로운 오키나와
우키시마도리 浮島通り | 우키시마거리

트렌디한 오키나와 젊은이들이 많이 모이는 곳. 지금은 없어진 우키시마 호텔에서 이름이 유래되었다. 오키나와의 잡화나 티셔츠를 판매하는 셀렉트 숍, 빈티지 숍, 부티크 등 패셔너블한 가게들과 레스토랑, 와인 바 등이 모여 있는 한편, 예전부터 이곳에 거주해온 할머니의 과일 가게, 오래된 철물점 등도 그대로 자리를 지키고 있어 그저 거리만 걸어도 재미있다. 오솔길을 따라 오키나와의 현재와 과거가 공생하는 모습이 보고 싶다면 꼭 걸어보라고 추천해 주고 싶은 거리.

천국 같이 아기자기한
뉴파라다이스도리 ニューパラダイス通り | 뉴파라다이스거리

고쿠사이도리 뒷골목의 조용한 주택가 중 하나로 패션 잡화점, 카페 등이 자리 잡고 있다. 뉴파라다이스라는 이름으로 불리기 시작한 것은 전후 거리 중간에 있었던 '뉴 파라다이스'라는 사교댄스홀이 인기를 끌면서 젊은이들이 차츰 모여 새로운 젊음의 거리를 만들게 되면서 부터다. 댄스홀은 없어졌지만 거리는 지금도 여전히 뉴파라다이스도리라고 불린다.

ENJOYING 08

영화의 섬, 오키나와

오키나와는 영화의 섬이다. 일본 본토와는
확연히 다른 이국적 분위기와 남국의 자연환경 때문에
일본 유명 드라마와 영화 속 배경지로 곧잘 등장한다.
한국 드라마의 오키나와 촬영도 증가하는 추세.
오키나와 영화나 드라마 속 그곳을 알아보자.

일본영화 촬영지

〈눈물이 주룩주룩 涙そうそう〉 노렌시장 184p

오키나와 출신 뮤지션 BEGIN이 2001년 발표한 〈눈물이 주룩주룩〉이 나츠카와 리미라는 가수의 리메이크로 대중적인 인기를 얻었다. 이를 계기로 일본 TBS 개국 50주년 기념 프로젝트로 만들어진 작품이다. 오키나와를 배경으로 혈연 관계가 없는 남매의 사랑을 그린 애절한 내용인데, 영화 〈워터 보이즈〉로 유명한 츠마부키 사토시가 주연을 맡았다. 오키나와의 환상적 풍광과 담백하게 그려진 일본 특유의 감성적 사랑이야기. 한국에는 2007년 개봉되어 많은 사랑을 받았다. 오키나와 나하시가 주 배경지로 노렌시장에서 촬영되었으며 씩씩하고 가난한 주인공인 요타로가 아르바이트를 하는 장소로, 재래시장의 역동적 모습이 영화 속에 잘 드러난다.

〈니라이카나이의 편지 ニライカナイからの手紙〉 다케토미지마 382p

한국에서도 인기 있는 일본 배우 아오이 유우의 작품으로 다케토미지마가 배경이다. 영화는 도쿄에 사는 어머니, 그리고 매년 생일마다 그 어머니로부터 편지를 받고 자란 소녀의 마음의 성장을 그려내고 있다. 영화 초반 가이지 비치에서 관광 상품인 별모래를 팔던 아오이 유우의 모습이 인상적인데, 실제로도 이런 모습을 비치에서 볼 수 있다. 전통을 이어가는 섬 주민들의 실제 생활상뿐만 아니라 다케토미지마의 곤도이 비치, 니시산바시(서부두) 등 아름다운 바다의 정취를 스크린에 잘 담아냈다.

한국 드라마 촬영지

〈여인의 향기〉

류큐무라 304p, 선셋 비치 271p, 강가라 계곡 249p

김선아(이연재 역), 이동욱(강지욱 역) 주연의 2011년 드라마. 6개월의 시한부 선고를 받은 여주인공이 버킷 리스트를 작성해 남은 삶을 열정적으로 살며 사랑도 성취해가는 내용이다. 극중 암 선고를 받은 여주인공이 오키나와로 여행을 와 노신사의 청을 받고 탱고를 추는 장면은 주인공의 슬픔이 오키나와 선셋 비치의 황홀한 일몰과 묘하게 교차한다. 또한 남녀 주인공이 오키나와 전통적인 춤을 보던 오키나와의 민속적인 분위기의 장소는 류큐무라로, 오키나와 고민가를 이축해 옛 오키나와 마을을 재현한 체험마을이다. 행복한 삶에 대한 해답을 찾아가는 주인공처럼 나만의 해피엔딩 드라마를 오키나와에서 찾아보자.

〈괜찮아, 사랑이야〉 만자모 304p , 고리지마섬 90p

마음의 병을 짊어지고 살아가는 현대인들에게 위로와 사랑, 그리고 가슴 쓰린 아픔을 공감하면서 사랑과 위로를 통해 치유되어 가는 이야기를 풀어낸 조인성(장재열 역), 공효진(지해수 역) 주연의 2014년 화제 드라마. 여주인공이 언젠가 가고 싶은 장소로 오키나와 만자모 사진을 방에 걸어 두고 지내다가 함께 만자모가 있는 오키나와로 여행을 떠난다. 만자모는 오키나와 본섬의 중부와 북부 사이에 있는 해식 절벽으로 만 명이 앉아도 될 정도로 넓다고 하여 이름도 만자모万座毛가 되었다. 또한 빨간 오픈카를 타고 오키나와의 해변 길을 따라 드라이브하는 장소는 요즈음 오키나와에서도 커플의 로맨틱한 데이트 코스로 인기가 많은 고리지마섬이 배경이다. 렌터카로 오키나와 북쪽을 여행한다면 꼭 한번 들러보자.

〈상어〉 추라우미 수족관 307p, 긴조초 이시다타미미치 186p

복수를 꿈꾸던 한 남자와 복수의 대상인 여자의 운명적인 사랑을 그린 드라마로, 손예진(조해우 역)과 김남길(한이수 역)이 주연했다. 주인공이 오키나와 추라우미 수족관의 상어를 바라보던 장면이 미스터리하고 인상적으로 그려지면서, 오키나와 여행에서 꼭 들러야 하는 관광지가 되었다. 드라마에서처럼 수조 내부를 헤엄치는 고래상어와 대형 가오리 만타의 모습을 실제로 보면 그 크기에 압도된다. 드라마의 한 장면을 생각하면서 수조 앞에서 기념사진을 찍어 보자. 나하 시내의 슈리성 근처 이시다타미미치 돌길은 남녀 주인공이 빗속을 함께 걷던 돌길로, 날이 맑든 비가 내리든 언제라도 커플이 걷기에 운치 있는 길이다. 나하를 대표하는 베스트 산책 코스 중 하나이니 오키나와의 옛 모습을 그대로 간직한 돌길을 따라 천천히 걸어보자.

ENJOYING 09

오키나와 최신 문화 트렌드가 있는 뮤지엄 & 갤러리 숍

류큐 유리공예, 야치문이라 불리는 도자기, 빈가타 염색 등 독자적 오키나와의 예술이 일본 본토에서 이주해 온 젊은 감각의 아티스트들에 의해 재해석되고 있다. 그 중에서도 오키나와에 갈 때 마다 꼭 들르게 되는 뮤지엄과 갤러리 숍이 바로 내 손 안에~

오키나와를 보는 새로운 방법을 찾다
디앤디파트먼트 오키나와 바이 플라자 3 D&DEPARTMENT OKINAWA by PLAZA 3

디자인에 관심 있다면 꼭 들러야 할 디앤디파트먼트는 도쿄, 교토, 삿포로 등 일본 전역에 갤러리 겸 숍이 있는 디자인 그룹으로 서울에도 지점이 있다. 지역과 연계해 라이프 스타일 디자인에 대한 새로운 패러다임을 형성해 가고자 하는 사람들이 모인 곳. 추구하는 방향은 바로 '롱 라이프 디자인'이라는 콘셉트로 정리된다. 슈리성이나 추라우미 수족관 등 오키나와 관광지를 찾아다니는 것도 여행의 즐거움이지만 소도시에 숨어있는 오키나와 디자인의 새 모습을 발견하는 것도 흥분되는 일 중 하나이다. 디자인을 사랑하는 사람이라면 일부러라도 방문하라고 적극 추천하고 싶은 곳이다. 디앤디파트먼트 오키나와에서는 유행에 조금도 흐트러지지 않을 롱 라이프 디자인 콘셉트의 아이템들을 만날 수 있다. 새롭게 해석한 류큐 유리공예 같은 오키나와 대표 디자인 브랜드를 새겨 넣은 루보단 Rubodan의 디자인 제품 등은 전통 공예의 모티브를 차용하면서도 실용적이면서 모던한 것이 특징이다.

Data 가는 법 나하공항에서 차로 50분
주소 沖縄県宜沖縄市久保田3-1-12 プラザハウスショッピングセンター2F
전화 098-894-2112
운영시간 11:00~19:00(화요일 휴무)
홈페이지 www.d-department.com/ext/shop/okinawa.html

오키나와의 과거와 현재를 만나다
오키나와 현립 박물관·미술관 沖縄県立博物館·美術館

일본 본토와는 다른 독자적인 문화를 형성한 오키나와의 과거와 현재를 가장 잘 볼 수 있는 복합시설이다. 건물의 외관은 마치 슈리성을 현대건축으로 재해석한 것 같은 모습인데, 실제로도 세계문화유산인 슈리성의 돌담을 연상해서 디자인한 건물이라고 한다. 박물관은 오키나와 전통 공예, 천연기념물, 전쟁 자료 등 다양한 자료를 테마별로 알기 쉽게 전시하고 있으며, 미술관에서는 오키나와현 출신 아티스트들의 작품 중심의 전시를 만나볼 수 있다. 미술 전시의 주제는 그때그때 유행하는 트렌드보다 오키나와 전체를 오랜 시간 관통하고 있는 역사와 문화를 깊이 있게 보여주는 듯하다. 특히 2차 세계대전 때 일본에서 유일하게 지상전이 있었던 곳이 바로 오키나와였고, 미군정의 지배를 받은 후 지금도 여전히 미군부대가 주둔해 있기에 전후 세대의 아픔을 그려낸 작품들이 더욱 공감되며 와닿는지 모른다.

Data 지도 188p-A 가는 법 모노레일 오모로마치역에서 도보 10분
주소 沖縄県那覇市おもろまち3-1-1 전화 098-941-8200
운영시간 09:00~18:00(금·토요일 ~20:00, 월요일 휴무)
요금 미술관 어른 400엔, 고교생·대학생 220엔, 초중교생 100엔, 박물관 어른 530엔, 고교생·대학생 270엔, 초중교생 150엔
홈페이지 okimu.jp

개성 있는 작가들의 재미있는 전시
도·요카리요 陶·よかりよ

젊은이들의 멋의 거리 우키시마도리를 조금 벗어난 골목에 개성 있는 작가들의 재미있는 전시와 생활 도예를 판매하는 갤러리숍이 있다. 밝은 에너지가 퐁퐁 솟아나는 공간에서 자유로운 작품을 만날 수 있다. 나하 시내의 아트 명소를 아우르는 나하 아트 맵NAHA ART MAP을 만든 것도 바로 이곳 요카리요의 오너.

Data 지도 187p-K 가는 법 모노레일 마키시역에서 도보 11분 주소 沖縄県那覇市壺屋1-4-4 전화 098-867-6576
운영시간 10:00~19:00(일요일, 공휴일 12:00~ 수요일 휴무)
홈페이지 yokariyo.com

오키나와 최신 핫 트렌드를 읽다
가브 도밍고 GARB DOMINGO

고쿠사이도리에서 우키시마도리를 구경하며 걸어가다 보면 짧지만 멋스러운 가로수길이 나온다. 이 가로수길 코너에 위치한 가브 도밍고는 숍이면서 갤러리로, 오키나와의 문화를 소개하는 창구 역할을 한다. 콘셉트는 '오키나와 스타일의 새로운 형태.' 도쿄에서 디자이너로 일하다 5년 전 오키나와로 이주한 가브 도밍고의 오너 후지타 씨는 아티스트 전시를 통해 새로운 예술가들을 발굴하고 콘셉트 북도 발간한다. 작은 공간이지만 오키나와의 디자인 트렌드를 읽을 수 있어 흥미롭다. 도자기, 칠기, 빈가타 직물 등 전통을 계승하면서도 현대인의 생활 스타일에 맞게 심플하고 모던한 작품들을 볼 수 있다. 숍에서 판매되는 상품인 동시에 작품으로서의 가치를 간직하고 있어, 그 안에서 충분히 예술적 영감을 받을 수 있는 곳이다. 2층은 갤러리 공간이며 아티스트 전시 공간으로 사용하고 있다. 웹 사이트를 체크하면 그 달의 전시를 확인할 수 있다.

Data 지도 187p-K 가는 법 모노레일 마키시역에서 도보 12분 주소 沖縄県那覇市 壺屋1-6-3 전화 098-988-0244 운영시간 09:30~13:00, 14:30~17:00(수·목요일 휴무) 홈페이지 www.garbdomingo.com

ENJOYING 10

마음을 비우고 또 채우고, 오키나와의 **추천 도예 & 시사 체험 코스**

흙은 예민하다. 내 손의 서툴고 낯섦이 느껴질 때마다 무너지고 또 모양이 일그러진다. 다시 일으켜 세우는 데 집중과 인내가 필요하다. 그 인고의 시간동안 욕심을 비우고 열정을 채운다. 나하의 도자기 명소 쓰보야 야치문도리와 요미탄 야치문노사토에서 스스로를 비우고 집중하는 힐링의 시간을 가져보자.

쓰보야 야치문도리의 대표 체험교실
쓰보야 야키카마모토 이쿠토엔 체험교실 壺屋焼窯元育陶園体験教室

쓰보야 야치문도리(도자기거리)에 위치한 대표적인 도예공방이다. 이곳에서는 오키나와 전통 방식을 유지하며 작품과 생활 도기를 만들고 있다. 쓰보야 야치문도리의 메인 로드에서 조금 비껴간 곳에 붉은 기와지붕의 체험 공방이 자리 잡고 있다. 1시간 정도의 도자기 체험 코스부터 1시간 30분 정도의 시사 만들기 체험 코스 등이 준비되어 있으며 사전 예약이 필요하다. 일본인뿐만 아니라 많은 외국인이 방문해 도자기 체험을 하고 있는 곳으로, 외국인 프렌들리 체험 공방이다. 자신이 만든 도자기는 1개월 단위로 가마에 넣으므로 바로 가져갈 수는 없지만 배송료를 부담하면 완성 작품을 받을 수 있다(일본 내 배송 1,250엔~, 해외 배송 1,500엔~).

Data 지도 187p-L
가는 법 모노레일 마키시역에서 도보 15분. 쓰보야 야키카마모토 이쿠토엔 숍에서 도보 3분
주소 沖縄県那覇市壺屋1-60-2
전화 098-863-8611
운영시간 10:00~17:00
홈페이지 www.ikutouen.com/school

단기체험클래스	클래스	시간	가격
(10시, 11시, 12시, 14시, 15시, 16시 시작, 사전 예약 필수)	평면 시사 만들기	약 70분	3,850엔
	서 있는 시사 만들기	약 60분	3,850엔
	도예 물레 체험	약 30분	4,950엔

다양한 공방 체험을 즐길 수 있다
무라사키무라 むら咲村

| 시사만들기 |

요미탄 북서쪽에 있는 테마파크로, 류큐유리 만들기 체험과 염색, 요리 등 다양한 류큐 문화를 체험할 수 있다. 야치문 공방에서는 직접 도자기를 만들 수 있는데, 어린이나 초급자도 쉽게 배울 수 있다. 도자기 성형과 건조, 굽기까지의 전 과정이 30~45일 소요되기 때문에 공방에서 집으로 운송도 해주며 운송비는 별도로 부담해야 한다. 컵이나 그릇 등 작은 작품을 만드는 데 드는 비용은 2,500엔 정도. 벽걸이용 시사 만들기 체험도 가능하다.

Data **지도** 268p-F **가는 법** 나하공항에서 차로 약 60분. 또는 나하 버스터미널에서 28번 요미탄 행 버스로 1시간 20분 후 우후도우ふどー에서 내려 도보 10분 **주소** 沖縄県中頭郡読谷村高志保 1020-1
전화 098-958-1111 **운영시간** 예약필수 09:00~18:00
요금 어른 600엔, 중고생 500엔, 초등학생 400엔
홈페이지 murasakimura.com

도예 클래스 POTTERY CLASS
나하시에 위치한 쓰보야 야치문도리(도자기 거리)와 중부 요미탄 야치문노사토(도자기 마을) 내에서는 많은 공방들이 도예 체험 프로그램을 운영하고 있다. 도예 체험은 눈과 손으로 익히는 예술이기 때문에 일본어가 능숙하지 않더라도 참여할 수 있는 코스 중 하나이다. 우리나라 도예 체험 코스와 과정은 거의 비슷하나 자연에 둘러싸여 지저귀는 새소리를 들으며 도자기를 빚는 체험은 마음을 평화롭게 하고 안도감을 준다. 좀 더 장기적으로 배울 시간이 있다면 그 지역에서만 사용하는 조형이나 에칭 등 전통 기술도 전수받을 수 있다.

오키나와에서만 배워요
시사 신사 シーサー神社

이미 외관부터 범상치 않은, 건물 전체가 총천연색의 시사 그래픽들로 도배되어 있는 이곳은 스스로를 천재 아티스트라고 칭하는(웹 사이트에도 분명히 이렇게 나와 있다.) 시사 작가 미쓰오의 개인 작업실이자 숍이자 갤러리이다. 그의 괴짜 같은 스타일과 말투는 어쩌면 다케토미지마에서 대대로 시사를 만들어온 뼈대 있는 아티스트 집안 태생이라는 자신감에서 나온 듯하다. 그의 할아버지는 심지어 다케토미지마의 문화보존법을 만든 사람으로 다케토미지마에 동상까지 세워졌을 정도. 미쓰오 시사 신사에서 운영하는 1층의 숍은 전통적 느낌의 시사보다는 현대적이며 재미있는 시사 캐릭터들이 많은데, 그중에서 산호로 만든 시사들은 복을 많이 불러온다는 속설이 있어 관광객들이 많이 구매하는 아이템 중 하나다.

Data 지도 187p-K
가는 법 모노레일 마키시역에서 도보 8분
주소 沖縄県那覇市壺屋1-7-9
전화 098-862-7800
분영시간 숍 10:00~18:00
요금 시사 만들기 키트 3,000엔
홈페이지 www.instagram.com/mitsuo_miyagi

Tip 집의 수호신 역할을 하는 시사는 오키나와를 대표하는 마스코트다. 시사 만들기는 간단하게 체험할 수 있는 프로그램 중 하나로, 많은 도예 공방에서 체험 프로그램을 진행하고 있다.

ENJOYING 11

리얼 오키나와!
슬로우 라이프를 즐기는
오가닉 쿠킹 클래스

고야, 한다마, 우리즌 같은
생소한 채소들이 많은
오키나와는 태양의 은혜를
받은 땅이다.
씩씩하고 싱싱하게 자란
섬 채소를 요리하는 쿠킹
클래스는 언제나 인기 절정.
직접 한 번 참여해 보면
새로운 요리 세계에 눈이
뜨인다.

우키시마도리의 핫 플레이스에서 즐기는 쿠킹 클래스
우키시마 가든 '채식요리 클래스' 浮島ガーデン

나하 우키시마도리에 있는 채식요리 레스토랑. 매달 매크로 바이오틱 요리법을 가르치는 두 가지 클래스를 진행하고 있다. 비정기적으로 유명 요리강사의 강좌도 진행된다. 클래스 메뉴는 그때그때 달라지는데 보통 애피타이저부터 디저트까지 코스요리를 배운 뒤 자신이 만든 요리를 먹는 식이다. 수업을 듣지 않더라도 계약농가에서 재배한 유기농 섬 채소요리, 잡곡 햄버그 스테이크, 섬 채소 파스타 등의 건강한 메뉴를 맛볼 수 있다. 또한 파머스 마켓 행사와 음악 공연도 꾸준히 진행하고 있어 그냥 레스토랑이 아닌 오키나와 식문화와 예술의 만남의 장소라 할 수 있다. "고기를 먹지 않는 건 지구 환경을 지키는 것과 연결되어 있기 때문이죠. 생각해 보세요. 햄버거 패티 같은 패스트푸드 식재료를 생산하기 위한 가축 방목이 세계의 숲을 얼마나 파괴했는지." 이토록 오너의 생각이 확고한 레스토랑이라니. 블로그에서 요리강좌나 기타 이벤트를 확인할 수 있으니 오키나와 출발하기 전 꼭꼭 체크해 보자.

Data **지도** 186p-J **가는 법** 모노레일 마키시역, 미에바시역에서 도보 11분, 우키시마도리 내 **주소** 沖縄県那覇市松尾2-12-3 **전화** 098-943-2100
운영시간 클래스 예약필수, 금, 토요일만 영업 11:30~16:00 (주문 ~21:00)
요금 런치 1,680엔~ **홈페이지** ukishima-garden.com

> **Tip** **우키시마 가든의 파머스 마켓** Farmer's Market
> 어떤 사람에게는 슈리성에 가는 것보다 더 중요할 수 있는 파머스 마켓. 오키나와 농부의 손끝에서 자란 무농약, 무화학 비료의 신선한 섬 채소와 과일을 구입할 수 있다. 싱싱한 채소를 한국으로 가져올 수 없어 안타깝지만 손으로 닦기만 해도 먹을 수 있을 것 같은 싱싱한 유기농 딸기나 토마토 등의 과일을 사서 바로 먹거나 소량 생산하는 유기농 잼 등을 구입할 수 있다. 또한 에코 프렌들리의 삶을 살아가는 오키나와 농부들과 에코 장바구니를 든 오키나와 아티스트들을 만날 수 있는 좋은 기회. 매번 오키나와에 갈 때마다 놓치고 싶지 않은 즐거운 체험이다.
> **운영시간** 매달 두 번째 일요일

직접 키우는 허브로 건강한 요리를 만드는
야소카페 야마차 '효소 식초 클래스' ヤソウカフェYamacha

집 같은 아늑한 느낌을 주는 야소 카페 야마차에서 단연 시선을 집중시키는 그것은 바로 건물 뒤편에 허브로 가득한 정원이다. 허브 가든에서 솔솔 불어오는 허브 향이 코끝을 간지럽히면서 긴장을 이완시킨다. 도쿄 북쪽 사이타마현에서 이주한 이 순수한 가족은 좀 더 여유롭게 살고 싶어 이주를 결정한 리얼 자급자족 가족. 남편은 직접 벽돌을 올려 만든 화덕에 피자를 굽고 디제잉도 한다. 아내는 가든에서 따온 야생 허브를 요리에 활용하고 직접 요리도 가르친다. 이 집의 추천 메뉴는 올리브오일과 두유를 넣은 그라탕인데, 미리 유제품 알레르기나 밀가루 알레르기가 있다고 얘기하면 찹쌀 수수를 이용하거나 치즈 대신 된장을 이용한다. 이외에도 카페에서 효소 식초, 화덕피자, 야생초 비빔밥 등의 제철 재료를 활용한 유기농 요리 클래스를 진행하고 있다. 오키나와산 자연재배 콩과 천연소금으로 만든 된장, 이시가키산 현미로 만든 현미 누룩 등을 일본 젊은 주부들과 함께 만들어 볼 수 있다. 다만 클래스가 비정기적이라는 것이 흠. 블로그에서 미리 정보를 파악해 예약하면 이 카페의 인기 강좌인 된장 만들기나 효소 주스 만들기 강좌에 참여 가능하다. 레스토랑 텃밭에서 자란 야생초를 가지고 만드는 효소 주스 강습은 수확 시기에만 참여할 수 있는 귀한 강좌. 구아바, 오디, 머루 등으로 효소를 만들기 때문에 재료비를 포함한 강습료가 그때그때 재료에 따라 달라지며 만든 주스는 가지고 갈 수 있다. 일본어를 못하더라도 앞에서 하는 시연을 따라하며 익힐 수 있고, 친근한 주인 부부와도 금세 친구가 될 수 있어, 오키나와에서 재미있는 추억을 원한다면 도전해 볼 만한다. 야소카페는 이벤트나 요리 출장으로 임시 휴무가 많으니 인스타그램에서 확인하자.

Data 지도 268p-F
가는 법 나하공항에서 차로 50분
주소 沖縄県沖縄市久保田 1-21-12
전화 098-927-0554
운영시간 11:00~16:00(수·목요일 휴무)
요금 효소 주스 만들기 2,500엔~, 화덕피자 1,100엔, 수수 그라탕 1,000엔
홈페이지 www.instagram.com/yasoucafe_yamacha

Data 지도 184p-E
가는 법 나하 공항에서 차로 20분
주소 沖縄県那覇市寄宮2-5-8 リブラハウス303
전화 098-832-7747
운영시간 사전 예약 후 일정 조절
요금 퀵 코스(2시간 30분) 1인 6,500엔, 스탠더드 코스(3~4시간) 1인 8,800엔
홈페이지 www.yonnerfood.jp

시장에서 직접 장을 보고 오키나와 요리 만들기
욘나푸드 '재래시장 요리투어 & 과자 만들기 체험' よんなーフード

오키나와 요리 전문가와 함께 재래시장 투어를 하고 오키나와 전통요리를 직접 만들어 보는 코스와 오키나와 간식인 튀김과자 사타안다기나 류큐 전통과자인 친스코를 직접 만들 수 있는 요리 교실. 일본어뿐만 아니라 영어로도 요리 투어가 진행된다. 시장투어 중에 재료를 직접 사서 오키나와 소바 만들기 혹은 류큐 궁정요리 코스 체험 등을 할 수 있는데, 전문 요리 강사와 함께 시장을 돌기 때문에 오키나와 식재료에 대한 이해를 높일 수 있다. 웹 사이트에서 구미 당기는 체험 코스를 찾아 신청해 볼 것. 최소 인원은 2명이고, 오키나와 소바와 사타안다기나 친스코를 만드는 퀵 코스(2시간 30분)와 주시(영양밥), 고야 찬푸르, 아사 수프, 고야 주스 등을 만드는 오키나와 스탠더드 요리 코스(3~4시간)가 있다.

01 오키나와 음식 백과사전
02 소박한 오키나와 맛을 즐겨라, 오키나와 가정식
03 우리가 아는 맛이 아냐! 오키나와 스타일 소바
04 오키나와 로컬의 맛, 나하 시장 뒷골목 탐방

Step 04
Eating

오키나와를
먹다

05 눈도 즐겁고 입은 더 즐겁다, 전망 좋은 카페 & 레스토랑
06 남국의 달콤 쌉쌀한 커피 & 디저트 카페
07 초스피드 렌터카 여행자를 위한 가볍고 든든한 음식

STEP 04
EATING

EATING 01

오키나와 **음식 백과사전**

"오키나와 사람들의 장수 비결은 그들의 식탁에 있다."
장수 국가인 일본에서도 오키나와는 '장수의 섬'으로 널리 알려져 있다. 그 비결은
바로 오키나와 음식. 보약이 따로 필요 없는 건강한 식도락 여행을 떠나보자.

오키나와 음식

고야 찬프루 チャンプル
찬프루는 오키나와 방언으로 '섞다'라는 의미로 두부와 채소를 이용한 볶음요리이다. 고야를 넣고 볶은 고야 찬프루는 오키나와 가정식에 빠지지 않고 등장하는 단골 메뉴로 고야 특유의 쓴맛이 은근 중독성 있다.

이시가키 소고기 요리
石垣牛の料理
이시가키지마를 포함한 야에야마 제도에서 생산하는 흑소를 이시가키 소고기라 한다. 육질이 부드럽고 고기 맛이 좋아 스테이크, 전골, 샤브샤브 등으로 요리해서 먹는다. 가격은 일반 소고기보다 비싼 편.

오키나와 소바 沖縄そば
메밀이 아니라 100% 밀가루로 면을 만들고 돼지뼈와 가다랑어포로 육수를 내는 오키나와 소바는 우리가 생각하는 소바 맛과 다르다. 육수와 재료에 따라 맛도 천차만별.

아구 돼지 샤브샤브
アグー豚のしゃぶしゃぶ
오키나와 흑돼지 아구를 육수에 살짝 담근 후 양념간장에 찍어 먹는 요리. 아구는 지방이 적고 마블링이 잘 형성되어 부드럽고 단맛이 난다.

모즈쿠스 もずく酢
부드럽고 끈적이는 식감의 해초 모즈쿠는 미네랄과 비타민이 풍부한 저칼로리 건강식품이다. 4~6월이 제철이며 식초를 조금 더해 새콤달콤하게 먹는 것이 바로 모즈쿠스.

데비치 조림 テビチ煮込み
콜라겐이 듬뿍 들어간 족발 요리. 장시간 삶아 부드럽게 입안에서 녹아내리는 것이 특징이다. 류큐 요리의 대표 식재료인 족발은 구이나 튀김으로도 조리해 먹는다.

유시 두부 ゆし豆腐
오키나와의 순두부. 따뜻하게 해서 소금이나 간장, 쪽파를 더해 맛을 낸다. 두부의 고소한 맛을 정직하게 즐긴다.

지마미 두부 ジーマーミ豆腐
이에지마 땅콩으로 만든 두부로 땅콩 즙을 만들어 고구마 전분을 첨가한다. 식감이 쫀득쫀득하고 고소하며 술안주로 제격이다.

토후요 豆腐よう
술안주로 인기 있는 오키나와 특산품으로, 두부를 오키나와 전통주 아와모리에 발효시켜 치즈 맛이 난다.

바다뱀 수프 イラブ汁
고급 식재료로 알려진 바다뱀으로 국물을 우려낸 수프. 콜라겐이 풍부해 미용식으로도 알려져 있다.

이마이유 イマイユ | いまいゆ
오키나와 방언으로 신선한 생선을 뜻한다. 갓 잡은 신선한 생선을 회, 구이 또는 국물요리로 만들어 먹는다.

주시 ジューシー
돼지육수와 기름을 사용한 오키나와 영양밥. 물 대신 다시마 국물을 넣고 밥을 지어 다시마의 칼륨 성분이 체내의 염분을 배출해준다.

오키나와 간식

부쿠부쿠차 ぶくぶく茶
쌀을 볶아 우려낸 물과 재스민차를 섞어서 거품을 만들어, 차 위에 거품을 얹어 마시는 류큐 시대 전통차.

흑설탕 콩 黒砂糖大豆
오키나와산 흑설탕의 깊은 단맛과 고소한 땅콩이 어우러진 오키나와 단골 스낵.

젠자이 ぜんざい
오키나와식 팥죽. 따뜻하게 데워 먹는 일반적 단팥죽과는 달리 흑설탕 단물을 졸인 강낭콩 위에 곱게 간 얼음을 올려서 먹는다.

사타 안다기 サーターアンダギー
도넛 같은 튀김 과자. 여러 가지 맛이 있는데 오키나와 특산품인 흑설탕이나 자색 고구마 맛이 특히 별미다.

친스코 ちんすこ
류큐 시대부터 있었던 전통과자로 밀가루, 설탕, 돼지기름이 주원료이다. 비스킷 같은 식감으로 심하게 달지 않다.

친빙 ちんびん | 煎餅
일종의 오키나와식 크레이프로, 밀가루를 물에 개어 철판에 얇게 굽고 흑설탕 시럽을 중간에 넣어 돌돌 말아 먹는 가정식 디저트다.

오키나와 식재료

이시가키 소고기 石垣牛
이시가키지마섬을 포함한 야에야마 군에서 생산하는 재래종 흑소로 이시가키규로 불린다. 유통량이 적고 가격이 비싼 최고급 소고기로 육질이 부드럽고 단맛이 난다.

베니이모 紅いも
보라색을 띄는 오키나와 고구마로 항산화작용을 하는 프로페놀이 함유되어 있으며 아이스크림, 쿠키, 화장품에 이르기까지 폭넓게 사용된다.

지마미 ジーマーミ
오키나와 방언으로 땅콩을 뜻하며 오키나와 이에지마섬의 특산품이다. 최근에는 지마미 두부가 건강식품으로 주목받고 있다.

우리즌 콩 うりずん豆
콩을 튀겨 먹거나 가볍게 데쳐서 샐러드와 무쳐 먹으면 은은한 향과 아삭아삭한 식감을 즐길 수 있다.

아구 あぐ
오키나와를 대표하는 토종 흑돼지. 육질이 부드럽고 단맛이 나며 개체수가 적어 가격이 비싸다.

한다마 ハンダマ
보라색과 녹색 잎이 선명한 오키나와 채소. 데쳐서 샐러드로 먹는다.

우미부도 海ぶどう
저칼로리에 미네랄이 풍부한 오키나와 명물 해초로 바다의 캐비어라고도 불린다. 투명한 녹색 방울이 톡톡 터지는 식감이 식욕을 돋운다. 간장이나 새콤달콤한 초절임 등으로 무쳐 생으로 먹거나 오키나와 소바 위에 올려 먹기도 한다.

고야 ゴーヤ
오키나와의 대표적 여름 채소. 비타민C가 풍부하며 입맛을 당기는 쓴맛이 특징이다. 고야 찬프루를 비롯해 오키나와 요리의 대표 재료로 조려 먹거나 피클로 만들어 먹기도 한다. 끓여서 차로 마시거나 즙을 내어 주스로 마실 수 있다.

패션프루트 パッションフルーツ
잘 익은 패션프루트를 반으로 잘라 과육을 한 스푼 떠서 입안에 넣었을 때 그 달콤함과 새콤함의 배합이 절묘하다. 열대과일 음료나 칵테일 재료로도 자주 사용되며, 오키나와 남국의 기분을 즐길 수 있다. 매끈매끈한 껍질이 울퉁불퉁해지면 제일 잘 익고 당도가 높을 때다. 6~8월, 11~1월이 제철.

아세로라 アセロラ
우리나라에서도 최근 건강식품으로 각광받고 있는 아세로라는 카리브해 서인도 제도가 원산지로 일본에는 오키나와에 최초로 들어왔다. 비타민C가 풍부하고 새콤달콤한 맛이 특징이다.

시콰사 シークヮーサー
오키나와 북부에 자생하는 감귤류의 과일로 새콤한 맛이 특징이며 항암효능이 있다. 레몬 대신 간장에 넣어 희석해 소스를 만들어 먹거나 아와모리에 넣어 칵테일을 만들어 마시기도 한다.

바나나 バナナ
열대 과일 중에서 가장 흔하게 맛볼 수 있는 바나나는 특히 오키나와에서는 5~10월에 제일 맛있다. 단맛에 레몬 같은 신맛이 살짝 느껴진다.

오키나와 술

오리온 맥주 オリオンビール
물 좋은 북부 나고시에 공장이 있는 오키나와 대표 맥주로 목 넘김이 부드럽고 순하다. 세 개의 별이 나란히 있는 로고가 인상적이다. 오키나와현 내 맥주 점유율 50%가 넘는 압도적 인기의 맥주로 아사히 맥주와 제휴하여 다양한 맥주를 생산하고 있다.

아와모리 泡盛
600년 이상의 전통을 자랑하는 오키나와 전통 술. 태국 쌀을 누룩으로 발효시키는 것이 특징이며, 15세기에 태국에서 선해셨나ᄂ 한다. 오키나와의 47개 주조소에서 아와모리를 생산하고 있으며 물에 타서 마시는 것이 일반적이다. 온 더 록으로, 칵테일로도 다양하게 마실 수 있다. 기본 재료는 쌀, 검은 누룩, 효모지만 각 주조마다 물과 제조 공정을 달리 해 아와모리마다 다른 맛을 낸다. 사케보다는 보드카에 가까운 풍미를 가졌고, 장기간 숙성시킬수록 깊은 맛을 낸다.

> **Tip 아와모리 맛있게 즐기기**
> 잔에 얼음을 넣고 잔이 차가워질 때까지 여러 번 흔들어 준다. 그런 다음 아와모리와 물을 함께 넣고 골고루 섞어서 마신다. 알코올 비율은 각자의 취향대로. 시콰사를 넣어 마셔도 좋다.

오키나와 대표 프랜차이즈

A&W 버거 A&W All AMERICAN FOOD Restaurants
1963년 오픈한 일본 최초의 미국 패스트푸드 체인점. 메뉴는 일반 패스트푸드와 다를 바 없지만 약초와 허브를 혼합한 무알콜 맥주 '루트 비어Root Beer'를 판매한다. 맛은? 톡 쏘는 파스맛 같다. 파스 맛 음료를 한 번 마셔보고 싶다면 Go~

블루실 아이스크림
ブルーシールアイスクリム
BLUE SEAL ICE CREAM
오키나와 어딜 가도 있는 아이스크림 체인점. 미군 부대 내에서 팔기 시작하면서 오키나와 전역으로 퍼졌다. 베니모 맛 아이스크림이 가장 인기.

STEP 04
EATING

EATING 02

소박한 오키나와 맛을 즐겨라, **오키나와 가정식**

근해에서 잡은 싱싱한 해산물, 혜택 받은 자연에서 건강하게 자란 고기들, 고야 같은 신기한 채소들까지 오키나와 엄마의 장바구니 속은 신선하고 생소하다. 오키나와 사람들이 건강하게 오래 사는 비결은 모두 음식에 있다.

넓은 고택에서 즐기는 아구 샤브샤브
우후야 大家

렌터카로 조용한 시골길을 달리다 갑자기 나타나는 고급 민가주택들과 광대한 주차장. 백 년 된 고택들을 2001년 이축, 복원하여 류큐 요리점으로 오픈한 류큐 음식 전문 레스토랑이다. 식사 전후로 스토리가 있는 한 채 한 채의 집들을 구경하며 산책하기 좋다. 런치 타임에는 아구 소바세트를 1일 30식 1,800엔에 한정판매하고 있는데 예약은 불가하니 서두를 것. 이 곳 재래 흑돼지 아구 요리는 맛이 좋기로 유명한데 수림으로 우거진 얀바루 지역에서 쑥, 해초, 마늘을 배합한 사료를 먹고 자란 아구(흑돼지)를 사용한다.

Data 지도 303p-K
가는 법 나하공항에서 고속도로 타고 2시간(교다 IC에서 14km)
주소 沖縄県名護市中山90
전화 0980-53-0280
운영시간 11:00~17:00, 18:00~22:00
요금 오키나와 소바 869엔, 아구 샤브샤브 코스 3,100엔~
홈페이지 www.ufuya.com

EATING

젊은 스태프들의 요리 실력을 보며 술 한 잔
요시자키 식당 吉崎食堂

2013년 8월에 오픈한 곳으로, 젊은 스태프가 문 앞에서 '이랏샤이(어서 옵쇼)'하고 큰 소리로 외치는 신나고 캐주얼한 분위기의 오키나와 가정요리 전문 이자카야다. 이자카야지만 개방감 있는 넓은 공간에 친근한 분위기가 더해져 어린이를 포함한 가족여행객들도 많이 보인다. 젊고 넉살 좋은 스태프들이 분주히 오가는 오픈 키친 앞의 바는 한 잔의 술과 함께 하루를 마무리하기 안성맞춤이다. 오키나와현산 채소와 근해에서 잡힌 어패류, 직영농장에서 키운 고기들로 요리해 믿을 수 있고 오픈 키친이라 요리하는 모습도 구경할 수 있다. 오키나와 북부의 계약축사에서 직접 공수한 아구를 이용한 아구 고추기름 전골은 이 집의 최고 인기 메뉴. 나하의 겐초마에역, 오모로마치역에 각 한 곳, 도쿄에도 분점이 있는 전국 체인 주점이다.

Data 오모로마치점 **지도** 188p-B
가는 법 모노레일 오모로마치역에서 도보 5분
주소 沖縄県那覇市おもろまち4-17-29
전화 098-869-8246 **운영시간** 17:00~24:00
요금 아구 고추기름 전골 1,078엔, 아와모리 650~950엔
홈페이지 yura-net.com

류큐 궁중요리를 맛볼 수 있는 곳
우리즌 うりずん

전통이 살아 있는 오키나와 요리 전문점이다. 가게에 들어가자마자 벽을 가득 메운 아와모리(오키나와식 소주) 병들이 인상적이다. 오키나와현 47개 주조의 아와모리를 마실 수 있고, 양념한 돼지고기에 흑임자 깨소스를 뿌린 미누다루ミヌダル 같은 류큐 궁정요리를 맛볼 수 있는 전문 이자카야로 유명하다. 그날그날의 신선한 식재료를 사용해 정갈하고 맛있는 요리를 만들기로 소문이 확실히 난 집이다. 인기 넘버원은 감자에 돼지고기와 생선 등을 넣어서 튀겨낸 오리지널 고로케 '두루텐ドゥルヌ'.

Data 지도 188p-F
가는 법 모노레일 아사토역에서 대형슈퍼 리우보 방향으로 나와 사카에마치시장 방향 두 번째 골목에서 우회전 해서 바로, 도보 3분
주소 沖縄県那覇市安里388-5
전화 098-885-2178
운영시간 17:30~24:00
요금 지마미 두부 540엔, 문어회 864엔, 두루텐 648엔
홈페이지 urizun.okinawa/index.html

소박한 오키나와 가정식 즐기기
아야구 식당 あやぐ食堂

슈리역 가까이 있는 오키나와 가정식 식당이다. 꾸미지 않은 외관에 로컬 손님이 많이 찾는 곳. 동네 어르신이 신문을 보거나 수다를 떨며 식사하는 분위기로 현지인들의 런치 레스토랑이자 만남의 장소이다. 아야구 소바는 깊은 국물 맛, 두툼한 삼겹살과 섬 채소의 씹히는 맛이 일품이며, 직접 만든 담백한 순두부 요리는 가볍게 먹을 수 있는 건강식으로 고야 찬프루와 함께 먹으면 궁합이 좋다.

Data 지도 189p-C
가는 법 모노레일 슈리역에서 도보 3분 주소 沖縄県那覇市首里久場川町2-128-1
전화 098-885-6585
운영시간 09:00~18:00(수요일 휴무) 요금 아야구 소바 700엔

EATING 03

우리가 아는 맛이 아냐!
오키나와 스타일 소바

점심에 소바나 한 그릇 먹을까 생각한다면 그날은 서두를 것. 영업 종료 시점이란 대개 그날의 소바 면을 다 소진했을 때를 뜻하는 경우가 많고, 인기 있는 소바 가게는 점심시간 전부터 줄을 선다. 흔히 일본의 대표음식 하면 라멘을 떠올리지만 오키나와의 대표음식은 소바! 가게마다 비법이 다르고 재료도 달라 맛이 다양하다. 먹으면 먹을수록 중독되는 소바 맛의 세계로 들어가 보자.

1905년 창업한 정통 오키나와 소바 가게
데우치소바 기시모토 식당 きしもと食堂

오키나와 북부의 84번 국도에는 소바 로드라고 불리는 유명한 거리가 있는데, 데우치소바 기시모토 식당도 소바 로드의 가게 중 하나다. 100년 전통의 가게로 전국적인 유명세를 떨치고 있는 곳이다. 여전히 옛 전통을 고수하고 있다. 장작불에 삶은 수타면은 면이 탱글탱글하고, 국물은 다른 소바 가게에 비해 담백해 한국사람 입맛에도 잘 맞는다. 고레구스(홍고추를 아와모리에 담근 오키나와 조미료)나 시치미(고추를 메인으로 하는 일본의 조미료)를 조금 가미하면 매콤하고 감칠맛이 나서 더 맛이 좋다. 일본 현지에서도 워낙 유명해 오키나와를 찾는 유명인들이 꼭 들르는 가게 중 하나. 본점 부근에 단팥죽으로 유명한 아라가키 젠자이야新垣ぜんざい屋도 있다.

Data **지도** 302p-F **가는 법** 나하공항에서 고속도로 타고 약 2시간 10분(교다 IC에서 23km). 추라우미 수족관에서 11분(북부 84번 국도 초입)
주소 沖縄県国頭郡本部町渡久地5
전화 0980-47-2887
운영시간 11:00~17:30
(완판 시 종료, 수요일 휴무)
요금 소바(대) 850엔, 소바(소) 700엔

고민가에서 먹는 현대적 오키나와 소바
야기야 屋宜家 | やぎや

일본 문화청 등록유형문화재로 지정된 고민가를 개조한 소바 가게. 사탕수수와 밭으로 둘러싸인 남부의 조용한 동네에 있다. 류큐 시대 전통민가 형태가 그대로 보존되어 있는데, 문 입구부터 벌써 특이하다. 입구로 들어가면 바로 집이 보이는 것이 아니라 병풍처럼 담이 하나 솟아 있는데 이는 안 좋은 기운이 들어오지 못하도록 막는 역할을 한다고. 3대째 이곳에 살고 있는 가게 주인은 원래 비행기 파일럿이었다가 몇 년 전 시골집을 개조해 소바 가게를 시작했다. 가다랑어포로 우려낸 국물은 기름기가 많은 일반 오키나와 소바에 비해 훨씬 시원하고 담백한 맛이 특징이다. 자체 개발한 조리 방식으로 새로운 오키나와 소바로 많은 인기를 얻고 있다. 식이섬유와 칼슘, 카로틴이 풍부한 장수 식품인 아사(해초)를 넣어 반죽한 면발 위에 차슈(돼지고기 편육)와 아사를 듬뿍 담은 독특한 아사 소바 세트는 가게의 최고 인기 메뉴. 디저트인 흑설탕 빙수는 배부르다고 그냥 지나치지 말 것. 흑설탕과 콩가루를 뿌린 이 빙수는 전문점이 명함을 못 내밀 정도로 맛있다.

Data **지도** 242p-E
가는 법 나하공항에서 차로 30분
주소 沖縄県八重瀬町大頓1172
전화 098-998-2774
운영시간 11:00~16:00
(주문 ~15:15, 화요일 휴무)
요금 아사 소바 세트 1,110엔, 안초비 두부 200엔(단품), 흑설탕 콩가루 팥빙수 400엔
홈페이지 www.ne.jp/asahi/to/yagiya

다케토미지마에서 야에야마 소바 즐기기
야라보소바 やらぼそば

오키나와 소바는 지역에 따라 면 굵기와 맛이 달라지는데 맑은 스프와 둥글고 가는 면발이 야에야마 소바 스타일이다. 다케토미지마에 있는 야라보소바는 채소가 듬뿍 들어간 채소 소바나 해산물 소바로 유명하지만 전통적인 야에야마 소바를 맛볼 수 있는 곳이기도 하다. '오늘은 이시가키지마 시장에 갑니다.'라고 쓴 메모만 남기고 임의로 문 닫는 날도 많아 몇 번의 시도 끝에 맛보게 되기도 하지만, 채소를 듬뿍 넣고 국물을 우려내 느끼하지 않고 담백하니 한국사람 입맛에 꼭 맞다.

Data 지도 384p-C 가는 법 나고미 탑에서 자전거로 3분, 도보 6분
주소 沖縄県八重山郡竹富町竹富107 전화 0980-85-2268
운영시간 11:00~16:00 요금 채소 소바 950엔, 소키 소바 950엔

슈리성 공원 근처 최고 인기 소바 전문점
슈리소바 首里そば | しゅりそば

슈리역에서 슈리성 공원 가는 길에 있는 인기 소바 집. 하루 60그릇만 팔기 때문에 빨리 가서 줄을 서지 않으면 먹을 기회를 놓치고 만다. 유명한 소바 전문점 '사쿠라야さくら屋'의 맛을 이어받은 곳이며 전통 방식으로 만든 오키나와 수제 소바를 맛볼 수 있다.

Data 지도 189p-F 가는 법 모노레일 슈리역에서 도보 4분
주소 沖縄県那覇市首里赤田町1-7 전화 098-884-0556
운영시간 11:30~14:00(완판 시 종료, 목, 일요일 휴무)
요금 소바(대) 600엔, (중) 500엔, (소) 400엔

매일 완판 행진의 소바 전문점
얀바루소바 山原そば

오픈 전부터 가게 앞의 엄청난 행렬을 보고 돌아서게 되고 마는 소바 가게. 인기의 비결은 삶고 조리는 소바 위의 토핑 소키(삼겹살 조림)인데, 맛이 가히 환상적이라는 평가다. 폐점시간 3시 전에 대부분 완판이 되니 일찍 출발해서 기다리든가 전화로 확인 후 가는 것이 좋다.

Data 지도 303p-G 가는 법 나하공항에서 고속도로 타고 1시간 50분 (교다 IC에서 17km). 추라우미 수족관에서 20분(북부 84번 국도 중간 지점). 주소 沖縄県本部町伊豆味70-1
전화 0980-47-4552 운영시간 11:00~16:00(월·화요일 휴무, 완판 시 종료) 요금 소키 소바(대) 800엔, (소) 600엔
홈페이지 www.ryukyujima.net/shop_info.php?ShopCode=027274

|Theme|
오키나와 대표 메뉴, 오키나와 소바

잠깐! 오키나와 소바そば 좀 알고 가실게요~

소바 하면 채반 위의 메밀 면을 소스에 찍어 먹는 자루 소바를 연상하겠지만, 오키나와 소바는 우리나라 칼국수에 더 가깝다. 밀가루 면을 사용하며 국물은 돼지뼈와 가다랑어로 우려내는 것이 기본. 류큐 시대의 궁정요리였으나 다이쇼 시대에 이르러 일반인들도 즐기는 음식이 되었다고 한다. 오키나와 방언으로는 '스바'라고 불리며 오키나와의 현지인들 중에는 매일 먹는 사람이 있을 정도라고 한다. 오키나와에서 가볍게 식사를 할 때에는 뭐니 뭐니 해도 소바 한 그릇!

맛있게 먹는 팁!

지역별로 면 굵기와 모양이 조금씩 다르며 가게별로 올리는 고명이나 국물 베이스도 조금씩 다르지만, 대부분 삼겹살 조림, 어묵, 파 등이 기본 고명으로 들어간다. 가게마다 맛도 제각각. 홍고추를 아와모리에 담근 조미료 고레구스コーレーグース를 한두 방울 정도 넣으면 감칠맛이 나 한국사람 입맛에 더 맞다. 일본에서는 후루룩 소리를 내며 국수를 먹는 것이 맛있다는 표현. 오키나와 소바도 후루룩 후루룩!

오키나와 소바 로드

북부 나고시에서 시작해 84번 도로를 따라 449번 국도 모토부순환선本部循環線까지 이어지는 약 20km의 짧은 도로. 해양박공원으로 가는 이 관광도로를 따라 오키나와 소바 가게가 모여 있다. 한 집 건너 한 집이 소바 가게라고 느낄 정도로 소바 가게가 많다. 데우치소바 기시모토 식당, 안바루소바 등 유명한 소바 가게들이 이곳에 있다.

Data 가는 법 오키나와현도 84호 나고본부선 주소 沖縄県道84号名護本部線

EATING 04

오키나와 로컬의 맛, 나하 시장 뒷골목 탐방

치라가라고 불리는 돼지 두상을 보며 재밌어하고, 한국에 없는 이국적 식재료에 놀라고, 포장마차에 앉아 술잔을 기울이는 뒷골목 스타일을 좋아한다면 나하의 재래시장은 딱 그대 스타일! 허리띠를 풀고 즐겨보자!

보고, 뜯고, 씹고, 마시고 오키나와의 주방을 즐겨라
다이이치마키시 공설시장 第一牧志公設市場

관광객들의 추천 명소인 이곳은 오키나와 주민들도 식재료 구입을 위해 즐겨 찾는 명소다. 고쿠사이도리(국제거리) 바로 옆에 있어 접근성은 최고. 그냥 구경만 해도 재미있다. 왁자지껄한 시장 상인과 여전히 살아서 팔딱거리는 남쪽 나라의 생선들, 처음 보는 식재료들을 구경하고 있으면 시간 가는 줄 모른다. 1층에는 어류, 육류 등 각종 식재료를 파는데 식재료를 사들고 2층으로 올라가면 바로 요리해주는 식당들이 모여 있다.

Data 지도 187p-G
가는 법 모노레일 마키시역에서 도보 8분
전화 098-867-6560(관리사무소)
운영시간 08:00~20:00
(1~11월 넷째 주 일요일 휴무)
요금 상차림비500엔~
홈페이지 makishipublic-market.jp/kr

시장 최고 건강식 수제 발효두부 맛보기
지로보 次郎坊

고야 찬프루 등의 전형적인 오키나와 요리는 물론이고 오키나와의 독자적인 식재료를 훌륭하게 조리한 오리지널 요리가 인기인 가게이다. 직접 만든 발효두부뿐 아니라 돼지 내장을 여러 번 손질해 냄새를 빼고 담백하게 조리한 국물요리 나카미지루中味汁는 어머니 손맛의 대표 격으로 호평을 받고 있다.

나하 207p
지도 187p-G 가는 법 고쿠사이도리에서 시장 혼도리 本道り로 들어와 오른쪽의 공설시장 2층으로 올라가면 바로 전화 098-866-6099 운영시간 11:00~20:00
요금 회 정식 1,200엔, 오징어먹물국 800엔

낮과 밤이 다른 시장, 둘 다 매력 있어
사카에마치 시장 栄町市場

시장의 밤은 활기차고 젊은 에너지가 넘친다. 다이이치마키시 공설시장에 비해 소규모의 점포들이 오밀조밀 모여 있는데, 채소나 생선들을 파는 재래시장의 낮 분위기와는 달리 오후 6시 전후로 주점과 바가 문을 열기 시작하면서 시장은 놀라운 활기로 변신한다. 일반 가게들도 오후 7시 정도까지 영업을 하므로 오후 6~7시가 최적의 시간대. 시장 분위기도 느끼면서, 동시에 시장의 밤 문화도 즐길 수 있다. 저렴한 술값도 이곳의 매력 중 하나다. 밤이 깊어갈수록 술잔을 부딪칠수록 시장의 분위기는 점점 고조된다. 가게 벤치에 앉아 있으면 현지 주민들과 자연스럽게 수다를 떨 수 있고, 여행은 사람을 만나는 것이라는 설렘을 체험할 수 있는 곳이다.

Data **지도** 188p-F **가는 법** 모노레일 아사토역에서 도보 2분 **주소** 沖縄県那覇市安里381
운영시간 주점&바 오후 6시 전후 오픈(일요일 휴무) **요금** 생맥주 500엔, 캔맥주 300엔 **전화** 098-886-3979
홈페이지 www.instagram.com/sakaemachi_ichiba

소룡포와 군만두, 오리온 맥주 한 캔의 소박한 행복을 경험하게 하는
벤리야 べんり屋

개점시간 전부터 좁은 시장 골목에 긴 줄이 늘어설 만큼 인기 절정의 만두가게. 테이블이 아닌 좁은 바에서 후딱 먹고 가야 할 정도로 등 뒤에서 재촉하는 눈초리를 느끼며 먹어야 하는 곳이다. 최고 인기 메뉴는 소룡포. 기름진 육즙이 고소하다. 좀 더 특이한 경험을 원한다면 돼지족발 겐코쓰추추げんこつチューチュー를 시도해 볼 것. 족발에 빨대를 꽂아 국물을 추추 빨아 먹는데 보기와는 달리 수프 맛이 일품이다.

Data **지도** 188p-F **가는 법** 모노레일 아사토역에서 도보 2분, 사카에마치시장 내
주소 沖縄県那覇市安里 388-1 **전화** 098-887-7754 **운영시간** 17:00~23:00(일요일 휴무)
요금 군만두 770엔, 소룡포 825엔

EATING 05
눈도 즐겁고 입은 더 즐겁다,
전망 좋은 카페 & 레스토랑

사면이 바다인 오키나와 본토와 주변 섬들. 탁 트인 바다 절경을 감상하며 즐길 수 있는 카페나 레스토랑을 찾기란 그리 어려운 일이 아니다. 해안도로나 숲길을 따라 드라이브를 즐기며 전망 카페에서 여유 있게 식사나 차를 즐기는 것도 오키나와 여행의 즐거움 중 하나. 추천 카페 어디를 들어가도 실망할 일은 없지만 최고의 전망을 자랑하는 테라스에 앉는 것은 당신의 운을 시험하는 시간이 될지도 모른다.

건강 요리를 메인으로 하는 전망 카페
카페 고쿠 カフェ こくう

녹음이 우거진 산길을 따라 올라가면 돌연 동중국해의 깊은 바다가 정면으로 보이는 평야가 나온다. 자연경관이 아름답기로 유명한 북부 나키진손에 조성된 희망의 언덕이다. 바로 이곳에 위치한 카페 고쿠는 하늘과 맞닿은 언덕의 끝자락에 위치해 있어 마치 허공에 떠있는 공간처럼 보인다. 오키나와 채소를 이용한 일식요리와 14가지 약 생차를 제공한다. 일식 요리사로 일하던 남편이 채식주의자인 부인의 영향을 받아 마크로 바이오틱 요리를 연구하기 시작했다고. 가게에는 많은 사람들이 즐길 수 있는 건강식 메뉴가 준비되어 있다. 하늘과 바다를 보며 쉬어가기 그만인 장소.

Data 지도 303p-G **가는 법** 나하공항에서 고속도로 타고 2시간(교다 IC에서 20km). 추라우미 수족관에서 차로 30분 **주소** 沖縄県今帰仁村諸志2031-138 **전화** 0980-56-1321 **운영시간** 11:30~16:00 (디너는 문의)(월·일요일 휴무) **요금** 고쿠 플레이트 1,300엔~ **홈페이지** www.instagram.com/cafe_koku_okinawa

이에지마섬과 세소코지마섬이 있는 바다를 한눈에
가진호 花人逢 | カジンホウ

북부 최고의 전망을 가진 피자 전문 레스토랑이다. 입구로 들어서기 전까지 울창한 나무숲에 가려 전망을 가늠할 수 없지만 일단 들어서서 레스토랑 건물 앞으로 가게 되면 이에지마섬, 세소코지마섬 등 북부의 작은 섬들이 한눈에 내려다보이는 기가 막힌 전망을 접하게 된다. 카페 툇마루의 테라스 좌석은 일단 앉으면 숨 막히는 풍경에 와~하는 감탄사로 식사의 첫 문을 열게 되는 위치. 얀바루 지역의 오쿠리노도 용천수를 사용한 피자는 도우가 얇고 바삭바삭하면서 토핑은 각각의 재료 맛이 살아있다. 아세로라 주스와 망고 주스 등의 신선한 남국과일 주스를 즐길 수 있고 무알콜 맥주도 판매한다. 현금지불만 가능하니 잊지 말 것.

Data 지도 302p-F **가는 법** 나하공항에서 고속도로 타고 약 2시간(교다 IC에서 26km) **주소** 沖縄県国頭郡本部町山里1153-2 **전화** 0980-47-5537 **운영시간** 11:30~19:00(화·수요일 휴무) **요금** 피자 M사이즈 2,600엔·S사이즈 1,300엔 **홈페이지** kajinhou.com

올 어바웃 하와이
하와이언 카페 다이닝 코아 Hawaiian cafe dining KOA

하와이 마니아인 주인이 만든 하와이언 스타일 카페. 코아KOA는 하와이에 있는 나무 이름으로 '용기를 주다'라는 뜻이 있다. 2층 카페로 들어가면 미나미하마 공원南浜公園 시오자키 비치潮崎ビーチ의 에메랄드빛 바다가 한눈에 들어오며 날씨가 좋으면 게라마 제도의 도카시키지마섬까지 볼 수 있다. 하지만 이곳의 가장 큰 매력은 바로 오키나와 재료와 하와이언 레시피가 결합되어 신선한 남국의 음식을 즐길 수 있다는 점. 추천 메뉴인 코아 특제 아구로코모코는 고소하고 푸짐해서 눈도 즐겁고 입도 즐겁다. 로코모코란 밥 위에 햄버그와 계란프라이를 얹어 그레이비소스를 두른 하와이언 요리다. 햄버그스테이크와 비슷하지만 오키나와 흑돼지 아구까지 더해져 침샘을 자극한다. 아이스플랜트 등의 건강하고 신선한 기능성 채소와 수프로 구성된 샐러드 바도 이용할 수 있다.

Data 지도 242p-D
가는 법 나하공항에서 차로 20분, 이토만시청 뒤편 시오자키타운 내
주소 沖縄県糸満市潮崎町4-28-20 ここパンチ202 **전화** 098-851-8495
운영시간 10:00~20:00(목요일 휴무)
요금 로코모코 1,290엔, 피자 1,690엔~
홈페이지 www.hawaiiancafekoa.com

파도 소리가 배경음악이 되어 내 귓가에 맴돈다
하마베노차야 浜辺の茶屋

사치바루의 정원에서 운영하는 카페 중 하나로 미바루 비치 앞에 위치한 해변 전망 카페이다. 카페의 전면은 전부 창으로 만들어져 창 너머로 신비로운 남부 미바루 비치의 절경을 제대로 즐길 수 있다. 눈부신 햇살이 반짝이는 아침 바다가 투명한 시간, 늦은 오후 몽환적인 분위기를 자아내는 석양이 아름다운 시간 등, 시시각각으로 변하는 바다의 모습이 매력적으로 일단 앉으면 시간 가는 줄 모른다.

Data **지도** 243p-E
가는 법 나하에서 차로 40분. 또는 나하버스터미널에서 39번 미바루 비치 행 버스를 타고 종점 미바루 비치에서 내려(60분) 도보 10분
주소 沖縄県南城市 玉城玉城2-1
전화 098-948-2073
운영시간 10:00~18:00 (금, 주말, 공휴일 08:00~)
요금 모닝 플레이트 880엔~, 커피 550엔
홈페이지 sachibaru.jp/hamacha

바다 조망의 테라스 카페에서 즐기는 평화로운 오후
카페 롯지 Cafe lodge

남부 난조시에 위치해 있는 시골길에 접한 전망 카페이다. 남부의 아름다운 해안선을 따라 드라이브를 즐기다 보면 아름다운 절경을 볼 수 있는 카페들이 많은데, 이곳도 그 중의 하나이다. 목조로 지어진 건물 내부 인테리어 역시 대부분 나무로 꾸며져 카페에 나무 향이 가득하다. 2층 야외 테라스의 테이블은 모두 바다를 향해 배치되어 있는데 왠지 '사랑은 마주 보는 것이 아닌, 같은 곳을 바라보는 것'이란 상투적인 사랑의 관념들이 떠오르는 커플석이다. 수제 케이크도 판매하는데 하프 사이즈 케이크 두 종류와 음료가 함께 나오는 세트 메뉴가 인기이다. 7세 이하 어린이는 입장 불가.

Data **지도** 243p-C **가는 법** 나하공항에서 차로 40분
주소 沖縄県南城市玉城垣花8-1 **전화** 098-948-1800
운영시간 16:00(월, 화, 금요일 휴무)
요금 카레 1,200엔, 케이크 500엔
홈페이지 cafefuju.com

EATING 06
남국의 달콤 쌉쌀한 **커피 & 디저트 카페**

오키나와 디저트 하면 역시 빙수, 그리고 오키나와 빙수의 필수 재료는 흑설탕이다. 오키나와 사탕수수로 만든 흑설탕은 자연스런 단맛에 미네랄도 풍부하다. 그럼 커피는? 꼼꼼한 일본인들은 커피 블렌딩에서도 그 능력을 발휘한다. 달콤 쌉쌀한 마법에 빠져드는 오키나와의 디저트 & 커피 세계로 들어가 보자.

얀바루의 자연이 한눈에
시키노아야 四季の彩

테라스에 앉으면 얀바루의 자연이 한눈에 들어온다. 그 자연만큼 아름다운 꽃들이 피는 정원을 보는 재미도 쏠쏠하다. 유리창이 없는 오픈에어 스타일의 카페이며 한여름이라도 상쾌한 산바람이 들어와 시원하다. 흑설당 팥빙수, 백퍼센트 제철 감귤 주스 등이 인기 메뉴. 뒤편 텃밭에서 따온 신선한 채소도 저렴하게 판매하고 있다.

Data 지도 303p-G 가는 법 나하공항에서 고속도로 타고 1시간 50분(교다 IC에서 17km. 또는 고리 대교에서 차로 23분)
주소 沖縄県本部町伊豆味 371-1
전화 0980-47-5882
운영시간 11:00~15:00(월·화요일 휴무)
요금 시폰 케이크 세트 800엔
홈페이지 www.instagram.com/shikinoaya

이시다타미 돌길의 전망 카페
이시다타미차야 마다마 石畳茶屋 真珠

슈리성에서 이시다타미미치 돌길로 내려가는 길목에 위치해 있다. 테라스에 앉아 도시의 전망을 감상할 수 있으며 날씨가 좋은 날이면 멀리 있는 바다까지 조망이 가능하다. 오키나와산 흑설탕으로 만든 푸딩은 부드럽고 너무 달지 않아 입맛에 딱 맞고, 망고를 듬뿍 올린 망고 빙수는 이시다타미미치 돌길을 걷기 전 더위를 식혀주는 최고의 디저트 메뉴이다. 직장생활을 하다가 제2의 삶을 살아가는 여유로운 오너의 미소가 여운을 남기는 곳이다.

Data 지도 189p-E 가는 법 모노레일 기보역에서 도보 12분, 슈리성 공원에서 이시다타미미치 돌길 내
주소 沖縄県那覇市首里金城町 1-23
전화 098-884-6591
운영시간 10:00~17:00(화요일 휴무)
요금 흑설탕 푸딩 500엔, 망고 빙수 1,000엔, 흑설탕 사이다 500엔

STEP 04
EATING

2층 툇마루에 앉아서 보내는 한가로운 오후
시사엔 シーサー園

배우 권상우가 광고 촬영을 한 곳으로 유명해졌다. 오너가 1만 평의 대지를 20년 동안 정성스레 가꾸어 지금의 시사엔을 만들었다고 하니 그냥 광고 촬영지라고 말하기 미안해진다. 지붕에 앉아 모두 다른 표정을 하고 있는 시사들을 보고 있자니 절로 웃음이 나온다. 정원 숲 경치를 감상하려면 2층 툇마루 자리가 좋은데, 워낙 인기가 많아 기다려야 하는 경우가 많다. 추천 메뉴는 친빙(오키나와식 크레이프)과 흑설탕 단팥죽이다.

Data 지도 303p-G
가는 법 나하공항에서 고속도로 타고 1시간 50분(교다 IC에서 18km. 또는 고리 대교에서 차로 27분)
주소 沖縄県本部町伊豆味1439
전화 0980-47-2160
운영시간 11:00~18:00(월요일 휴무)
요금 흑설탕 단팥죽 600엔, 친빙 600엔
홈페이지 www.instagram.com/yachimunkissa.shisaen

대만 스타일 디저트 전문점
세화노사토 雪花の郷

대만에서 건너온 인기 디저트 카페로 코코넛 밀크와 우유를 넣은 빙수는 실타래마냥 부드럽고 인절미처럼 쫀득쫀득한 식감이 느껴진다. 흑설탕 빙수도 맛있지만 이 집의 인기 메뉴는 망고 빙수. 달콤하면서 시원하다. 이 밖에도 다양한 토핑의 빙수를 판매한다.

Data 지도 187p-C
가는 법 모노레일 마키시역에서 도보 5분
주소 沖縄県那覇市牧志2-12-24
전화 098-866-4300
운영시간 11:00~18:00
(화, 수요일 휴무)
요금 플라워티 500엔, 빙수 800엔
홈페이지 www.instagram.com/yukihananosato

빵 냄새도 좋지만 사람 냄새가 더 좋아
플라우만스 런치 베이커리 PLOUGHMAN'S LUNCH BAKERY

농부의 식사라는 콘셉트로 빵과 런치를 파는 카페. 규칙적인 생활을 즐기는 건강한 '농부의 식사'라는 영국의 원 플레이트 식사에서 모티브를 따와 조식 세트를 만들었다. 제철 채소를 사용한 샐러드와 효모빵, 당근과 토마토 수프, 커피, 디저트가 플레이트에 함께 나온다. 갓 구운 효모빵을 따끈따끈한 수프에 찍어 먹으면 속이 편안한 점심식사로 손색이 없. 일본 본토의 많은 젊은이들이 슬로우 라이프를 꿈꾸며 오키나와로 이주해 살고 있는데 이곳도 그중의 하나. 베이커리의 주인 야부 료마 씨는 도쿄 출신으로 건축 전공 후 건축사무소에서 근무했지만, 도시의 스피디한 시간이 자신과는 맞지 않아 오키나와로 이주한 부모님을 따라 이곳에 오게 되었다고 한다. 카페 내부는 외국인주택의 이국적인 공간이 편안한 분위기를 자아내고, 앤티크 가구 등 인테리어에서도 야부 씨의 예술적 감각이 느껴진다. 영업은 9시부터, A.M.플레이트 세트는 8시부터 12시까지 10인분 한정으로 판매한다. 아오사 アオサ라는 해초가 들어간 빵도 인기 메뉴 중 하나. 내비게이션으로 찾아가기도 힘들고 간판이 너무 작아 그냥 지나치기도 십상이며 주차장은 카페 앞이 아니라 카페 옆 작은 도로로 올라가 세워야 하는 등 여러모로 불편하지만, 플라우만스만의 도시적인 세련됨과 시골 한적한 공간의 넉넉함의 매력에 빠져 꼭 다시 찾으리라 생각하게 되는 곳이다.

Data **지도** 267p-B **가는 법** 나하공항에서 나와 기타나카구스쿠 IC에서 현도 29·146호를 따라 나카구스쿠 공원 방면으로 1km(40분)
주소 沖縄県中頭郡北中城村安谷屋 927-2 **전화** 098-979-9097
운영시간 09:00~16:00(일요일 휴무) **요금** A.M.플레이트 1,300엔, 당근과 토마토 스프 500엔, 수제 빵 200엔 **홈페이지** ploughmans.net

EATING 07

초스피드 렌터카 여행자를 위한
가볍고 든든한 음식

본의 아니게 일정이 빡빡한 날. 차에서 가볍게 먹을 수 있는 것이 없을까? 이런 날에는 도시락 체인점을 이용하거나 도넛 같은 가벼운 메뉴를 즐기자. 오키나와에서는 도넛도 건강식. 두부, 두유 등의 재료를 이용한 도넛도 판다.

도넛인데 먹으면 건강해질 거 같아
시마 도넛 しまドーナッツ

이틀 된 도넛을 배가 고파 우물거렸다. 어떻게 여전히 부드럽지? 그때 문득 '아이를 위한 도넛'을 만들고 싶다고 야무지게 말하던 가게 주인의 말이 떠오른다. 시마 도넛은 두 평 남짓의 작은 초밥 집을 개조한 도넛 가게. 7년 전 오사카에서 이주한 야마모토 마호 씨는 요리학교를 다녀본 적은 없지만, 집에서 연구에 연구를 거듭한 끝에 아이들이 안심하고 먹을 수 있는 젊은 엄마의 도넛을 개발했다고 한다. 오키나와산 재료들로 만든 두부, 두유, 흑설탕, 크랜베리 도넛 등은 촉촉하면서 당도가 높지 않아 질리지 않는다. 반죽부터 도넛 굽기까지 모두 손으로 작업해서 도넛의 모양이 일률적이지 않아 더 믿음이 가는 가게. 그 맛으로 유명세를 타 오키나와를 여행하는 일본인들이 많이 찾지만 여전히 할머니가 아이의 손을 잡고 와 뭘 사줄까 하고 묻는 동네 도넛가게의 감성이 살아 있다. 크랜베리와 크림치즈 도넛이 스테디셀러. 가게 귀퉁이에서 현지 예술가들이 만든 향초와 비누 등도 판매한다.

Data 지도 303p-K 가는 법 나하공항에서 고속도로 타고 1시간 50분(교다 IC에서 10km)
주소 沖縄県名護市伊差川 270 전화 0980-54-0089
운영시간 11:00~15:00(완판 시 종료, 공휴일 휴무)
요금 플레인 180엔, 시나몬 200엔, 지마미(땅콩) 200엔
홈페이지 www.instagram.com/shimadonuts_okinawa

달콤한 디저트와 함께 하는 드라이브
카페 니콜리 café nicoli

국도 58번을 타고 나하에서 북쪽으로 올라가는 길에 카페 니콜리가 있다. 스콘과 스무디, 커피를 파는 작고 아늑한 분위기의 카페 니콜리는 오키나와 드라이빙의 긴장을 풀어주는 휴식처와 같은 곳이다. 이곳에서는 독특한 스콘도 맛볼 수 있는데, 밀가루에 돼지기름과 설탕을 넣고 믹스한 친스코 반죽과 스콘 반죽을 적절하게 섞어 만든 친스코 스콘은 오키나와에서만 먹을 수 있는 특별한 스콘. 친스코의 짭짤함과 고소함이 더해져 흥미로운 맛이다.

Data 지도 267p-B 가는 법 나하공항에서 국도 58번 따라 30분 북상
주소 沖縄県宜野湾市我如古 3-4-6
전화 098-897-5825
운영시간 10:00~19:00
요금 친스코 220엔, 머핀 180엔, 스무디 500엔~ 홈페이지 vent20220314.wixsite.com/website

오키나와 유부초밥의 새로운 역사가 되다
오이나리안 oinALiAn

오키나와 유부초밥을 패스트푸드 스타일로 해석한 가게이다. 오키나와 유부초밥은 밥을 싸는 유부에 양념이 되어 있지 않아 산뜻하게 먹을 수 있는 것이 특징. 오키나와 사람들은 추석이나 제사 등 전통 행사는 물론, 생일이나 비치파티 등에서도 유부초밥을 먹을 정도라니 여행 중에 오키나와의 소울 푸드를 체험해 보는 것도 좋을 것 같다.

Data 중부 기노완점 지도 267p-A 가는 법 나하공항에서 국도 58번 36분
주소 沖縄県宜野湾市大山6-46-3, 1F 전화 098-963-9989
운영시간 09:00~19:00 요금 유부초밥 1개 100엔, 프라이드치킨 1조각 220엔, 유뷰초밥&치킨&음료세트 500엔 홈페이지 www.oinalian.jp

전국적 도시락 체인점
홋토모토 HottoMotto

한국에도 들어와 있는 일본 도시락 전국 체인점으로, 오키나와에만 40여 개의 지점이 있다. 바쁜 도시인들을 위한 건강한 도시락이 콘셉트. 레스토랑에서 즐길 여유가 없다면 가장 보편적으로 선택할 수 있는 도시락을 먹어보자. 고야 찬프루 도시락 같은 지역 특산 메뉴도 판매한다.

Data 가는 법 지역에 따라 웹 사이트에서 체크
요금 오키나와 고야 도시락 520엔 홈페이지 www.hottomotto.com

01 슬로우 감성이 충만한 오키나와 디자인 편집숍
02 메이드 인 오키나와 오키나와 제품 전문숍
03 오키나와의 알로하셔츠 가리유시 웨어 전문숍

Step 05
Shopping

오키나와를
남기다

04 자연을 닮은 그릇 오키나와 도자기 & 유리공예
05 쇼핑참새의 방앗간 대형쇼핑몰 BEST 4
06 놓치지 말자, 오키나와 대표 쇼핑 리스트

STEP 05
SHOPPING

SHOPPING 01

슬로우 감성이 충만한 **오키나와 디자인 편집숍**

"비가 와서 배달커피 한 잔 주문하려는데 어때요?" 숍을 오랫동안 돌아보고 있었더니 점장이 한마디 건넨다. 카페 주인이 원두 그라인더와 드리퍼를 가져와 즉석에서 원두를 갈고 커피를 내어주며 함께 대화를 나눈다. 친절함에선 장사꾼의 능란함 대신 오히려 은근한 수줍음이 느껴진다. 조그만 공간을 자신만의 스타일과 아이템으로 꾸민 오키나와 숍들의 정서는 '사람과의 교류'다.

뉴파라다이스도리를 대표하는 편집숍
투이트리 tuitree / **잣가 툭툭** Zakka TUKTUK

모퉁이만 돌면 보이는 고쿠사이도리 대로의 왁자지껄함과는 어쩜 이리 다른지. 작은 공원을 따라 자리 잡고 있는 조용한 주택가의 오래된 집을 개조한 단층 숍들과 레스토랑의 모습에서 훨씬 오키나와스러움을 느낀다. 작은 정원을 낀 하얀색 1층 건물, 잣카 툭툭은 뉴파라다이스도리의 50년 된 민가를 개조한 셀렉트 숍. 류큐 염색을 비롯한 오키나와 천연염색 작품과 에칭 유리 소품을 제작하고 있는 직물공방 투이트리 tuitree에서 운영하고 있다. 오키나와 작가들의 공예품뿐 아니라 해외수입 잡화도 판매하고 있다. 기노자손의 고야잼, 매운 망고잼처럼 맛을 가늠할 수 없지만 먹어보고 싶은 유기농 잼들과 식재료들, 오키나와 풍광이 그려진 조리와 된장가게 로고가 그려진 천가방 등 조그만 가게 안은 어디로 튈지 모르는 종잡을 수 없는 아이템들로 가득 차 있다. 귀여운 표정을 한 로드웍스 road works 의 류큐하리코(종이인형)는 여행 선물로 강력 추천!

Data 지도 187p-F
가는 법 모노레일 미에바시역에서 도보 7분 **주소** 沖縄県那覇市牧志1-3-21 **전화** 098-868-5882
운영시간 13:00~18:00(월, 화, 금, 토요일만 영업) **요금** 각종 잼 648엔, 오가닉 클레이 비누 980엔
홈페이지 www.tuitree.com

스토리가 있는 빈티지 숍
아메리칸 웨이브 American Wave

미나토가와 외국인 주택단지에 있는 빈티지 숍이다. 산뜻한 노란색의 외관부터 세련되고 환한 내부까지 빈티지 숍 하면 먼저 떠오르던 퀴퀴한 냄새는 어디에도 없다. 마릴린 먼로를 포함한 유명 영화배우들이 좋아했던 1960년대 미국 패션디자이너 실 채프먼Ceil Chapman의 의상과 여러 스타일의 60~70년대 의상을 중심으로 기품 있는 아메리칸 빈티지를 판매한다. 미국 켄터키 출신의 주인이 일년에 두 번 미국으로 가서 직접 아이템을 수집한다. 의상의 브랜드나 의상 자체의 스토리까지 들을 수 있어서 진정한 빈티지의 세계를 느낄 수 있다. 섹시한 블랙 드레스를 눈여겨보면 "아 그것도 마릴린 먼로가 참 좋아하던 브랜드인데" 하면서 이야기가 시작된다.

Data **지도** 282p **가는 법** 나하공항에서 국도 58호번 따라 45분, 미나토가와 스테이트사이드 타운 No.22
주소 沖縄県浦添市港川2-16-9 No.22
전화 098-988-3649 **운영시간** 11:00~19:00
요금 1960년대 빈티지 파티 목걸이 5,250엔, 1950년대 빈티지 드레스 10,800엔
홈페이지 americanwave.jp

갤러리를 품은 편집숍
차핫트 チャハット | Chahat

호젓한 우키시마도리의 작은 골목, 낡은 민가를 흰 페인트로 깔끔하게 단장한 차핫트는 근처 가게 주인들이 꼭 가보라고 추천하는 갤러리 겸 편집숍이다. 1층에서는 인도와 네팔 등 각국에서 구입하거나 직접 주문 생산한 잡화들을 판매하고 있어 여행을 상상하거나 추억할 수 있는 아이템들을 만나볼 수 있고, 2층에서는 예술가들의 작품을 전시하는 갤러리가 열린다. 가마쿠라에 본점이 있고 이즈시와 나하에 있는 숍들이 연계되어 여러 가지 재미있는 전시를 기획하거나 이벤트를 연다. 방문 전 블로그를 통해 어떤 전시나 이벤트가 있는지 학인하고 갈 것. 일 년에 두 번 열리는 인도·네팔 패브릭 전시회는 가장 인기 있는 기획전이다. 1층 숍에서 인도의 전통의상인 사리와 도티를 가방이나 스카프, 패브릭으로 재활용한 상품을 판매하고 있다. 인도 민속의상의 극적인 컬러감과 세련된 디자인에는 지름신의 강림을 거부할 수 없다. 최근 나하시에서 난조시로 가게를 이전했다.

Data 지도 243p-C
가는 법 나하버스터미널에서 53번 버스로 시키야 하차, 도보 1분
주소 沖縄県南城市 知念字志喜屋466
전화 098-917-5058
운영시간 이벤트마다 변동
요금 손수건 660엔
홈페이지 www.chahat27.com

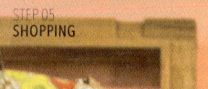

SHOPPING 02
메이드 인 오키나와
오키나와 제품 전문숍

세련된 메이드 인 오키나와 제품들을 친구에게 선물하고 싶을 때 이곳을 방문해 보자. 일본인들은 여행 때마다 지인들을 위해 오미야게라고 불리는 조그만 선물을 구매한다. 컬러풀한 빈가타 염색의 천 가방이나 손지갑은 선물용으로 딱 좋다. 그렇지만 매번 남주기 아깝다. '아, 이건 나를 위한 오미야게.'

고쿠사이도리에 위치한 컬러풀한 빈가타 염색 전문숍
쿠쿠루 오키나와 KUKURU OKINAWA

컬러풀한 빈가타 염색의 손수건, 티셔츠, 지갑, 가방 등을 판매한다. 빈가타 염색은 오키나와 류큐 시대부터 전해져 내려온 오키나와 전통 염색 방식으로 총천연색의 아름다운 조화와 화려한 그림이 특징이다. 오키나와를 상징하는 풍경과 오키나와 동식물 등이 그려진 천은 나만의 스타일로 보자기 가방을 만들어 사용할 수도 있다. 오키나와 이미지의 북 커버는 우리나라에 흔하지 않은 아이템으로 선물하기 좋다.

Data 시장점
지도 187p-G
가는 법 모노레일 마키시역에서 도보 5분 주소 沖縄県那覇市松尾 2-8-27 전화 098-863-6655
운영시간 09:30~20:40
요금 손수건 638엔
홈페이지 www.instagram.com/kukuruokinawa

오키나와가 사랑하는 텍스타일 디자이너의 공방
미무리 MIMURI

우키시마도리에 있는 텍스타일 디자이너 미무리의 숍은 빼놓지 않고 꼭 들러야 할 곳 중 하나다. 오키나와 동식물을 컬러풀하게 수놓은 미무리의 앞치마를 입고 요리를 하면 뭔가 근사한 상이 차려질 것 같은 느낌이 든다. 이시가키지마섬 출신의 디자이너 미무리 씨가 직접 디자인한 패브릭으로 앞치마, 지갑, 가방 등 다양한 아이템들을 만들고 있다. 오키나와 곳곳에서는 그녀의 작품을 심심찮게 볼 수 있다. 오키나와 바다생물, 꽃, 열매 등을 화려한 색감으로 표현한 것이 특징이다. 자신의 성을 딴 숍이자 작가의 작업실이기도 한 이곳에서 그녀가 작업하는 모습도 직접 볼 수 있다. 기분 좋은 상태에서도 놀란 눈을 유지하고 있는 고양이 '피피'가 이 가게의 마스코트.

Data 지도 187p-G
가는 법 모노레일 마키시역, 미에바시역에서 도보 11분, 우키시마도리 내
주소 沖縄県那覇市松尾 2-7-8
전화 050-1122-4516
운영시간 10:00~18:00
(금,토요일 ~19:00, 부정기 휴무)
요금 앞치마 4,950엔, 미니백 4,290엔
홈페이지 www.mimuri.com

SHOPPING

오키나와 공예품의 현주소를 파악하라
티투티 오키나완 크래프트 tituti OKINAWAN CRAFT

오키나와현 내외에서 활약하는 오키나와 공예연구회(도예, 목공, 직물, 칠, 염색 공예) 작가들과 인테리어·패션 디자이너들이 이끄는 오리지널 숍이자 갤러리이다. 뉴파라다이스도리의 오래된 목조 주택을 개조한 아담하고 고풍스러운 공간에서 예술가들의 작품과 오키나와 쌀, 흑설탕 같은 기념품, 디자인 노트, 그림책까지 다양한 아이템들을 판매하고 있다. 오키나와에서 '티'는 손을 의미한다. 손과 손이라는 뜻을 가진 티투티는 만드는 사람과 사용하는 사람을 뜻하는데, 숍의 이름처럼 지역 예술가를 외부에 알리는 창구 역할도 하고 있다. 2019년 모노레일이 보이는 한적한 곳에 깔끔한 콘크리트 건물로 이전했다.

Data 지도 187p-G
가는 법 모노레일 미에바시역에서 도보 5분
주소 沖縄県那覇市牧志3-6-37
전화 098-862-8184
운영시간 09:30~17:30 (화요일 휴무)
홈페이지 www.tituti.net

빈가타 염색을 체험할 수 있는
슈리 류센 首里琉染

슈리성 근처에 위치한 슈리 류센은 직물 숍이자 염색 공방으로 빈가타 염색장인인 야마오카 고토산岡古都가 오키나와 빈가타 염색 발전을 위해 1973년 오픈한 곳이다. 류큐 시대부터 내려온 빈가타 염색으로 만들어 화려하고 대담한 색상의 직물들과 그 천으로 만든 다양한 의류 및 소품 제품들을 전시 판매하고 있다. 결혼식 예복을 맞추러 오는 오키나와현 사람들도 제법 눈에 띄며 고가의 고품질 빈가타 염색 제품도 구경할 수 있다. 1층은 숍, 2층은 공방, 3층은 갤러리로 이루어져 있으며 2층 공방에서 산호를 이용한 산호 염색도 체험해 볼 수 있다. 염색 체험은 보통 30분 정도 걸리며 텀블러 등에 빈가타 염색 혹은 산호 염색 체험을 할 수 있다. 체험비는 3,300엔부터이고 사전예약이 필요한데 영어 버전의 웹 사이트도 있어 예약하기 어렵지 않다.

Data 지도 189p-D
가는 법 슈리역에서 도보 20분
주소 沖縄県那覇市首里山川町 1-54 **전화** 098-886-1131
운영시간 09:00~18:00
요금 손수건 3,080엔, 부채 13,800엔
홈페이지 www.shuri-ryusen.com

SHOPPING 03
오키나와의 알로하셔츠
가리유시 웨어 전문숍

더운 날씨 때문에 일상생활이나 결혼식 등 행사에서도 정장 대신 즐겨 입는다는 가리유시 웨어. 하와이의 알로하셔츠처럼 열대 꽃이 컬러풀하게 그려져 있거나 시사, 고야 같은 오키나와의 독특한 동식물이 소재가 된다. 조그만 아기 셔츠는 너무 앙증맞아 입히지 않고 집에 걸어놓고 싶을 정도. 일상복이라 가격이 비싸지 않은 것도 많으니 한 벌 기념으로 구입해 오키나와인의 기분을 느껴보자.

핸드메이드 가리유시 웨어
알로하 숍 파이카지 ALOHA SHOP PAIKAJI

1999년 오픈한 핸드메이드 가리유시 전문숍. 장인의 수작업으로 한 땀 한 땀 정성을 담은 셔츠는 대중적 느낌의 망고 하우스와 비교해 디자인이 고급스럽다. 디자인과 실루엣, 소재 등에 까다롭고 패셔너블한 젊은 오키나와 남자들에게 인기 있는 숍이다. 가리유시 셔츠와 함께 코디할 수 있는 모자와 패션 소품과 여성용 원피스도 디자인이 다양하다.

Data 지도 187p-G 가는 법 모노레일 마키시역에서 도보 5분
주소 沖縄県那覇市牧志2-3-1 K2ビル1F 전화 098-863-5670
운영시간 10:00~20:00(수요일 휴무)
요금 반팔 셔츠 15,400엔~ 홈페이지 www.paikaji.co.jp

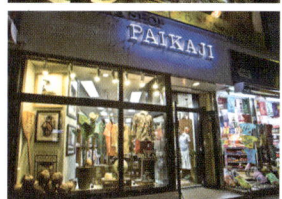

오키나와 가리유시 웨어의 대중화
망고 하우스 マンゴハウス | MANGO HOUSE

메이드 인 오키나와! 오키나와 가리유시의 대중화를 이끄는 곳. 고쿠사이도리에만 고쿠사이도리 1, 3, 5호점까지 3곳이 있고, 오키나와 전역에 분점이 있다. 히비스커스 꽃 같은 오키나와의 자연과 시사 등의 풍물을 모티브로 한 트로피컬 무늬의 다양한 가리유시를 판매하고 있다.

Data 5호점 지도 186p-F 가는 법 모노레일 겐초마에역에서 도보 5분
주소 沖縄県那覇市久茂地3-3-19 전화 098-917-1947
운영시간 10:00~22:00 요금 가리유시 셔츠 8,030엔~, 어린이 가리유시 셔츠 5,280엔~ 홈페이지 www.mangohouse.jp

고쿠사이도리 1호점 지도 195H 가는 법 모노레일 마키시역에서 도보 2분 주소 沖縄県那覇市牧志2丁目7-28 전화 098-862-4881

아메리카 빌리지 대표 패션숍
데포 아일랜드 デポアイランド | Depot Island

아메리카 빌리지 내 리조트타운 데포 아일랜드 A동에 위치한 캐주얼 패션숍. 1층에서는 데일리 캐주얼을 중심으로 미국에서 지금 유행하는 아이템, 수입 잡화 등을 판매하고 있으며 2층에서는 Reyn Spooner, Sun Surf 등 다양한 브랜드의 오키나와 전통 의상 가리유시 웨어를 판매한다. 여기서 나만의 리조트 패션을 코디해 보는 건 어떨까?

Data 지도 267p 가는 법 나하공항에서 차로 40분. 또는 구와에 버스정류장에서 도보 5분. 데포 아일랜드 A동
주소 沖縄県中頭郡北谷町美浜9-1 데포아이란도비루A동
전화 098-926-3322
운영시간 10:00~21:00
홈페이지 www.depot-island.co.jp/shop

SHOPPING 04

자연을 닮은 그릇 오키나와 도자기 & 유리공예

오키나와의 자연을 닮아 투명하고 순수한 유리공예 작품, 말괄량이 소녀를 닮은
도예 작품, 오늘도 오키나와 도처에 숨어 있는 작가들의 공방과 작업실에서는 그들만의
멋진 작품들이 만들어지고 있다. 요미탄 도자기 마을의 가마에서 구워낸 장인의
도예작품과 유리공예 작가의 공방, 재생유리로 만든 대중적인 류큐 글라스에서도
오키나와 장인 정신을 엿볼 수 있다.

류큐 글라스가 아닌 히즈키 글라스!
글라스 히즈키 日月 | hizuki

투명하고 앙증맞은 기포가 몽글몽글 설레는 소녀 마음 같다. 곡선이 매끄러운 유리그릇은 어떤 공간에서든 잘 어울릴 것 같이 친근하다. 일반적 개념으로 보면 이렇게 기포가 든 유리제품들은 실패작이 아닐까 의심하게 되지만 아니다. 기교를 조금도 부리지 않은 듯한 작품들은 작가의 자유로운 상상과 정교한 기술로 만들어진다. 히즈키는 교토 출신의 작가 오야부 미호의 갤러리 숍 겸 공방으로, 요미탄 야치문노사토(도자기 마을)에서 조금 떨어진 조용한 시골 마을에 위치해 있다. 한적한 공방이지만 직접 찾아오는 손님들이 많아졌을 정도로 히즈키의 멋진 디자인은 오키나와뿐 아니라 일본 전역에 팬들을 형성하고 있다. 작품 하나를 만들 때 기법에 따라 3일 이상 걸리기도 한다고. 유리로 만든 생활 도예품이 주를 이루며 어떤 용도로 쓰더라도 위화감이나 튀는 느낌이 없다. 일상에서 사용할 수 있는 자연스러운 멋을 추구하는 것이 특징. 히즈키 작품은 빛에 따라 블루 그레이 톤의 유리색이 변하기도 하는데, 유리로 만든 긴 물방울 모양의 화병은 스테디셀러 아이템이다.

Data **지도** 268p-B **가는 법** 나하공항에서 국도 58번 따라 34km(차로 1시간)
주소 沖縄県読谷村渡慶次273 **전화** 098-958-1334
운영시간 10:00~17:00 (일요일 휴무)
요금 화병 4,400엔~ **홈페이지** www.hizuki.org

오키나와 도예계를 이끄는 작가의 공방
야마다 신만 갤러리 山田真萬ギャラリー | Shinman Yamada Gallery

야마다 신만은 현대 오키나와 도예계를 대표하는 작가 중 한 사람으로 국내뿐 아니라 외국에서도 전시를 하며 활발히 작품 활동을 하고 있다. 요미탄 야치문노사토(도자기마을)의 한적한 끝자락에 그의 공방 겸 갤러리 숍이 있다. 역동적인 붓놀림과 진중하고 세련된 색채가 특징으로, 고급 도자기 라인부터 생활 도기까지 다양하게 전시되어 있다.

Data 지도 268p-B 가는 법 나하공항에서 국도 58번 따라 60분 (요미탄 야치문노사토 내)
주소 沖縄県読谷村字座喜味2653-1
전화 098-958-3910
운영시간 11:00~17:00 (12:00~13:00 휴무)
홈페이지 shinman.okinawa

일본 젊은 언니들의 다이닝 테이블
구마 구와 guma-guwa

2009년 7월에 오픈. 쓰보야 도자기 이쿠토엔의 브랜드 중 하나로 발랄하고 트렌디한 생활 도자기를 판매한다. 일본 미시족의 다이닝 테이블을 옮겨놓은 듯, 숍의 내부 인테리어는 편안하고 아기자기한 분위기이다. 마치 일본 생활 잡지에서 오려낸 듯 사랑스러운 컵과 접시 등을 판매하고 있으며 선물용으로 구매하기 좋다.

Data 지도 187p-L 가는 법 모노레일 마키시역에서 도보 9분 쓰보야 야치문도리(도자기거리) 내
주소 沖縄県那覇市壺屋1-16-21
전화 098-911-5361
운영시간 10:00~18:00
요금 컵 2,100엔~, 접시 3,570엔~
홈페이지 www.ikutouen.com/gumaguwa

부담 없는 가격의 요미탄 도자기 전문숍
기타가마 매점 北窯売店

요미탄 도자기 기타가마 공방의 작가 4명(마츠다 쿄시, 마츠다 요네시, 미야기 마사타카, 요나하라 마사모리)의 도예품을 판매하는 전문 숍이다. 13개 연속으로 이어진 가마는 오키나와에서 가장 큰 가마로 2년에 걸쳐 완성된 것이다. 가마에서 구운 질 좋은 생활도기를 저렴하게 구매할 수 있고, 개성이 다른 4명의 작가의 작품들을 보는 재미도 있다. 도쿄에도 숍이 있다.

Data 지도 268p-F 가는 법 나하공항에서 국도 58번 따라 60분(요미탄 야치문노사토 내)
주소 沖縄県中頭郡読谷村字座喜味2653-1
전화 098-958-6488
운영시간 09:30~17:30
요금 접시 4,180엔~, 컵 4,400엔~
홈페이지 kitagama.com

오키나와 최대 류큐유리 전문점
류큐가라스무라 쇼핑센터
琉球ガラス村ショッピングセンター

오키나와 남부, 류큐 유리공예를 체험할 수 있는 공예 마을. 오키나와현에서 가장 규모가 큰 류큐 유리 전문 쇼핑센터로 류큐 유리로 만들어진 컵, 램프, 장식품 등을 판매한다. 오키나와 민속 공예품, 과자, 아마모리 등의 다른 아이템들도 구매할 수 있다. 또한 오리온 맥주나 35커피 등 오키나와 현지 브랜드들과 콜라보레이션을 통해 다양한 유리 상품들을 선보이고 있다. 쇼핑센터 바로 옆에 현 최대 규모 유리 공방에서 만든 유리 장인들의 작품들도 전시되어 있다. 류큐 유리에 관심 있는 사람이라면 반드시 거쳐 가야 할 쇼핑 스폿이다.

Data 지도 242p-D 가는 법 나하공항에서 차로 25분
주소 沖縄県糸満福地169 전화 098-997-4784
운영시간 10:00~17:30
요금 류큐 유리 만들기 체험 1,870엔~, 시사 색칠하기 1,650엔~
홈페이지 www.ryukyu-glass.co.jp

SHOPPING 05
쇼핑참새의 방앗간 **대형쇼핑몰 BEST 4**

해외쇼핑에 빠질 수 없는 면세점과 아웃렛 쇼핑. 오키나와 나하에 위치한 면세점은 모노레일과 바로 연결되어 접근성이 좋고, 렌터카 영업소가 있어 도심 내에서 차를 픽업하거나 반납하기에도 완벽한 장소다. 우리 쇼핑족들은 알지 않나. 이곳이 유종의 미를 거둘 완벽한 장소라는 걸.

일본 최대 규모의 도심 면세점
T 갤러리아 오키나와 T Galleria Okinawa

나하 신도심으로 불리며 오키나와 현립 박물관과 미술관, 대형 쇼핑몰들이 모여 있는 오모로마치역에서 바로 연결되는 면세점이다. 오키나와 최대의 쇼핑몰로 2004년 오픈, 일본 면세점 중에서도 최대 규모이며 일본 유일의 도심 면세점으로 130개 이상의 브랜드가 입점해 있다. 코치나 토리 버치 같은 브랜드들은 한국에 비해 제품 구성이 훨씬 다양하고 세일 행사도 자주 해 득템의 기회를 준다. 1층은 오키나와 기념품 코너로 그 자리에서 바로 픽업할 수 있고, 2층 해외 브랜드는 공항에서 픽업 가능하다. 1층에 입점한 아와모리 전문점에서는 100여 종의 아와모리를 시음하고 구매할 수 있으니 좋은 술을 구매하고 싶다면 추천할 만한 곳. 렌터카 영업소가 내부에 있어 여행 마지막 날 이곳에서 차를 반납하고 쇼핑하기 편리하다.

Data 지도 188p-D
가는 법 나하공항에서 모노레일 타고 19분, 오모로마치역과 연결
주소 沖縄県那覇市 おもろまち4-1
전화 0120-782-460
운영시간 10:00~20:00
홈페이지 www.dfs.com/jp/okinawa

Tip T 갤러리아 이용 팁
1. 면세점 이용을 위해 여권과 항공권을 꼭 챙기자.
2. 쇼핑몰은 귀국 전날까지 이용하자.
3. 귀중품이 아닌 경우, 2층 수하물 보관소에 물건을 무료로 맡길 수 있다.

그리스풍 스트리트 아웃렛
오키나와 아웃렛 몰 아시비나
沖縄アウトレットモールあしびなー

나하공항에서 차로 20분 거리에 있는 아웃렛 몰 아시비나는 살바토레 페라가모, 구찌 같은 명품 브랜드뿐만 아니라 일본의 중저가 브랜드들도 입점해 있어 저렴하고 질 좋은 일본 의류를 구입하기 좋다. 스포츠 레저용품 숍에는 우리나라 캠핑 애호가들이 좋아할 만한 아기자기한 캠핑 제품이 많다. 뽀로로를 손에 쥐고 좀처럼 놓지 못하는 아이들의 마음을 이해할 수 있는 곳. 유러피언 브랜드를 중심으로 한 그리스 풍경 같은 아웃렛 몰의 콘셉트로 설계되었는데 우리나라 신세계 여주 프리미엄 아웃렛과 비슷한 느낌. 공항과 가까워 여행 마지막 날 잠깐 들러 쇼핑하기도 좋다. 2층에는 대형 푸드코트와 이탈리안 레스토랑 등이 있어 쇼핑과 함께 식도락을 즐길 수 있다. 여권을 가져가면 면세 혜택과 외국인 특별할인 혜택도 받을 수 있으니 반드시 챙겨갈 것. 나하공항 국내선 1층 4번 정류장에서 30분 간격으로 아시비나 행 95번 버스가 운행된다(버스 요금 편도 250엔).

Data 지도 185p-J 가는 법 나하버스터미널에서 89번 버스 타고 이토만 버스터미널 도착 후 택시로 10분. 또는 나하공항 국내선 1층 4번 정류장에서 95번 타고 20분
주소 沖縄県豊見城市豊崎1-188
전화 0120-151-427 운영시간 10:00~20:00
홈페이지 www.ashibinaa.com

95번 버스 (나하공항 ~ 아시비나)		
출발	나하공항	아시비나
첫차	10:00	10:32
막차	20:25	20:32

* 배차간격 30분. 현지 상황에 따라 시간 변동

아메리칸 스타일 쇼핑단지
데포 아일랜드 Depot Island

차탄초 아메리칸 빌리지 내에 있는 리조트 타운으로 쇼핑, 레스토랑, 바, 라이브 바, 호텔 등 다양한 시설이 갖추어져 있다. 다양하고 저렴한 오키나와 로컬 브랜드가 입점해 있다.

Data 지도 267p 가는 법 나하공항에서 58번 국도 따라 40분
주소 沖縄県中頭郡北谷町字美浜9-1 전화 098-926-3322
홈페이지 www.depot-island.co.jp

오키나와의 로컬 브랜드 천국
나하 메인 플레이스 NAHA MAIN PLACE

모노레일 오모로마치역 T 갤러리아 오키나와 면세점 옆에 위치해 있다. 식료품, 의류, 유아용품, 인테리어, 문구류, 수예용품을 구입할 수 있는 생활잡화점과 서점, 영화관 등이 입점해 있는 5층 대형 쇼핑센터로 오키나와인들의 라이프스타일을 느낄 수 있는 곳이다.

Data 지도 188p-B 가는 법 모노레일 오모로마치역에서 도보 6분
주소 沖縄県那覇市おもろまち4-4-9 전화 098-951-3300
운영시간 09:00~22:00
홈페이지 www.san-a.co.jp/nahamainplace

SHOPPING 06
놓치지 말자, 오키나와 대표 쇼핑 리스트

베니이모 타르트 紅芋タルト

오키나와 특산품인 보라색 고구마 베니이모로 만든 타르트. 오키나와 오미야게로 특히 사랑받는 아이템 중 하나다. 많이 달지 않고 고구마와 부드러운 타르트 생지의 조화가 일품. 기념품 세트 6개 850엔부터.

야치문 やちむん

오키나와 방언으로 도자기를 뜻하는 야치문은 자유로운 디자인이 특징이다. 소박하고 단아하면서도 돋보이는 도자기 그릇들은 작가 저마다의 감성이 담겨 있어 더욱 매력이 느껴진다.

시사 シーサー

오키나와 오미야게(선물) 1위는 바로 오키나와를 지키는 수호신 시사. 암수 한 쌍의 시사 중 입을 벌리고 있는 것은 복을 불러온다는 수컷, 입을 닫고 있는 것은 불운을 막아준다는 암컷이다. 열쇠고리, 도자기 인형 등 시사 테마의 여러 가지 기념품이 있다.

류큐 유리공예품 琉球ガラス

전후 미군이 사용한 콜라병이나 맥주병을 재활용하면서 공예품으로 재탄생된 류큐 유리공예. 오사카에서 시작된 유리공예에 미국의 소박한 디자인이 접목되어 오키나와 전통 공예품으로 인정받고 있다. 너무 투박해서 좀 촌스럽게 느껴지기도 하지만 보면 볼수록 매력 있는 아이템!

빈가타 염색 紅型

오키나와의 전통 염색 기법을 사용해 동식물 패턴을 화려한 색감으로 표현한 염직물이다. 옛날 오키나와에서는 커다란 무늬의 빈가타 의상을 귀족들만 입을 수 있었다고. 염색 공방과 기념품 숍에서 가방과 손수건, 의류 등을 구입할 수 있다.

가리유시 웨어 かりゆしウェアー

오키나와의 알로하셔츠. 화려한 남국의 꽃, 시사, 고야 등 오키나와를 대표하는 동식물 무늬들이 그려져 있다. 고온다습한 기후 때문에 널리 정착된 가리유시는 오키나와 방언으로 '경사스럽다'는 의미로, 일상생활뿐만 아니라 중요한 자리에서도 즐겨 입는 옷이다.

오키나와 특산품이 한 곳에
와시타 숍 わしたショップ

오키나와현에서 생산되는 모든 물건들이 이곳에 모여 있다. 1층에는 과자류와 음료 등 식료품이 있고 2층에는 류큐 유리, 염직물을 비롯한 전통 공예 작품들이 다양하게 전시돼 있다. 오키나와 본섬에서 구입하기 어려운 주변 섬의 특산품도 많이 구비되어 있으며 부쿠부쿠차를 마실 수 있는 카페도 운영하고 있다. 나하 고쿠사이도리에 본점이 있다.

Data 지도 186p-I 가는 법 모노레일 겐초마에역에서 도보 4분
주소 沖縄県那覇市久茂地3-2-22, JAドリーム館 전화 098-864-0555
운영시간 10:00~22:00
요금 컵 2,100엔~, 접시 3,570엔~
홈페이지 www.washita.co.jp

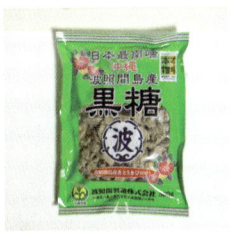

오키나와 흑설탕 沖縄黒砂糖

오키나와에서 재배하는 사탕수수로 만든 천연설탕. 오키나와를 대표하는 특산품 중 하나로, 미네랄과 비타민이 풍부하며 다양한 음식의 토핑이나 재료로 사용되고 있다.

고레구스 コーレーグス

오키나와 방언으로 고추를 뜻하는 고레구스는 아와모리에 오키나와산 작은 고추를 넣은 소스를 말한다. 오키나와 소바를 먹을 때 넣어 먹는데, 알코올 성분이 있으니 많이 첨가하진 말 것.

오키나와 라유 沖縄ラー油

그 어떤 음식과도 잘 어울려 선물로 인기가 높은 고추기름. 섬에서 자란 고추로 만들었는데 매우면서도 고추의 강한 맛이 느껴진다. 밥이나 두부, 야채에 뿌려먹을 수 있는 덜 매운 라유도 있다.

루루룬 LuLuLun

일본에서 촉촉한 보습 효과로 큰 사랑을 받고 있는 루루룬. 지역별 한정판이 여럿 있지만 그중에서도 오키나와산 시콰사가 함유된 오키나와 한정 마스크 팩이 TV와 잡지에서 화제가 되고 있다.

미네랄 솔트 홈 스파
Mineral Salt Home Spa

미야코지마 섬의 설염(유키시오)으로 만든 홈 스파로 미네랄이 풍부해 보습효과가 뛰어나다. 물에 녹여 스크럽으로 사용하거나, 올리브오일과 섞어 마스크 팩으로 사용 가능하다.

01 허니무너를 위한 로맨틱 리조트
02 싱글 여성을 위한 힐링호텔
03 가족 여행자를 위한 리조트호텔

Step 06
Sleeping

오키나와에서 **자다**

04 실속파 여행자를 위한 시티호텔
05 오키나와를 체험하라, 오키나와식 게스트하우스
06 오키나와 숙소 Q&A

(SLEEPING 01)

허니무너를 위한 **로맨틱 리조트**

꿈에 그리던 신혼 여행지에서 행복하고 여유로운 시간을 보내고 싶다. 특별한 사람과 특별한 시간을 함께 하는 오키나와라면 우아한 로맨틱 리조트에 대한 꿈을 꾸게 된다. 입이 딱 벌어지는 절경과 럭셔리한 시설, 세심한 서비스, 이걸 어느 신부가 마다할까.

로맨틱 리조트 Q&A

특별한 사람과 특별한 시간을 함께 하는 오키나와라면 우아하고 로맨틱한 리조트를 선택해 보자. 그 어떤 곳보다도 기억에 남는 둘만의 시간을 기록하는 방법은 의외로 쉽다. 세심한 서비스가 제공되는 편안한 럭셔리 리조트라면 아무것도 하지 않아도 두 사람만의 멋진 추억을 만들기에 충분하다.
요금 2인1실 조식포함 35,000엔(1인)~

로맨틱 리조트 고르는 요령

❶ 아침 객실에서 오키나와의 넓은 하늘과 바다를 바라볼 수 있는 오션 뷰 객실
❷ 저녁놀 바라보며 나란히 산책할 수 있는 멋진 비치가 바로 옆에 있을 것
❸ 넓은 풀장 썬 베드에서 주스 마시며 오키나와의 자연 감상
❹ 뷰티, 디톡스 스파에서 여유로운 힐링의 시간
❺ 오키나와산 신선한 식재료로 만든 브런치 즐기기

호시노야 다케토미지마 星のや竹富島

오키나와에서 가장 오키나와다운 풍경을 보존하고 있는 다케토미지마섬의 최고급 리조트호텔. 본섬에서 항공편과 배편을 갈아타야 도착할 수 있는 섬 속 섬이지만 평생 잊지 못할 추억이 될 만큼 환상적인 시간을 보낼 수 있다. 24시간 이용할 수 있는 타원형 온수풀장에 누워 시시각각 달라지는 밤하늘의 별을 보고 있노라면 마치 아름다운 꿈을 꾸고 있는 것만 같다. `야에야마 제도 391p`

더 리츠칼튼 호텔 오키나와 ザ・リッツカールトン沖縄

세계적인 호텔 그룹 리츠칼튼의 리조트호텔. 오키나와 전통 건축 양식의 붉은 지붕과 하얀 성벽 외관이 마치 류큐왕국의 성 같이 장엄하다. 객실에서는 오키나와 본토에서도 특히 아름다운 바다 나고 만과 모토부 반도의 경치를 감상할 수 있다. 또한 옥외 풀장, 숲 속 자쿠지, 풍화 산호 암반욕 등을 즐기며 연인만의 로맨틱한 시간을 보낼 수 있다.

북부 324p

더 부세나 테라스 ザ・ブセナテラス

자연과의 조화, 자연으로의 회귀라는 콘셉트만큼이나 편안하고 고급스럽다. 오키나와의 풍토와 자연을 대표하는 아열대 숲에 둘러싸인 호텔에서 요가, 스트레칭, 테니스 등의 레저를 즐길 수 있고 비치에서는 스노클링, 마린워크, 스쿠버다이빙를 비롯해 선셋 크루즈, 패러세일링 등 해양 프로그램을 체험할 수 있다. 북부 323p

호텔 닛코 아리비라 ホテル日航アリビラ

자연 그대로의 모습으로 유명한 니라이 비치 바로 앞에 자리한 남유럽 스타일의 리조트 호텔. 붉은 기와와 하얀 색 외벽, 로비 인테리어나 가구 하나하나에도 세심한 배려를 기울였다. 로마 시대의 스파 시설을 형상화한 릴렉스 풀에서는 1일 3회, 빛과 음악을 통한 힐링 타임이 있는데, 커플이 함께 하면 감성이 한층 더 충만해진다. 중부 293p

ANA 인터컨티넨탈 만자 비치 리조트 ANA インターコンチネンタル万座ビーチリゾート

기암괴석 모양의 만자모와 아름다운 만자 비치의 절경을 감상할 수 있는 비치 리조트. 스포츠를 좋아하는 활동적인 커플이라면 크루즈, 다이빙, 낚시 등의 해양 프로그램을 즐길 수 있다. 리조트 채플에서 야외 촬영 콘셉트로 추억의 사진도 남겨 보자. 북부 327p

시기라 베이사이드 스위트 알라만다 Shigira Bayside Suite ALLAMANDA

남국의 컬러풀한 꽃과 나무에 둘러싸여 미야코지마 섬의 자연을 감상할 수 있는 프리미엄급 스위트룸 호텔이다. 100만평의 넓은 리조트 단지 내에 골프장, 시기라 황금 온천, 레스토랑, 비치, 시기라 곶 등이 있어 리조트 내에서만 시간을 보내도 심심할 겨를이 없다. 미야코지마섬 352p

STEP 06
SLEEPING

SLEEPING 02

싱글 여성을 위한 **힐링호텔**

치유의 섬, 오키나와. 오키나와의 생명력을 느낄 수 있는 자연, 그리고 천천히 흐르는 시간 속에 있으면, 저절로 지친 몸과 마음이 투명해지는 느낌을 받는다. 특히 건강과 미용에 민감한 싱글 여성들에게 오키나와는 한 번으로 부족한 여행지.

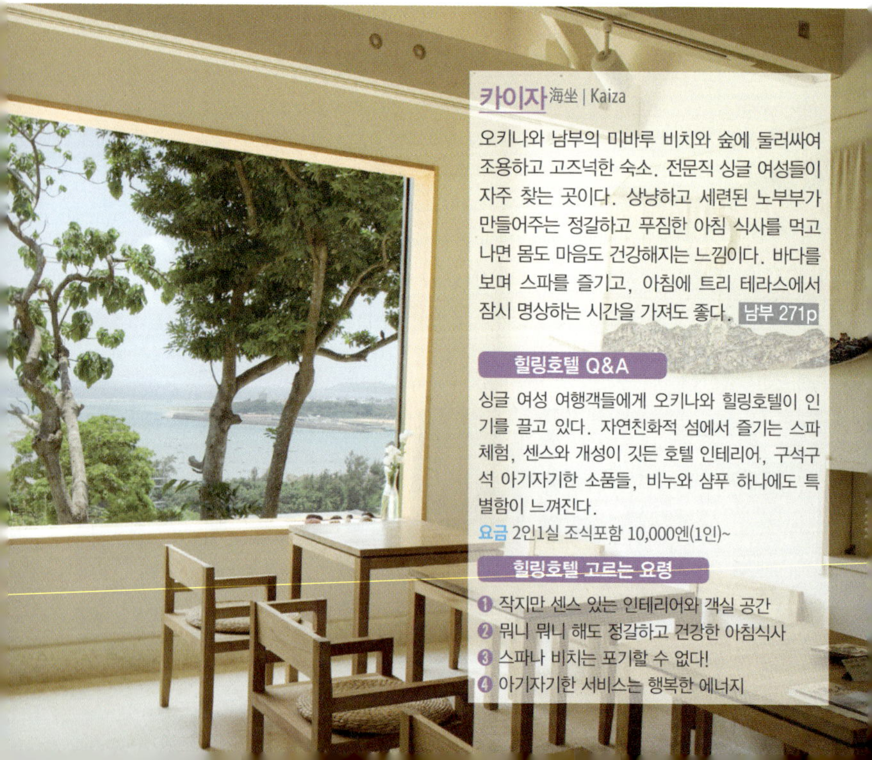

카이자 海坐 | Kaiza

오키나와 남부의 미바루 비치와 숲에 둘러싸여 조용하고 고즈넉한 숙소. 전문직 싱글 여성들이 자주 찾는 곳이다. 상냥하고 세련된 노부부가 만들어주는 정갈하고 푸짐한 아침 식사를 먹고 나면 몸도 마음도 건강해지는 느낌이다. 바다를 보며 스파를 즐기고, 아침에 트리 테라스에서 잠시 명상하는 시간을 가져도 좋다. 남부 271p

힐링호텔 Q&A

싱글 여성 여행객들에게 오키나와 힐링호텔이 인기를 끌고 있다. 자연친화적 섬에서 즐기는 스파 체험, 센스와 개성이 깃든 호텔 인테리어, 구석구석 아기자기한 소품들, 비누와 샴푸 하나에도 특별함이 느껴진다.

요금 2인1실 조식포함 10,000엔(1인)~

힐링호텔 고르는 요령

1. 작지만 센스 있는 인테리어와 객실 공간
2. 뭐니 뭐니 해도 정갈하고 건강한 아침식사
3. 스파나 비치는 포기할 수 없다!
4. 아기자기한 서비스는 행복한 에너지

머큐어 호텔 오키나와 나하 メルキュールホテル沖縄那覇

세련되고 화려한 실내 인테리어로 젊은 여성들 사이에 특히 인기가 높은 프랑스 체인 호텔. 특히 1층 비스트로 드 라 메르De La Mer에는 콜라겐 및 식물섬유를 섭취할 수 있는 뷰티 바가 있고, 오키나와산 식재료를 이용한 프렌치 런치 뷔페도 유명하다. **나하 236p**

EM 웰니스 구라시노 핫코 라이프 스타일 리조트
EMウェルネス暮らしの発酵ライフスタイルリゾート

자연 친화적인 순환 프로젝트를 실천하는 슬로라이프 호텔. 화학제품을 쓰지 않고 유용미생물군인 'EM' 제품들을 사용한 객실 관리로 여성 고객들 사이에 인기가 높은 곳이다. 건축 자재는 물론이고 호텔의 물까지 EM으로 건강하게 관리하고 있어 자연 치유력 그 자체를 체험할 수 있다. 호텔 레스토랑 역시 무농약 유기농법으로 자가 재배한 채소를 사용한다. **중부 292p**

틴토 틴토 tinto tinto

본섬 북쪽 나키진손의 시골마을에 위치한 B&B 숙소로 객실에서 바다가 바로 내려다보인다. 투명한 블루의 바다가 감싸고 있는 웃파마 비치까지 도보 5분이면 도달하는 틴토 틴토는 오키나와의 슬로우 라이프를 가장 잘 체험할 수 있는 곳이다. 양식과 일본식 딱 두 개의 독채형 객실만 있고 인기도 높아 예약하기 정말 어려우니 예약했다면 운이 좋은 편에 속한다. 숙박만도 가능하지만 이곳 조식 메뉴는 건강식일 뿐만 아니라 맛도 훌륭하니 놓치지 말 것. **북부 328p**

오키나와 나하나 호텔 & 스파 沖縄ナハナ・ホテル&スパ

나하 도심 속 휴식 공간을 제안하는 호텔. 하루 종일 관광이나 쇼핑으로 피곤한 시간을 보냈다면, 호텔 내에 있는 고토란 스파에서 시콰사, 히비스커스, 흑설탕 등 오키나와산 천연 재료를 사용한 트리트먼트로 핸드마사지를 받아보자. 게르마늄탕, 히노키탕 등 다양한 디톡스 효과의 스파 시설도 충분히 만족스럽다. **나하 236p**

SLEEPING 03

가족 여행자를 위한 **리조트호텔**

넓은 하늘과 푸른 바다, 그리고 신나는 물놀이를 할 수 있는 멋진 야외 풀장과 비치.
오키나와의 자연과 조화를 이룬 리조트에서 가족만의 여유로운 리조트 스타일을 즐겨 보자.

르와지르 호텔 스파 타워 나하 ロワジール スパタワー那覇

나하 시내의 유일한 해변인 나미노우에 비치 바로 옆에 위치한 고급 시티 리조트. 시내와 비치가 가까워 레저와 관광, 쇼핑을 모두 즐길 수 있다는 장점이 있다. 투숙객은 바로 옆에 위치한 르와지르 호텔 나하의 온천 시설도 이용할 수 있다. 약 800만 년 전의 화석 해수를 원천으로 사용하는 온천시설과 옥외 파도 풀장은 물론 사계절 이용 가능한 실내 풀장도 갖추고 있다. **나하 237**

가족 리조트호텔 Q&A

오키나와 우아한 리조트 라이프를 즐기면서 온 가족이 행복한 시간을 보낼 수 있는 멋진 리조트 호텔이 많다. 어렸을 때 부모와 함께 마음껏 놀았던 시간이 평생 잊을 수 없는 행복한 추억이 되니 해양레저 시설이 완비되어 있는 오키나와 리조트의 장점을 마음껏 활용하자. 아이들의 신나는 물놀이에 저절로 미소가 번진다.
요금 2인1실 조식 포함 15,000엔(1인)~

리조트호텔 고르는 요령

1. 아이들과 신나는 물놀이를 할 수 있는 멋진 풀장
2. 온 가족이 편하게 이동하려면 공항 리무진을 이용할 수 있는 곳을 추천
3. 공항 리무진을 이용해 나하 시내 즐기기
4. 해양 스포츠 액티비티, 체험 프로그램 등 리조트의 준비된 프로그램으로 아이들과 신나게 놀기
5. 가족이라도 입맛은 가지각색. 조식 뷔페 메뉴가 다양할 것

카누차 리조트 Kanucha Resort

80만 평의 넓은 리조트 부지 내에 비치, 3종류의 풀장, 골프장 등이 있는 메가 리조트. 산호가 군생하는 카누차 비치에서 보트를 타고 산호 관광을 하거나, 숲과 바다에 둘러싸인 가든 풀장에서 신나게 물놀이를 하고, 간조시간에는 리조트 앞의 무인도 여행도 할 수 있다. 요리와 도예 교실뿐만 아니라 신비로운 아열대숲을 재현한 실내 풀이나 리조트 조깅 코스도 있어 심심할 틈이 없다. `북부 325p`

오리엔탈 호텔 오키나와 리조트&스파 オリエンタルホテル沖縄リゾート&スパ

오키나와 최대급의 가든 풀장, 스파, 에스테 살롱, 트레이닝룸, 기념품 숍 등의 시설을 갖춘 대표 리조트. 리조트 앞 가리유시 비치에서는 씨 워크, 패러세일링 등 해양레저를 즐길 수 있고 물놀이 후에는 시원한 해풍을 맞으며 노천 스파를 즐길 수 있다. 아침 식사 후 호텔 로비에서 신선한 지역 과일, 농산물, 기념품 등을 판매하는 장터도 열린다. 뷔페 스타일의 조식은 오키나와산 참치 덮밥, 사타 안다기, 찬프루 등의 오키나와 건강식을 맛볼 수 있다. `북부 325p`

사잔 비치 호텔 & 리조트 오키나와 サザンビーチホテル&リゾート沖縄

오키나와 남부에 위치한 가족형 리조트다. 호텔 바로 앞에는 비비비치 이토만이 있어 해변에서 휴양하거나 해양 스포츠를 즐길 수 있다. 워터버드를 비롯해 스노클링, 바나나보트 등 온 가족이 함께 즐길 만한 체험 아이템이 많다. 류큐 왕국의 유적지가 많은 남부 지역을 관광하기에도 좋은 위치이며, 미바루 비치를 지나 니라이카나이 다리, 세화우타키까지 시원한 드라이브도 즐겁다. `남부 261p`

클럽메드 카비라 이시가키 クラブメッド石垣島

야에야마 제도의 중심 섬인 이시가키지마에 있는 리조트호텔로, 일본 100경의 하나인 가비라 만 최고의 위치에 자리 잡고 있다. 리조트 내에서는 스태프들이 키즈 프로그램을 비롯한 다양한 액티비티를 진행하며, 휴식이 필요한 어른에게도 마음껏 뛰놀고 싶은 아이에게도 만족스러운 호텔이다. 특히 오묘한 바다색의 광경과 형형색색의 열대어, 산호가 있는 가비라 비치의 바닷속을 감상할 수 있는 클리어 카약은 놓치기 아까운 경험이다. `야에야마 제도 380p`

SLEEPING 04

실속파 여행자를 위한 **시티호텔**

나하 시내에는 개성만점 멋진 호텔들이 밀집되어 있다. 접근성, 가격, 시설, 서비스 등을 고려해 나만의 실속 여행 플랜을 짤 수 있다. 산뜻하고 세련된 실속파 시티호텔에서 오키나와의 현재를 즐겨 보자.

더블트리 바이 힐튼 나하 ダブルツリー byヒルトン那覇

세계적인 호텔 브랜드 힐튼호텔의 체인점 중 하나. 세련된 분위기와 세심한 서비스로 여성 여행객 사이에 인기가 높다. 특히 오키나와 가정 요리 메뉴와 일식, 양식 등이 어우러진 뷔페 스타일의 아침 식사는 만족도가 높고, 오키나와 대표 음식인 고야 찬프루는 여느 맛집보다 푸짐하고 맛있다. 모노레일 아사히바시역 바로 앞에 위치해 나하 시내 고쿠사이도리까지 접근성도 좋다. `나하 235p`

리가 로얄 그랑 오키나와 Rhiga Royal Gran Okinawa

모노레일 아사히바시역에서 연결된 호텔로, 14층 로비와 레스토랑&바 '에주'에서 오키나와의 바다 전망을 바라보며 기억에 남는 호텔에서의 시간을 보낼 수 있다. 게라마 제도의 무인도 나간누지마까지는 크루즈를 타고 20분이면 도착할 수 있고, 1일 옵션투어도 있다. 투숙객에게는 투어 할인 서비스를 제공하고 있으니 미리 호텔 사이트를 체크해보자. `나하 235p`

시티호텔 Q&A

오키나와 여행에서 빼놓을 수 없는 문화 집결지 나하! 독특한 문화와 아트, 쇼핑 천국이라고 할 수 있는 나하에서 관광과 쇼핑, 주변 섬들로 힐링 여행을 계획한다면 나하의 시티호텔만큼 편리한 곳도 없다. 비교적 예산이 많이 드는 리조트호텔에 가지 않더라도 가격 이상의 만족을 느낄 수 있다. 아침부터 밤까지 하루 종일 돌아다녀도 시간이 모자라는 활동파 스타일이라면 단연 시티호텔~
요금 2인1실 조식포함 8,000엔(1인)~

시티호텔 고르는 요령

1. 나하공항에서 모노레일로 이동할 수 있는 시내 호텔로, 역에서 가까울 것
2. 늦은 밤 고쿠사이도리에서 산책하고 젊고 활기찬 현지인의 분위기를 즐기려면 고쿠사이도리 근처 추천
3. 서비스나 시설의 평이 좋은 시티호텔 그룹이 운영하는 곳
4. 시티호텔이지만 조식 메뉴에 오키나와 전통 음식을 서비스 하는 센스 있는 곳
5. 숙박 사이트나 호텔 홈페이지에서 객실 할인 및 서비스를 찾아서 활용할 것

다이와 로이넷 호텔 나하 고쿠사이도리 ダイワロイネットホテル那覇国際通り

고쿠사이도리 초입의 쇼핑몰 카고스Cargoes 내의 호텔. 이곳의 조식은 건강식으로 유명하며, 장수 마을 오키나와의 식재료를 이용한 헬스 뷔페 레스토랑 노노부도野の葡萄에서 즐길 수 있다. 조식권을 구매하면 오키나와 요리 50종류로 건강한 아침을 시작할 수 있다. 호텔은 마키시역과 연결 통로로 바로 이어져 있다. **나하 232p**

호텔 JAL 시티 나하 ホテルJALシティ那覇

나하 시내의 중심지인 고쿠사이도리 중앙에 위치한 시티호텔로 쇼핑과 관광을 위한 이동 거점으로 좋다. 바로 뒤편에 뉴파라다이스도리와 공원이 있어 골목 산책 같은 소소한 재미를 누릴 수 있다. 밤늦도록 북적거리는 쇼핑가를 맘껏 즐기고 숙소에 돌아가면 마법 같은 휴식 공간이 기다리고 있다는 건 쇼퍼들에게 가장 매력적인 조건. **나하 231p**

리치몬드 호텔 나하 구모지 Richmond Hotel Naha Kumoji

일반 비즈니스호텔에 비해 조금 넓고 군더더기 없이 깔끔한 스타일의 객실. 일본 비즈니스호텔 객실이 생각보다 좁아서 답답함을 느꼈다면 이곳으로 가보자. 체크인은 기다림 없이 편리하게 자동 정산 기기를 이용하면 된다. 호텔 1층에는 오키나와 명물 요리 아구 등 다양한 메뉴를 고를 수 있는 이자카야가 있어 캐주얼한 오키나와 분위기를 즐기기 좋다. 나하 236p

오키나와 다이이치 호텔 沖縄第一ホテル

창업한지 60년이 지난 유서 깊은 호텔로 정갈한 일본 여관의 분위기가 공간 곳곳에 스며있다. 고쿠사이도리 인근에 위치해 동네 자체가 네온사인과 화려함으로 반짝거리는데 반해 호텔의 내부는 아늑하고 조용해서 휴식하기에 완벽한 장소를 제공한다. 객실 수가 8개밖에 되지 않고 일본 내국인들에게 은근 인기가 많은 호텔이니 미리 예약을 하는 것이 좋다. 주인이 오키나와 전통 음식 문화에 관심이 많아 오키나와 스타일의 조식 약선 요리를 개발했는데 이 조식을 즐기기 위해 일부러 아침에 호텔을 찾는 여행자도 있다고. 나하 234p

SLEEPING 05

오키나와를 체험하라,
오키나와식 **게스트하우스**

유독 오키나와는 여행이나 서핑, 다이빙을 좋아하는 사람들이 많다.
오키나와를 좋아해 이곳으로 이주한 사람들도 곳곳에서 만날 수 있다.
수줍지만 따뜻한 사람들의 온기가 느껴지는 곳, 주인과 손님으로 만나는 것이 아닌
진정한 친구가 될 수 있는 곳이 바로 게스트하우스다.

게스트하우스 시파파 ゲストハウス Sea-PaっPa

여성 전용 게스트하우스다. 깨끗하고 안전해 여성 여행자들에게 인기가 많다. 내부가 정갈하고 은은한 조명과 목각 조각상 등으로 동남아시아 리조트의 느낌을 살렸다. 1인실부터 도미토리까지 있으며 부엌, 샤워실, 화장실, 세탁실 등은 공용이다. 침구시트는 요구가 있을 시 즉각 교환해 주니 필요한 것이 있으면 바로 이야기하자. 투숙객에 한해 할인요금이 적용된 렌터카 서비스를 실시하고 있고, 숙소 주변에 저렴한 코인 주차도 있어 편리하다.
나하 234p

나키진 게스트하우스 무스비야 なきじんゲストハウス 結屋

젊은 청춘들을 위한 게스트하우스. 안바루 에코투어, 섬 샌들 제작 등 다른 여행자와 함께 즐기는 체험 프로그램이 다양해 혼자 가도 쉽게 친구를 사귈 수 있다. 1인실부터 도미토리까지 객실 형태가 다양하며, 도미토리는 직원들 사무실이 바로 옆에 위치해 있고 개방형이라 안심할 수 있다. 바다가 바로 앞에 있어 스노클링이나 수영을 자유롭게 즐길 수 있는 것도 이곳의 매력 포인트 중 하나. 여름 축제 시즌에는 일본의 젊은 청춘들로 시끌시끌한 분위기라 일본의 젊은이들과 진솔하게 교류하고 싶은 여행객들에게 추천하고 싶은 곳이다. **북부 329p**

게스트하우스 고르는 요령

젊은 일본인 여행객들 중에 저렴하고도 내 집 같이 이용할 수 있는 오키나와식 게스트하우스에 빠져 있는 이들이 많다. 주택가에 위치해 집을 찾는 불편을 감수해야 하지만, 한번쯤 시도해 볼 만하다. 외국인 여행객을 맞는 데 익숙한 주인이 운영하는 곳이라면 좋겠다. 특히 오키나와에 나 홀로 여행하는 여성 관광객이 많아지면서 여성 전용 게스트하우스도 있으니, 안심할 수 있다. 오키나와 정서가 고스란히 느껴지는 게스트하우스의 매력에 빠져보자.

SLEEPING 06

오키나와 **숙소 Q&A**

일본 내 최고의 휴양지이자 일본인이 가장 살고 싶어 하는 지역 중 하나인 오키나와. 해양 레저시설과 프라이빗 비치가 있어 여름의 즐거움을 마음껏 만끽할 수 있는 대형 리조트부터 슬로우 라이프를 꿈꾸며 오키나와로 온 젊은이들의 게스트하우스까지, 나에게 꼭 필요한 스타일의 숙소를 찾아보자.

Q1. 대중교통을 이용할 계획이라면?

렌터카 여행이 대세인 오키나와에서 대중교통을 이용해야 한다면? 대중교통이 운행되는 곳에 위치한 대형 리조트를 이용하는 것이 편리하다. 나하 시내는 모노레일 주변에 호텔들이 모여 있어 편리하지만, 그 외 지역은 대중교통이 편리하지 않은데다 일본어를 모르면 이용하기 쉽지 않다. 그러니 공항에서 예약하려는 호텔까지 리무진버스가 정차하는지, 또는 호텔 전용버스가 있는지를 꼭 확인하자. 서해안을 따라 위치한 대형 리조트들은 지역별로 모여 있어 공항에서 호텔 지역까지 리무진버스가 많은 편이다. 예약 전에 호텔 사이트에서 체크하는 것을 잊지 말자.

Q2. 오키나와 분위기를 숙소에서도 느끼고 싶다면?

B&B 숙소나 게스트하우스 같은 소규모 숙박업소가 제격이다. 오키나와는 최고의 휴양지로 레저시설이 완벽히 갖추어진 대형 리조트들도 많지만 각양각색의 매력을 가진 게스트하우스나 B&B 숙소도 많다. 아무에게도 방해받지 않고 자신만의 시간을 즐길 수 있는 독채형 빌라 펜션이나 비치 바로 옆 아담한 게스트하우스는 파도 소리와 함께 잊히지 않는 추억이 된다. 오키나와스러운 숙소를 원한다면 역시 이런 곳에 숙박해 볼 것. 대중교통이 없는 곳에 위치한 경우도 많지만 대부분의 소규모 숙박업소에서는 가까운 버스 정류장까지 픽업 서비스를 제공한다. 파도 소리를 들으며 스르르 잠이 들 기회가 일생에 몇 번 있겠는가.

Q3. 놓치고 싶지 않아! 호텔의 오키나와 전통요리

오키나와는 일본 본토와 다른 자연환경과 문화로 독특한 오키나와식 음식이 많은 곳이다. 취향에 따라 평이 갈라질 수 있지만, 고야(여주)의 씁쓸한 끝 맛이 섬 채소와 잘 어우러진 고야 찬프루는 류큐 가정식을 파는 식당 어디를 가든 맛볼 수 있으니 한 번쯤 도전해 보시라. 점점 그 쓴맛이 잊을 수 없는 오키나와의 맛으로 기억될 것이다. 그리고 연두부처럼 부드러운 속살을 맛볼 수 있는 데비치(족발)조림과 거품을 잔뜩 담은 오키나와 전통차 부쿠부쿠차도 오키나와에서 꼭 한 번 맛보시길. 그들의 음식 문화니까, 오키나와니까.

Q4. 일본에서 저렴한 숙소 구하기

호텔 전용 예약 사이트나 일본 현지 호텔 사이트를 이용하면 가격을 비교하며 숙소를 예약할 수 있다. 역 주변 호텔, 야경이 아름다운 호텔 등 여행자의 스타일에 따라 선택할 수 있는 다양한 분류 시스템을 갖추고 있고 비수기에는 최고급 호텔을 할인된 파격적인 할인 가격 이벤트도 진행한다. 사이트에서 한국어를 지원하고 있으니 일본어를 모르더라도 걱정 없다.

자란넷 www.jalan.net, **라쿠텐 트래블** travel.rakuten.com

01 **나하**
02 **남부**
03 **중부**

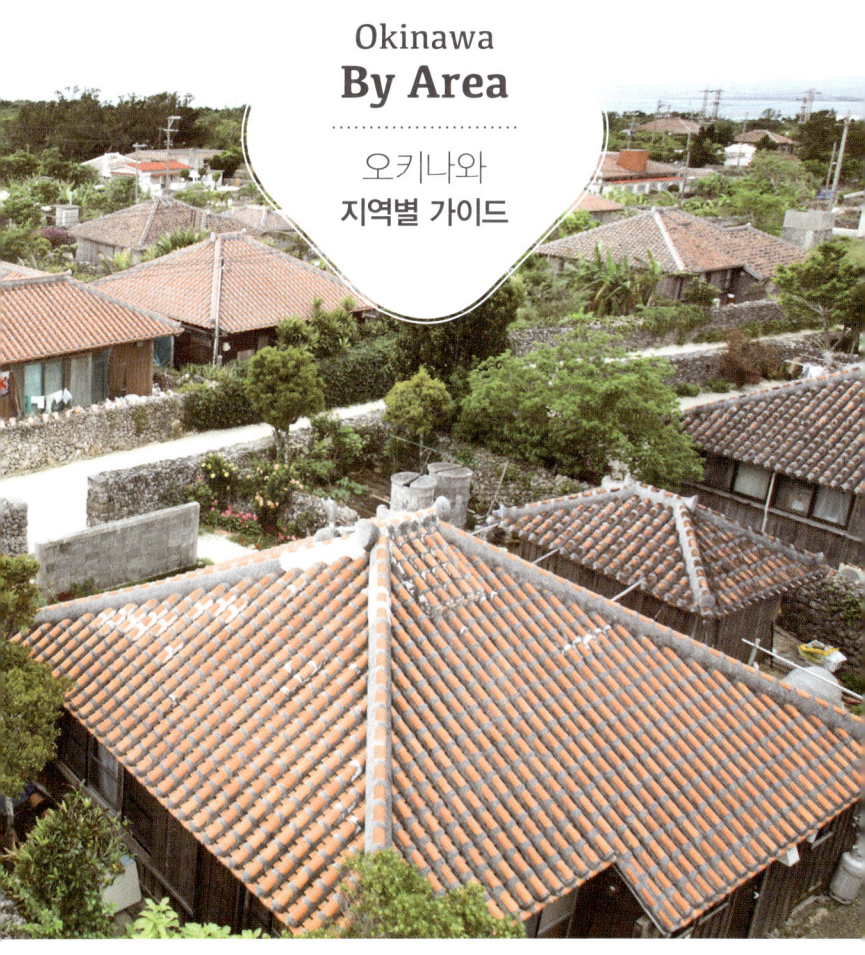

Okinawa
By Area

오키나와
지역별 가이드

04 북부
05 미야코지마섬
06 야에야마 제도

Okinawa By Area
01

나하
那覇

오키나와는 느리고 조용한 삶을 지향하는 사람들의 땅이지만 오키나와 정치, 경제, 문화의 중심지 나하만큼은 예외다. 러시아워가 있고 밤에도 활기가 넘치며 관광객들의 발길이 끊이지 않는다. 하지만 골목 안을 들여다보면 여전히 한적한 평화가 느껴진다. 비움과 채움이 공존하는 도시 나하. 이곳에 매력을 느꼈다면 당신은 뭘 좀 아는 여행자다.

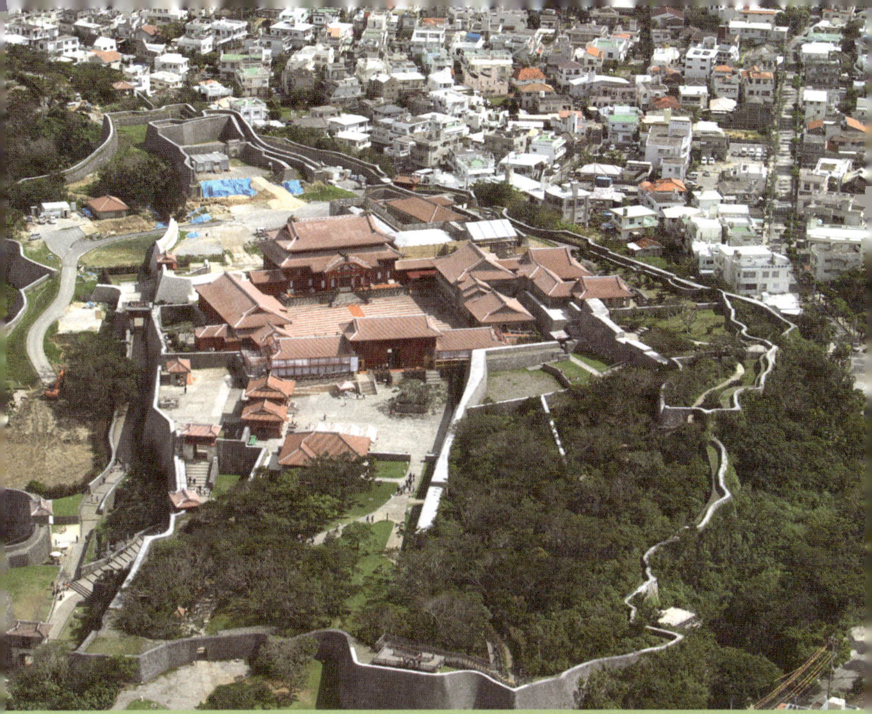

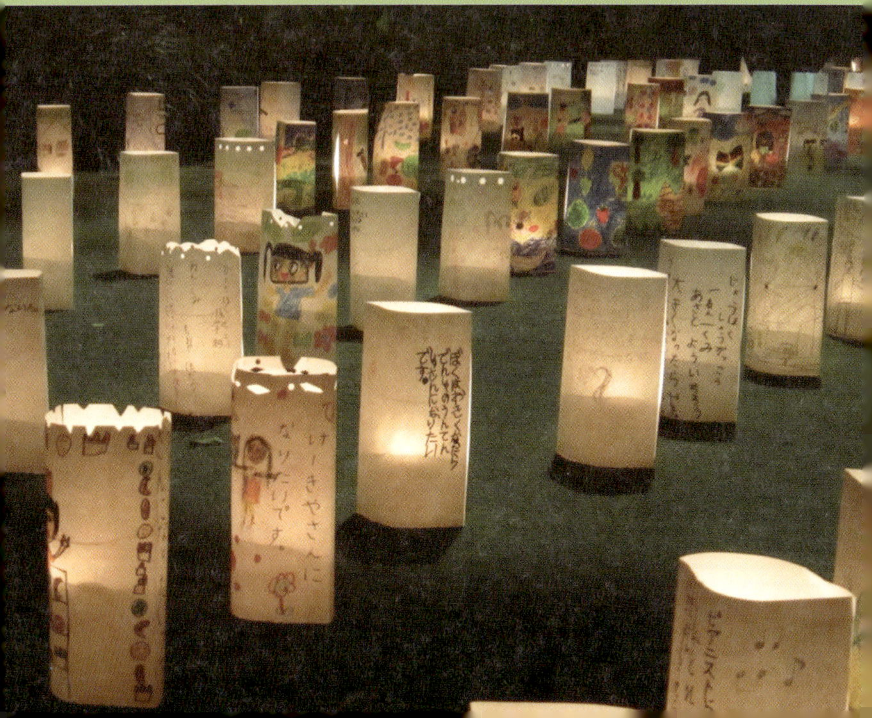
けーきやさんに
なりたいです。

나하
미리보기

나하 국제공항과 나하항은 오키나와의 관문. 오키나와에 오는 사람이라면 나하는 한 번 꼭 들르게 되는 곳이다. 도시 주요 지역에 모노레일이 정차하고 버스도 자주 다녀 이동이 편리하니 가급적 대중교통을 이용하자.

ENJOY

일본에 귀속되기 전 오키나와를 통치하던 류큐왕조의 수도 슈리 지역은 유네스코 세계문화유산이 있는 곳이다. 오키나와의 역사를 알고 싶다면 이곳을 방문해 운치 있는 긴조초 이시다타미미치(옛날 돌길)를 걸어보자. 도예에 관심이 있다면 쓰보야 야치문도리(도자기 거리)의 생활도기들을 감상해볼 것. 나하에서 가장 번화가인 고쿠사이도리와 오모로마치 지역 또한 빠질 수 없는 관광 스폿들이다.

EAT

고야 같은 섬 채소를 가지고 요리한 오키나와 향토요리, 요새 인기를 끌고 있는 매크로 바이오틱 요리, 오키나와 열대과일을 넣은 디저트를 맛볼 수 있는 카페나 레스토랑 등이 고쿠사이도리 주위에 모여 있다. 현지인의 시끌벅적한 일상을 느끼고 싶다면 사카이마치 시장과 다이이치마키시 공설시장을 추천. 싱싱한 생선을 사면 바로 요리도 해준다.

BUY

고쿠사이도리나 오모로마치역에 숙소를 정하면 쇼핑 지역과 다이렉트로 연결된다. 약 1.6km의 대로가 모두 쇼핑가인 고쿠사이도리, 국내 최대의 도심 면세점 T 갤러리아 오키나와(구 DFS 갤러리아 오키나와)가 있는 오모로마치역 주변으로 쇼핑몰이 밀집해 있다. 세련된 작가의 개성이 담긴 나만의 독특한 아이템을 찾는다면 고쿠사이도리에서 약간 들어간 뉴파라다이스도리와 우키시마도리를 추천한다.

나하
📍 1일 추천 코스 📍

오키나와 경제, 문화의 중심지 나하는 먹거리, 볼거리, 즐길 거리가 많은 오키나와 최대 도시이다. 하루에 보기에 벅차지만 바쁜 여행자들에게 추천하는 나하 1일 여행 코스.

슈리성 공원
세계문화유산 슈리성 공원 산책하고 이시다타미미치 길 거닐기

→ 모노레일 15분

쓰보야 야치문도리
어슬렁어슬렁 도자기 구경하다 찻집에서 팥빙수 한 그릇~

→ 도보 10분

다이이치마키시 공설시장
1층 어시장에서 싱싱한 생선 골라 2층 식당가에서 맛있게 냠냠~

↓ 도보 5분

사카에마치 시장
만두에 오리온 맥주 한 잔 캬하~

← 모노레일 3분

T 갤러리아 오키나와 면세점
선물 사고 명품 아이쇼핑~

← 모노레일 5분

고쿠사이도리 & 우키시마도리 & 뉴파라다이스도리
번화가에서 쇼핑하고 디저트 먹고! 오키나와 핫 트렌드 섭렵

나하 찾아가기

🚗 어떻게 갈까?
대중교통이 잘 갖춰져 있어 접근성이 좋다. 모노레일 역은 국내선 공항터미널과 바로 연결되어 있어 나하공항에서 시내로 들어올 때 모노레일이 가장 편리하다. 공항에서 고쿠사이도리가 있는 겐초마에역까지 20분이면 도착. 나하고속터미널까지 시내버스도 운행된다.

🚶 어떻게 다닐까?
역시 모노레일. 두말 할 필요가 없다. 모노레일 역과 가까운 호텔에 숙박하는 것이 좋다. 도시의 웬만한 지역은 모노레일이나 버스로 다닐 수 있고 관광지들이 모노레일 역을 중심으로 모여 있다. 렌터카는 주차장 문제로 오히려 불편을 초래할 수 있다.

1. 모노레일(유이레일)

오키나와의 관문 나하공항에 도착해 나하시를 첫 번째 방문지로 결정한 관광객이라면 나하공항에서 슈리까지 연결되어 있는 모노레일이 가장 편리한 교통수단이다. 총 19개의 역을 통과하는 지상철 모노레일로 교통정체 없이 편리하게 도심의 중요 여행 포인트로 이동 가능하며 무엇보다 시야가 확 트여있어 도심 경관을 보며 이동하는 재미도 있다.

전화 098-859-2630 운영시간 06:00~23:30 요금 어른 230~370엔, 어린이 120~190엔

| 도심여행에 꼭 필요한 모노레일 프리패스 |

나하 시내에서 모노레일을 무제한으로 이용할 수 있는 교통패스. 슈리성 공원, 쓰보야 도자기박물관 등 주요 관광지에서 모노레일 패스를 제시하면 할인혜택이 있어 알뜰한 여행객에게 꼭 필요한 패스. 모노레일 탑승구에서 구입할 수 있고 1일권, 2일권이 있다. 첫 자동개찰기 통과 후 24시간 유효하다.

요금 1일권 어른 800엔, 어린이 400엔, 2일권 어른 1,400엔, 어린이 700엔
홈페이지 www.yui-rail.co.jp

Tip 공항에서 유이레일 타기
유이레일의 시작점 나하쿠코역이 나하공항 국내선 빌딩 2층에서 바로 연결된다. 종점 데다코우라니시 역까지 약 37분.

2. 노선버스

시내선과 시외선으로 나뉘는데, 오키나와 시내 풍경을 즐기며 이동하고 싶다면 노선버스 시내선을 이용해 보자. 1~5번, 12번, 14~16번 등 20번 아래의 노선버스는 어른 240엔, 어린이 120엔의 균일요금이며 앞문으로 승차하면서 지불하면 된다. 하지만 나하 시내는 교통정체가 빈번한 도심이기 때문에 버스를 기다리기 지루하다면 가까운 거리는 도보로 이동하자.
한편 나하에서 본섬 각지를 연결하는 시외선은 탑승할 때 정리권(승차권)이 발권되며, 구간별로 운전석 옆의 게시판에 요금이 표시되니 확인하고 지불하면 된다. 고쿠사이도리에는 시내 정류소 외에도 시외선 정류소가 따로 있어 헷갈릴 수 있으니 주의하자.

| 나하버스터미널 |
오키나와현 내의 각지로 연결되는 버스터미널. 나하에서 관광을 마친 후 남부, 중부, 북부 등으로 이동할 때 이용할 수 있다. 가는 법 모노레일 아사히바시역 바로 옆 전화 098-867-2707

3. 택시

비싸긴 해도 친절하고 매너 좋기로 유명한 일본택시. 뒷좌석 택시 도어가 자동으로 개폐되며 짐 운반도 도와준다. 먼 거리는 너무 비싸므로 대중교통 이용이 애매한 곳으로 갈 때만 잘 활용하자. 일반적으로 소형택시 기본요금은 560엔 정도이며, 나하공항에서 고쿠사이도리까지 1,500~2,000엔 정도.

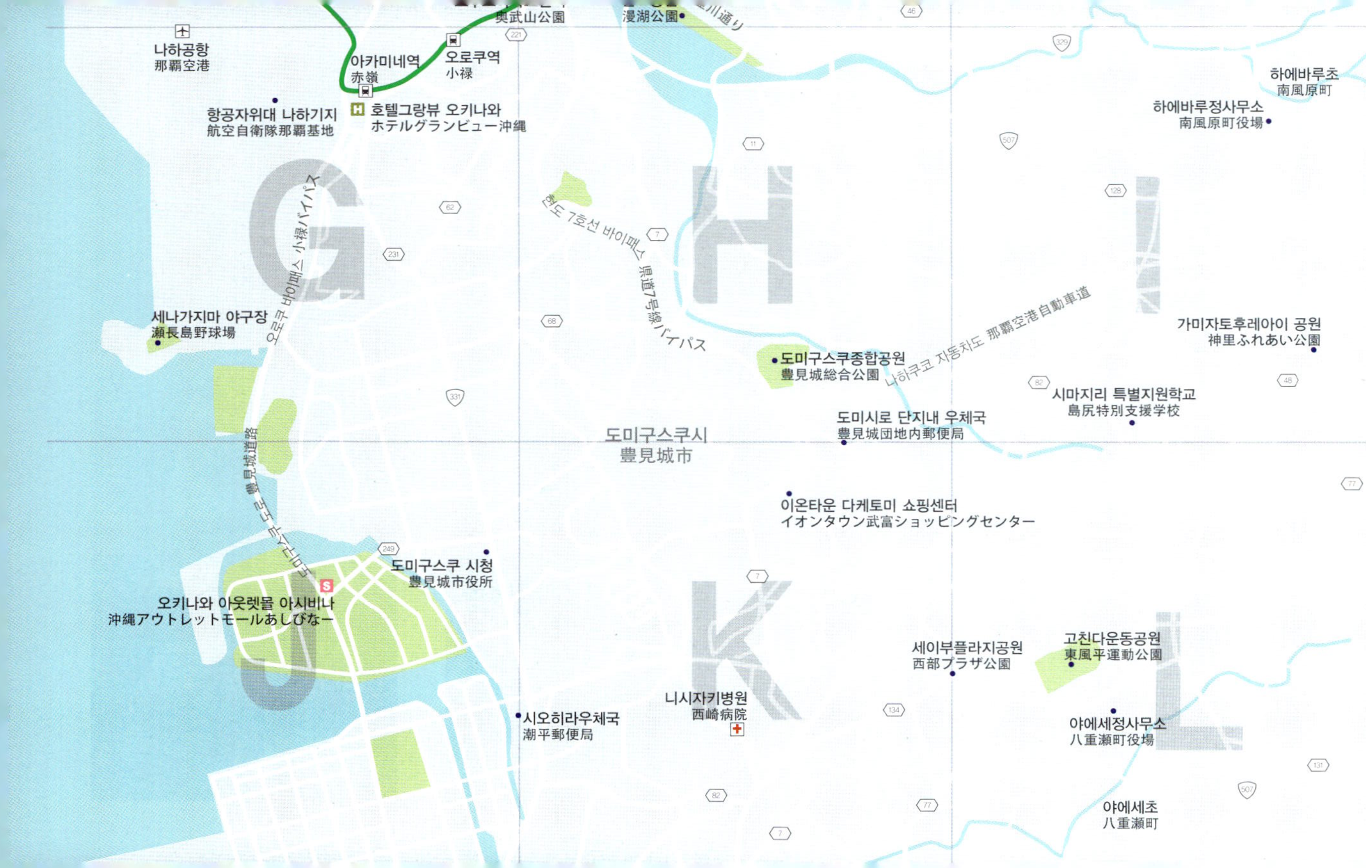
奥武山公園
漫湖公園
川通り
나하공항
那覇空港
아카미네역
赤嶺
오로쿠역
小禄
항공자위대 나하기지
航空自衛隊那覇基地
호텔그랑뷰 오키나와
ホテルグランビュー沖縄
하에바루초
南風原町
하에바루정사무소
南風原町役場
G
H
I
J
K
L
오로쿠 바이패스 小禄バイパス
현도 7호선 바이패스 県道7号線バイパス
세나가지마 야구장
瀬長島野球場
도미구스쿠종합공원
豊見城総合公園
나하쿠코 자동차도 那覇空港自動車道
가미자토후레아이 공원
神里ふれあい公園
시마지리 특별지원학교
島尻特別支援学校
도미시로 단지내 우체국
豊見城団地内郵便局
도미구스쿠시
豊見城市
豊見城道路
이온타운 다케토미 쇼핑센터
イオンタウン武富ショッピングセンター
도미구스쿠 시청
豊見城市役所
오키나와 아웃렛몰 아시비나
沖縄アウトレットモールあしびなー
세이부플라지공원
西部プラザ公園
고친다운동공원
東風平運動公園
니시자키병원
西崎病院
시오히라우체국
潮平郵便局
야에세정사무소
八重瀬町役場
야에세초
八重瀬町

OKINAWA BY AREA 01
나하

고쿠사이도리

매일 매일이 주말 같은 여행자들의 아지트
고쿠사이도리 国際通り | 국제거리

밤이 되어도 넘쳐나는 관광객들로 붐비는 나하시 최고의 번화가로, 잠들지 않는 거리라고 불린다. 거리 양쪽으로 쭉 늘어선 가게에는 남국풍의 컬러풀한 소품 숍들과 음식점이 즐비해 있다. 겐초마에역에서 마키시역까지 약 1.6km 이어진 이곳은 전후 가장 빨리 복구가 이루어져 '기적의 1마일'이라고도 불린다. 고쿠사이도리라는 거리명은 이곳에 있던 영화관 이름에서 유래되었다고. 중심 도로에는 관광객들을 위한 기념품 숍과 식당들이 늘어서 있고, 호객행위를 하는 점원들과 관광객들로 항상 활기가 넘친다. 정신없는 중심가 고쿠사이도리를 벗어나 골목길로 들어가면, 마치 다른 세상처럼 일순간 조용하고 여유로운 오키나와의 거리 풍경으로 바뀐다. 특히 나하의 숨은 매력을 느끼고 싶다면 뉴파라다이스도리(뉴파라다이스거리)와 우키시마도리(우키시마거리)를 찾아보자. 젊은 디자이너들의 독창적인 디자인 숍과 한적한 카페가 할미니의 채소가게와 공존한다. 다이이치마키시 공설시장과 쓰보야 야치문도리(도자기 거리)도 인접해 있어 추천할 만한 관광 거리다.

Data 지도 186p
가는 법 겐초마에역과 마키시역 사이 **전화** 098-868-4887 (나하시 관광안내소)
홈페이지 naha-kokusaidori.okinawa

Tip 매주 일요일 고쿠사이도리는 보행자 천국!
매주 일요일 12시부터 18시까지 고쿠사이도리 대로는 차 없는 보행자 전용 도로로 변한다. 곳곳에서 여러 가지 거리공연이 열려 마치 축제를 보러 온 것 같다. 일반 차량은 원칙적으로 진입 금지되며 버스도 우회한다.

오키나와의 부엌
다이이치마키시 공설시장 第一牧志公設市場

60년 이상 나하 시민의 부엌으로 사랑받고 있는 오키나와 최대의 재래시장. 1층에서는 오키나와 근해에서 잡은 어류나 정육, 현지 식재료 등을 판매하며 2층에는 식당이 있다. 우리나라 수산시장처럼 1층에서 재료를 사서 2층 식당가에 가져가면 약간의 조리비를 받고 바로 조리해 준다. 원래 지금처럼 거대한 시장은 아니었고 종전 후 불법 암시장으로 시작해 점점 규모가 커지자 오키와현에서 시장을 새롭게 재건했다. 시장 내에는 총 129개 업체가 들어가 있으며 그 주변까지 포함해 총 700개 정도의 점포가 활발히 운영된다. 2대, 3대째로 이어지는 가게가 대부분이고 오키나와 식재료의 심장부라는 자부심도 대단하다. 고쿠사이도리와 인접해 있어 쇼핑과 먹거리를 함께 해결할 수 있다.

Data 지도 187p-G
가는 법 모노레일 마키시역에서 도보 9분
주소 沖縄県那覇市松尾2-7-10
전화 098-863-2035
운영시간 08:00~20:00 (1~11월 넷째 주 일요일 휴무)
요금 상차림비 500엔~
홈페이지 makishi-public-market.jp/kr

고쿠사이도리 옆 아케이드 상점가
헤이와도리 상점가 平和通り商店街 | 평화거리상점가

마키시역을 나와 고쿠사이도리 대로를 걷다 보면 좌측에 헤이와도리 상점가라는 아케이드 거리가 나온다. 남대문시장과 수산시장을 합한 느낌. 아케이드 안에 들어가면 밖이 보이지 않고 여러 골목이 복잡하게 엉켜있어 방향감각을 잃기 십상이니 지도를 꼭 챙길 것. 주중이나 아침에는 사람이 적어 철지난 비치처럼 한산한 느낌도 들지만 주말만 되면 관광객들과 현지인들로 상점가 전체가 활기를 띤다. 생활잡화점과 기념품 가게, 식당가 등이 입점해 있다.

Data 지도 187p-G
가는 법 모노레일 마키시역에서 고쿠사이도리 대로 방향으로 도보 10분
주소 沖縄県那覇市牧志3-3-7
전화 098-863-1621
운영시간 10:00~18:00 (각 점포마다 상이)

아침 햇빛이 아름다운 도자기 거리
쓰보야 야치문도리 壺屋やちむん通り | 쓰보야 도자기 거리

고쿠사이도리에서 헤이와도리로 들어가 걷다 보면 어느 순간 관광객들을 향한 시끌벅적한 호객소리와 컬러풀한 오키나와 기념품 가게들이 흔적도 없이 자취를 감춘다. 조용한 주택가를 따라 담쟁이 넝쿨이 벽을 타고 오르는 돌담길과 새소리를 만나게 되는데, 이 거리가 바로 도자기로 유명한 쓰보야 야치문도리다. 야치문은 도자기를 뜻하는 오키나와의 방언. 약 300년의 역사를 품은 이곳은 고쿠사이도리에서 바로 연결되는 명소 거리 중 하나이다. 콘셉트는 서울 인사동 거리와 비슷하지만 상업화되어가는 인사동의 모습과는 조금 다르다. 새소리만 들리는 조용한 아침 거리의 모습을 잘 유지하고 있어, 오키나와 도예가들이 만든 찻잔에 커피나 차를 마시며 상념에 젖기 좋다. 흙이 좋고 항구와 가까워 교역이 쉬웠던 쓰보야 지역은 1682년 류큐왕조가 오키나와 각지의 도자기 가마들을 이곳으로 통합하면서 지금의 모습을 갖추게 되었다. 당시 조선인 도공들이 이곳으로 초청되어 도자기 기술 발전을 도왔다고 하니 한국과도 연결고리가 있는 셈이다. 지금은 돌길 양쪽으로 약 50개의 도예 공방과 작고 아담한 도자기 판매점, 체험 공방, 카페들이 모여있다.

Data 지도 187p-L 가는 법 모노레일 마키시역에서 도보 15분

Tip 알고 보는 문화재
1. 휘누 가마 南窯
쓰보야 도자기 거리에 남아있는 유일한 전통 가마. 오키나와현의 유형문화재로 등록돼 있다.
2. 아라가키 주택 新垣家
안채와 작업장 등 쓰보야 도공의 주택양식이 옛 전통 그대로 남아있으며, 중요 문화재로 지정돼있다.

도예 애호가의 휴식처
쓰보야 도자기 박물관 壺屋焼物博物館

류큐 시대부터 현재에 이르기까지 오키나와 도자기에 대한 자료와 작품들을 만날 수 있는 도자기박물관이다. 쓰보야 도자기 거리에 위치하며, 전통 가마 실물 표본과 쓰보야 도예 방식으로 제작된 300여 점의 오키나와 도자기가 전시되어 있다.

Data 지도 187p-L 가는 법 모노레일 마키시역에서 도보 15분 주소 沖縄県那覇市壺屋1-9-32 전화 098-862-3761 운영시간 10:00~18:00(월요일 휴무) 요금 어른 350엔, 대학생 이하 무료 홈페이지 www.edu.city.naha.okinawa.jp/tsuboya

오키나와 현지인의 재래시장
노렌 플라자 農連プラザ

일본 영화 〈눈물이 주룩주룩〉의 촬영지로 유명한 곳. 한때 번성했으나 활기가 예전 같지는 않다. 할머니들이 파는 섬 채소와 반찬가게 등이 주를 이루며 오키나와 현지인의 실제 생활을 체험할 수 있는 곳이다. 새벽 1시쯤 시작해 6시쯤이 피크 타임.

Data 지도 187p-K 가는 법 다이이치마키시 공설시장에서 도보 10분, 마키시역에서 도보 15분 주소 沖縄県那覇市樋川2-3-1 운영시간 점포마다 다름 홈페이지 nouren-plaza.com

아사토 · 오모로마치역

밤과 낮이 다른 두 얼굴의 재래시장
사카에마치 시장 栄町市場

모노레일 아사토역에서 도보로 2분 거리의 재래시장으로 낮에는 일반 시장이지만 밤에는 주점 거리로 변신한다. 좁은 미로 같은 골목에서는 전통적인 시장 분위기가 물씬 풍긴다. 주말 저녁 이곳을 찾으면 왁자지껄한 시장통 주점들의 분위기를 느낄 수 있고, 맥주를 마시면서 오키나와 사람들과 친해질 수 있는 최적의 장소이기도 하다. 원래 조용한 재래시장이었지만 현재는 홍대 스타일의 주점이나 바를 오픈하면서 20~30대의 젊은 세대가 이곳을 찾기 시작했고, 시장은 점점 활기를 띠고 있다. 술값이 저렴하고 분위기도 좋으니 꼭 한번 들러 시장의 분위기에 취해 볼 것.

Data 지도 188p-F 가는 법 모노레일 아사토역에서 도보 2분 주소 沖縄県那覇市安里381
운영시간 주점&바 18:00 전후 오픈(일요일 휴무)
요금 생맥주 500엔, 캔맥주 300엔
전화 098-886-3979
홈페이지 www.instagram.com/sakaemachi_ichiba

오키나와의 과거와 현재를 총망라한
오키나와 현립 박물관 · 미술관 沖縄県立博物館 · 美術館

오모로마치역 나하메인플레이스 바로 옆에 위치한 박물관과 미술관. 건물의 외관은 슈리성곽을 현대적으로 재해석한듯 심플하면서 넘볼 수 없는 위엄이 있다. 박물관과 미술관이 건물 내부에서 서로 연결되어 있고 티켓을 별도로 구매하거나 통합 패키지 티켓을 구매할 수도 있다. 오키나와현 예술가들의 작품을 즐기면서 또 일본 본토와는 전혀 다른 오키나와의 역사를 동시에 볼 수 있다.

Data 지도 188p-A 가는 법 모노레일 오모로마치역에서 도보 10분
주소 那覇市おもろまち3-1-1 전화 098-941-8200 운영시간 09:00~18:00
(금·토요일 ~20:00, 월요일 휴무) 요금 미술관 어른 400엔, 고교·대학생 220엔,
초중고교생 100엔, 박물관 어른 530엔, 고교생·대학생 270엔, 초중고교생 150엔
홈페이지 okimu.jp

나하의 떠오르는 쇼핑 스폿
오모로마치 おもろまち

오모로마치역 주변은 T 갤러리아 오키나와, 나하 메인 플레이스 등 대형 쇼핑몰들이 역 바로 옆에 위치해 있고 높은 빌딩들이 속속 들어서고 있는 나하의 신도심 지역이자 떠오르는 쇼핑 메카이다. 역과 바로 연결되어 있는 면세점부터 대형 백화점, 서점, 오키나와 현립 박물관·미술관, 전자상가들이 큰 대로를 중심으로 쭉 뻗어 있다. 오래된 상점가 같은 고쿠사이도리의 마키시역에서 두 정거장이면 도착한다. 쇼핑 애호가들이라면 반드시 들러야 할 머스트 고 스폿!

Data 지도 188p-D 가는 법 모노레일 오모로마치역에서 도보 1분
전화 098-941-8200

슈리역

마음이 편안해지는 류큐 역사 산책길
긴조초 이시다타미미치 | 金城町の石畳道 | 긴조초 돌길

일본의 아름다운 길 100선으로 꼽힐 만큼 예스런 정취와 풍광이 뛰어난 돌길이다. 골목에 들어서면 악귀를 쫓는다는 오키나와의 부적 시사가 돌담 위에 앉아 씩 웃으며 관광객들을 맞이한다. 돌담을 따라 좁게 이어지는 돌길을 걷다 보면, 넓적하고 평평한 돌 틈 사이의 푸른 이끼와 사람들의 왕래로 반들반들해진 광택이 왠지 모르게 마음을 평온하게 만든다. 이 길은 16세기 초 류큐의 슈리성과 귀족들이 살았던 긴조초 지역을 연결하던 석회 길이었는데, 류큐 시대 수도였던 슈리 지역의 모습이 어떠했는지 가늠할 수 있는 역사적 단초이기도 하다. 건설 당시에는 총 10km에 달하는 긴 길이었지만 지금은 약 300m 정도의 돌바닥길만 남아 있다. 슈리성 관광을 마치고 돌아오는 길에 들르면 이시다타미미치가 내리막길이라 산책하기 더 좋은데, 아기자기한 민가와 정원 조경 등을 살짝살짝 훔쳐보는 것도 이곳의 묘미. 산책길을 내려오면 역까지 걷기에 다소 먼 거리이므로 가장 가까운 기보역이나 슈리역까지 택시를 이용해 시간을 절약하자. 비 오는 날은 미끄러우니 주의가 필요하다.

Data 지도 189p-E
가는 법 모노레일 슈리역에서 도보 25분
주소 沖縄県那覇市首里金城町1
전화 098-862-3276 (나하시 관광과)

> **Tip** 가나구시쿠무라야 金城村屋
> 한국 드라마 〈상어〉의 촬영지였던 이곳은 이시다타미미치 중간쯤에 위치한 무료 휴게소로, 마을의 사랑방 같은 느낌이다. 기와지붕의 다다미 아래에 걸터앉으면 수 세기의 풍파를 견뎌온 돌길이 시원하게 내려다보인다.

류큐왕조의 번영을 보여주는 세계문화유산
슈리성 공원 首里城公園

슈리성 공원에는 류큐 왕이 살던 성을 비롯해 역사 유적지가 많다. 1406년, 류큐왕조가 들어서면서 슈리 지역은 약 470년간 류큐의 중심이었다. 인구 약 17만 명의 작은 왕국이었던 류큐는 중국, 일본 등과의 중계무역으로 번영을 누렸는데, 그 찬란한 역사의 흔적을 간직한 곳도 역시 슈리성이다. 나하에서 반드시 가보아야 할 문화유산. 규모는 그리 크지 않지만 류큐왕국의 개성과 아름다움이 응축되어 있어 일본의 다른 성과 확연한 차이가 느껴진다. 맑은 날에 보면 붉게 불타오르는 느낌을 주기도 하는 옻칠한 외관과 용이 새겨진 기둥은 일본 본토보다는 중국의 영향을 더 받은 듯하다. 성 내부의 금빛 옥좌는 류큐왕조의 번영을 보여주기에 손색이 없다. 슈리성 꼭대기는 나하 시내가 한눈에 내려다보이는 최고의 뷰 포인트이기도 하다. 안타깝게도 1945년 오키나와 전쟁으로 슈리성의 대부분이 소실되었으나, 이후 복원작업을 거쳐 지금의 슈리성 공원이 완성되었고, 슈리성 공원 내의 슈리성 터는 2000년 12월 세계문화유산으로 등록되었다. 2019년 10월 큰 화재로 정전을 비롯해 8곳이 소실되었고, 현재는 2026년까지 복원을 목표로 소실된 시설 공사가 진행되고 있다. 현재 슈리성의 복원 사업은 '보이는 복원'이라는 주제로 슈리성 복구의 진행 과정을 함께 관람할 수 있도록 하고 있다.

Data 지도 189p-E
가는 법 모노레일 슈리역에서 하차 후 도보 15분. 또는 7, 8번 버스 승차 후 슈리성 앞 하차
주소 沖縄県那覇市首里金城町 1-2 **전화** 098-886-2020
운영시간 무료 구역 08:30~18:00, 유료 구역 09:00~17:30
(7월 첫째주 수요일 휴무)
요금 어른 400엔, 고교생 300엔, 초·중학생 160엔
(모노레일패스 소지자 할인)
홈페이지 oki-park.jp/shurijo/

슈리성 공원
首里城公園

- 쇼인·사스노마 / 書院·鎖之間
- 호쿠덴 / 北殿
- ❸ 세이덴 / 正殿
- 우나 / 御庭
- 난덴 / 南殿
- 엔카쿠지 터 / 円覚寺跡
- 우에키몬 / 右掖門
- ❹ 고후쿠몬 / 広福門
- 베자이텐도 / 弁財天堂
- 규케이몬 / 久慶門
- ❺ 호신몬 / 奉神門
- 반도코로 / 番所
- 스이무이우타키 / 首里森御嶽
- 엔칸치(연못) / 円鑑池
- 게이즈자·요모츠자 / 系図座·用物座
- 즈이센몬 / 瑞泉門
- ❻ 류히 / 龍樋
- 류탄(연못) / 龍潭
- 간카이몬 / 歓会門
- 고비키몬 / 木曳門
- 이리노아자나 / 西のアザナ
- ❷ 소노한우타키 석문 / 園比屋武御嶽石門
- ❶ 슈레이몬 / 守礼門
- 안내소 / 案内所
- 스이무이칸 / 首里杜館
- 슈리성 공원 관리센터 / 首里城公園管理センター
- 다마우둔 / 玉陵

슈리성 산책 코스

슈레이몬 --도보 3분--> 슈리성 공원 --도보 10분--> 류탄 --도보 5분--> 다마우둔 --도보 1분--> 이시다타미미치

| Theme |
슈리성 공원 내 볼거리

13세기 말부터 14세기에 걸쳐 만들어진 류큐왕국의 상징 슈리성. 오키나와 전쟁으로 소실되었으나 1992년에 재건되었다. 붉은색을 기조로 한 류큐왕국 최대의 목조 건축물로, 중국과 일본의 문화를 융합시킨 독자적인 양식의 다양한 장식과 조각이 아름답다.

❶ 슈레이몬 守礼門 | 수례문

슈리성의 현관. 예절을 지킨다는 뜻으로, 중국 건축 양식을 띤다. 일본의 2,000엔짜리 지폐에 그려져 있는 류큐왕국의 멋스러운 문. 일본인들은 1,000엔을 두 장 내는 것이 보통이라 실용도가 떨어지는 2,000엔 지폐를 외국인이 보는 경우는 흔치 않다.

❷ 소노햔우타키 석문 園比屋武御嶽石門

고전적이고 중후한 느낌의 석문. 이 석문 뒤에는 우타키라고 불리는 성스러운 숲이 있다. 왕이 외출 시 무사 안전을 기원하던 곳이기도 하다. 류큐왕조의 독자적인 신앙 양식을 보여준다.

❸ 세이덴 正殿 | 정전

왕이 정사를 보았던 궁궐의 꽃. 선명한 주홍색 단청에 활 모양으로 양쪽 끝이 올라간 지붕이 인상적이다. 처마에 새겨진 금박용 장식에서 장인의 손길이 느껴진다. 2층에 있는 금빛 왕좌에서 류큐 문화의 화려한 번영을 느낄 수 있다. 복원 작업 진행 중.

❹ 고후쿠몬 広福門 | 광복문

건물 자체가 문의 기능을 가지며 성내에서 가장 전망이 좋은 곳으로 알려져 있다. '복을 널리 퍼지게 하라'는 의미를 가지며 지금은 매표소로 이용되고 있다.

❺ 호신몬 奉神門 | 봉신문

정전에 연결되는 마지막 문으로 3개의 입구가 있으며, 중앙문은 국왕이나 직위가 높은 사람만 통과할 수 있었다. 복원 작업 진행 중.

❻ 류히 龍樋

슈리성의 수원 중 하나로, 즈이센몬(서천문) 앞에 있다. 우물의 용 조각은 약 500년 전 중국에서 건너온 것으로 원형 그대로 남아있다.

왕의 정원을 산책하다
류탄 龍潭

류큐 1대 왕인 쇼하시 왕이 만들었다고 전해지는 연못. 류큐 왕조 시대에는 배를 띄우고 수면에 비치는 슈리성의 모습을 감상하며 연회를 즐겼다고 알려진다. 1427년 중국 조경기술의 영향을 받아 조성된 인공연못. 그 당시의 기록에 따르면 왕조만 즐기는 연못이 아닌 서민들도 쉴 수 있는 관광 명승지로도 이용되었다고 한다. 류탄의 엔칸치(연못)에서 슈리성까지 급경사의 녹지가 있는데 오키나와 전쟁 전에는 10m 높이의 아카기 나무들이 빽빽이 들어선 울창한 숲이었다고 한다.

Data 지도 189p-E
가는 법 모노레일 기보역에서 도보 11분 주소 沖縄県那覇市首里真和志町1
운영시간 09:00~18:00
요금 무료
홈페이지 oki-park.jp/shurijo/guide/58

조금은 초라한 옛 왕조의 흔적
다마우둔 玉陵

약 500년 전 창건된 것으로 전해지는 류큐 쇼씨 왕조의 왕실능. 삼각형 모양의 박공묘로 오키나와 최대 규모의 능이다. 고대 유적지 같은 느낌의 정취가 흐르는 능묘로 제3대 쇼신 왕이 선왕을 위해 건립한 것. 중실, 동실, 서실의 세 건축물로 나뉘어 있으며 장례를 치르고 뼈를 납골함에 넣어 안장했다. 2000년 12월 세계 문화유산으로 등록되었다.

Data 지도 189p-E
가는 법 슈레이몬에서 도보 2분
주소 沖縄県那覇市金城町 1-3
전화 098-886-2020
운영시간 09:00~18:00
요금 어른 300엔, 어린이 150엔 (모노레일패스 소지자 할인)
홈페이지 oki-park.jp/shurijo/

> **Tip** 슈리성 공원에서는 매일 해가 질 무렵부터 자정까지 슈리성 성곽과 주변의 불을 밝힌다. 칠흑 같은 어둠 속에서 황금빛으로 빛나는 슈리성을 감상할 좋은 기회.

| Theme |
나하에서 가볍게 준비하자! 게라마 제도

오키나와에서 하루 일정의 섬 여행을 생각한다면, 게라마 제도가 제격이다. 스노클링이나 다이빙을 하지 않고도 그 풍경 속에 존재한다는 것만으로 매력적이다. 나하 시내의 도마린 항구에서 게라마 제도의 각 섬으로 출발하는 페리나 고속선을 타면 당일치기도 가능하다.

| 도카시키지마 |

아하렌 비치 阿波連ビーチ

게라마 제도를 대표하는 비치. 800m 가까이 뻗은 둥근 부채꼴 모양으로, 미세한 산호 가루로 만들어진 천연 백사장이 매우 아름답다. 게라마 블루라고 하여 오키나와에서 가장 맑고 푸르다고 평가를 받을 정도로 투명한 바다에서 스노클링을 하면 니모를 만나는 행운이 있을지도. 다이빙 및 스노클링 등의 마린 스포츠로도 인기가 많은 비치이다. 도카시키 항구에서 택시나 버스로 10분 거리이며, 배 시간에 맞추어 운행하는 승합버스를 이용할 수 있다.

Data **지도** 201p **가는 법** 도카시키 항구에서 5km. 택시나 버스 이용 **주소** 沖縄県渡嘉敷村阿波連 **전화** 098-987-2333(도카시키손 관광산업과) **홈페이지** www.tokashikibus.jp/timetable(도카시키 관광버스)

도카시쿠 비치 トカシクビーチ

아하렌 비치와 함께 게라마 제도의 인기 비치다. 수심이 얕은 곳에서 아이들도 물놀이를 할 수 있다. 근처에 도카시키지마에서 가장 작은 마을이 있고, 비치 정면에서 게라마 제도의 무인도인 아무로지마섬이 보인다. 산호나 열대어는 적지만 바다거북이가 서식하고 있는 곳으로 유명하며 운이 좋으면 에메랄드 빛깔 바다에서 수영을 즐기고 있는 바다거북이를 만날 수도 있다. 혹시 바다거북이를 만나더라도 해저의 해초를 먹고 살기 때문에 거의 움직이지 않는다고 하니, 바다거북이에게 스트레스를 주지 않도록 만지거나 하지 말 것. 스노클링, 다이빙 등 해양 스포츠를 즐기기도 좋다.

Data **지도** 201p **가는 법** 도카시키 항구에서 차로 10분 **주소** 沖縄県島尻郡渡嘉敷村渡嘉敷 **전화** 098-987-2333(도카시키손 관광산업과) **홈페이지** www.tokashiku.com

| 아카지마 |

니시바마 비치 北浜ビーチ

아카지마에 있는 롱비치로 바다색과 투명도는 게라마 제도에서도 손꼽힐 정도로 아름답다. 투명한 바닷속에는 여러 종류와 산호초와 수중 생물이 많아 다이빙 장소로도 탁월하다. 아카지마는 게라마 제도에 속한 작은 섬이지만 여름 시즌에 피서객이나 해양 스포츠를 즐기는 많은 관광객이 찾는 곳이기 때문에 성수기에는 미리 배 예약을 하는 것이 좋다. 니시바마 비치 전체를 볼 수 있는 전망대가 근처에 있어 도보로 갈 수 있다. 한편 비치에는 그늘진 곳이 없으므로 모자, 자외선 차단제 준비는 필수다.

Data **지도** 201p **가는 법** 아카 항구에서 도보 20분 **주소** 沖縄県島尻郡座間味村阿嘉阿渡連 **전화** 098-987-2277(자마미관광협회) **홈페이지** www.vill.zamami.okinawa.jp

히즈시 비치 ヒズシビーチ

아카지마 서쪽에 위치한 아늑하고 조용한 비치. 항구에서 비치까지 가볍게 걸어서 갈 수 있는 위치에 있다. 비치 입구가 있는 작은 언덕에 오르면 넓게 펼쳐진 해변을 아래로 굽어볼 수 있어 장관을 이룬다. 해변의 한적한 그늘에서 유유자적하며 시간을 보내기에 더할 나위 없이 좋다. 이전에는 스노클링으로 유명한 곳이었지만 최근에 산호 훼손이 심해져 수영은 할 수 없다. 대신 저녁시간에 아름다운 노을을 보기 위해 사람들이 모여든다.

Data **지도** 201p **가는 법** 아카 항구에서 도보 10분 **주소** 沖縄県島尻郡座間味村阿嘉157 **전화** 098-987-2277 (자마미관광협회) **홈페이지** www.vill.zamami.okinawa.jp

| 자마미지마 |

후루자마미 비치 古座間味ビーチ

자마미지마는 거의 산림으로 둘러싸인 인구 700명 정도의 작은 섬이지만 섬 주변에서 고래를 볼 수 있는 것으로 유명하다. 특히 2009년판 미슐랭 그린 가이드에 소개되면서 2개의 별점을 받은 곳으로 더욱 유명해졌다. 후루자마미 비치는 자마미지마의 메인 비치로, 투명한 바다의 수심이 얕은 곳에서도 예쁜 열대어를 쉽게 관찰할 수 있어 아이들과 스노클링을 할 수 있다. 온 가족이 함께 즐길 수 있는 곳이지만 강렬한 햇볕에 노출되면 금세 피부가 손상될 수 있으니 자외선 차단제를 꼼꼼히 발라주자. 자마미항에서 후루자마미 비치까지 버스를 이용할 수 있다.

Data **지도** 201p **가는 법** 자마미 항구에서 차로 5분 **주소** 沖縄県島尻郡座間味 間味村座間味 **전화** 098-987-2277(자마미관광협회) **홈페이지** www.vill.zamami.okinawa.jp

무인도

나간누지마섬 ナガンヌ島

나하에서 15km 거리에 있는 섬으로 크루즈로 20분밖에 걸리지 않아 나하 도심에 있다가 하루 정도 섬 여행이나 떠나볼까 하면서 가기에 최적의 섬. 나간누지마, 가미야마시마, 구에후지마로 구성된 치비시산호초군에 있는 무인도로 그중 가장 크다. 섬 모양은 폭이 길고 좁다란 형태이며 순백의 산호모래사장 주변으로 산호초에 둘러싸여 있어 하늘에서 내려다보면 모양이 특이하고 아름답다. 오키나와 방언으로 나간누는 얇고 길다는 뜻. 섬 모양이 아주 '나간누'하다. 해수욕뿐 아니라 각종 마린 스포츠도 즐길 수 있고 무인도이긴 하나 편의시설이 잘 갖추어져 있다. 산호초 모래는 맨발로 걸으면 아플 수 있으니 아쿠아 슈즈를 미리 준비할 것.

Data **지도** 201p **가는 법** 도마린 항구에서 크루즈 타고 20분
주소 沖縄県那覇市泊3-14-2(도마린 항구) **전화** 098-860-5860(예약 필수)
홈페이지 www.nagannu.com

구분	4~6, 10월		7~9월	
샤이니 나간누지마 플랜(해수욕) *왕복 크루즈	어른	어린이	어른	어린이
	5,800엔	4,800엔	7,400엔	6,400엔

게라마 제도 慶良間諸島

게라마 제도 찾아가기

어떻게 갈까?

출발

도마린 항구 泊港

Data 가는 법 나하공항에서 25번, 26번, 99번, 120번 또는 나하버스터미널에서 7번, 11번 버스 타고 도마리타카하시 정류장에서 내려 바로. 모노레일 미에바시역에서 도보 10분 홈페이지 www.tomarin.com

도착

도카시키지마 – 도카시키 항구 渡嘉敷港

Data 홈페이지 www.vill.tokashiki.okinawa.jp/ferry/time

1. 페리 도카시키 フェリーとかしき

소요시간 70분. 요금 어른 편도 1,690엔, 왕복 3,210엔, 어린이 편도 850엔, 왕복 1,610엔
고등학생 이상 환경협력세 100엔(왕복) 추가

기간	편	도마린 항구 출발	도카시키 항구 도착	도카시키 항구 출발	도마린 항구 도착
3월~9월	1	10:00	11:10	16:00	17:10
10월~2월	1	10:00	11:10	15:30	16:40

2. 마린라이너 도카시키 マリンライナーとかしき

소요시간 35분. 요금 어른 편도 2,530엔, 왕복 4,810엔, 어린이 편도 1,270엔, 왕복 2,410엔 고등학생 이상 환경협력세 100엔(왕복) 추가 전화 098-868-7541(도카시키손 나하 연락사무소)

기간	편	도마린 항구 출발	도카시키 항구 도착	도카시키 항구 출발	도마린 항구 도착
3월~9월	1	09:00	09:40	10:00	10:40
	2	16:30	17:10	17:30	18:10
10월~2월	1	09:00	09:40	10:00	10:40
	2	16:00	16:40	17:00	17:40
시즌운항 (골든위크, 7~8월, 9월 금토일)	1	09:00	09:40	10:00	10:40
	2	13:00	13:40	14:00	14:40
	3	16:30	17:10	17:30	18:10

자마미지마 – 자마미 항구 座間味港

Data 홈페이지 www.vill.zamami.okinawa.jp

1. 페리 자마미 フェリーざまみ
1일 1~2편, 소요시간 약 2시간.
요금 어른 편도 2,150엔, 왕복 4,090엔,
어린이 편도 1,080엔, 왕복 2,060엔

2. 퀸 자마미(고속선) クイーンざまみ
1일 2편, 소요시간 50분.
(시각표는 매일 다르므로 홈페이지에서 확인.)
요금 어른 편도 3,200엔, 왕복 6,080엔,
어린이 1,600엔, 왕복 3,040엔
전화 098-868-4567(자마미손 나하 연락사무소)

아카지마 – 아카 항구 阿嘉港

1. 페리 자마미 フェリーざまみ
1일 1~2편, 소요시간 1시간 30분.
요금 어른 편도 2,150엔, 왕복 4,090엔,
어린이 편도 1,080엔, 왕복 2,060엔

2. 퀸 자마미(고속선) クイーンざまみ
1일 2편, 소요시간 1시간 10분.
(시각표는 매일 다르므로 홈페이지에서 확인.)
요금 어른 편도 3,200엔, 왕복 6,080엔,
어린이 1,600엔, 왕복 3,040엔
전화 098-868-4567(자마미손 나하 연락사무소)

Tip 자마미지마와 아카지마를 1일 4회 왕복하며, 중간에 도카시키지마를 경유해 자마미지마와 아카지마를 연결하는 노선에 대해서는 사전 예약이 있을 때만 운행하므로 확인이 필요하다. 날씨 및 상황에 따라 운행 시간 및 일정이 변경되는 경우가 있으니 주의하자.
자마미 항구↔아카 항구 15분, 자마미 항구↔아하렌 항구 35분, 아카 항구↔아하렌 항구 20분
전화 098-987-2614(자마미손아쿠바 산업진흥과 선박계)

어떻게 다닐까?

1. 도카시키지마
- 합승 버스(도카시키 관광버스) 전화 098-987-2232 홈페이지 www.tokashikibus.jp
- 자동차, 자전거 대여(가리유시 렌탈 서비스) 전화 098-987-3311
- 택시(요네하마米浜交通) 전화 090-3078-5895

2. 자마미지마
- 자동차, 오토바이, 자전거 대여(아자키 렌터카) 전화 098-896-4135
- 촌영버스(후루자마미 비치 운행, 어른 300엔, 어린이 150엔) 전화 098-987-2277

3. 아카지마
- 자동차, 자전거 대여(렌털숍 쇼) 전화 090-1179-2839

고쿠사이도리

저렴하고 맛있는데 뭘 더 바래
오토야 大戸屋 | ootoya

마키시역 앞의 대형 쇼핑센터 맥스밸류 Max Valu 마키시점 2층에 있는 오토야는 일본 가정식을 전문으로 하는 푸드 체인점. 일본뿐 아니라 해외에도 프랜차이즈를 운영하고 있다. 가격이 저렴하고 음식이 깔끔해서 현지인들도 편하게 이용한다. 오키나와 식재료를 이용한 토속 음식부터 망고 라씨 같은 태국음료까지 국적을 불문한 다양한 메뉴를 선보이며 맛도 대체로 한국인의 입맛에 맞는 편. 메뉴판에 모든 요리의 사진 이미지가 나와 있는데 메뉴판 사진과 거의 동일한 음식이 나와 신뢰감도 들고 주문하기도 쉽다.

Data 맥스밸류 마키시점 지도 187p-D **가는 법** 모노레일 마키시역에서 도보 4분, 맥스밸류 2층 **주소** 沖縄県那覇市牧志2-10-1 マックスバリュ牧志 2F **전화** 098-863-2902 **운영시간** 11:00~22:00 **요금** 런치 정식 850엔, 고등어숯불정식 950엔 **홈페이지** www.ootoya.com

고쿠사이도리의 강추 라멘 가게
고류 康竜

돼지뼈 국물에 얇은 수제 면이 특징인데, 자신만의 '맞춤형 라멘'을 즐길 수 있어 인기. 자판기에서 원하는 메뉴를 선택하면 되는데 면의 삶은 정도, 국물 농도, 매운맛 조절과 파의 양 조절을 할 수 있고, 지분시다테 自分仕立て를 선택하면 8개의 토핑 중 4개를 자유롭게 선택할 수 있다. 선택한 항목들을 카드에 체크해 주는데, 일본어를 모르더라도 점원에게 물어보면 친절한 보디랭귀지로 설명해 준다. 교자와 생맥주 한잔을 곁들인 라멘이라면 언제든지 환영이다.

Data 나하 마쓰야마점
지도 186p-E **가는 법** 모노레일 겐초마에 역에서 도보 5분
주소 沖縄県那覇市松山1-8-6
전화 098-860-7737
운영시간 11:00~07:00
요금 지분시다테 라멘 900엔, 교자 400엔

오키나와 식자재를 이용한 아메리칸 스타일 레스토랑
아메리카 식당 アメリカ食堂

오키나와 식재료를 이용한 아메리칸 스타일 식당이다. 마키시역 방향 고쿠사이도리 대로에 위치한 곳으로 입구에 큰 선인장 캐릭터가 있어 쉽게 찾을 수 있다. 가게 이름 때문인지 큼지막한 햄버거가 그리운 미국인들도 눈에 띈다. 늦은 시간까지 영업을 하는 캐주얼한 아메리칸 분위기 식당으로 오키나와산 돼지고기 아구로 만든 햄버거나 돌판 타코라이스 등의 다국적 요리를 맥주와 함께 즐길 수 있다. 드래곤푸르트, 키위, 망고 등 신선한 열대과일 토핑의 팬케이크도 남국에서 즐길 수 있는 특식이다.

Data 지도 187p-D
가는 법 모노레일 마키시역에서 도보 1분
주소 沖縄県那覇市安里 1-1-60
전화 098-861-8136
운영시간 11:00~21:00
요금 오키나와 버거 1,188엔, 타코라이스 880엔
홈페이지 www.instagram.com/america_shokudo

오키나와 산호를 살리는 착한 커피를 판다
산고커피 35 coffee | サンゴコーヒー

오키나와에만 있는 커피 전문점 산고커피는 프랜차이즈 커피점마저 오키나와스럽다는 생각을 하게 만든다. 화기와 로스터기 사이에 산호를 넣어 느리게 로스팅해 커피 본연의 풍미를 살린 원두로 커피를 만들고, 오키나와 산호초 재생 활동도 지원한다. 그래서인지 커피숍 이름마저도 산호를 뜻하는 일본어와 동일한 발음의 산고다. 이곳에서는 커피를 한잔 마실 때마다 오키나와 산호를 살린다는 생각에 흐뭇해진다. 100엔짜리 아이스커피도 있어 저렴하게 오키나와 커피를 즐길 수 있다. 오키나와 파인애플에서 추출한 천연 효소를 넣은 35콜라겐 커피는 여기서만 맛볼 수 있으니 시도해 볼 것. 원두는 오키나와산과 브라질, 콜롬비아 원두를 사용한다.

Data 고쿠사이도리점
지도 187p-G
가는 법 모노레일 미에바시역에서 도보 8분 돈키호테 고쿠사이도리점 2층
전화 0120-70-8930
운영시간 11:00~19:00
요금 35커피 100엔
홈페이지 www.35coffee.com/shop

대만 스타일 디저트 전문점
세화노사토 雪花の郷

대만에서 온 인기 디저트 카페가 고쿠사이도리의 한적한 골목에 숨어있다. 메뉴는 팥빙수! 하지만 한 입 물면 이걸 빙수라고 해야 되나 고민하게 되는 맛이다. 코코넛 밀크와 우유를 넣고 눈처럼 간 빙수는 일반적 빙수와는 달리 얼음 입자의 결이 살아 있지만 인절미처럼 식감이 쫀득쫀득한데 부드럽고 고소한 맛이 난다. 망고, 흑설탕 등 다양한 오키나와 특산 재료들을 빙수 토핑으로 사용한다. 우롱차, 재스민 티 등 중국식 음료와 죽 세트도 판매하고 있다. 류센龍泉粥은 죽 안에 뜨겁게 달군 돌을 넣어 먹는 것으로, 다 먹을 때까지도 죽이 따끈따끈하다.

Data 나하점 **지도** 187p-C **가는 법** 모노레일 마키시역에서 도보 5분 **주소** 沖縄県那覇市牧志2-12-24 **전화** 098-866-4300 **운영시간** 11:00~18:00 (화, 수요일 휴무) **요금** 플라워티 500엔, 빙수 800엔 **홈페이지** www.instagram.com/yukihananosato

오키나와 식자재로 만든 칵테일의 세계로
바 아울 BAR Owl

신선한 오키나와 식자재로 만든 과일 칵테일을 마실 수 있다. 시쿠아사, 망고, 드래곤푸르트로 만든 모히토 등 젊은 여자들이 좋아할 만한 과일 칵테일이 많다. 겐초마에역 뒤편에 위치해 번화가에서 조금 떨어져 있고 간판이 작아 그냥 지나치기 쉽지만, 바텐더의 칵테일 만드는 솜씨는 일품이다. 예약제로만 운영되는 일본의 전통적인 바 형태로 좌석 요금 1,000엔이 추가된다.

Data **지도** 184p-E **가는 법** 모노레일 겐초마에역에서 도보 3분 **주소** 那覇市久茂地1-8-7 2층 **전화** 098-867-5494 **운영시간** 19:00~01:00(금,토요일 ~02:00, 일요일 ~24:00) **요금** 과일 칵테일 1,000엔~ **홈페이지** bar-owl-bar.business.site

고쿠사이도리의 소고기 철판구이 전문점
헤키 꿩

고쿠사이도리에 두 개의 지점이 있는 전국 체인의 소고기 철판구이 전문점. 오키나와현과 호주산 소고기, 미네랄 해수염, 베니이모 같은 오키나와 제철 채소가 철판 위에서 지글지글 먹음직스럽게 요리되어 류큐 유리접시에 담기는 것을 눈앞에서 감상할 수 있다. 눈도 즐겁고 입도 즐겁다. 스태프, 요리사가 젊은 여성들로 이루어진 것도 이곳의 특징.

Data 마쓰오점 **지도** 186p-l **가는 법** 모노레일 겐초마에 역에서 도보 6분 **주소** 沖縄県那覇市松尾1-2-9 **전화** 098-941-1129 **운영시간** 11:00~16:00, 17:00~22:00(일요일 ~21:00) **요금** 특선 텐더로인 스테이크 3,300엔, 오키나와현산 와규 스테이크 4,400엔 **홈페이지** www.heki.co.jp

고쿠사이도리의 미팅 포인트
스타벅스 고쿠사이도리 마키시점 スターバックス国際通り牧志店

오키나와 스타벅스 1호점이다. 오키나와 빈가타 문양이 그려진 기념 컵 외에 특별히 다른 점은 없지만 고쿠사이도리 대로 중간쯤의 코너 자리에 떡하니 자리 잡은 이곳은 지나가는 사람들을 구경하거나 만남의 장소로 이용하기 가장 좋다. 오키나와 젊은이들도 마찬가지인 듯 핸드폰을 만지작거리는 사람들이 많이 보인다. 일단 친구와 고쿠사이도리에서 만날 예정이라면 이곳을 추천.

Data **지도** 186p-G **가는 법** 모노레일 마키시역에서 도보 8분 **주소** 沖縄県那覇市牧志2-1-1프란타빌 **전화** 098-862-8026 **운영시간** 07:00~23:00 **요금** 드립커피(Tall) 350엔, 말차 크림 프라푸치노(Tall) 525엔 **홈페이지** www.starbucks.co.jp

---

빠질 수 없다! 남국의 열매 오키나와 망고 디저트
류도 琉堂

오키나와 망고는 어떤 맛일까? 오키나와 망고와 베니이모(자색고구마)로 만든 디저트를 맛볼 수 있는 곳으로 일본 현지 관광객에게도 인기가 있는 곳이다. 테이크아웃으로 망고 아이스크림을 하나 들고 고쿠사이도리를 걸어보자. 나하공항에도 매장이 있다.

Data 와시타숍점 **지도** 186p-I
가는 법 모노레일 겐초마에역에서 도보 2분
주소 沖縄県那覇市久茂地3-2-22 わしたショップ 1F
전화 070-5536-1708
운영시간 10:00~22:00
요금 망고 소프트크림 420엔
홈페이지 ryudogroup.com/shop/mango-cafe-wasita

다이이치마키시 공설시장 안 맛집
지로보 次郎坊

고야, 찬프루 등의 전형적인 오키나와 요리는 물론이고 오키나와의 독자적인 식재료를 훌륭하게 조리한 오리지널 요리가 인기인 가게로 다이이치마키시 공설시장 2층에 있다. 특히 신선한 회 정식과 직접 만든 발효 두부는 일품. 그리고 오키나와에서 어머니의 손맛의 대표격인 나카미지루 中味汁는 돼지 내장을 여러 번 손질하여 냄새를 빼고 담백하게 조리한 국물 요리로 호평을 받고 있다.

Data **지도** 187p-G **가는 법** 모노레일 마키시역에서 도보 8분 **주소** 沖縄県那覇市松尾2-7-10 第一牧志公設市場, 2F **전화** 098-866-6099 **운영시간** 11:00~20:00 **요금** 회정식 1,200엔, 오징어먹물국 800엔

| 뉴파라다이스도리 |

오키나와 스타일 치맥을 맛보고 싶다면
치킨 하우스 CHICKEN HOUSE

프랜차이즈 치킨집이나 동네 닭집에 익숙해서인지 세련되고 심플한 외관의 치킨 하우스가 낯설지만, 대형 창문 안으로 노릇노릇하게 구워지는 닭들의 기름진 날갯짓을 보고 있노라면 저절로 가게 문을 열게 된다. 스테인리스 100%의 오픈 키친과 블랙&화이트 톤의 내부 인테리어는 외관만큼 심플하고 청결하다. 오키나와 북부 얀바루산 닭고기만을 사용하며 스페인산 올리브 오일, 프랑스산 소금, 유기농 로즈마리 향신료를 더해 회전식 로티서리 오븐에 구워 겉은 바삭하고 속은 부드러운 맛을 낸다. 오키나와에서 '치맥'이 그립다면 반드시 추천하고 싶은 곳. 테이크아웃이 가능하며 지역에 따라 다르지만 한 마리 이상 주문 시 배달도 가능하다.

Data 나하점 **지도** 186p-H **가는 법** 모노레일 겐초마에역 도보 1분, 팔레트 구모지 B1F **주소** 沖縄県那覇市久茂地 1-1-1 パレット久茂地デパートリウボウB1F **전화** 070-5692-8617 **운영시간** 10:00~20:00 **요금** 치킨 플레이트 1,000엔, 치킨 치즈라이스 880엔, 치킨 한 마리 2,500엔, 반 마리 1,250엔, 오리온 맥주 500엔 **홈페이지** www.chicken-house.info

오키나와에서 만난 오키시칸
보라초스 ボラーチョス | BORRACHOS

뉴파라다이스도리에 있는 멕시칸 스타일의 바. 멕시코어로 '만취 상태'란 뜻의 바는 항상 많은 외국인과 현지 젊은이들의 수다 소리로 떠들썩하다. 이국적 정서로 가득찬 오키나와에는 항상 신조어들이 생겨나고 있는데, 이곳 역시 오키나와와 멕시코의 정서가 혼합된 '오키시칸' 스타일의 가게로 저녁이 되면 시간이 갈수록 열기가 뜨겁게 달아오른다. 영계로 요리한 버팔로 윙과 마가리타 한잔은 하루의 여독을 푸는 데 그만이다. 영계라 양이 적은 것이 흠이지만 식욕을 돋우는 바싹한 기름 향이란~

Data 지도 187p-G **가는 법** 모노레일 미에바시역에서 도보 5분, 뉴파라다이스도리 **주소** 沖縄県那覇市牧志1-3-31 太平ビル1F **전화** 098-943-4488 **운영시간** 17:00~03:00(금,토 ~05:00, 일요일 ~02:00) **요금** 타코스 750엔~ **홈페이지** hightide-okinawa.com/borrachos

포장마차야? 아니 커피숍!
히바리야 커피 ひばり屋珈琲

갑자기 도시 속 작은 숲 속 정원 발견! 나하에 오면 꼭 찾게 되는 뉴파라다이스도리의 커피숍 히바리야. 도쿄에서 온 쓰지 씨가 공터를 빌려 직접 나무를 심고 비밀의 정원을 만들었다. 포장마차처럼 생긴 커피 스탠드와 테이블, 의자, 소품 등은 그녀가 직접 만들었고, 쓰면서 손때가 묻은 수제 가구들이다. 독특하게도 정원을 품은 커피숍은 지붕이 없다. 그래서 비가 오는 날이면 가게 문을 열지 않고 주변 가게로 배달을 다닌다고. 지금도 이 100% 노천카페는 계속 진화 중이다. 갈 때마다 미세하게 정원 오브제가 바뀌고 새로운 것이 생겨난다. 뉴파라다이스도리의 작은 골목에서 마키시역 근처 골목에 새 둥지를 텄다. 여전히 꼭꼭 숨어 있지만 애써서 찾아갈 만한 강력 추천 커피숍. 커피는 전국의 블렌딩 잘 하는 커피공방에서 주문한 원두를 쓴다. 드립 커피의 부드러운 맛을 정원에서 즐길 수 있다니! 오키나와 맛이란 이런 것.

Data **지도** 187p-G **가는 법** 모노레일 마키시역에서 도보 5분
주소 沖縄県那覇市牧志3-926 **운영시간** 10:30~19:00
(악천후 휴무, 자세한 휴무일은 SNS 참조)
요금 사자나미(잔물결) 사이다 450엔,
아이스커피 400엔 **전화** 090-8355-7883
홈페이지 www.facebook.com/hibariko/

*포장마차 사진은 뉴파라다이스도리에 있던 시절의 모습입니다.

우키시마도리

섬 채소로 만든 건강요리를 맛볼 수 있는 레스토랑
우키시마 가든 Ukishima Garden | 浮島ガーデン

우키시마도리의 레트로한 고민가 레스토랑으로, 신선한 섬 채소를 먹을 수 있는 채식주의자들을 위한 레스토랑이다. 물론 육식주의자도 채소가 고기만큼 맛있을 수 있다는 걸 깨닫고 싶다면 언제나 환영이다. 사람을 편안하게 하는 오키나와 민가 레스토랑에서는 자연주의 농법으로 농사를 짓는 계약농가에서 오키나와 섬 채소를 공급받아 매크로 바이오틱 요리를 만들고 유기농 와인도 판다. 인삼 소스를 곁들인 새우튀김, 양배추를 듬뿍 넣은 현미 파스타, 논 오일 쌀 아이스크림 등 육류를 사용하지 않고도 완벽한 코스 요리를 낸다는 것이 대단하다. 채식요리 강습과 파머스 마켓도 비정기적으로 열린다. 가게 내에서는 우키시마 가든에 재료를 공급하는 자연농장을 소개하고 추천 소스, 말린 채소, 유기농 쌀 등도 판매한다.

Data **지도** 186p-J **가는 법** 모노레일 마키시역, 미에바시역에서 도보 11분, 우키시마도리 **주소** 沖縄県那覇市松尾 2-12-3 **전화** 098-943-2100 **운영시간** 금, 토요일만 영업 11:30~16:00 **요금** 런치 1,680엔~ **홈페이지** ukishima-garden.com

아침은 가볍게 쌀국수 한 그릇
소이 soi

"거대한 빌딩으로 빽빽이 둘러싸인 도쿄보다 여백의 미가 느껴지는 오키나와가 좋아요"라며 수줍은 웃음을 보이는 젊은 부부의 쌀국수, 카레 전문점. 우키시마 가든을 지나 쓰보야 야치문도리에 들어서기 직전 골목에 위치한 작은 가게인데, 간판도 작아서 눈여겨보지 않으면 그냥 지나칠 수도 있다.

Data 지도 187p-K 가는 법 모노레일 마키시역,미에바시역에서 도보 14분 주소 沖縄県那覇市壺屋 1-7-18 운영시간 11:30~14:30 요금 치킨 코코넛 토마토 카레 880엔 홈페이지 www.instagram.com/soi_naha

| 오모로마치역 |

요리사의 칼질을 눈앞에서 즐긴다
요시자키 식당 吉崎食堂

으쌰으쌰 흥겨운 분위기의 이자카야로 오키나와 가정요리가 메인 메뉴다. 전국 체인 주점으로 그 지역 특색에 맞는 요리를 선보인다. 오모로마치 중심대로가 아닌 이면도로에 위치해 있지만 역에서 가깝고 늦게까지 오픈해 쇼핑을 마친 후 맥주 한잔 하며 식사를 하기 적당한 곳이다. 오키나와현산 해산물 요리와 직영농장의 고기들, 무농약 채소로 만든 요리를 선보인다. 유통시스템이 잘 갖추어져 신속하고 검증받은 재료를 이용한다는 것이 큰 장점 중 하나다. 바 쪽에 앉으면 요리하는 모습도 볼 수 있어 지루할 틈이 없다.

Data 오모로마치점
지도 188p-B 가는 법 모노레일 오모로마치역에서 도보 5분 주소 沖縄県那覇市おもろまち 4-17-29 전화 098-869-8246 운영시간 17:00~24:00 요금 아구(돼지)고추기름전골 1,078엔, 아와모리 650~950엔
홈페이지 yura-net.com

아사토역

생각만 해도 입에 군침 도는 만두
벤리야 べんり屋

건강에 좋은 섬 채소도 이제 먹을 만큼 먹었다 싶고 기름진 음식이 먹고 싶을 때 이 집 만두가 딱이다. 고소한 육즙이 한입 베어 물 때마다 입안을 맴도는 소룡포와 속은 부드럽고 겉은 바삭한 군만두까지, 맥주 안주로 이만한 게 없다. 오키나와 교자(만두)의 인기에 불을 붙인 원조 가게로, 사카에마치 시장에서도 인기 있는 만두집이다. 북경 출신의 부인이 만드는 오리지널 만두는 오픈 전부터 길게 줄을 서니 좀 서둘러 가서 기다릴 것.

Data 지도 188p-F
가는 법 모노레일 아사토역에서 도보 5분, 사카에마치시장 내
주소 沖縄県那覇市安里388-1
전화 098-887-7754
운영시간 17:00~23:00(일요일 휴무)
요금 군만두 770엔, 소룡포 825엔

명성도, 맛도, 아와모리도 있는 그곳
우리즌 うりずん

아와모리가 벽 전체에 진열된 모습을 보면 술 애호가들은 흥분할 수밖에 없는 오키나와 요리 전문 이자카야. 드물게 류큐 궁중 요리도 맛볼 수 있는 곳으로 유명하다. 신선한 식재료로 만든 정갈한 요리와 오키나와 술인 아와모리 셀렉션이 풍성하다. 이곳의 인기 안주는 오키나와에서만 맛볼 수 있는 고야 찬프루. 약간 쓴맛이 나는 고야는 오키나와에서만 나는 채소로 아와모리 안주로 딱이다. 섬 두부를 이용한 두부튀김도 인기 있는 메뉴 중 하나다. 두부 위에 생강을 곁들여 간장에 조금 떨어뜨려 먹으면 생강의 알싸한 맛과 두부의 부드러운 맛이 어울려 이국적인 맛이 난다. 실내가 흡연 공간이라 아이들을 동반한 가족에게는 불편하다.

Data 지도 188p-F
가는 법 모노레일 아사토역에서 내려 대형슈퍼 리우보 방향으로 나와 사카에마치시장 방향 두 번째 골목에서 우회전해서 바로(도보 3분)
주소 沖縄県那覇市安里388-5
전화 098-885-2178
운영시간 17:30~24:00
요금 지마미 두부 540엔, 문어회 864엔, 두루텐 648엔
홈페이지 urizun.okinawa/index.html

자체 로스팅을 고집하는 시장 커피
커피 포토호토 COFFEE potohoto

사카에마치 시장의 복잡한 미로 속, 시간이 멈춘 듯 적막한 코너에서 고급 원두커피를 마실 수 있는 곳. 자체 로스팅한 신선한 원두커피를 200엔대의 저렴한 가격으로 팔고 있다. 시장의 숨은 명소 중 한 곳으로, 커피에 대한 주인장의 집념이 보통은 아니어서 원두의 신선도를 확인하기 위해 산지까지 직접 확인하러 갈 정도. 커피 맛에 대한 자존심을 믿어보아도 좋다. 최근 구점포에서 1분 거리로 이전했다.

Data **지도** 187p-F **가는 법** 모노레일 아사토역에서 도보 5분, 사카에마치시장 내 **주소** 沖縄県那覇市安里388-1栄町市場内
전화 098-886-3095 **운영시간** 10:00~18:00(일요일 휴무)
요금 에스프레소 280엔, 아이스커피 300엔 **홈페이지** www.potohoto.jp

| 슈리역 |

슈리성 공원 최고의 인기 소바 전문점
슈리소바 首里そば | しゅりそば

슈리성 공원 가는 길에 있는 인기 있는 소바 전문점. 쫄깃쫄깃 탱글탱글한 수제 면발과 돼지고기, 가다랑어로 우려낸 국물의 조화가 심플하면서도 세련된 전통 소바 맛을 느낄 수 있다. 1일 60식으로 제한하고 있으며 소바 사이즈는 대, 중, 소로 다양하다. 15석 정도의 아담한 점내에는 손님들이 다 들어가지 못해 기다리는 경우가 허다하다. 오후 2시가 폐점 시간이며, 그 전에 완판되는 경우가 많으니 이곳 소바를 맛보고 싶다면 서두르자.

Data **지도** 189p-F
가는 법 모노레일 슈리역에서 도보 4분 **주소** 沖縄県那覇市首里赤田町 1-7
전화 098-884-0556
운영시간 11:30~14:00 (완판 시 종료, 목, 일요일 휴무)
요금 소바(대) 600엔, (중) 500엔, (소) 400엔

이시다타미미치 길의 전망 카페
이시다타미차야 마다마 石畳茶屋真珠

슈리성에서 이시다타미미치로 내려가는 초입에 있는 카페 겸 레스토랑. 이시다타미미치에 있는 유일한 카페로 슈리성 공원에서 나와 이시다타미미치를 산책하기 전에 쉬어가기 딱 좋은 위치에 있다. 망고가 듬뿍 올라간 망고 빙수나 흑설탕 사이다는 입안이 얼얼하면서도 달콤해 한여름 더위를 한 번에 날려버린다. 흑설탕, 계란, 우유를 넣어 만든 수제 푸딩도 부드럽고 달콤한 맛으로 미각을 돋운다. 자리가 많지 않아 무더운 날에는 잠시 쉬었다 가려는 이들로 만석인 경우가 많다.

Data 지도 189p-E
가는 법 모노레일 기보역에서 도보 12분, 이시다타미미치 내
주소 沖縄県那市首里金城町 1-23
전화 098-884-6591
운영시간 10:00~17:00(화요일 휴무)
요금 흑설탕 푸딩 500엔, 망고 빙수 1,000엔, 흑설탕 사이다 500엔

사랑방 같은 부쿠부쿠 찻집
부쿠부쿠차야 가리산판 ぶくぶく茶屋 嘉例山房(かりぃさんふぁん)

슈리성 공원 인근에 있는 부쿠부쿠 찻집으로 동네 주민들의 사랑방 같은 느낌. 복층 구조의 건물 1층에서는 각종 다도 관련 제품들을 판매하고 있다. 찻집이 있는 2층으로 올라가면 테라스 석에서 바깥 경치를 감상하며 차를 마실 수 있어 좋다. 수제 아이스크림도 이 집의 자랑거리. 오키나와 여행 관련 서적도 판매하고 있다.

Data 지도 189p-E 가는 법 모노레일 기보역에서 도보 15분 주소 沖縄県那覇市首里池端町9
전화 098-885-5017 운영시간 11:00~19:00(화·수요일 휴무) 요금 부쿠부쿠차 800엔, 아이스크림 400엔

오키나와 토박이들의 소박한 가정식
아야구 식당 あやぐ食堂

슈리역에서 도보로 3분 거리에 위치한 이곳은 소위 맛집이라 불리는 가게들과 비슷한 공통점을 가지고 있다. 신경 쓰지 않은 검소한 외관, 더 신경 쓰지 않은 깔끔한 내부(물론 주인은 이보다 멋질 순 없다고 항변할지도 모른다). 하지만 현지인들로 가득 차있어, 어떤 맛일까 호기심을 갖게 하는 곳. 아야구소바는 깊은 국물 맛이 삼겹살, 섬채소와 조화를 이뤄 속이 확 풀린다.

Data 지도 189p-C 가는 법 모노레일 슈리역에서 도보 3분 주소 沖縄県那覇市首里久場川町 2-128-1
전화 098-885-6585 운영시간 09:00~18:00(수요일 휴무) 요금 아야구소바 700엔, 고야 참프르 정식 800엔

고쿠사이도리

수족관이 아니라 숍!
가이소 海想 | KAISOU

오키나와 아티스트들이 바다 풍경과 해양생물을 테마로 만든 작품들을 판매하는 숍. 1992년 오픈해 모두 3개의 점포가 나하 시내 및 북부 모토부 지역에 있다. 해상海想이라는 이름처럼 '바다를 느낀다'라는 콘셉트로 꾸며놓은 숍 안은 마치 수족관에라도 온 느낌이다. 가게 앞 듀공 모형은 가이소 전속 작가인 호소카와 다로의 작품. 관광객으로 북적이는 헤이와도리에 있지만 실내에서는 평화롭고 느긋하게 시간이 흐른다. 스위스의 재활용 가방 브랜드 프라이탁 느낌의 배 돛으로 만든 리사이클링 가방과 듀공, 맹그로브 숲 등 오키나와 생물을 모티브로 한 작품이 추천 아이템. 알피니아 생강, 히비스커스, 오키나와 해양심층수 핸드메이드 비누를 비롯해 자연 친화적인 제품들을 판매하고 있다.

Data 헤이와도리점
지도 187p-G
가는 법 모노레일 마키시역에서 도보 8분
주소 沖縄県那覇市牧志 3-2-56 **전화** 098-862-9228
운영시간 10:00~19:00
요금 핸드메이드 비누 550엔~, 오리지널 에코백 1,320엔~
홈페이지 www.kaisou.com

오키나와 소금은 다 있다
마스야 塩屋

100종류가 넘는 오키나와 소금을 비롯해 전 세계의 소금과 소금으로 만들어진 각종 아이템들을 판매하는 오키나와 최대 소금 전문점이다. 숍에는 소금 테이스팅 코너가 마련되어 있어 직접 소금을 맛보고 구매할 수 있다. 미네랄이 풍부한 오키나와 소금은 식용 이외에도 입욕제, 미용 재료 등 다양한 용도의 상품으로 판매되고 있어 선물용으로도 알맞다. 특히 오키나와 미야코지마섬의 설염(유키시오雪鹽)은 미야코 특산품으로 강력 추천 아이템. 마스야 앞 가게에서는 소금을 아이스크림 위에 토핑한 '유키시오 소프트아이스크림'을 판매하고 있으니 독특한 맛이 궁금하다면 한번 시도해보자.

Data 고쿠사이도리점
지도 187p-G **가는 법** 모노레일 마키시역에서 도보 8분, 고쿠사이도리 대로 **주소** 沖縄県那覇市牧志 3-9-2 **전화** 0120-408-385
운영시간 11:00~20:00
요금 설염 60g 432엔, 미네랄 바스솔트 홈스파 250g 1,980엔
홈페이지 www.ma-suya.net

핸드메이드 가리유시 웨어
알로하 숍 파이카지 ALOHA SHOP PAIKAJI

오키나와에서 정장으로도 인기가 있는 오키나와 스타일 알로하셔츠 가리유시 전문점. 수제로 직접 작업하는 핸드메이드 브랜드이며 버튼 디테일 하나까지도 놓치는 법이 없다. 좋은 품질의 알로하셔츠나 알로하풍의 드레스는 착용감이나 색감, 디자인에서도 정평이 나 있다.

Data **지도** 187p-G
가는 법 모노레일 마키시역에서 도보 5분, 고쿠사이도리 대로
주소 沖縄県那覇市牧志2-3-1 K2ビル 1F **전화** 098-863-5670
운영시간 10:00~20:00(수요일 휴무)
요금 반팔 셔츠 15,400엔~
홈페이지 www.paikaji.co.jp

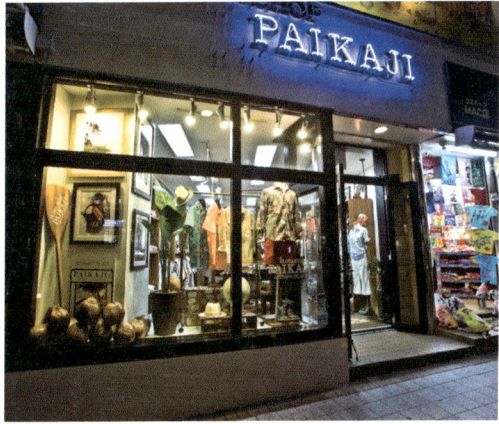

한번 먹으면 중독되는 그 맛
가루비 플러스 오키나와 Calbee + okinawa

일본 편의점에 가면 꼭 사오는 가루비. 가루비 감자튀김은 한번 중독되면 혀가 까지도록 먹게 되는 마성의 스낵이다. 흰 간판에 화려한 히비스커스가 그려진 감각적인 느낌의 숍으로 내부에는 가루비 스낵들과 지역 한정판 스낵, 캐릭터 상품 등을 판매하고 있다. 바 형태의 카운터에서 간단한 음료와 갓 튀겨낸 감자 스낵도 판매한다. 달콤 짭짤한 베니이모(자색고구마) 가루비 스낵은 중독성 강한 오키나와 한정 판매 상품.

Data **고쿠사이도리점**
지도 187p-G **가는 법** 모노레일 마키시역에서 도보 5분
주소 沖繩縣那覇市牧志3-2-2 **전화** 098-867-6254
운영시간 10:00~21:00
요금 베니이모 자가리코 310엔
홈페이지 www.calbee.co.jp/calbeestore/shop/

컬러풀한 빈가타 염직물 아이템들이 모였다!
쿠쿠루 오키나와 KUKURU OKINAWA

섬유 브랜드인 쿠쿠루의 직영점이다. 오키나와 분위기를 물씬 풍기는 컬러풀한 빈가타 염색의 손수건, 티셔츠, 가방 등을 판매한다. 빈가타 염색은 오키나와 류큐 시대부터 전해온 오키나와 전통 염색 방식으로 선명한 컬러가 특징이다. 오키나와 동식물들이 그려진 보자기를 액자로 만들어두면 기념품으로 좋다. 또한 컬러풀한 북커버는 우리나라에 흔하지 않은 제품. 선물 아이템으로 추천한다.

Data 지도 187p-G
가는 법 모노레일 마키시역에서 도보 5분 주소 沖縄県那覇市松尾 2-8-27
전화 098-863-6655
운영시간 09:30~20:40
홈페이지 instagram.com/kukuruokinawa/

서퍼, 스케이트, 아트 숍
그린 더 보드 컬처 Green THE BOARD CULTURE

30년 가까이 서핑을 해온 오키나와 토박이이자 알로하 숍 파이카지의 디자이너 출신이 운영하는 서핑&스케이트보드 전문 숍. 가히 서핑계의 김병만이라 할 수 있을 만큼 오키나와 바다에 대해 모르는 것이 없다. 서핑과 스케이트에 관련된 모든 아이템을 취급하며 디자이너 출신의 감각이 느껴지는 인테리어와 하와이의 인기 브랜드 쉐이퍼SCHAPER를 비롯해 그가 셀렉트한 다양한 서핑 보드 아이템을 판매하고 있으니 보드 구입 시 이곳을 추천한다.

Data 가는 법 나하 공항에서 58번 도로 이용 차로 25분
주소 沖縄県宜野湾市大山2-1-6
전화 098-868-7373
운영시간 12:00~19:00
(목요일 휴무, 그 외 부정기 휴무)
홈페이지 www.island-bros.com

오키나와의 모든 음악을 접할 수 있는 곳
다카라 레코드 高良レコード

1951년 창업한 고쿠사이도리의 터줏대감. 류큐 민요부터 최신 J-POP까지 오키나와에 있는 음악은 전부 접할 수 있다. 중고 CD, 중고 악기도 판매한다. 오키나와 전통기타인 산신도 판매하고 있으며 직접 연주해볼 수도 있다. 산신은 하와이 전통 악기인 우쿨렐레와 비슷한데 배우기는 더 쉬우며, 일본 본토에서는 샤미센이라 불린다. 숍 내부에서 산신 클래스도 비정기적으로 열고 있다.

Data 지도 187p-G 가는 법 마키시역에서 도보 4분 주소 沖縄県那覇牧志3丁目11-2 전화 098-861-6394 운영시간 11:00~20:00 홈페이지 takara-rg.com

독창적 아이디어의 오키나와 의류 편집숍
하부 박스 Habu Box

"귀여운 티셔츠들이 많네~"라며 들어갔다가 양손에 쇼핑백 한 개씩 들고 나오게 되는 무시무시한(?) 지름신 의류 매장이다. 1층에서는 티셔츠와 스포츠웨어를, 2층에서는 오키나와 디자이너들의 의류를 판매하는데, 디자이너의 개성이 들어간 재미있는 문양의 가리유시와 독창적이면서 패셔너블한 디자인 의류가 많다. 자연 친화적 아이템들도 눈에 많이 띈다. 가게 오너가 의류 디자이너라서 그런지 감각적 아이템이 빨리 들어오기 때문에 오키나와 유행 아이템들을 살펴볼 수 있다. 이곳에서 파는 카라비사 양말 KARABISA SOCKS은 발가락이 개방된 특이한 모양의 무좀 양말로 2014년 일본 굿 디자인상을 수상할 만큼 건강과 편안함을 함께 추구하는 양말이다. 섬 특유의 색감으로 염색되어 샌들과 신으면 전에 없던 독특한 패션이 연출된다.

Data 나하공항점
가는 법 나하공항 2층
전화 098-996-3075
운영시간 09:00~18:00
요금 프린트 티셔츠 3,080엔
홈페이지 www.habubox.com

출국 전 아직도 선물을 고민한다면 여기로
와시타 숍 わしたショップ

오키나와 특산품을 판매하는 숍으로 고쿠사이도리에 위치하고 있다. 이곳은 각 섬의 특산품이 다 모여있어 출국 전 선물을 고르기 좋다. 고야, 흑설탕, 생강 시럽 같은 식재료와 남국의 식물로 만든 코스메틱 제품 등 구경만 해도 재미있다. 다른 곳에 비해 가격이 비싸지 않을까 하는 걱정은 접어두어도 좋다.

Data 고쿠사이도리 본점
지도 186p-I **가는 법** 모노레일 겐초마에역에서 도보 4분
주소 沖縄県那覇市久茂地3-2-22, JAドリーム館
전화 098-864-0555 **운영시간** 10:00~22:00
요금 컵 2,100엔~, 접시 3,570엔~
홈페이지 www.washita.co.jp

오키나와 예술의 전통과 혁신이 동시에 공존하다
구다카 민예점 久高民藝店

46년 전통의 오키나와 공예품 숍. 오키나와 공예품 중에서 특별히 엄선된 이곳의 상품들은 전통적인 문양부터 새롭게 시도하는 디자인까지 매우 다채롭다. 오키나와 기나가마에서 만든 도자기, 니지코보에서 만든 류큐 유리, 칠기 비녀 사자상, 시사 작가 나카노 씨의 작품인 시사 핸드폰줄 등 세련되고 아기자기한 오키나와 아이템을 만나보자.

Data 지도 187p-G **가는 법** 모노레일 마키시역에서 도보 5분 **주소** 沖縄県那覇市牧志2-3-1, K2ビル 1F
전화 098-861-6690 **운영시간** 10:00~19:00
요금 시사 핸드폰줄 840엔

가리유시 셔츠 전문점
망고 하우스 MANGO HOUSE

가리유시 셔츠를 전문으로 판매한다. 고쿠사이도리 대로에 있는 본점과 고쿠사이도리 2호점이 있는데 한 곳은 마키시역 가까이, 다른 한 곳은 겐초마에역 가까이에 위치해 있고 판매 아이템은 동일하다. 가리유시 셔츠는 오키나와 스타일 알로하셔츠. 날씨가 덥고 미국 문화의 영향을 많이 받은 오키나와에는 하와이 문화가 많이 유입되어 있고 인기도 많다. 히비스커스나 시사 등 오키나와 풍물을 프린트한 재미있는 셔츠 천국. 이외에도 가방, 바지, 스커트 등 다양한 아이템들을 구입할 수 있다.

Data 고쿠사이도리 5호점
지도 186p-F **가는 법** 모노레일 겐초마에역에서 도보 5분
주소 沖縄県那覇市3-3-19
전화 098-917-1947
운영시간 10:00~22:00
요금 가리유시 셔츠 8,030엔~, 어린이 가리유시 셔츠 5,280엔~
홈페이지 www.mangohouse.jp

고쿠사이도리 1호점
지도 186p-F
가는 법 마키시역에서 도보 2분
주소 沖縄県那覇市牧志牧志 2丁目7-28

유쾌발랄한 시사 갤러리 & 숍
시사 신사 シーサー神社

농담을 즐기고 쾌활한 시사 아티스트 미쓰오 시사의 숍 겸 갤러리인 미쓰오 시사 미술관 1층에 시사 전문 숍이 있다. 시사 쇼핑에 관심 있는 사람이라면 분명 좋아할 공간으로, 작품마다 작가의 경쾌함이 그대로 배어있다. 어떤 시사는 독창적이고 어떤 시사는 유머러스해 보고 있으면 싱긋 미소를 짓게 한다. 그중 산호로 만든 시사는 복을 부르는 부적 같은 것으로 베스트 셀링 상품 중 하나이다.

Data 지도 187p-K
가는 법 모노레일 마키시역에서 도보 8분
주소 沖縄県那覇市壺屋 1-7-9 전화 098-862-7800
운영시간 숍 10:00~18:00
요금 만들기 키트 3,000엔
홈페이지 www.instagram.com/mitsuo_miyagi

오키나와 공예품의 현주소를 파악하라!
티투티 오키나완 크래프트 tituti OKINAWAN CRAFT

오키나와 신공예연구회 작가들의 작품을 소개하는 갤러리 겸 숍이다. 티투티는 손과 손이라는 뜻의 오키나와 방언으로, 만드는 사람과 사용하는 사람들의 손을 연결한다는 의미다. 이전의 뉴파라다이스도리에서 2019년 모노레일 미에바시역 인근으로 이전했다. 새 공간에서 도자기, 패브릭, 목공예품 등 아티스트들의 작품을 전시 및 판매한다.

Data 지도 187p-G
가는 법 모노레일 미에바시역에서 도보 5분
주소 沖縄県那覇市牧志 3-6-37
전화 098-862-8184
운영시간 09:30~17:30 (화요일 휴무)
홈페이지 www.tituti.net

뉴파라다이스도리

50년 된 민가를 개조해 만든 잡화점
투이트리 tuitree

꾸민 듯 꾸미지 않은 단층의 작은 가게는 좋은 물건을 파는 곳이라는 입소문과 함께 손님의 발길이 끊이지 않는다. 오키나와현 아티스트의 작품뿐만 아니라 벨기에, 네덜란드, 태국 등지에서 수집한 재미있는 아이템들을 판매하고 있다. 오키나와현 내외에서 활약하는 아티스트의 도자기와 금세공 액세서리, 오키나와현산 자연농법 잼이나 차, 향신료, 니라이카나이 문형의 은세공 목걸이, 오키나와 하리코라고 불리는 인형 등 다른 오키나와 편집숍에는 없는 아이템들이 다수 입점되어 있다.

Data **지도** 187p-G
가는 법 모노레일 미에바시역에서 도보 7분
주소 沖縄県那覇市牧志1-3-21 **전화** 098-868-5882
운영시간 13:00~18:00(월, 화, 금, 토요일만 영업)
요금 각종 잼 648엔, 오가닉 클레이 비누 980엔
홈페이지 www.tuitree.com

의리 있는 남자들의 편집숍
케루악 Kerouac

디자이너가 운영하는 남성의류와 소품 편집숍이다. 넉살 좋은 오너와 그의 의리 있는 디자이너 친구들이 직접 만들고 운영한다. 케루악은 인테리어 용품부터 의류까지 손수 제작하고 해외 브랜드 제품도 판매하고 있어 남다른 개성의 여행자라면 무척 반가울 터. 세련되면서도 유머 있는 아이템들이 많아 여자들도 자주 구매하러 온다. 숍 내부는 카우보이 콘셉트라나? 미국 카우보이 라이프 스타일에 영감을 받아 인테리어를 해서 그런지 버팔로 머리 화석이 먼저 눈에 띈다. 으쌰으쌰 일하는 이들의 모습도 재미있다.

Data **지도** 186p-F **가는 법** 모노레일 미에바시역에서 도보 8분. 또는 마키시역에서 도보 10분
주소 沖縄県那覇市牧志1-2-5
전화 098-988-3515 **운영시간** 10:00~19:00
요금 티셔츠 4,800엔, 재킷 20,000엔
홈페이지 kerouac.okinawa

기품 있는 도예 갤러리 숍
갤러리 쇼 ギャラリー象 | Gallery Shou

단아한 류큐 유리 제품과 생활 도예를 살 수 있는 곳. 젊은 아티스트들의 공방이나 의상 숍, 레스토랑들이 많은 거리에서 노부부가 조용히 운영하는 이곳에는 의외로 세련되고 기품 있는 도예 작품이 많다. 오키나와 출신의 목판 화가 기마 히로시의 작품이 그려진 손수건, 나가사키 출신 작가 모리 마사히로의 생활 도기 등 일본 내 저명한 작가의 작품들이 많다. 화려하지 않고 절제미가 있는 아이템들로부터 숍 주인의 고상함과 내공이 느껴진다.

Data 지도 186p-F
가는 법 마키시역, 미에바시역에서 도보 9분, 우키시마도리 초입
주소 沖縄県那覇市松尾 2-2-11
전화 098-867-7936
운영시간 10:00~19:00
(일요일 12:00~)
요금 핸드블로잉 유리컵 2,000엔, 모리 마키시 디자인 그릇 2,500엔~
홈페이지 www.galleryshou.com

밴드 티셔츠를 파는 빈티지 숍
워스 웨어 워크스 WORTH WEAR WORKS

우키시마도리의 아메리칸 빈티지 숍. 일본 간사이 지방에서 패션 관련업을 하던 오너가 오키나와로 이주해서 오픈했다. 미국 록밴드 에어로스미스의 2001년 밴드 티셔츠, 프랑스 공군 티셔츠 등 다른 빈티지 숍에서는 볼 수 없는 스토리가 있거나 의미 있는 빈티지 의류를 구입할 수 있다. 빈티지뿐만 아니라 신제품 의류와 신발, 소품 등에서도 오너의 세련된 감각을 엿볼 수 있다.

Data 지도 186p-F
가는 법 모노레일 마키시역, 미에바시역에서 도보 9분, 우키시마도리 내
주소 沖縄県那覇市松尾2-2-13 シャトレ松尾1-A
전화 098-943-0291
운영시간 12:00~20:30
요금 1967년 빈티지 달력 3,150엔, 컨버스운동화 5,775엔
홈페이지 www.worthwearworks.xyz

OKINAWA BY AREA 01
나하

컬러로 이야기하는 텍스타일 공방
미무리 MIMURI

우키시마도리에 위치한 텍스타일 디자이너 미무리 씨의 숍이자 작업장이다. 채도 강한 초록색 외관부터 눈에 확 띄는데, 내부는 더 컬러풀하다. 오키나와의 동식물이 그려진 총천연색 소품 아이템들 역시 단번에 사람들의 눈길을 사로잡는다. 미무리 씨와 그 일당(?)들이 만드는 아이템들에는 오키나와 이야기가 꾹꾹 담겨 있다. 바다고래가 헤엄치는 책 커버, 히비스커스 꽃들이 만발한 가방 등은 심플하고 담백한 느낌의 다른 디자이너들과 확실히 다른 개성을 지닌다.

Data **지도** 187p-G **가는 법** 모노레일 마키시역, 미에바시역에서 도보 11분, 우키시마도리 내
주소 沖縄県那覇市松尾2-7-8
전화 050-1122-4516
운영시간 10:00~18:00(금,토요일 ~19:00, 부정기 휴무)
요금 앞치마 4,950엔, 미니백 4,290엔
홈페이지 www.mimuri.com

우키시마도리의 세련된 갤러리 숍
가브 도밍고 GARB DOMINGO

생활 도자기뿐만 유리 제품, 테이블웨어, 북유럽 아이템 등을 판매하는 오키나와 모던 스타일 숍이다. 동경에서 디자이너 일을 하다가 오키나와로 이주한 오너가 안목을 살려 직접 셀렉트한 아이템들을 만날 수 있다. 또한 오키나와에서 활동하는 예술가들의 최신 작품을 전시 기획하고 있어 오키나와의 현재 예술 트렌드를 읽을 수 있는 곳이다. 일본의 타 지역과 세계 각지의 엄선된 라이프 스타일 아이템들도 볼 수 있다. 우메하라 류, 보노호의 사토 마코토, 긴조 유미코, 히즈키 등 주목받는 작가 작품들의 전시회가 비정기적으로 열리니 여행 전 미리 웹 사이트에서 업데이트된 전시가 있는지 체크할 것. 핫한 거리 우키시마도리의 최신 트렌드를 느낄 수 있는 공간으로 생활 예술에 관심이 있다면 들러볼만하다.

Data **지도** 187p-K
가는 법 모노레일 마키시역에서 도보12분(우키시마도리 내)
주소 沖縄県那覇市壺屋1丁目6-3
운영시간 14:30~17:00(수·목요일 휴무)
전화 098-988-0244
홈페이지 www.garbdomingo.com

빈티지 의류의 재해석
후지산 팩토리 스토어 Fujisan Factory Store

사쿠라자카 극장 근처에 있는 공방 겸 숍이다. 재봉틀을 직접 돌려 옷, 모자, 가방, 소품 등을 만드는 곳으로, 숍을 둘러보는 동안 음악처럼 들리는 재봉틀 소리가 왠지 정겹다. 리사이클링 의류가 주를 이루며 완전히 새롭게 재창조되는 상품들은 보는 이의 상상력을 자극한다. 주문제작도 가능한데, 6개월 뒤까지 밀려 있을 정도로 엄청난 인기다.

Data 지도 187p-G
가는 법 모노레일 마키시역에서 도보 8분 **주소** 沖縄県那覇市牧志 3-2-33 **전화** 098-866-1203 **운영시간** 10:00~17:00(일요일 휴무) **요금** 동전지갑 3,000엔 **홈페이지** fujisanfactorystore.stores.jp

영화의 바다에서 오키나와의 역사를 읽다
사쿠라자카 극장 桜坂劇場

오키나와의 로컬 영화를 비롯한 일본 영화와 오키나와 음악, 관련 책을 둘러볼 수 있는 공간이다. 오키나와에서 촬영된 영화 사진집이나 포스터, 영화 음악 등에 관심이 있다면 희귀 아이템을 찾을 수 있는 보물창고 같은 곳. 한편에는 북 카페 분위기의 커피숍이 있고 2층에는 오키나와 도자기와 류큐 유리 등을 판매하는 전시 공간도 있다.

Data 지도 187p-G
가는 법 모노레일 마키시역에서 도보 7분
주소 沖縄県那覇市牧志3-6-10
전화 098-860-9555
운영시간 영화 상영시간 기준 (상영 작품에 따라 변동 있음)
요금 일반 1,700엔, 고교·대학생 1,400엔, 초중학생 1,000엔, 시니어(60세 이상) 1,200엔, 유아 650엔, 화요일 여성할인 (레이디스데이) 1,200엔
홈페이지 sakura-zaka.com

일본, 미국 빈티지 잡화와 가구 전문점
지사카스 じーさーかす

우키시마도리에 있는 일본, 미국 빈티지 잡화와 가구 전문점이다. 주인이 3년 전 일본 북쪽 홋카이도 아바시리에서 따뜻한 남쪽 나라로 탈출을 결심하고 이 곳으로 이주했다. 오키나와와 홋카이도 특산품도 판매중인데, 일본의 가장 더운 지역과 추운 지역 아이템이 동시에 공존하니 재미있다. 물건을 살 생각 없이 잡화들이 많아 구경삼아 들어갔다가도 보면 볼수록 정이 가는 빈티지 상품들의 매력에서 헤어나기란 쉽지 않다. 당신도 빈티지 오리온 맥주 컵 하나라도 손에 들고 나올지 모른다. 홋카이도산 박하 향 오일도 추천 아이템. 재미있는 볼거리가 풍부하니 주인에게 미안하지만 아이쇼핑하기 좋다.

Data **지도** 187p-K
가는 법 모노레일 마키시역에서 도보 8분 **주소** 沖縄県那覇市牧志3-4-6
전화 098-943-1154
운영시간 11:00~19:00 (월요일 휴무)
요금 박하향오일 1,250엔

| 쓰보야 야치문도리 |

장인의 도자기를 보는 호사스러움을 즐기다
쓰보야 야키카마모토 이쿠토엔 壺屋 焼窯元 育陶園

흙냄새가 은은하게 스며든 쓰보야 야치문도리(도자기 거리)의 한적한 아침, 10시쯤 가게들이 문을 열면 그제야 거리는 바쁜 일상의 모습으로 바뀐다. 그 거리의 중심에 쓰보야 야키카마모토 이쿠토엔 본점이 있다. 적토와 백토를 공방만의 비법으로 혼합하여 자체적인 도자기 흙을 만들어 사용하고 있다는 점이 이쿠토엔의 특징. 본점 외에도 몇 개의 공방과 도예 체험 교실을 운영하고 있다. 본점에서는 생활 도자기와 시사 등을 전시 판매하고 있으니 기념품보다는 작품에 가까운 생활 도기를 원한다면 방문해보자.

Data **본점** **지도** 187p-L
가는 법 모노레일 마키시역에서 도보 9분, 쓰보야 야치문도리 내
주소 沖縄県那覇市壺屋1-22-33
전화 098-866-1635
운영시간 10:00~18:00
요금 컵 4,070엔~, 그릇 3,300엔~
홈페이지 www.ikutouen.com

젊고 팝한 오키나와 도자기
카마니 カマニー | Kamany

이쿠토엔에서 야심차게 만든 젊은 감각의 브랜드 매장이다. 유약이나 도자기 흙은 오키나와산을 이용하면서도 정통성에서 벗어나 자유롭고 부드러운 스타일을 추구하는 생활 도자기를 제작해 판매하고 있다. 세련된 인테리어와 도자기의 색감으로 쓰보야 야치문도리를 찾는 젊은 여성들에게 인기. 여성작가가 만든 작품들이 많고 담백한 색의 바탕에 적색 유약으로 꽃무늬나 당초, 국화를 그린 적회赤絵 시리즈가 특히 인기다.

Data 지도 187p-L 가는 법 모노레일 마키시역에서 도보 9분, 쓰보야 야치문도리 내 주소 沖縄県那覇市壺屋1-22-34 전화 098-866-1635 운영시간 10:00~18:00 요금 컵 2,860엔~, 공기 3,300엔~ 홈페이지 www.ikutouen.com

개성 있는 작가들의 재미있는 테이블웨어
도·요카리요 陶·よかりよ

우키시마도리를 벗어난 골목 안에 노란색 문이 눈에 띄는 작은 도자기 전문 갤러리. 예술을 전공한 개성 있는 오너의 즐겁고 재미있는 그릇 이야기를 들을 수 있는 매력적인 공간이다. 정형화되지 않은 자유로운 작품들을 만날 수 있으니, 독특한 그릇을 좋아하는 사람이라면 추천. 가끔씩 재미있는 전시회 행사 이벤트도 개최하는 예술 복합공간 같은 장소이다.

Data 지도 187p-K 가는 법 모노레일 마키시역에서 도보 11분 주소 沖縄県那覇市壺屋1-4-4 전화 098-867-6576 운영시간 10:00~19:00(일요일, 공휴일 12:00~수요일 휴무) 요금 생활도자기 3,500엔~ 홈페이지 yokariyo.com

일본 젊은 언니들의 다이닝 테이블
구마 구와 guma-guwa

쓰보야 야치문도리의 생활 도자기 전문점. 파스텔 톤 컬러의 트렌디한 생활 도자기를 판매한다. 음식을 담아 식탁에 놓았을 때 예쁜 도자기가 진짜 좋은 생활 도자기라는 생각으로 접근하니 다 사고 싶어진다. 오키나와의 전통적 도자기라기보다 도쿄 도예매장에 있을 법한 귀엽고 세련된 제품들이 주류. 체크무늬 파스타 접시나 티 포트는 일본 신혼부부들이 좋아하는 아이템이다.

Data 지도 187p-L 가는 법 모노레일 마키시역에서 도보 9분, 쓰보야 야치문도리 내 주소 沖縄県那覇市壺屋1-16-21 전화 098-911-5361 운영시간 10:00~18:00 요금 컵 4,290엔~, 접시 3,850엔~ 홈페이지 www.ikutouen.com/shops/

오모로마치역

다양한 로컬 브랜드 제품을 만날 수 있는
나하 메인 플레이스 NAHA MAIN PLACE

식료품, 의류, 생활 잡화점 등이 입점한 대형 쇼핑센터로 T 갤러리아 오키나와면세점 바로 옆이다. 면세점이 여행객을 타깃으로 한다면 이곳은 오키나와 여자들의 쇼핑 스폿이다. 처음 보는 일본 국내 브랜드들이 많고 디자인에서도 일본인의 취향이 느껴져 새롭다. 대형 슈퍼마켓도 있어 주전부리를 구매하기 좋으니 명품 구입이 적성에 안 맞는다면 면세점은 후딱 보고 이쪽으로 넘어올 것.

Data 지도 188p-B
가는 법 모노레일 오모로마치역에서 도보 6분
주소 沖縄県那覇市 おもろまち 4-4-9
전화 098-951-3300
운영시간 09:00~22:00
홈페이지 www.san-a.co.jp/nahamainplace

일본 최대 규모의 도심 면세점
T 갤러리아 오키나와(구 DFS 갤러리아 오키나와) T Galleria Okinawa

오모로마치역에서 바로 연결되는 일본 최대 규모의 도심 면세점으로 나하공항을 제외하고는 오키나와에서 유일하게 면세 쇼핑이 가능하다. 2층 규모의 면세점에는 세계 유명 럭셔리 브랜드를 포함해 수많은 브랜드의 시즌 아이템, 스테디셀러 아이템들이 갖추어져 있다. 1층에는 류큐 유리, 아와모리 등 오키나와의 특산품을 판매하고 있고, 2층에는 샤넬, 프라다, 토리버치, 토즈 등 해외 럭셔리 패션 브랜드와 랑콤, 바비 브라운, 에스티 로더 같은 코스메틱 브랜드들이 입점해있다. 평일 저녁 8시까지 영업을 하고 오모로마치역에서 나하공항까지 모노레일로 20분 정도밖에 걸리지 않으니, 여행 막판에 쇼핑 욕구가 발동했다면 주저 없이 달려갈 것.

Data 지도 188p-D
가는 법 나하공항에서 모노레일 타고 오모로마치역과 연결
주소 沖縄県那覇市 おもろまち4-1
전화 0120-782-460
운영시간 10:00~20:00
홈페이지 www.dfs.com/jp/okinawa

| 슈리역 |

빈가타 염색 공방이 있는 숍
슈리 류센 首里琉染

슈리성 공원 근처에 위치한 빈가타 직물 숍으로, 류큐 왕조 전통의상 입어보기 등의 체험을 할 수 있는 공방과 갤러리가 함께 있다. 빈가타는 오키나와 전통염색 방법 중 하나로 남국의 자연을 그대로 따다 붙인 듯 선명한 색감이 특징이다. 가리유시 웨어, 인테리어 소품, 가방 등이 인기가 많고, 산호를 이용해 염색한 아이템들도 구입할 수 있다. 숍 2층에서는 티셔츠나 텀블러에 산호염색이나 빈가타염색을 하는 체험코스를 즐길 수 있다. 체험시간은 40분 정도로 사전예약이 필요하다.

Data 지도 189p-D
가는 법 모노레일 슈리역에서 도보 20분
주소 沖縄県那覇市首里山川町 1-54
전화 098 886-1131
운영시간 09:00~18:00
요금 손수건 3,080엔, 부채 13,800엔 홈페이지
www.shuri-ryusen.com

| 나하공항 주변 |

공항 근처 대형 아울렛 몰
오키나와 아웃렛 몰 아시비나
沖縄アウトレットモールあしびなー

국내외 인기 브랜드숍 60여 점이 입점되어 있는 아웃렛 몰. 캐주얼, 정장 등 다양한 종류의 옷이 가득하다. 공항에서 차로 15분이면 갈 수 있고 아웃렛 몰과 공항 간 유료 셔틀 버스도 운행한다. 이곳은 다른 아웃렛에서 볼 수 없는 일본 국내 브랜드 할인매장이 있어 처음 보는 브랜드들도 많고 가격도 저렴하다. 일본 디자이너가 만든 새로운 스타일의 옷을 쇼핑하고 싶다면 추천.

Data 지도 185p-J 가는 법 나하버스터미널에서 89번 버스 타고 이토만 버스터미널에서 내려 택시로 10분. 또는 나하공항 국내선 1층 4번 정류장에서 95번 버스 타고 20분 주소 沖縄県豊見城市豊崎1-188
전화 0120-151-427 운영시간 10:00~20:00
홈페이지 www.ashibinaa.com

잠 안 온다, 쇼핑 가자! 24시간 마켓 플레이스

내일이 출국인데 지금은 이미 밤 9시, 노느라 바빠서 지인들에게 줄 선물을 하나도 마련하지 못했다. 그럴 때 가야 하는 곳, 24시간 마켓. 오키나와 마켓에는 오키나와현 특산품이 모두 갖추어져 있으니 걱정하지 말고 돌격 앞으로!

리우보 아사토점 リウボウ 安里店

아사토역 바로 앞에 위치한 24시간 슈퍼마켓. 사카에마치 시장이 바로 옆이다.

Data 지도 188p-F
가는 법 모노레일 아사토역에서 도보 3분, 사카에마치시장 옆
주소 沖縄県那覇市字安里 388-6 전화 098-835-5165

돈키호테 고쿠사이도리점 ドン・キホーテ 国際通り店

일용품부터 패션 디자이너 브랜드 제품까지 없는 거 빼고 다 있는 일본 최대 할인점.

Data 돈키호테 고쿠사이도리점
지도 187p-G
가는 법 모노레일 미에바시역에서 도보 8분
주소 沖縄県那覇市松尾2-8-19
전화 0570-054-711
홈페이지 www.donki.com

맥스밸류 마키시점 マックスバリュ 牧志店

24시간 운영하는 대형 쇼핑센터. 식료품부터 일상 용품, 의류 및 다양한 잡화 등 종류가 많아 한꺼번에 쇼핑을 해결할 수 있는 만능 마켓이다.

Data 지도 187p-D 가는 법 모노레일 마키시역에서 도보 8분
주소 沖縄県那覇市牧志2-10-1 전화 098-860-5590
홈페이지 www.aeonretail.jp/maxvalu

SLEEP

| 고쿠사이도리 주변 |

고쿠사이도리 최고의 로케이션을 자랑하는곳
호텔 JAL 시티 나하 Hotel JAL City Naha

나하 시내의 중심지인 고쿠사이도리 중앙에 위치한 시티호텔로 쇼핑과 관광을 위한 이동 거점으로 좋다. 지상 14층 건물로 304실의 객실은 시끌벅적한 거리와는 달리 조용하고 편안한 분위기를 느낄 수 있다. 밤 늦도록 북적거리는 쇼핑가를 맘껏 즐기고도 바로 숙소에 돌아가면 마법 같은 릴렉스 공간이 기다리고 있다는 건 쇼퍼들에게 가장 매력적인 조건. 조용하고 아늑한 로비, 싱글룸에서조차 140cm 이상의 와이드한 침대가 마련돼 있어 하룻밤의 지친 여독을 풀기에 충분하다. 뉴파라다이스도리와 공원도 가까우니 아침 일찍 뒷골목 산책노 상쾌하다.

Data 지도 186p-F
가는 법 모노레일 마키시역에서 도보 8분
주소 沖縄県那覇市 牧志1丁目3番70号
요금 트윈룸 2인 1실 이용시 1인 7,300엔~(조식 별도)
전화 098-866-2580
홈페이지 www.naha.jalcity.co.jp

슬로우 라이프 스타일을 제안한다
다이와 로이넷 호텔 나하 고쿠사이도리
Daiwa Roynet Hotel Naha-Kokusaidori

슬로우 라이프 스타일을 제안하는 쇼핑몰 카고스Cargoes 내에 위치한 호텔. 마키시역과 연결통로로 이어져있다. 카고스에는 레스토랑, 서점, 편의점, 뷰티살롱, 렌터카 센터 등이 입점해있으며, 강을 따라 자리를 잡은 1층 카페와 레스토랑에는 야외 테라스석이 있어 고쿠사이도리의 북적거림과는 다르게 프랑스 파리에 와있는 듯한 느낌을 준다. 호텔 앞 사이온 스퀘어에서는 주말 바자회 및 여름밤 재즈공연 등 다양한 행사도 있어 액티브한 시티 여행을 즐길 수 있다. 또한 호텔 조식권을 구매하면 장수마을 오키나와의 식재료를 이용한 헬스뷔페 레스토랑 노노부도野の葡萄에서 오키나와 요리 50종류로 건강한 아침을 시작할 수 있다. 카고스 쇼핑몰의 자세한 정보 및 사이온 스퀘어의 이벤트는 www.cargoes.jp를 참고하면 된다.

Data 지도 188p-E
가는 법 모노레일 마키시역에서 도보 1분
주소 沖縄県那覇市安里2-1-1
요금 스탠다드 트윈룸(조식 포함) 2인 1실 이용시 1인 7,350엔~
전화 098-868-9055
홈페이지 www.daiwaroynet.jp/naha-kokusaidori

알뜰한 여행자를 위한 비즈니스호텔
호텔 브라이온 나하 Hotel Blion Naha

GRG 호텔 그룹으로 유럽 스타일의 고풍스러운 외관이 인상적인 10층 규모의 비즈니스호텔이다. 저렴한 가격대와 무료 조식으로 커피, 빵, 샐러드, 삼각김밥까지 준비되니 기능성과 쾌적함을 겸비한 것이 딱 비즈니스 스타일이다. 나하 시내를 충분히 즐기고 싶은 여행자에게는 유용한 연속 숙박이나 장기 체류 할인 서비스도 있으니 홈페이지의 숙박 플랜을 참고하자.

Data 지도 186p-A 가는 법 모노레일 미에바라역에서 도보 10분
주소 沖縄県那覇市松山2-15-13
전화 098-868-1600
요금 스탠다드 더블(조식 포함) 2인 1실 이용시 1인 3,000엔~
홈페이지 www.hotelblion.com

침대가 편안한 도심 속 호텔
GRG 호텔 나하 GRGホテル那覇

싱글룸에도 140cm 이상의 넓은 침대가 마련되어 있어 편안하게 푹 쉴 수 있는 것이 매력이다. 뉴파라다이스도리와 공원도 가까우니 두 손 가볍게 거리를 산책해보는 것도 좋다. 모던한 인테리어와 따뜻함이 느껴지는 원목 인테리어가 번화가와는 다른 차분한 분위기의 휴식 공간을 제공한다. 조식은 가정요리 콘셉트. 찬프루, 오키나와 소바, 섬 두부, 주시 등의 메뉴를 즐길 수 있다.

Data 지도 186p-A
가는 법 모노레일 미에바시역에서 도보 10분 주소 沖縄県那覇市松山 2-16-10
전화 098-868-6100
요금 트윈룸(조식 포함) 2인 1실 이용시 1인 5,500엔~
홈페이지 www.grghotelnaha.com

부티크호텔 느낌의 비즈니스호텔
호텔 썬퀸 ホテル サン・クィーン

유럽풍의 외관을 따라 대리석 입구로 들어서면 고풍스러운 샹들리에와 이탈리안 가구가 고급스러운 느낌을 주는 비즈니스호텔이다. 특히 샤워, 세안, 음료수 등 전관에서 사용하는 물은 피부에 자극이 적은 난수를 사용하고, 아로마 오일과 램프 대여 서비스가 있어(1회 500엔) 여성 고객의 만족도가 높다. 깔끔하게 정돈된 객실에는 다운 93%의 거위털 이불, 두 종류의 베개가 준비돼 있다.

Data 지도 188p-E 가는 법 모노레일 마키시역에서 도보 3분 주소 沖縄県那覇市安里 2丁目4番2-1号
전화 098-869-6600 요금 트윈룸 2인 1실 이용시 1인 7,000엔~(조식 포함) 홈페이지 www.sun-queen.com

오키나와의 아침은 가정식 약선 요리로
오키나와 다이이치 호텔 沖縄第一ホテル

1955년에 창업한 전통 있는 호텔. 고쿠사이도리 근처에 위치해 있지만 번화가 옆이라는 것을 잊을 정도로 조용하고, 오랜 동안 일본의 유명인들에게 사랑을 받은 곳이다. 특히 호텔의 인기 조식 메뉴는 50종류의 약선 요리로 구성되어, 건강한 아침 식사를 위해 투숙하는 투숙객이 있을 정도로 인기가 있다. 장수초, 고야, 우미부도(해초), 모즈쿠(해초), 우콘 등 오키나와산 야채와 약초를 메인으로, 전체 칼로리는 585kcal라니 더 행복하다. 조식은 미리 예약하면 투숙객이 아니더라도 이용 가능하다.

Data 지도 186p-F
가는 법 모노레일 겐초마에역에서 도보 6분
주소 沖縄県那覇市牧志 1-1-12
전화 098-867-3116
요금 트윈룸 2인 1실 이용시 1인 8,800엔~(조식 별도)
홈페이지 okinawadaiichihotel.ti-da.net

싱글 여행객들의 아지트
게스트하우스 시파파 ストハウスSea~Paっpa

오키나와를 좋아하는 일본인 여성 여행객이 많이 이용하는 여성 전용 게스트하우스. 시파파를 다시 찾는 고객 중 혼자 여행하는 여성 고객이 70% 이상이다. 내 집 같은 분위기와 편안함, 그리고 오키나와를 좋아하는 공통의 감성이 있으면 금세 친구가 될 수 있다. 객실은 프라이빗 타입과 도미토리 타입이 있는데, 게스트하우스만의 친숙한 매력이 느껴진다.

Data 지도 184p-A
가는 법 모노레일 미에바시역에서 도보 15분
주소 沖縄県那覇市泊3-5-11 カデナビル 2F
요금 프라이빗룸 1인 2,500엔~, 도미토리 1,800엔~
전화 098-863-4424
홈페이지 seapappa.ti-da.net

아사히바시역 주변

오키나와 아트와 만나다
리가 로얄 그랑 오키나와 Rhiga Royal Gran Okinawa

모노레일 아사히바시역에서 바로 연결된 14층 규모의 럭셔리 호텔. 14층 로비와 레스토랑&바 '에주'에서 바라보는 오키나와의 바다와 전망은 2014년 3월 5일 산호의 날에 국립공원으로 지정된 게라마 제도까지 시야에 들어와 웬만한 전망대보다 근사하다. '에주'는 오키나와에서는 친구라는 뜻으로 멋진 시간을 함께 할 수 있는 특별한 공간이 된다. 호텔 각 층은 하늘, 바다, 숲, 나무 그늘의 주제로 오키나와를 대표하는 도자 공예, 유리 공예, 화가 및 젊은 아티스트의 작품 전시와 함께 럭셔리한 객실 인테리어로 꾸며져 기억에 남는 시간을 보낼 수 있다. 게라마 제도의 나간누지마섬까지는 크루즈로 20분이면 도착할 수 있고 1일 옵션 투어도 있다. 숙박자 대상으로 투어 할인 서비스도 있으니 미리 호텔 사이트를 체크해 보자. 특별 플랜 및 할인 서비스는 일본어 사이트에만 정보를 공개하는 경우가 많으니 일본어가 가능하면 도전해 볼 것.

Data 지도 184p-E 가는 법 모노레일 아사히바시역에서 직결
주소 沖縄県那覇市旭町1-9 전화 098-867-3331 요금 트윈룸 2인 1실 이용시 1인 요금 11,500엔~(조식 포함) 홈페이지 www.rihgaroyalgran-okinawa.co.jp

여심을 사로 잡는 호텔
더블트리 바이 힐튼 나하 ダブルツリーbyヒルトン那覇

고쿠사이도리와도 가까운 아사히바시역 바로 앞에 위치한 세계적인 호텔 브랜드 힐튼호텔. 일반적인 비즈니스호텔보다 세련된 분위기와 세심한 서비스로 여행객 사이에 인기가 높다. 스타일리시한 로비라운지와 객실 인테리어, 체크인 시 제공되는 오리지널 수제 초코칩 쿠키 등 하나하나 신경 쓴 서비스가 여심을 사로잡고 있다. 또한 신선한 오키나와 식자재를 이용한 오키나와 가정요리 메뉴와 일식, 양식 등이 어우러진 뷔페 스타일의 아침 식사는 다양하게 맛볼 수 있어 기대할 만하다. 오키나와 대표 음식인 고야 찬프루 는 맛집을 찾아가지 않아도 될 만큼 충분히 맛있다. .

Data 지도 184p-E
가는 법 모노레일 아사히바시역에서 도보 1분
주소 沖縄県那覇市東町3-15
요금 트윈룸 2인 1실 이용시 1인 요금 8,000엔~(조식 포함)
전화 098-862-0123
홈페이지 www.doubletreenaha.jp

관광도 비즈니스도 이 정도가 딱 좋다
리치몬드 호텔 나하 구모지
Richmond Hotel Naha Kumoji

고객서비스 부문 만족도가 높아 일본 국내 비즈니스호텔에서 인기가 많은 리치몬드 호텔이다. 총 239실의 객실은 싱글 타입부터 더블, 디럭스, 트리플 타입과 여성전용 객실, 휠체어 전용객실 등 다양한 타입 중 선택할 수 있다. 군더더기 없는 심플하고 깨끗한 스타일로 일반적인 비즈니스호텔에 비해 방 사이즈가 조금 넓은 편이다. 체크인과 체크아웃을 정산해주는 자동 기기가 마련되어 있어 편리하게 체크인을 할 수 있다. 호텔 1층에는 오키나와 명물 아구요리 등 메뉴가 다양한 이자카야가 있어 캐주얼한 오키나와 분위기를 즐기기 좋다.

Data 지도 186p-B 가는 법 모노레일 미에바시역에서 도보 3분 주소 沖縄県那覇市久茂地2-23-12 전화 098-869-0077 요금 트윈룸 2인 1실 이용시 1인 요금 7,600엔~(조식 포함) 홈페이지 richmondhotel.jp/naha

여행의 피로는 디톡스 스파로
오키나와 나하나 호텔 & 스파
Okinawa NaHaNa Hotel & Spa

도심 속의 휴식 공간을 제안하는 호텔로, 세련되고 아늑한 분위기의 실내 공간이 번화가에서 휴식 공간을 구분해 준다. 특히 호텔 내에 있는 고토란KOTORAN 스파에서는 시콰사, 히비스커스, 흑설탕 등의 오키나와산 천연 재료 트리트먼트를 사용한 핸드마사지를 이용할 수 있다. 가격적인 부담이 있다면 2,000엔으로 게르마늄탕, 히노키탕 등 다양한 디톡스 효과가 있는 스파 시설만으로도 충분히 만족스럽다. 스파 공간에서 여행의 피로를 풀고 난 후, 12층 다이닝바 렌®에서 창밖에 파노라마처럼 펼쳐진 나하 야경과 함께 칵테일 한잔을 마셔보는 것은 어떨까.

Data 지도 184p-D 가는 법 모노레일 아사히바시역에서 도보 5분 주소 沖縄県 那覇市久ㅏ2-1-5 요금 트윈룸 (조식 포함) 2인 1실 이용시 1인 요금 8,300엔~ 전화 098-866-0787 홈페이지 www. nahana-hotel.jp

여심을 사로잡는 컬러풀한 프랑스 디자인호텔
머큐어 호텔 오키나와 나하 MERCURE HOTEL Okinawa naha

오노야마 공원과 구니바강을 내려다볼 수 있는 위치의 프랑스 체인 호텔. 고쿠사이도리까지는 모노레일로 두 정거장만 가면 된다. 세련되고 컬러풀한 실내 인테리어로 특히 여성고객들 사이에 인기가 높다. 오키나와산 식재료를 이용한 프렌치 런치뷔페로 유명하다.

Data 지도 184p-E 가는 법 모노레일 쓰보카와역 도보 3분 주소 沖縄県那覇市壺川3-3-19 전화 098-855-7111 요금 트윈룸(조식 포함) 2인 1실 이용시 1인 요금 8,300엔~ 홈페이지 www.mercureokinawanaha.jp

오모로마치역

콤팩트한 비즈니스호텔의 대명사
도요코 인 나하 신도심 오모로마치
東横INN 那覇新都心おもろまち

비즈니스호텔의 대명사로 한국에도 진출한 일본 체인호텔. 조용하고 잘 정돈된 신도심에 위치하고, 호텔 바로 앞에는 나하 메인 플레이스 쇼핑몰이 있다. 도보 2분 거리에 오키나와 현립 박물관·미술관과 공원이 있다. 무료로 제공되는 조식은 오키나와 가정 요리와 주먹밥이 인기가 많다.

Data **지도** 188p-A **가는 법** 모노레일 오모로마치역에서 도보 7분 **주소** 沖縄県那覇市おもろまち1-2-27 **전화** 098-863-1045 **요금** 트윈룸(조식 포함) 2인 1실 이용시 1인 요금 4,800엔~ **홈페이지** www.toyoko-inn.com/search/detail/00099

신도심의 중심지
알몬트 호텔 나하 오모로마치
アルモントホテル那覇おもろまち

오모로마치역 주변을 일컫는 나하 신도심은 스타일리시한 T 갤러리아 오키나와를 비롯해 대형쇼핑몰과 개성 있는 숍, 레스토랑이 밀집해 있는 곳으로 나하 현지 젊은이들이 즐겨 찾는 핫 스폿이다. 밝은 색감의 로비와 객실과 더불어 13층 전망 대욕장은 관광 후 피로를 풀기에 좋다.

Data **지도** 188p-B **가는 법** 모노레일 오모로마치역에서 도보 4분 **주소** 沖縄県那覇市おもろまち4-3-8 **전화** 098-860-6611 **요금** 트윈룸(조식 포함) 2인 1실 이용시 1인 요금 8,600엔~ **홈페이지** www.almont.jp/naha-omoromachi

공항 주변

나하 시내에서 즐기는 럭셔리 리조트 체험
르와지르 호텔 & 스파 타워 나하 ロワジールホテル&スパタワー那覇

나하 시내의 유일한 해변 나미노우에 비치 바로 옆에 위치한 고급 시티리조트다. 작은 비치지만 스노클링과 체험다이빙 전용 비치도 있어 나하 도심에서 오키나와의 해양 액티비티와 관광, 쇼핑까지 즐길 수 있다. 바로 옆에 위치한 르와지르 호텔 나하에는 약 800만 년 전의 화석 해수를 원천으로 사용하는 온천시설과 옥외 파도 풀장은 물론 사계절 이용 가능한 실내 풀장이 있는데, 르와지르 호텔 스파 타워 나하에 숙박하는 경우 시설을 함께 사용할 수 있어 리조트 내 즐길거리도 다양하다. 르와지르 호텔 나하는 2014년 7월에 오키나와의 '바다, 물, 꽃, 바람' 이미지를 콘셉트로 4층부터 8층까지의 객실을 리뉴얼해 한층 밝고 세련된 분위기로 바뀌었다. 바로 옆에 비즈니스급 객실이 있는 르와지르 호텔 나하 이스트도 있어 세 종류의 호텔 중에 예산에 따라 선택할 수 있다. 아침이나 저녁 시간에는 호텔 바로 앞 요트 정박장을 따라 가벼운 산책을 나서는 것도 좋다.

Data **지도** 184p-D **가는 법** 모노레일 아사히바시역에서 도보 15분 **주소** 沖縄県那覇市西3-2-1 **전화** 098-868-2222 **요금** 트윈룸(조식 포함) 2인 1실 이용시 1인 요금 13,500엔~ **홈페이지** www.loisir-spatower.com

Okinawa By Area
02

남부
南部

국도 331번을 따라 아름다운 남국의 해안 도로를 달리다 보면 도시의 걱정과 시름들은 바닷바람에 둘둘 말려 날아가 버린다. 아름다운 해안 드라이브 코스, 순백의 백사장, 뜨거운 태양과 모히토가 있는 남부는 진정한 여름 왕국의 매력이 뭔지를 보여준다.

남부
미리보기

남부는 해안을 따라 달릴 때 보이는 바다 풍경이 마음을 녹이는 곳이다. 그 길을 따라 볼 것도, 먹을 것도, 쉴 곳도 많다. 오키나와인들이 가장 성스러운 곳으로 여기는 세화우타키에서 산책하고 구다카지마섬에서 자전거도 타보고 근해에서 잡은 싱싱한 해산물도 맛보자.

ENJOY
시간 여유가 있다면 꼭 추천하고 싶은 곳은 세화우타키와 구다카지마섬. 니라이카나이 대교를 건너 이 장소들을 방문하면 뭔가 성스러운 영감을 받은 듯하다. 비치는 없냐고? 미바루 비치와 아자마산산 비치는 파도가 잔잔한 남국의 아름다운 비치이다.

EAT
근해에서 잡은 싱싱한 해산물로 요리한 스시, 튀김, 구이는 뭐든 맛있다. 재료가 신선한데 맛이 없다면 비정상. 오우지마섬의 생선구이와 튀김 전문점 앞에 서면 혀끝 감각을 돋우는 기름 향에 저절로 입맛이 다셔진다. 빨리 내 입안으로 오라구!

BUY
오키나와 아티스트들의 오키나와만의 아이템 체크! 류큐 유리와 콜라보레이션한 오리지널 상품들을 득템할 것.

🚙 어떻게 갈까?
나하공항과 가까워 공항 도착 후 바로 남부를 여행해도 좋다. 나하공항에서 차로 30분~1시간 정도의 거리에 있고, 렌터카나 나하 버스터미널에서 버스를 이용해 이동할 수 있다. 단 버스는 30분~1시간 단위로 운행되니 인내심을 가져야 한다.

｜나하 버스터미널 버스 정보｜

미바루 비치新原ビーチ ▶ 오키나와 버스 39번 버스 종점 미바루 비치 하차 **전화** 098-862-6737
오키나와 월드, 교쿠센도, 강가라 계곡 ▶ 류큐버스 54번, 83번 교쿠센도마에玉泉洞前 하차 **전화** 098-852-2510
세화우타키斎場御嶽, せーふぁうたき ▶ 도요버스 38번 시키야志喜屋행, 세화우타키 하차 **전화** 098-947-1040
아자마 항구 ▶ 38번 시키야행, 시키야에서 하차

어떻게 다닐까?
원하는 곳을 자유롭게 가기 위해서는 렌터카를 추천한다. 남부 해안도로인 국도 331번을 타고 가면서 만나는 풍광이 정말 끝내준다.

남부
📍 1일 추천 코스 📍

비치에서 느긋하게 망중한을 즐겨도 좋고, 자전거를 타고 섬을 달리면서 스트레스를 날려 보아도 좋다. 뭐 다 좋다, 오키나와니까, 여행이니까!

오키나와 월드
오키나와 월드에서
오키나와 문화 체험

→ 자동차 20분

니라이카나이 다리
남부 최고의 드라이브
코스에서 바다 위를
달리는 기분

→ 자동차 10분

세화우타키
신의 땅에서의 산책

↓ 자동차 6분 + 선박 20분

아자마 항구섬
구다카지마 도쿠진항에서
아자마항으로

← 선박 20분

구다카지마섬
아자마항에서 페리 타고
구다카지마로~ 자전거
타고 섬 여행

242 | 243

- 패밀리마트 / Family Mart
- 슈레이 컨트리클럽 / 守礼カントリー倶楽部
- 아자마산산 비치 / あざまサンサンビーチ
- 고마카지마 / コマカ島
- 내추럴 카페 올리브노키 / Natural CAFE オリーヴの木
- 세화우타키 / 斎場御嶽
- 보노호 / BONOHO ぼのほ
- 니라이카나이 다리 / ニライ橋カナイ橋
- 난조시 / 南城市
- 문 테라스 카페 / moon terrace café
- 카페 쿠르쿠마 / カフェくるくま
- 일식요리 쓰네 / 割烹常
- 차핫트 / チャハット
- 류큐 골프클럽 / 琉球ゴルフクラブ
- 카페 롯지 / Cafe lodge
- 소년 자연의 집 / 少年自然の家
- 하쿠나 비치 / 百名ビーチ
- 카이자 / Kaiza
- 카페 빈즈 / Café Bean's
- 하마베노차야 / 浜辺の茶屋
- 미바루 비치 / 新原ビーチ
- 하쿠나가란 / 百名伽藍
- 식당 카리카 / 食堂かりか
- 야마노차야 라쿠스이 / 山の茶屋楽水
- 야마노코야 / 山の小屋

0 500m

남부 상세도 / 南部詳細

이토만시

오키나와 최대 류큐 유리공방
류큐가라스무라 琉球ガラス村 | 류큐 유리촌

오키나와 대표적 공예품인 류큐 유리의 모든 것을 한자리에 모아 놓은 오키나와 최대 유리공방. 체험공방뿐만 아니라 갤러리, 숍, 레스토랑, 작가의 아틀리에까지 한 곳에 모여 있다. 메이지 유신 중기부터 시작된 류큐 유리는 숙련된 장인들에 의해 대를 이어 지켜지고 있으며 오키나와에서는 고마운 사람에게 감사의 뜻으로 전하는 인기 선물 리스트 중 하나이다. 오키나와 류큐 유리 공예의 특징이라면 재생유리를 재활용한다는 것. 전후 미군이 사용한 콜라병이나 맥주병으로 새로운 유리 예술을 창조했다. 유리 조각들이 색색이 박힌 갤러리 외벽은 날씨가 좋은 날, 빛 반사에 의해 눈이 아플 정도로 반짝인다. 다양한 체험교실이 운영되고 있으며 그중 짧은 시간에 끝낼 수 있는 류큐 유리컵 제작 체험 교실은 장인들의 제작 현장에 들어가 5분 정도 열이 가해진 유리를 불어 컵을 만드는 간단한 작업이다. 예약제로 운영되므로 이틀 전에는 예약해야 하며, 1~2일 정도 건조 후 직접 가져가거나 택배로 받을 수 있다. 체험을 하지 않더라도 류큐 유리제품이 다 모여 있는 갤러리 느낌의 광대한 기념품 숍을 구경하면서 류큐 유리를 응용한 다양한 액세서리, 장식품, 기념품 등을 만나볼 수 있다.

Data 지도 242p-D
가는 법 나하공항에서 차로 25분. 또는 나하 버스터미널에서 89번 버스를 타고 이토만 버스터미널에서 내려 82번 혹은 108번 환승, 나미히라 입구에서 하차
주소 沖縄県糸満市福地169
운영시간 10:00~17:30
전화 098-997-4784
요금 입장료 무료, 류큐 유리 만들기 체험 1,870엔~, 시사 색칠하기 1,650엔~
홈페이지 www.ryukyu-glass.co.jp

최후의 격전지에서 평화의 상징이 된
헤이와키넨코엔 平和祈念公園 | 평화기념공원

오키나와 전쟁 당시 최후의 격전지이자 일본에서 유일하게 지상전투가 있었던 마부니노오카摩文仁の丘 지역을 평화기념공원으로 정비했다. 오키나와의 역사는 제주도와 유사한 부분이 많다. 고립된 섬에서 벌어진 치열했던 전투의 흔적은 세월이 가면서 조금씩 옅어졌지만 여전히 오키나와 사람들의 마음 속에는 그 아픔이 남아있다. 공원 내에는 오키나와현 평화기념자료관과 평화의 주춧돌, 오키나와평화기념당이 건립되어 전쟁에서 목숨을 잃은 사람들을 추모한다. 전쟁의 아픔과 평화에 대한 소망을 담은 엄숙한 곳이기도 하지만 현재는 시원하게 펼쳐진 오키나와의 푸른 바다를 즐기며 산책을 즐기는 시민들과 관광객들의 쉼터가 되었다. 평화의 주춧돌에는 한국인 전사자의 이름도 새겨져 있다.

Data 지도 242p-E
가는 법 나하공항에서 차로 40분. 또는 나하 버스터미널에서 89번 버스로 이토만 버스터미널 하차, 82번 환승 후 헤이와키넨코엔에서 하차
주소 沖縄県糸満市摩文仁 444 **전화** 098-997-2765
운영시간 09:00~17:00
요금 공원 무료, 기념 자료관 어른 300엔, 어린이 150엔
홈페이지 kouen.heiwa-irei-okinawa.jp

| 난조시 |

자동차로도 자전거로도 최고의 드라이빙 코스
니라이카나이 다리 ニライ・カナイ橋

남부를 가로지르는 331번 국도를 따라 남동쪽으로 달리다 보면 U자형의 특이한 다리와 만난다. 니라이 다리와 카나이 다리를 통칭해서 니라이카나이 다리라고 하며, 니라이카나이는 '바다 멀리 신이 사는 영원한 평화의 땅', 즉 이상향이란 뜻을 가지고 있다. 바다 위나 강 위가 아닌 숲길 위를 가로지르는 고가 위를 달리다 보면 남국의 바다로 첨벙 하고 들어가 달리는 기분이 들 정도로 에메랄드빛 바다가 한눈에 들어온다. 자전거로도 좋고 자동차로 좋으니 도로를 달리는 기분을 만끽해 볼 것. 660m의 구불구불한 다리는 고도 약 162m에 위치, 바다 조망에 그만인 장소이다. 아침엔 역광이니 점심 이후 방문하는 것이 좋다.

Data 지도 242p-C
가는 법 나하에서 331번 국도를 따라 차로 50분
주소 沖縄県南城市知念知念
전화 098-948-4660
(난조시관광협회)

오키나와 문화는 여기서 다 볼 수 있다!
오키나와 월드 おきなわワールド

100년, 200년된 오키나와 민가를 이축해서 오래전의 오키나와 마을을 재현한 오코쿠무라王国村와 동양에서 가장 아름답다고 자랑하는 종유 동굴 교쿠센도玉泉洞, 오키나와의 반시뱀 박물관공원, 류큐 유리공방, 레스토랑 및 기념품 가게가 모여 있는 올 오키나와 콘셉트의 테마파크이다. 동굴체험, 도예공방 등 다양한 체험활동이 가능하고 오키나와의 자연과 전통문화를 골고루 체험해 볼 수 있어 가족 여행객이 즐겨 찾는다. 테마파크를 모두 보려면 두시간 정도 걸리는데 종유석 동굴 교쿠센도, 각종 체험 공방이 있는 오코쿠무라, 왕국역사박물관, 류큐유리 체험공방, 허브 박물관 순으로 관람할 수 있다. 시간이 없고 한 번에 류큐문화를 보고 체험도 하고 싶다면 방문할 만하다.

Data 지도 242p-B
가는 법 나하에서 차로 30분. 또는 나하 버스터미널에서 54, 83번 버스를 타고 교쿠센도마에玉泉洞前 하차
주소 沖縄県玉城村前川1336
전화 098-949-7421
운영시간 09:00~17:30
요금 어른 2,000엔, 어린이 1,000엔
홈페이지 www.gyokusendo.co.jp/okinawaworld

1. 오코쿠무라 王国村

국가 등록 유형문화재로 지정받은 오키나와 고민가 마을. 오키나와의 염색, 종이 만들기, 직조, 부쿠부쿠차ブクブク茶 등 전통 문화를 직접 체험해 볼 수 있는 마을로 조성되어 있다. 슈리성 주변의 성곽 마을 분위기를 그대로 옮겨놓아 전통적인 류큐왕조 시대를 즐길 수 있다. 또한 오키나와에서 예부터 전통을 잇고 있는 봉오도리(추석에 추는 집단 무용)의 일종인 오키나와 전통무용 에이사와 사자춤과 민요를 함께 볼 수 있는 공연도 매일 10시 30분에 시작해 하루에 3회 열린다. 시간은 홈페이지에서 확인할 수 있다.

2. 교쿠센도 玉泉洞

오키나와 월드 내에 있는 종유동굴로, 약 30만 년의 세월에 걸쳐 만들어진 전체길이 5km에 달하는 일본 3대 종유석 동굴 중 하나이다. 현재는 890m 정도만 개방되어 있는데, 아열대 기후의 영향으로 강수량이 많아 3년에 1mm 정도로 느리게 성장하고 있다. 이 교쿠센도를 중심으로 류큐왕국 마을 오코쿠무라와 열대과수원, 동물원 등으로 이루어진 오키나와 최대 규모의 테마파크가 조성되어 있다.

남부의 대표 비치
미바루 비치 新原ビーチ

남부를 대표하는 비치로, 2km에 걸쳐 순백색의 백사장이 이어진다. 수심이 얕고 파도가 높지 않아 아이를 동반한 가족여행객들이 해수욕과 스노클링을 즐기러 자주 찾는다. 뱃바닥이 유리로 되어 수중세계를 감상할 수 있는 글라스 보트도 이곳의 인기 레저 중 하나. 비치는 4월부터 9월까지 오픈하며, 네팔 요리 전문점 식당 카리카와 유명한 찻집 하마베노차야가 가까이에 있으니 해수욕을 즐긴 후 카페에 앉아 망중한을 즐기기에도 좋다.

Data 지도 243p-E
가는 법 나하에서 차로 40분. 또는 나하시외버스터미널에서 39번 버스를 타고 종점인 미바루 비치 하차 주소 沖縄県南城市玉城百名 1599-6 전화 098-948-1103(미바루 마린센터) 운영시간 자유 입장 요금 무료 홈페이지 www.mi-baru.com(미바루 마린센터)

해변에서 즐기는 바비큐 파티
아자마산산 비치 あざまサンサンビーチ

치넨반도의 아자마 해변에 위치한 비치. 바다 건너 구다카지마가 보인다. 비치 시설이 잘 구비되어 있고 잔디광장도 조성되어 있어 가족여행객은 물론이고, 지역 주민들의 휴식처로도 인기가 높다. 웨이크보드나 체험 스노클링 등 해양 액티비티나 비치 발리 볼을 즐길 수 있으며 탈의실, 샤워시설 및 매점 등이 있다. 바비큐 세트도 대여해 주니 별다른 준비 없이도 해변에서 즐거운 시간을 보낼 수 있다.

Data 지도 243p-B 가는 법 나하에서 차로 50분 또는 나하시외버스터미널에서 38번 타고 아자마산산 비치 입구에서 하차 주소 沖縄県南城市知念安座真1141-3 전화 098-948-3521 운영시간 10:00~18:00(10월~3월 ~17:00) 요금 바비큐 세트 대여 4,500엔 홈페이지 www.azama-beach.com

Data 지도 243p-B 가는 법 나하에서 차로 35분. 또는 나하시외버스터미널에서 38번 시키야志喜屋 행 타고 세화우타키에서 내려 도보 10분
주소 沖縄県南城市知念字久手堅サヤハ原 254 전화 098-949-1899
운영시간 09:00~18:00(11~2월 ~ 17:30, 음력 5월 1~3일· 음력 10월 1~3일 휴관) 요금 어른 300엔, 어린이 150엔
홈페이지 okinawa-nanjo.jp/sefa

류큐왕국 최고의 성지
세화우타키 斎場御嶽 | せーふぁうたき

단군신화의 웅녀가 쑥과 마늘을 먹던 굴을 연상하라고 하면 이런 모습일지도. 굴은 아니지만 세화우타키는 류큐 건국신화의 시조인 아마미키요가 국가 건국을 위해 만든 일곱 우타키 중 하나. 그중에서도 가장 신성한 지역으로 많은 관광객이 방문하고 있다. '우타키'란 오키나와어로 신이 땅에 머무는 장소를 뜻하는데, 우조구치御門口(ウジョウグチ)에서 시작되는 길을 따라 올라가면 기도를 올리던 제단이 나온다. 그중에서도 하이라이트는 가로로 긴 거대한 종유 거석 두 개가 서로 맞닿은 삼각형 모양의 산구이三庫理(サングーイ). 그 안에는 국가의 염원을 기원하던 장소가 있는데 세화우타키에서 가장 성스러운 장소이다. 삼각형 거석 밑에 서 있으면 신이 바위 위 하늘에서 내려다보는 듯 신비로운 느낌을 준다. 또한 신의 섬이라 불리는 구다카지마가 바라다보여 최고의 전망을 자랑한다. 2000년 세계문화유산으로 지정되었고 전용 주차장에서 입구까지는 걸어서 10분 거리. 세화우타키 가는 길 양옆으로 멋스러운 찻집, 갤러리, 공방 등이 자리 잡고 있다. 관람 전 안내 및 주의사항에 대한 영상을 반드시 본 후 올라가야 하며, 숲길에 불편한 신발을 신었다면 무료로 신발을 대여해 준다. 전체 관람시간은 약 30분.

Data 지도 242p-B
가는 법 나하에서 차로 30분. 또는 나하 버스터미널에서 54, 83번 버스를 타고 교쿠센도마에 玉泉洞前 하차 **주소** 沖縄県南城市玉城前川 202番地
전화 098-948-4192
운영시간 투어 10:00~16:00 (시즌별 시간 홈페이지 확인 및 참가 전날까지 예약필요)
요금 투어 어른 2,500엔, 학생 1,500엔
홈페이지 www.gangala.com

자연의 생명력이 만들어낸 자연의 보고
강가라 계곡 ガンガラの谷

강가라 계곡은 수십만 년 전까지 종유 동굴이었던 곳이 무너지면서 만들어진 아열대숲이다. 14,500평 넓이의 계곡을 따라 약 1km의 거리를 산책할 수 있는 신비스런 느낌의 장소이다. 코스를 따라 숲 깊은 곳에 위치한 종유 동굴 자리에 도착하면 수백 년 전부터 천천히 미세하게 성장하고 있는 우후슈라고 불리는 뽕나무과의 가쥬마루 거목을 볼 수 있는데, 자연의 끈질긴 생명력에 절로 탄성이 나온다. 가쥬마루는 오키나와에서 정령나무로, 악한 기운을 막아준다는 의미가 있다. 가지와 뿌리가 땅 위로 드러나 서로 얽혀있어 나쁜 기운이 들어오지 못하고 나무뿌리 사이에 엉켜버린다는 믿음 때문이라고 한다. 계곡 투어는 유료로 가이드를 동행하는 형태지만, 입구에 자연 그대로의 동굴을 활용한 카페에서는 입장료 없이 잠시 쉬어갈 수 있다. 동굴 아래 지하 아지트 같은 이 카페에서는 유명 아티스트의 공연이나 파티 등 특별한 행사도 열리니 사전에 홈페이지를 참고하자. 계곡투어는 1시간 20분 가량 소요되는데, 투어 중에 화장실이 없고 금연 구역이기도 하니 주의해야 한다. 또한 계곡 내의 동식물은 외부반출이 안 된다. 기본적으로 우천 시에도 투어를 운영하는 경우가 많으므로 우비 등을 미리 준비하면 좋다.

OKINAWA BY AREA 02
남부

| Theme |
섬 속의 섬, 오키나와 본섬 남부 주변 섬들

오키나와도 섬이지만 이 섬에서 빼놓을 수 없는 것이 주변 섬 여행! 비행기를 타고 좀 더 먼 섬으로 갈수록 새로운 남국의 세계가 펼쳐진다. 시간 관계상 본섬에서 멀리 떨어진 섬으로 갈 수 없어도 괜찮다. 본섬 주변에도 매력적인 작은 섬들이 많이 있으니 걱정은 넣어두자. 한 번 섬마을 자전거 여행을 하게 되면 자전거 여행 홀릭이 되는 건 시간문제, 느리게 즐겨라.

신의 섬에서 즐기는 자전거 여행
구다카지마섬 久高島

치넨반도의 동쪽 약 5km 해상에 있는 인구 약 250명의 작은 섬이다. 아름다운 비치가 많고 섬 둘레가 약 8km의 평탄한 길로 이어져 자전거를 타고 오키나와 시골 마을을 여행하기에 최적의 섬이다. 또한 세화우타키와 더불어 남부의 대표적 성지로 류큐 건국의 시조 아마미키요가 처음 내려왔다는 전설의 장소이다. 섬 내에 성지로 여겨져 들어가지 못하는 구역과 수영금지 구역이 있으니 표지판을 잘 보고 성역을 훼손하는 행동을 하지 않도록 주의할 것. 섬 내 식물 채취도 금지된다. 섬 안은 지극히 서민적인 농촌 마을로 식당이나 자판기 등이 거의 없으니 미리 물과 가벼운 간식을 챙겨 가는 것이 좋다.

Data 지도 251p
가는 법 본섬 남부 아자마항에서 고속선이나 페리 타고 20분. 아자마항은 나하 시외버스터미널에서 38번 시키야행 버스 타고 60분, 시키야에서 하차
전화 098-835-8919 (구다카지마 진흥회)
요금 고속선 왕복 1,480엔 (어린이 750엔), 페리 1,300엔(어린이 650엔)
홈페이지 kudaka-island.com

출발	본섬 아자마항	출발	구다카지마 도쿠진항
페리	08:00	고속선	08:30
고속선	09:30	페리	10:00
페리	11:00	고속선	12:00
고속선	13:00	페리	14:00
페리	15:00	고속선	16:00
고속선	17:00 (10~3월은 17:30)	페리	17:00 (10~3월은 17:30)

구다카지마 반나절 자전거 루트

하계 기준 11시 30분 구다카지마를 출발해 두 시간 정도 자전거여행 후 오후 3시에 돌아오는 일정이다.

도쿠진 식당 とくじん食堂
섬 채소 요리와 섬 특산품으로 류큐왕에게 헌상되었던 최고급 요리 물뱀탕(이라부지루)를 맛볼 수 있다.

→ 도보 3분

다마키 たまき **자전거 대여점**
오르막길을 올라 오른쪽 골목으로 들어가면 있는 작은 자전거 대여점. 2시간 500엔, 3시간 700엔, 하루 1,000엔.

→ 자전거 10분

이시키하마 伊敷浜
성역으로 여겨져 수영을 할 수 없으나 아열대의 아름다운 꽃들과 나무가 아름다운 비치.

↓ 자전거 10분

카베르 カベール
오키나와 신화인 아마미키요가 내려온 신령스러운 장소.

↓ 자전거 20분

구다카지마 도쿠진항

비행기를 가장 가까이 볼 수 있는
세나가지마섬 瀬長島

나하공항과 아시비나 아웃렛 몰과 가깝다. 비행기 이착륙 모습과 아름다운 일몰을 볼 수 있는 섬으로 유명하다. 나하 도심과 가까워 연인들의 데이트 드라이브 코스로도 잘 알려져 있다.
Data 지도 242p-A **가는 법** 나하에서 차로 15분 **주소** 沖縄県豊見城市瀬長

해산물 전문레스토랑이 많은
오우지마섬 奥武島

다리가 놓여 있어 차로 들어갈 수 있고 차로 5분이면 휙 돌아볼 수 있는 작은 섬이다. 오우지마대교를 건너자마자 왼편으로 튀김과 생선구이 맛집들이 있어 항상 관광객들로 북적인다.
Data 지도 242p-E **가는 법** 나하에서 차로 40분 **주소** 沖縄県南城市玉城奥武

난조시

싱싱한 생선초밥을 맛볼 수 있는 이자카야
일식요리 쓰네 割烹常

난조시에 위치한 해산물 전문 이자카야식 식당. 관광객보다 현지인들이 애용하는 지역 맛집으로 근해에서 잡히는 싱싱한 해산물로 만든 초밥세트는 맛이 일품이다. 강력 추천 메뉴인 초밥뿐 아니라 우동 정식, 튀김, 고야 찬프루 등 어떤 것을 주문해도 맛에는 자신 있는 집. 싱싱한 재료로 깔끔하게 요리하고 분위기도 좋다. 137번 국도 대로변에 위치. 근처에 있는 게스트하우스 카이자KAIZA에서 묵을 경우 미리 식사 예약이 가능하고, 서비스로 드래곤푸르트와 팥빙수 디저트가 제공된다.

Data 지도 243p-C **가는 법** 나하공항에서 차로 40분 **주소** 沖縄県南城市玉城親慶原 223-2 **전화** 098-948-7259 **운영시간** 17:00~24:00 (월요일 휴무) **요금** 스시 세트 (1인분) 1,100엔

시냇물 소리를 들으며 남부 바다 즐기기
야마노차야 라쿠스이 山の茶屋 楽水

하마베노차야의 자매점으로, 채식주의자를 위한 오키나와 가정식을 제공한다. 사치바루의 정원이라고 불리는 아름다운 산길 초입에 위치해 있다. 남부 카페들의 전망들은 볼 때마다 놀랍지만, 특히 이곳은 카페 창문 모양에 따라 완전히 다른 갤러리의 작품을 감상하는 듯 그림 같은 전망을 자랑한다. 나무 프레임마다 풍경사진 걸린 갤러리에 온 듯, 창문 속 풍경이 한 점 한 점 눈으로 들어온다. 산중 카페에서 시냇물 소리를 들으며 카페 다다미방 창문으로 바다를 조망할 수 있다. 현미밥, 지마미 두부, 우미 부도 등 오키나와 스타일의 사이드 디시도 추천 메뉴.

Data 지도 243p-E
가는 법 나하에서 차로 40분. 또는 나하 버스터미널에서 39번 미바루 비치 행 버스를 타고 종점 미바루 비치에서 내려(60분) 도보 10분
주소 沖縄県南城市玉城玉城 19-1 **전화** 098-948-1227
운영시간 11:00~16:00 (수, 목요일 휴무)
요금 소바 1,045엔, 디저트 세트 1,100엔
홈페이지 sachibaru.jp/yamacha

대표적 남부 해변 카페
하마베노차야 浜辺の茶屋

남부 난조시의 미바루 비치 옆에 위치한 해변 카페. 미바루 비치는 에메랄드빛 바다 위에 녹색 버섯처럼 둥둥 떠 있는 섬들과 2km 정도의 하얀 모래사장이 만들어낸 신비로운 전경을 즐길 수 있는 곳으로, 바다 전망이 넓게 펼쳐진 창가 좌석에서 시시각각으로 변하는 한 폭의 그림 같은 바다 풍경을 즐길 수 있다. 해변 전망 카페의 대표 격인 하마베노차야에서는 카페 아래에서 들리는 파도 소리가 마치 바다 위에 떠있는 듯한 느낌을 준다.

Data 지도 243p-E **가는 법** 나하에서 차로 40분. 또는 나하 버스터미널에서 39번 미바루 비치 행 버스를 타고 종점 미바루 비치에서 내려(60분) 도보 10분 **주소** 沖縄県南城市玉城玉城2-1 **전화** 098-948-2073 **운영시간** 10:00~18:00(금, 주말, 공휴일 08:00~) **요금** 모닝 플레이트 880엔~, 커피 550엔 **홈페이지** sachibaru.jp/hamacha

본토 네팔 가정요리를 오키나와 해변에서 맛보다
식당 카리카 食堂かりか

미바루 비치에 위치한 비치카페 겸 네팔 요리 전문점. 소박한 외관의 이곳은 여름이면 항상 만석이다. 채소의 맛을 최대한 손상시키지 않으면서 다양한 향신료로 맛을 더한 네팔 요리는 매운맛이 그리워질 때 딱이다. 카레&라이스에 야채를 곁들인 점심 메뉴 '카레 도시락'은 테이크아웃도 가능. 인도 델리의 유명한 식당에서 15세부터 요리를 배우기 시작했다는 네팔 출신의 제시 씨는 도쿄를 거쳐 3년 전 미바루 비치에 반해 부인과 함께 이곳에 정착했다고. 레스토랑은 관광객뿐만 아니라 동네 주민들도 편하게 앉아 하루 일과로 수다를 떨곤 하는 곳이다. 여름밤에는 맥주와 함께 해변의 밤풍경을 즐길 수 있다. 매년 태풍이 잦은 2월 한 달 동안은 휴업을 한다.

Data 지도 243p-E **가는 법** 나하에서 차로 40분. 또는 나하 버스터미널에서 39번 미바루 비치행 버스를 타고 종점 미바루 비치에서 하차, 마바루 비치 앞 **주소** 沖縄県南城市玉城百名1360 **운영시간** 10:00~20:00(11월~4월 수요일과 악천후 시에 휴무) **요금** 치킨카레 950엔 **전화** 098-988-8178 **홈페이지** shokudokalika.com

섬 채소를 이용한 카레요리
내추럴 카페 올리브노키 | Natural CAFE オリーヴの木

구다카지마섬이 바라다보이는 아름다운 전망의 언덕에 자리 잡은 2층 건물로 노란색 외관이 예쁜 카페. 건축가인 남편이 지은 카페에서 부인이 요리를 한다. 레스토랑에서 먹는다는 느낌보다 친구 집에 가서 식사를 하는 듯 편안한 느낌이 든다. 레스토랑으로 올라가는 길에 니라이카나이 다리와 바다를 함께 볼 수 있는 뷰 포인트도 있다. 런치 메뉴로 나오는 섬 채소 카레는 수프 같은 카레 소스가 속을 부담스럽게 하지 않고, 고야 야채튀김은 고소하고 씹히는 맛도 일품이다. 250엔을 추가하면 디저트용 케이크도 곁들여 나온다.

Data 지도 243p-B
가는 법 나하공항에서 차로 50분
주소 沖縄県南城市知念吉富 391 전화 098-948-4220
운영시간 11:30~18:30 (동절기 ~17:00, 금요일 휴무)
요금 런치카레 1,050엔, 플랫런치 1,200엔

직접 재배한 꽃을 먹다
카페 빈즈 Café Bean's

미바루 비치 근처에서 사이좋은 세 자매가 운영하는 따뜻하고 아담한 카페 레스토랑. 정원에서 직접 기른 허브와 꽃, 그리고 가족이 직접 재배한 사탕수수와 채소를 이용한 요리는 모두 그들의 아이디어만으로 만들어낸 창작품이다. 요리의 콘셉트도 독창적이지만 건강도 챙길 수 있는 행복한 맛집이다. 주변 가게들 사이에서도 추천이 자자한 곳으로, 오랫동안 머물고 싶은 넓은 창과 심플한 인테리어가 인상적이다. 꽃 치즈케이크는 '이 어여쁜 아이를 어떻게 먹지' 하는 고민에 빠지게 만든다.

Data 지도 243p-C
가는 법 나하공항에서 차로 40분. 나하 버스터미널에서 39번 미바루 비치행 버스를 타고 종점 미바루 비치에서 내려(60분) 도보 10분
주소 沖縄県南城市 玉城百名 987
전화 090-7585-8867
운영시간 11:00~17:30 (수~토요일만 영업)
요금 쑥 파스타 700엔, 꽃 치즈케이크 300엔
홈페이지 www.instagram.com/cafebeans123

전망 하나는 끝내주는 카페
카페 쿠르쿠마 カフェくるくま

크리스털 블루의 남국 바다가 한눈에 쏙 들어오는 최고의 전망 카페이다. 단체 관광객이 많아 조용하고 한적한 오키나와의 카페 같은 느낌은 들지 않지만 시원시원한 전망만큼은 점수를 주고 싶다. 주말에는 너무 붐비니 주중에 가면 좀 더 조용한 카페 분위기를 즐길 수 있지만 성수기 시즌에는 주말 중 관계없이 항상 붐빈다. 태국 요리사가 하는 다양한 아시안 요리를 맛볼 수 있으며 태국 수프인 똠얌꿍이 추천 메뉴이다.

Data 지도 243p-B
가는 법 나하공항에서 차로 50분
주소 沖縄県南城市知念1190
전화 098-949-1189
운영시간 11:00~17:00(주말, 공휴일 10:00~18:00) **요금** 디이 카레 1,331엔~, 똠양꿍 1,512엔~
홈페이지 curcuma.cafe

제철 생선튀김을 저렴한 가격에 맛볼 수 있는
덴푸라 나카모토센교점 てんぷら 中本鮮魚店

오우지마섬의 대표식당 중 하나. 본섬에서 오우지마로 들어가는 다리를 건너자마자 오른쪽에 위치해 있다. 항상 줄이 길게 서 있는 인기 식당 중 하나로 추천 메뉴는 생선튀김. 개당 100엔의 저렴한 가격으로 오키나와 소금을 뿌린 싱싱한 제철 생선튀김을 맛볼 수 있다. 오키나와에서만 맛볼 수 있는 아사라는 해초튀김도 도전해 볼 것.

Data 지도 242p-E
가는 법 나하공항에서 차로 40분, 오우지마섬 다마구스쿠손 방면
주소 沖縄県南城市玉城奥武9
전화 098-948-3583
운영시간 10:30~18:00(목요일 휴무)
요금 튀김 개당 100엔~
홈페이지 nakamotosengyoten.com

오우지마섬의 명물 식당
오우지마 해산물 식당 奧武島海産物食堂

어부가 직접 운영하는 오우지마의 유명한 생선구이 전문점. 신선한 생선과 맛으로 인기가 있는 곳이다. 생선을 통째로 철판에 구워서 먹는 버터구이와 마스니라고 불리는 소금 조림이 추천 메뉴. 특히 부드럽고 진한 국물에 오징어가 듬뿍 담겨 나오는 오징어 먹물 정식은 어촌에서 바로 잡아 올린 신선한 바다 냄새를 느낄 수 있다.

Data **지도** 242p-E **가는 법** 나하공항에서 차로 40분
주소 沖縄県南城市玉城奥武41 **전화** 098-948-7920
운영시간 11:00~15:00, 17:00~24:00(일요일 ~22:00)
(완판 시 종료, 월요일 휴무)
요금 오징어 먹물 정식 1,650엔

바다 조망의 테라스 카페
카페 롯지 Cafe lodge

통나무로 만든 복층 구조의 전망 카페. 일본 명수 백선에 선정된 최남단의 용천수인 가키노하나히자垣花樋川에서 도보 1분 거리에 위치해 있다. 신발을 벗고 통나무 카페로 들어가면 실내에서도 나무 내음이 가득해 마음이 편안해진다. 2층으로 올라가면서도 통창으로 된 창문으로 계속 바다를 바라볼 수 있어 자연이 만들어낸 멋진 그림 작품을 계속 감상하는 듯한 느낌이 든다.

Data **지도** 243p-C **가는 법** 나하공항에서 차로 40분
주소 沖縄県南城市玉城垣花8-1 **전화** 098-948-1800
운영시간 16:00(월, 화, 금요일 휴무) **요금** 카레 1,200엔, 케이크 500엔 **홈페이지** cafefuju.com

이토만시 • 야에세초

알로하, 하와이
하와이안 카페 다이닝 코아 Hawaiian Cafe Dining KOA

남부 대부분의 카페들은 전망으로 승부하는데, 이곳 역시 테라스 자리에서 보는 바다 전망이 아름답다. 날씨가 좋은 날은 게라마 제도의 도카시키지마섬까지 볼 수 있다. 오키나와 채소를 이용한 하와이안 요리를 즐길 수 있는데, 오키나와 흑돼지 아구로 요리한 아구 로코모코는 햄버거 스테이크와 비슷하지만 고기 위에 그레이비소스를 둘러 고기의 고소한 맛을 배가시켰다. 런치 세트를 주문하면 샐러드 바까지 이용 가능하다. 이 집의 샐러드 바는 이토만산 아이스플랜트, 토우모후 등 처음 보는 무농약 오키나와 야채로 가득하다.

Data 지도 242p-D
가는 법 나하공항에서 차로 20분, 이토만시청 뒤편 시오자카타운 내
주소 沖縄県糸満市潮崎町 4-28-20 ここバンチ202
전화 098-851-8495
운영시간 10:00~20:00 (목요일 휴무)
요금 로코모코 1,290엔, 피자 1,690엔~
홈페이지 www.hawaiiancafekoa.com

오래된 민가에서 먹는 오키나와 소바
야기야 屋宜家 | やぎや

류큐 민가의 원형이 그대로 남아있는 옛 민가를 개조한 소바 가게. 한적한 시골 동네에 3대째 살고 있던 집주인이 가게를 오픈했다. 전통적인 오키나와 소바라는 느낌보단 전통의 재해석이라고 할까. 다른 곳에서 볼 수 없었던 해초를 넣은 시원한 오키나와 소바는 파도가 높지 않고 잔잔한 남부의 바다 맛 같다. 모즈쿠스(해초 초무침 요리), 연두부 등이 세트로 나오는 런치 메뉴는 1,070엔. 점심시간만 되면 이 시골마을에 이렇게 많은 사람들이 있었나 싶을 정도로 가게가 매우 붐빈다. 역시 최고 인기 메뉴는 해초 오키나와 소바 세트(아사소바). 비지를 제거하지 않고 콩을 통째로 갈아 만든 두유 오키나와 소바도 맛있다. 팥빙수 디저트는 꼭 한 번 먹어볼 것! 엄지를 번쩍 들고 싶을 만큼 맛있다.

Data 지도 242p-E
가는 법 나하공항에서 차로 30분 **주소** 沖縄県八重瀬町大頓1172
전화 098-998-2774
운영시간 11:00~16:00 (주문 ~15:15, 화요일 휴무)
요금 아사소바 세트 1,110엔, 안초비 두부 200엔, 흑설탕 콩가루 팥빙수 400엔
홈페이지 www.ne.jp/asahi/to/yagiya

갤러리를 품은 편집숍
차핫트 チャハット | chahat

나하 우키시마도리의 작은 골목 안에 있던 차핫트가 난조시로 이전, 재오픈하였다. 바다가 보이는 곳에 위치한 차핫트는 전시회나 이벤트 개최 등을 기본으로 하며 평소에는 제작 공방으로서 활용되고 있다. 각종 이벤트 정보는 홈페이지나 페이스북을 통해 확인할 수 있다.

Data **지도** 243p-C **가는 법** 나하 버스터미널에서 53번 버스로 시키야 하차, 도보 1분 **주소** 沖縄県南城市知念字志喜屋466 **전화** 098-917-5058 **운영시간** 이벤트마다 변동 **요금** 손수건 660엔 **홈페이지** www.chahat27.com

그릇과 카페 그리고 가족
보노호 ぼのほ | BONOHO

보노호는 '내가 갖고 싶은 것'을 뜻하는 보쿠노 호시이 모노ぼくのほしいもの를 줄인 말이다. 도예가 사토 나오미치 씨는 가게 이름처럼 자기가 갖고 싶은 생활 도기를 만들고 싶었다고 한다. 정형화되지 않은 투박함이 주는 따뜻하고 밝은 느낌의 생활 도예들은 자유롭고 세련되어, 한 번 보면 갖고 싶어질 정도다. 그의 생활 도기는 현재 인기가 많아 나하 편집숍에 납품될 때마다 금방 완판된다. 가브 도밍고, 후지이이로텐 같은 편집숍에서도 판매 중이지만, 집과 작업실이 함께 있는 갤러리 겸 카페 보노호는 남부 지역에서 꼭 추천하고 싶은 공간. 갤러리 안 전체가 사토 씨의 작품으로, 주택을 직접 수리해 가구도 만들고 커피 로스팅 기계까지 만들 정도로 그의 아트 감성이 물씬 느껴지는 공간이다. 어디 이런 남자 또 없습니까, 한탄할 정도로 부인이 부러운 갤러리. 솜씨 좋은 부인인 마코토 씨가 바느질한 방석도 보노호의 분위기에 한몫을 한다. 그녀가 만든 스콘을 먹으면 어디 이런 부인 또 없냐는 소리가 절로 나온다. 일주일 중 이틀간 각각 단 5시간만 문을 열며, 렌터카가 없으면 방문이 어려운 위치에 있다. 보노호, 나도 너무 갖고 싶다!

Data **지도** 243p-A **가는 법** 나하에서 차로 50분 **주소** 沖縄県南城市佐敷手登根65 **전화** 098-947-6441 **운영시간** 수·목요일 12:00~17:00 **요금** 접시 5,500엔~ **홈페이지** bonoho.com

보노호의 오너 사토 씨에게 물었다. 오키나와가 왜 좋나요?
저는 나가노현 출신이고, 오키나와 현립예술대학 조각과에 입학한 것을 계기로 오키나와와 인연을 맺게 되었습니다. 그 이후 독일에서 생활한 기간을 빼고는 쭉 오키나와에서 살고 있습니다. 독일 생활 중 독일의 '우중충한' 분위기에서 벗어나 밝고 따뜻한 곳에서 작업하고 싶다는 생각을 했고 곧 실천에 옮겼죠. 저는 조각을 전공했지만 어쨌지 도예를 하면 슬리퍼에 반바지 차림으로 행복하게 일할 수 있겠다고 생각했어요. 저한테 오키나와는 그런 곳이죠. 간편한 차림으로 하고 싶은 일을 하고 행복한 생각을 하는 곳입니다.

| 난조시 |

여심을 사로잡는 별장 같은 프라이빗 공간
카이자 Kaiza | 海坐

눈앞에 펼쳐지는 미바루 비치를 바라보며 프라이빗한 공간에서 기분 좋은 휴식을 취할 수 있는 B&B식 숙소. 숲에 둘러싸인 심플한 목조 건물의 계단으로 이어진 입구를 지나면 남태평양의 숲 속 별장에 온 것처럼 스르르 긴장이 풀린다. 2층에 단 4개의 객실과 다이닝 공간이 있고, 건물 안에서 바다가 보이지 않는 공간을 찾기가 어려울 정도로 바다 풍경과 어우러진다. 숙소 뒤에는 매력적인 공간이 숨어 있는데 바로 노천 욕장과 트리 테라스다. 바다를 보며 스파를 즐기는 체험을 절대 놓치지 말 것. 두 개의 화장실과 스파 등은 공용 공간이지만 객실이 4개뿐이고 수시로 청소를 해서 함께 써도 혼자 쓰는 듯한 분위기니 걱정할 필요가 없다. 상냥하고 세련된 노부부의 센스와 정성스러운 손길을 곳곳에서 느낄 수 있는데, 특히 신선한 오키나와 재료들로 만든 정갈하고 푸짐한 아침 식사를 먹고 나면 몸도 마음도 건강해지는 느낌이다. 프라이빗한 여행을 좋아하는 전문직 싱글 여성들이 주로 묵으며, 중학생 이상부터 숙박이 가능하다.

Data **지도** 243p-C **가는 법** 나하공항에서 차로 40분. 또는 나하버스 터미널에서 류큐버스 50번, 51번, 53번 다마키玉城 정류장에서 내려(60분) 도보 15분 **주소** 沖縄県南城市玉城字玉城56-1 **전화** 098-949-7755
요금 트윈룸(조식 포함) 2인 1실 이용시 1인 요금 9,400엔~
홈페이지 www.kaiza-okinawa.com

오키나와 천연온천을 체험해 보자
유인치 호텔 난조 ユインチホテル南城

오키나와 남부에 위치한 천연온천 호텔로, 일본 후생성 연금휴가센터를 리모델링해 2009년 재개장했다. 언덕 위 3만5천 평의 광활한 부지에 세워진 호텔에서 난조시 전체를 내려다 볼 수 있고, 호텔 내 천연 전망 온천 엔진노유猿人の湯에서는 오키나와 남부의 푸른 바다와 대자연을 바라보며 온천욕을 즐길 수 있다. 온천수는 지하 2,119m의 지하암반에서 용출하는 온천수를 사용한다. 호텔 내 스포츠문화센터에서는 테니스, 라켓볼, 실내수영장, 야외수영장, 캠핑장과 사이클링로드 등도 있어, 다양한 스포츠 시설 이용이 가능하다.

Data 지도 242p-B
가는 법 나하공항에서 차로 40분. 또는 나하 버스터미널에서 39번 하쿠나百名 행이나 츠기시로노마치つきしろの街 행을 타고 규카센터 입구휴가센터 입구에서 내려 도보 5분
주소 沖縄県南城市佐敷新里1688
전화 098-947-0111 **요금** 스탠다드 트윈룸(조식 포함) 2인 1실 이용시 1인 요금 9,000엔~
홈페이지 www.yuinchi.jp

숲 속 오두막 작은 집
야마노코야 山の小屋

산중 카페인 야마노차야를 지나 녹음이 우거진 산책로를 따라가면 이름 그대로 숲 속 작은 오두막에 이른다. 사치바루의 정원 그룹의 오너와 스태프가 직접 만들었다는 오두막은 단 한 팀만이 꽃들과 나무로 둘러싸인 작은 정원과 눈앞에 펼쳐지는 시원한 바다 풍경을 오롯이 느끼는 호사를 누릴 수 있다. 야마노차야나 하마베노차야 브런치가 포함되어 있으며, 홈페이지를 통해 숙박 예약하면 된다.

Data 지도 243p-E
가는 법 나하에서 차로 40분. 또는 나하 버스터미널에서 39번 미바루 비치 행 버스를 타고 미바루 비치에서 내려(60분) 도보 10분 **주소** 沖縄県南城市玉城字玉城18-1
전화 070-2322-8023
요금 20,000엔, 성인 3명까지 이용 가능
홈페이지 sachibaru.jp/koya

최고의 로케이션과 서비스를 제공하는 월드 클래스의 럭셔리 호텔
하쿠나가란 百名伽藍

남부 해안에 위치한 최고급 럭셔리 호텔로, 전 객실에 미바루 비치의 에메랄드빛 바다와 백사장이 앞마당처럼 눈앞에 펼쳐진다. 몽환적인 풍경, 발밑에서 들려오는 파도 소리와 시원한 바닷바람, 그야말로 오키나와 자연의 리듬과 전통을 호텔 안에서 즐기는 호사를 누릴 수 있다. 투숙객들이 무료로 이용할 수 있는 코티지형 스파에서는 시시각각 달라지는 오키나와의 자연을 느끼면서 노천 온천욕을 즐길 수 있다.

Data 지도 243p-E 가는 법 나하공항에서 차로 40분. 또는 나하 버스터미널에서 39번 미바루 비치 행 버스를 타고 종점 미바루 비치에서 내려(60분) 도보 10분
주소 沖縄県南城市玉城百名山下原1299-1
전화 098-949-1011 요금 이그젝티브 스위트룸(2인1실, 조석식 포함)1인 60,500엔(세금별도) 홈페이지 www.hyakunagaran.com

| 이토만시 |

신나는 해양 스포츠 월드
사잔 비치 호텔 & 리조트 오키나와 サザンビーチホテル & リゾート沖縄

오키나와 남부의 해수욕장 '비비 비치 이토만美々ビーチいとまん' 바로 앞에 위치한 호텔로, 해변 휴양과 해양 스포츠를 즐길 수 있는 곳이다. 새로운 느낌의 수중 체험 워터버드를 비롯해 스노클링, 바나나보트 등 다양한 체험 아이템이 준비되어 있다. 오픈 키친 형태의 뷔페 레스토랑에서는 셰프의 요리하는 모습을 볼 수 있고 하와이풍의 풀 사이드 레스토랑과 프렌치 레스토랑에서 다양한 오키나와의 맛을 즐길 수 있다. 무엇보다 호텔 발코니에서 바라보는 오키나와 남부의 바다가 가슴 속까지 시원하게 만든다.

Data 지도 242p-D 가는 법 나하공항에서 차로 20분 주소 沖縄県糸満市西崎町 1-6-1 전화 098-992-7500
요금 슈피리어하버 마린체험 플랜 (2인1실, 조식 포함) 1인 12,610엔~ 홈페이지 www.southernbeach-okinawa.com

Okinawa By Area
03

중부
中部

미군정의 흔적 때문인지 영어 간판이 더 많고 미국 프랜차이즈의 네온사인이 번쩍거리는 곳, 오키나와 중부. 어쩌면 이곳은 오키나와의 변천사를 가장 잘 보여주는 곳일지도 모른다. 미국 대형 쇼핑몰 단지를 그대로 옮겨놓은 듯한 아메리칸 빌리지엔 젊은이들과 관광객으로 넘쳐나고, 미군이 거주하던 외국인 주택단지는 아담하고 트렌디한 숍과 레스토랑으로 활발히 변신 중이다.

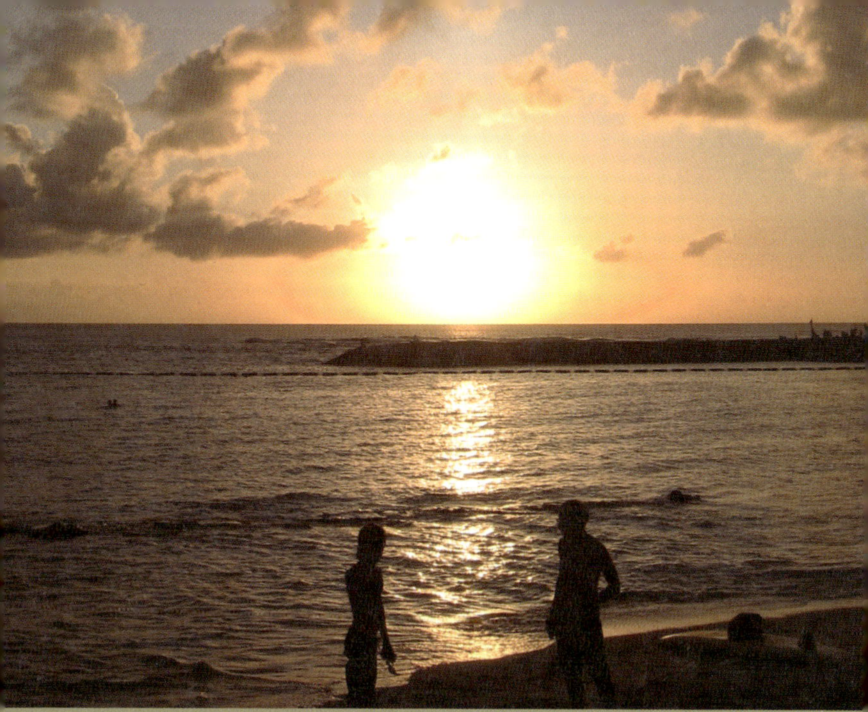

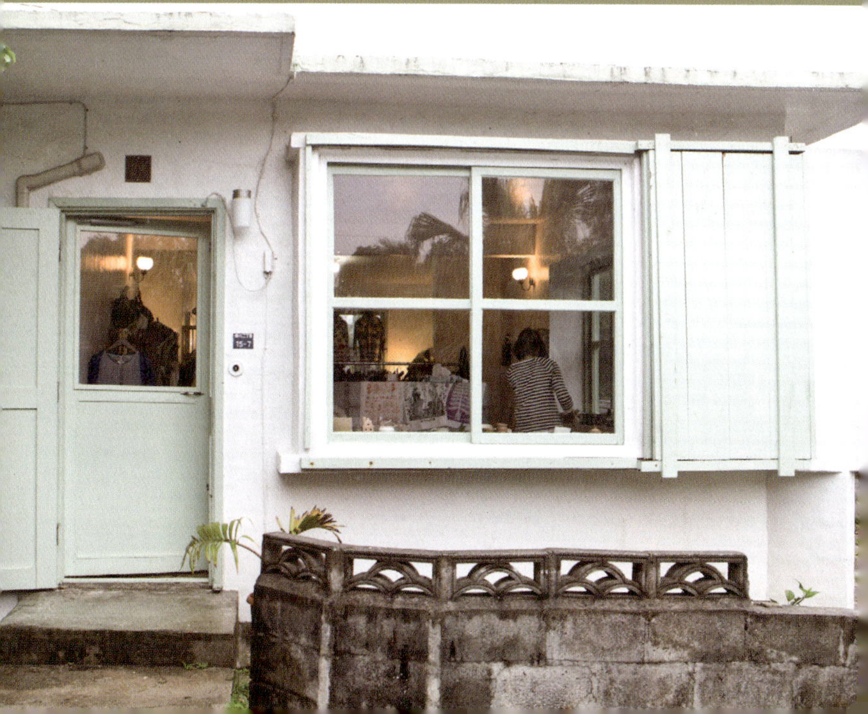

중부
미리보기

미군기지와 류큐왕국의 유적이 혼재된 중부 지역에서는 아메리칸 빈티지와 오키나와 전통이 어우러져 묘한 개성과 조화를 엿볼 수 있다. 아메리칸 스타일과 젊은 감각의 레스토랑이 몰려 있어 무엇을 먹을지 행복한 고민을 하게 된다. 트렌디한 쇼핑 스폿도 많다.

ENJOY

중부 차탄초에는 대형 쇼핑센터, 비치, 놀이기구가 모여 있는 미하마 아메리칸 빌리지가 있고 우라소에시에는 요즘 뜨고 있는 핫 스트리트 '미나토가와 스테이트사이드 타운'이 있다. 아직 사람의 손이 덜 탄 동쪽 우루마시에는 4.7Km에 달하는 바닷길 해중도로가 있는데 해중도로를 지나 헨자지마섬, 미야기지마섬, 이케이지마섬을 도는 드라이브 코스는 오키나와 드라이브 추천 코스 중 하나이다. 요미탄손으로 올라가면 아직도 장인들이 가마에 도자기를 굽고 있는 현내 최대 규모의 도자기 마을 '요미탄 야치문노사토'가 있다.

EAT

중부에는 이국적인 레스토랑과 아담하고 트렌디한 숍이 많다. 오키나와로 이주한 젊은 일본인들이 새롭게 오픈하는 레스토랑도 증가 추세에 있고, 미군기지가 위치한 지역 주변 도로를 끼고 대형 프랜차이즈 레스토랑도 많아 '오늘 뭐 먹지'하고 고민할 필요가 없다. 아메리칸 빌리지와 외국인 주택단지에서는 오키나와, 아메리카 두 스타일이 믹스된 퓨전요리와 웰빙요리를 맛볼 수 있다.

BUY

대형 쇼핑센터와 영화관, 레스토랑 밀집 지역인 미하마 아메리칸 빌리지가 대표적 쇼핑 지역이다. 아메리칸 데포, 데포 아일랜드 등 미국 대형 편집숍 느낌의 가게들이 한 지역에 모여 있어 쇼핑하기 편리하다. 국도 58번을 타고 북상하다 보면 거리 양 옆으로 미국 빈티지 숍이 많은데 한국에서 구할 수 없는 재미있는 아이템들이 많다. 숨은 보석 같은 아이템이 있는지 찾아보자. 미나토가와 스테이트사이드 타운의 레스토랑들 사이에 숨어 있는 편집숍들에서는 세련된 눈썰미를 만족시킬 만한 아이템들이 많다.

중부
📍 1일 추천 코스 📍

쇼핑하고, 먹고, 달리는 '인생 뭐 있나' 타임 플랜. 아메리칸 스타일의 대형 쇼핑단지, 소규모 숍과 레스토랑이 아기자기 모여 있는 쇼핑 거리가 나하와는 또 다른 매력을 보여준다. 유난히 맛집도 많은 오키나와 중부에서 다양한 문화 속으로 빠져들자.

가쓰렌 성터
바다와 시골풍경이
어우러진 유적지
풍경으로 기념사진

자동차 10분

해중도로 드라이브
근심 걱정 다 떨어내고
떠나요 우리~
오키나와의 바다로!

자동차 20분

이케이 비치
이케이지마섬에서
오키나와의 푸른
바다 속 매력에 흠뻑

자동차 90분

아메리칸 빌리지 & 선셋 비치
쇼핑, 닥치고 또 쇼핑. 그리고
로맨틱한 석양 감상

자동차 25분

요미탄 야치문노사토
새소리 나는
도자기 마을에서의 산책

자동차 40분

**미나토가와
스테이트사이드 타운**
이국적 분위기의
주택에서 브런치

중부 찾아가기

어떻게 갈까?
중부지역 서쪽 해안가로 리조트들이 모여 있어 나하공항이나 나하 고속버스터미널에서 중부 지역으로 출발하는 버스들이 꽤 있다. 리조트에만 머무르다 갈 생각이라면 리무진버스를 타고 중부로 이동할 것. 아니면 공항에서 렌터카로 이동하는 것이 택시를 이용하는 것보다 경제적이다.

1. 렌터카
나하에서 렌터카를 타고 일반도 58번을 따라 북상하면 기노완시의 미나토가와 스테이트사이드 타운, 미하마 아메리칸 빌리지, 선셋 비치, 요미탄 도자기 마을까지 40~60분 정도 소요된다.

2. 일반버스
나하공항에서 기노완시, 차탄초, 요미탄손, 나고시까지 운행하는 120번 노선버스가 있다. 나하 버스터미널에서는 류큐버스와 오키나와버스가 공동 운행하는 20, 28, 29번 버스와 오키나와버스 77번을 타면 된다. 요금은 나하 기준 차탄까지 680엔, 요미탄손까지 980엔이다. 승차 전에 목적지를 잘 확인하자.
류큐버스 098-852-2510 오키나와버스 098-862-6737

3. 택시
공항에서 택시를 타면 도로 사정에 따라 4,000엔~5,000엔 정도 소요된다(아메리칸 빌리지 주변).

4. 리무진버스
나하공항에서 기노완시를 거쳐 아메리칸 빌리지 주변 호텔과 기타나카구스쿠손의 중부 주요 호텔까지 운행하는 A에어리어 리무진과 요미탄손 주요 호텔까지 운행하는 B에어리어 리무진이 있다. 리무진버스 티켓은 국내선 터미널 1층에 위치한 리무진버스 티켓 카운터에서 구매하거나, 각 리조트 호텔 프런트에서 구매할 수 있다. 구입 전 숙박할 호텔 이름을 확인하고 노선을 체크할 것. 국내선 도착 시간에 맞춰 출발 시간이 정해져 있지만, 에어리어마다 1일 2~3회, 성수기에는 편수가 더 추가되므로 미리 홈페이지에서 출발 시간을 확인하고 이용하면 된다.

A에어리어
문 오션 기노완 호텔 & 레지던스, 라구나 가든 호텔, 더 비치 타워 오키나와 호텔, 베셀 호텔 캄파나 오키나와, 힐튼 오키나와 차탄

B에어리어
나하 버스터미널, 맥스밸류 이시카와점, 르네상스 리조트 오키나와, 오키나와 잔파미사키 로얄 호텔, 호텔 닛코 아리비라 등

Data 공항 리무진버스(오키나와 버스)
전화 098-869-3301(공항리무진 안내 센터) Fax 098-869-3302 홈페이지 okinawabus.com

어떻게 다닐까?
공항에서 중부 리조트까지 각 호텔을 경유하는 리무진버스나, 나하에서 아메리칸 빌리지로 가는 일반버스를 제외하면 대중교통을 타고 다니기 불편하다. 오키나와에서는 아무래도 렌터카로 다니는 것이 편리하다.

중부 상세도
中部詳細

0 2km

고디즈 GORDIE'S
선셋 비치 Sunset Beach
오키나와미나미IC 沖縄南IC
미야기 해안 宮城海岸
디앤디파트먼트 오키나와 바이 오키나와 스탠다드
D&DEPARTMENT OKINAWA by OKINAWA STANDARD
베셀 호텔 캄파나 오키나와 Vessel Hotel Campana Okinawa
더 비치 타워 오키나와 호텔 The Beach Tower Okinawa Hotel
차탄초 北谷町
미하마 아메리칸 빌리지
기샤바 스마트IC 喜舎場スマートIC
한비 나이트 마켓 ハンビーナイトマーケット
아라하 비치 アラハビーチ
플라우만스런치 베이커리 PLOUGH MAN'S LUNCH Bakery
기노완시 宜野湾市
기타나카구스쿠IC 北中城IC
메가 돈키호테 MEGAドンキホーテ
나카구스쿠 성터 中城城跡
오이나리안 oinALiAn
나카구스쿠PA 中城PA
미나토가와 스테이트사이드 타운 (외국인 주택타운) 港川ステイツサイドタウン
EM 웰니스 구라시노 핫코 라이프 스타일 리조트
EM Wellness Resort Costa Vista Okinawa Hotel & Spa
카페 니콜리 café nicoli
우라소에시 浦添市
니시하라IC 西原IC

미하마 아메리칸 빌리지
美浜アメリカンビレッジ

0 200m

하야테마루 追風丸
데포 아일랜드 Depot Island
선셋 비치 サンセットビーチ
추라유 ちゅらーゆ
아카라 Akara
씨사이드 스퀘어 シーサイドスクエア
주차장
더 비치 타워 오키나와 호텔 ザ・ビーチタワー沖縄
아메리칸 데포 American Depot
추라티다 チュラティーダ
세븐플렉스 7plex
포케 팜 ポッケファーム
이온 차탄점 AEON 北谷店
랜치 RANCH
주차장
카니발파크 カーニバルパーク
구르메 회전초밥시장 グルメ回転すし市場

← 오키나와 방면　　　　나고 방면 →

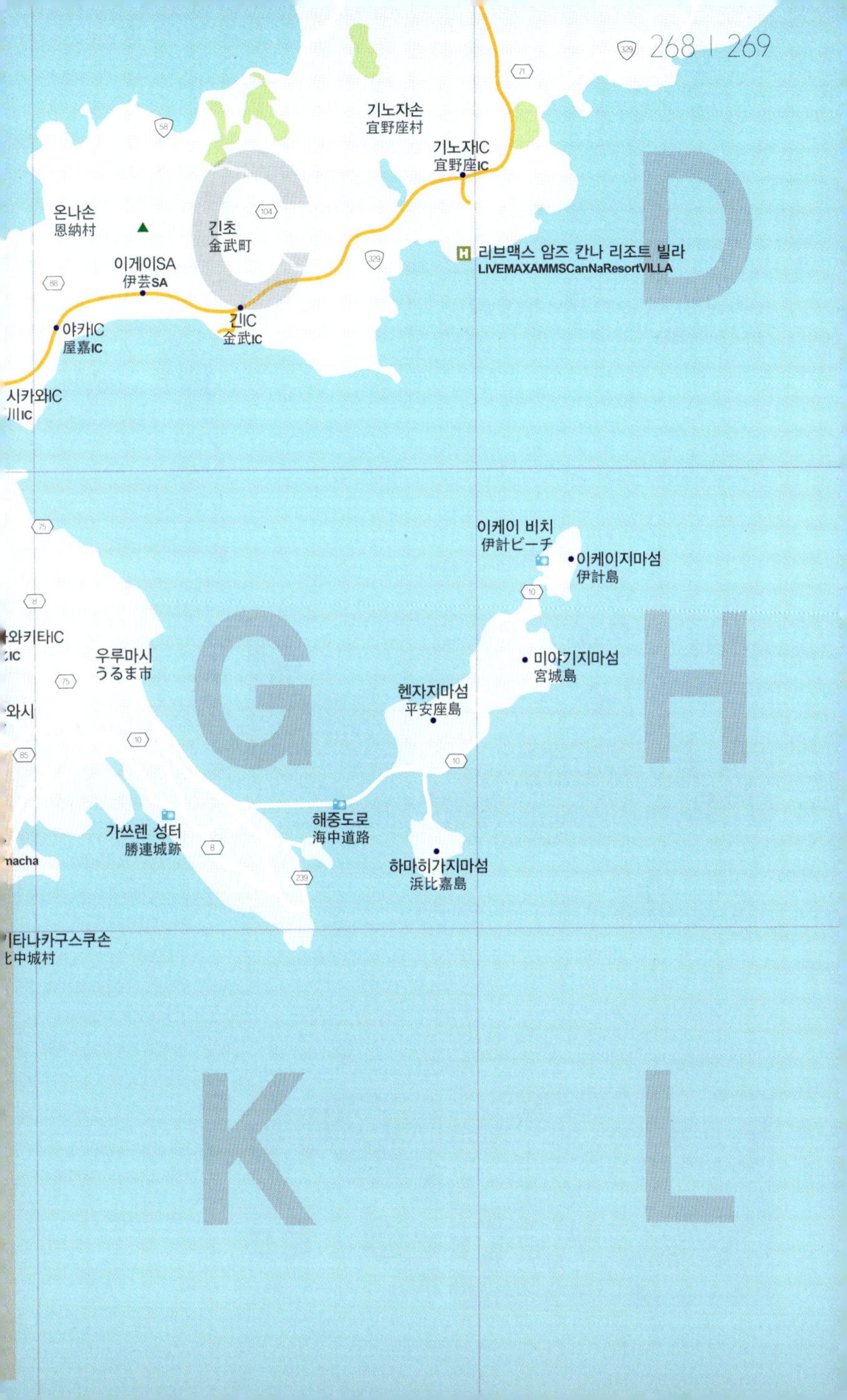
기노자손
宜野座村
기노자IC
宜野座IC
온나손
恩納村
긴초
金武町
리브맥스 암즈 칸나 리조트 빌라
LIVEMAXAMMSCanNaResortVILLA
이게이SA
伊芸SA
긴IC
金武IC
야카IC
屋嘉IC
시카와IC
川IC
C
D
이케이 비치
伊計ビーチ
이케이지마섬
伊計島
와키타IC
IC
우루마시
うるま市
미야기지마섬
宮城島
헨자지마섬
平安座島
와시
해중도로
海中道路
가쓰렌 성터
勝連城跡
하마히가지마섬
浜比嘉島
macha
타나카구스쿠손
中城村
G
H
K
L
58
71
104
329
88
75
8
10
85
239

차탄초

먹거리, 볼거리, 즐길 거리가 풍부한 리조트 타운
미하마 아메리칸 빌리지 美浜アメリカンビレッジ

오키나와 중부는 미군기지가 있는 지역이다. 지역 곳곳에서 미국의 정서를 느낄 수 있다. 미국 서해안을 모델로 한 리조트 타운인 이곳은 거대한 쇼핑몰뿐 아니라 호텔, 놀이공원, 영화관, 레스토랑 등이 한 곳에 모여 있는 곳. 일몰을 감상할 수 있는 선셋 비치가 있어 쇼핑과 해양 레저를 즐기는 젊은 패션 피플들과 관광객들의 발길이 끊이지 않는다. 빌리지에 도착하면 가장 먼저 보이는 것은 60m 높이의 대관람차가 있는 놀이공원. 빌리지의 랜드마크 역할을 한다. 나하의 고쿠사이도리나 신도심 지역을 제외하고 가장 규모가 큰 쇼핑 지역이며 밤늦게까지 영업을 하는 곳이 많다. 이온AEON 백화점 맞은편에 1,500대의 차량을 수용할 수 있는 무료 주차장이 있다.

Data 지도 268p-F
가는 법 나하에서 차로 국도 58번 타고 45분. 또는 나하 버스 터미널에서 20, 28, 29번, 나하 공항에서 120번 버스 타고 구와에桑江에서 하차
주소 沖縄県中頭郡北谷町美浜
전화 098-926-5678
(차탄초 관광협회)
홈페이지 www.okinawa-americanvillage.com

차탄초의 대표 다이빙 스폿
미야기 해안 宮城海岸

쇼핑 복합단지가 많은 미하마 아메리칸 빌리지에서 북쪽으로 조금 올라오면 미야기 해안 지역이 있다. 그래피티가 그려진 방파제를 따라 해안 산책길이 조성되어 있어 현지에서도 인기 있는 데이트 코스로, 조용하게 바다를 바라볼 수 있는 카페가 많고, 해양 레저스포츠도 즐길 수 있는 유명한 다이빙 스폿이기도 하다. 서핑, 보디보드, 다이빙 등 해양 스포츠의 메카로 인기 있는 지역. 해안에서 간편하게 참가할 수 있을 뿐 아니라 산호초나 열대어를 감상할 수 있어 현 내외의 많은 다이버들이 특히 선호하는 장소이다.

Data 지도 267p-B
가는 법 나하공항에서 국도 58번으로 약 20km(50분). 또는 아메리칸 빌리지에서 차로 9분, 도보 30분
주소 沖縄県中頭郡北谷町

노을이 아름다운 비치
선셋 비치 | Chatan Sunset Beach

아메리칸 빌리지에서 쇼핑을 즐긴 후 가볍게 들를 수 있는 인공해변이다. 이름 그대로 아름다운 저녁놀을 감상할 수 있어 해질 무렵이 되면 비치에 앉아 석양을 바라보는 사람들로 붐비고, 비치발리볼을 즐기는 젊은이나 모래성을 쌓으며 시간을 보내는 가족 여행자들도 많이 볼 수 있다. 더 비치 타워 오키나와 호텔 바로 앞에 위치해 있다. 호텔 옆 온천 복합시설 '추라유'의 노천 온천은 느긋하게 몸을 담그고 비치의 드라마틱한 석양 광경을 감상하기 안성맞춤인 공간이다. 수심도 별로 깊지 않고 호텔 접근성이나 쇼핑, 해양 편의시설이 다 잘 구비되어 있어 안전하고 편리하게 해양레저를 즐길 수 있다. 흠이라면 데이트족이 많아 솔로들의 분통을 터지게 한다는 정도.

Data 지도 267p-B
가는 법 아메리칸 빌리지 내
주소 沖縄県中頭郡北谷町美浜
전화 098-936-8273
(선셋 비치 관리동)

중부 지역 인기 비치
아라하 비치 | アラハビーチ

아메리칸 빌리지 남쪽, 아라하 공원 내의 비치로 길이 약 600m의 백사장이 펼쳐진다. 야외무대나 잔디광장, 분수, 농구코트 등이 있어 비치 레저를 즐기는 현지인들로 붐빈다. 로컬 피플처럼 비치를 즐기고 싶다면 관광객이 많은 선셋 비치보다는 본토 가족 여행자가 많은 이곳을 더 추천한다. 해안 쪽의 잔디광장에는 인디안 오크 호의 놀이기구도 설치되어 있어 아이들의 놀이터로 인기 만점. 다이빙, 패러세일링 등을 즐길 수 있다. 바비큐 장소도 마련되어 있어 해변 매점에 사전 예약하면 지정된 장소에서 바비큐 세트를 즐길 수 있다.

Data 지도 267p-B
가는 법 나하공항에서 58번 국도로 40분. 또는 나하공항에서 120번, 나하 버스터미널에서 20번, 63번, 28, 29번 타고 한비타운 앞에서 하차(45분). 아메리칸 빌리지에서 차로 9분, 도보 23분
전화 098-936-0077
(차탄초 공공시설 관리공사), 아라하 비치 매점 098-936-9442(바비큐 예약문의)
주소 沖縄県中頭郡北谷町北谷2-21
운영시간 4월 중순~10월 말
요금 아라하 바비큐세트 1인 2,300엔, 골드 바비큐세트 1인 2,500엔

요미탄손

산호절벽의 드라마틱한 풍경을 즐겨라
잔파곶 残波岬

요미탄의 북서쪽 끝에 있는 곳으로, 가파르게 솟은 산호 절벽이 2km에 걸쳐 이어지는 드라마틱한 풍경의 경승지이다. 주변 바다는 유명한 다이빙 포인트이면서 낚시꾼들에게도 잘 알려진 낚시 포인트이다. 눈앞에 펼쳐진 등대와 바다 풍경이 아름다워 절벽을 따라 산책하기 좋은데 울퉁불퉁한 바위가 연이어 이어지는 구간도 있으니 항상 발밑을 조심해서 걸을 것. 중국과 류큐 왕조의 정식 교역을 이끌어낸 류큐 시대 요미탄의 호족 다이키泰期(たいき)의 기념비도 세워져 있다. 일본 본토에 비해 오키나와의 일몰 시간은 조금 느린 편이니, 여름에는 19시쯤 도착하면 잔파 곶의 유명한 일몰 풍경을 감상할 수 있다.

Data **지도** 268p-B **가는 법** 나하공항에서 차로 60분. 또는 나하 버스터미널에서 28번 요미탄 행 버스 타고 종점에서 하차 (90분) **주소** 沖縄県中頭郡読谷村宇座1861 **전화** 098-982-9216

오키나와 도예작가들의 공방이 모여 있는
요미탄 야치문노사토 読谷やちむんの里 | 요미탄 도자기 마을

나하에서 북쪽으로 약 1시간 정도 올라가면 나오는 요미탄 지역의 도자기 마을 '야치문노사토'. 야치문은 오키나와 도자기를 뜻하는 말로, 15개의 공방과 상점, 갤러리 등이 조그만 시골 마을을 이루어 살고 있다. 오키나와의 야치문은 1682년 류큐 왕조의 쇼테이왕尚貞王이 지리적으로 분산된 가마 작업장을 나하의 쓰보야로 모아 일본, 중국, 한국의 도예 기술을 흡수하며 야치문의 진흥을 도모한 것에서 그 역사가 본격화된다. 그러나 나하가 도시로 발전하고 시내의 가마에서 도자기를 굽기 어려워지자, 1970년대 일부 작가들이 나하의 도자기거리 '야치문도리'에서 나와 요미탄으로 이주하면서 '야치문노사토'를 형성하게 되었다. 여전히 활발히 도자기를 굽고 있는 시골 마을에서 조용히 산책을 즐기려는 개인 여행객이나 커플들이 특히 좋아할 만한 곳. 하지만 도예가들이 작업하면서 생활하는 곳이니 호기심에 못 이겨 개인주택이나 공방에 들어가는 것은 금물이다.

Data **지도** 268p-F **가는 법** 나하공항에서 차로 국도 58번 타고 50분. 나하 버스터미널에서 20번, 120번 노선버스를 타고 오야시이리구치 親志入口 하차 후(80분) 도보 10분. 또는 아메리칸 빌리지에서 차로 35분 **주소** 沖縄県読谷村座喜味2653-1 **전화** 098-958-6488 **운영시간** 09:30~17:30 (기타가마 매점) **요금** 무료

괜찮아, 체험이야 류큐문화 체험을 즐겨보자
무라사키무라 むら咲むら

요미탄 북서쪽에 있는 테마파크로 류큐 유리 만들기 체험, 염색, 요리 등 다양한 류큐문화를 체험할 수 있다. 드라마 〈괜찮아 사랑이야〉에서도 두 주인공이 체험하던 배경으로 등장한 장소이다. 테마파크 내의 야치문 공방에서는 직접 도자기를 만들 수 있고, 어린이나 초급자도 쉽게 배울 수 있다. 제작 후 건조, 굽기까지 30~45일 소요되며, 제작 후 작품을 택배로 받을 수 있다. 컵이나 그릇 등 작은 작품을 만드는 데 체험비는 2,500엔 정도. 배송료는 별도 부담해야 한다.

Data 지도 268p-F 가는 법 나하공항에서 차로 60분. 나하 버스터미널에서 28번 요미탄 행 버스 타고 우후도うふどー 하차(1시간 20분) 후 도보 10분. 또는 요미탄 야치문노사토에서 차로 15분 주소 沖縄県中頭郡読谷村高志保 1020-1 전화 098-958-1111 운영시간 09:00~18:00 요금 어른 600엔, 중·고생 500엔, 초등학생 400엔 홈페이지 murasakimura.com

| 오키나와시 |

아열대 자연속에서 피크닉 타임
동남식물낙원 東南植物楽園

1,300 종류의 열대, 아열대 식물들과 오키나와의 다양한 약초 허브원, 열대과일 농장, 야자수 가로수길이 있는 수상공원으로 따뜻한 오키나와의 자연을 느낄 수 있다. 연못과 다양한 야자수가 장관을 이루는 식물원에서 아열대 자연의 생명력을 느끼면서 피크닉을 즐길 수 있다. 식물원 내에서는 가든파티를 비롯해 피크닉 런치도 이용할 수 있으며, 숲 속 곳곳에서 카피바라(설치류 동물)와 다람쥐원숭이, 염소를 만날 수 있다. 기념품 숍과 카페, 레스토랑도 있어 아이가 있는 가족에게 즐거운 자연 체험 공간이 되어준다. 겨울에 식물원 곳곳에 빛의 길 이벤트가 열리는데 빛의 터널, 트리, LOVE 오브제, 은하수 길 등 공원 전체가 로맨틱한 빛의 축제장이 된다. LOVE 오브제 근처에는 메시지를 적어 사랑의 열쇠를 걸 수 있는 코너도 있으니 커플이라면 겨울밤에 들러보면 어떨까.

Data 지도 268p-F 가는 법 나하공항에서 차로 1시간, 아메리칸 빌리지에서 차로 25분 주소 沖縄県沖縄市知花 2146 전화 098-939-2555 운영시간 09:30~22:00(시기별로 변동) 요금 09:30~17:00 1,540엔, 17:00~22:00 1,980엔, 1일 입장 2,600엔~ 홈페이지 www.southeast-botanical.jp

우루마시

평화로운 섬 비치의 여유
이케이 비치 伊計ビーチ

흑설탕이 유명한 오키나와의 시골 풍경에서 사탕수수 밭은 빼놓을 수 없는 경치의 한 일부이다. 이곳도 예외 없이 빽빽이 늘어선 사탕수수 밭이 인상적인 평화로운 이케이지마섬의 해변. 해중도로를 건너 헨자지마섬, 미야기지마섬을 지나면 가장 끝에 있는 이케이지마에 다다른다. 이케이 비치는 바다색이 투명하고 아름다워 현지인들에게도 인기 만점. 해양 레저도 풍부하고, 휴일이면 현지인들이 바비큐 비치 파티를 즐긴다. 해변에서 바비큐 세트를 예약할 수 있고 파라솔, 테이블, 철판과 가스 등의 바비큐 조리 기구들은 개인용품 사용이 불가해 미리 예약해야 하지만 바비큐 재료는 직접 구입해 와도 좋다. 비치 내에서 숯은 사용금지. 해변에 딸린 쿨러 룸(전기용품이나 비품 없이 에어컨디셔너만 설치되어 있는 방)에 묵으면서 1박 바비큐 파티를 즐기는 것도 가능하니 해변에서 하룻밤 묵으며 즐기고 싶은 사람들에게 추천. 대신 호텔의 편하고 안락한 시설을 기대하지는 말자.

Data 지도 269p-H
가는 법 나하공항에서 고속도로를 타고 나하 IC로 진입해 오키나와키타 IC 경유(70분). 또는 329번 국도 이용 (80분) 주소 沖縄県うるま市 与那城伊計 405
전화 098-977-8464 (바비큐, 쿨러 룸 예약)
운영시간 4~10월
요금 입장료 400엔, 캠프 600엔, 파라솔 대여 1,000엔, 의자&테이블 대여 2,000엔 / 쿨러 룸 7,000엔~12,000엔 / 주차 무료
홈페이지 www.ikei-beach.com

| 우루마시 추천 드라이브 코스 |

가쓰렌 성터 → 해중도로 → 이케이 비치 → 하마히가지마섬

해중도로를 통과해 4개의 섬을 돌아보는 루트로, 바다를 가로지르는 짜릿함과 섬이 가지는 느긋함이 동시에 느껴지는 우루마시 추천 드라이브 코스다. 가쓰렌 성터를 지나 해중도로에서 헨자지마섬, 미야기지마섬을 거쳐 이케이지마섬의 이케이 비치에서 해수욕을 즐긴 후 돌아 나오면서 하마히가지마섬까지 둘러보고 나오는 코스로 자전거 여행족도 많다. 시골풍경과 바다가 어우러져 서정적인 풍경을 만들어낸다.

이전의 번영은 간 데 없지만 풍광은 최고!
가쓰렌 성터 勝連城跡

가쓰렌 반도 아래 위치한 언덕에 있는 가쓰렌 성은 당시 해외 무역 등이 번성했던 13~14세기에 9대째 성주인 모치즈키아지茂知附按司에 의해 축성된 것으로 추정되고 있다. 10대 성주 아마와리아지阿摩和利按司 시대에는 세력이 더 커지고, 류큐 왕국 사위로서의 권위를 갖게 되어 류큐 통일까지 꾀하였으나, 1458년 류큐 왕국에 의해 멸망하였다. 성은 본래 남성, 중간 내부, 북성으로 축성되었으나 현재는 북성의 흔적만이 남아있다. 성내에서 중국, 원나라의 도기가 출토되어 그 당시의 번영을 말해주고 있다. 1972년 국가사적으로 지정되었고 2000년 11월 유네스코 세계문화유산으로 등재되었다. 야트막한 산 위에 위치해 있어 성터에서 내려다보이는 바다와 시골마을 풍경이 시원하고 아름다워 셀카봉 촬영에 최적의 장소이다. 주차장 옆 휴게소에는 성터에서 출토된 유물을 전시하고 있다. 급경사는 없지만 돌계단 등 올라가는 코스가 있다. 편안한 복장으로 방문할 것. 햇볕을 피할 곳이 따로 없으니 한여름 방문 시 양산이나 모자를 준비하자.

Data 지도 269p-G
가는 법 나하공항에서 차로 1시간 10분(오키나와키타 IC에서 8km)
주소 沖縄県うるま市勝連南風原 전화 098-978-2033
운영시간 09:00~18:00
요금 600엔, 중학생 이하 400엔
홈페이지 www.katsuren-jo.jp

바다 위를 달리다!
해중도로 海中道路 | 가이추도로

아시아 제일의 길이를 자랑하는 해중도로는 본섬에서 헨자지마섬, 미야기지마섬, 이케이지마섬을 잇는 4.7km의 해변도로이다. 해중도로라 해저터널이 연상되지만 실제로는 바다를 매립해 만든 것으로, 도로 양옆으로 오키나와 남국의 바다가 펼쳐져 있다. 바다를 가르며 달리는 기분이 환상적이라 드라이브와 자전거 여행 코스로 유명하다. 도로 중간에 특산물 판매점과 레스토랑, 문화 자료관이 있는 휴게소가 있다. 도로 중간에 특이하게 비치가 있어 해수욕과 마린 스포츠를 즐기는 사람들로 늘 북적인다.

Data 지도 269p-G
가는 법 나하공항에서 고속도로를 타고 나하 IC로 진입해 오키나와키타 IC 경유(50분). 또는 나하공항에서 국도 330번→329번 이용(55분)
주소 沖縄県うるま市~那城屋慶名~平安座島

| 우라소에시 |

주택 카페에서 즐기는 커피 한 잔
미나토가와 스테이트사이드 타운
Minatogawa Stateside Town | 港川ステイツサイドタウン | 외국인 주택 타운

현재 가장 핫한 레스토랑이나 숍들이 모여 있는 오키나와 쇼핑계의 떠오르는 샛별이다. 원래 미군들의 주거지로 사용되던 곳이었다가, 지금은 분위기 있는 카페와 앤티크숍들이 주택 사이사이로 생겨나면서 새로운 쇼핑 명소를 형성하고 있다. 단층의 주택들은 형태가 비슷하지만 숍의 개성에 맞게 리모델링해 집마다 보는 재미가 있고, 숍마다 개성 강한 주인들의 스토리가 스며들어 있다. 미군 주거지였던 영향으로 집집마다 네바다26호, 버지니아29호처럼 미국 주를 통째로 가져와 닉네임처럼 붙여놓은 것도 무척 재미있다. 효모빵을 만드는 빵집 이페코페, 아메리칸 부티크 빈티지 제품을 취급하는 숍 아메리칸 웨이브 등 상점 종류도 다양해 눈요기만 해도 기분이 좋아진다. 꼭 필요한 물건은 아니지만 안 사고 돌아오면 눈에 사무치도록 밟힐 아기자기하고 예쁜 상품들이 많다.

Data 지도 267p-A
가는 법 나하공항에서 국도 58번을 따라 차로 45분, 아메리칸 빌리지에서 차로 25분
주소 沖縄県浦添市港川沖商外人住宅街
홈페이지 okisho.com/foreigner-house

| 기타나카구스쿠손 |

우아한 류큐왕국의 성곽길
나카구스쿠 성터 中城城跡

2000년 12월 '류큐왕조 관련 유산군'으로 세계문화유산에 등록되었다. 15세기 중엽 건립된 성으로 슈리왕조에 대항하는 가쓰렌 성주에 맞서 싸우기 위해 류큐 석회암을 이용해서 만들었다. 천연 바위 지형을 살려 곡선미가 살아있는 것이 특징이다. 태평양 전쟁 당시 많은 성들이 파괴되었음에도 나카구스쿠 성만은 비교적 원형 그대로 남아 있어, 성곽길을 따라 천천히 산책하면서 류큐 왕조의 건축미를 느껴볼 수 있다. 성곽길 위에서 내려다보는 바다 전망도 아름답다.

Data 지도 267p-B
가는 법 나하공항에서 차로 40분. 나하 버스터미널에서 도요버스 30번(요나바루 경유)을 타고 나카구스쿠고엔 입구에서 하차(50분). 또는 아메리칸 빌리지에서 차로 18분
주소 沖縄県中頭郡北中城村大城 503
전화 098-935-5719
운영시간 08:30~17:00(5월~9월 ~18:00)
요금 어른 400엔, 중고생 300엔, 초등학생 200엔
홈페이지 www.nakagusuku-jo.jp

차탄초

꽃미남 라면가게
하야테마루 追風丸

맛도 훌륭하고 무엇보다 신사동 가로수 길에서도 보기 힘든 꽃미남 점원들이 먼저 눈에 들어오는 가게. 홋카이도에 본점이 있는 홋카이도 라멘 전문점으로, 오키나와에 있는 6개 점포 중 하나이다. 홋카이도산 밀을 잘 숙성시켜 뽑아낸 면이 무척 탱글탱글하다. 차슈를 곁들인 매콤한 된장라멘을 맛볼 수 있고, 오동통한 면을 참깨 간장소스 혹은 해물 간장소스에 곁들인 쓰케멘도 추천 메뉴. 된장 소스에 땅콩 재료가 들어가니 알레르기가 있는 사람은 먼저 점원에게 말해 줄 것. 씨사이드 스퀘어 1층에 위치한다.

Data 차탄점
지도 267p-아래 **가는 법** 나하공항에서 국도 58번 따라 45분. 또는 나하 버스터미널에서 20, 28, 29번, 나하공항에서 120번 버스를 타고 구와에에서 내려 도보 3분, 아메리칸 빌리지 내
주소 沖縄県中頭郡北谷町美浜9-8 시사이드스퀘어1F
전화 098-926-0027
운영시간 11:00~21:00 (금, 토,일요일 ~21:45)
요금 쓰케멘 880엔, 시오라멘(소금) 850엔
홈페이지 www.hayatemaru.com

야외 레스토랑에서 즐기는 오키나와 버전 멕시코요리
포케 팜 ポッケファーム | Pocke Farm

아메리칸 빌리지의 아메리칸 데포 B동 1층에 있는 야외 레스토랑. 아메리칸 빌리지 사인을 지나 사거리에서 대각선 방향으로 오른쪽에 데포 빌딩이 위치해 있다. 데포 빌딩은 A~C동으로 이뤄진 2층 복합몰로, 항상 일본의 젊은 쇼핑족들과 관광객으로 붐빈다. 포케 팜은 데포 빌딩의 코너에 위치해 있어(B와 C동 사이 소호 숍 맞은편) 느긋하게 사람들을 구경하며 맥주와 햄버거, 타코라이스 같은 간단한 식사를 즐길 수 있는 곳이다. 멕시코 음식 타코의 오키나와 버전인 타코라이스는 토르티야를 사용하지 않고 볶음밥 위에 채소와 살사 소스를 곁들인 음식으로, 타코라이스에 계란 프라이를 얹은 부드러운 맛의 타코모코 라이스가 레스토랑의 인기 메뉴이다. 두툼한 쇠고기 패티의 햄버거도 군침 도는 추천 메뉴이니 도전해 볼 것.

Data **지도** 267p-아래
가는 법 나하공항에서 국도 58번 따라 45분. 또는 나하 버스터미널에서 20, 28, 29번, 나하공항에서 120번 버스를 타고 구와에에서 내려 도보 3분, 아메리칸 빌리지 내
주소 沖縄県中頭郡北谷町美浜 9-12 (デポB)
전화 080-8581-1405
운영시간 10:30~20:30
요금 타코모코 라이스 700엔, 햄버거 세트 980엔
홈페이지 www.depot-abc.com/shop/pocke-farm

아메리카 정통 햄버거의 그 맛
고디즈 GORDIE'S | ゴーディーズ

미국 본토의 정통 햄버거 맛을 볼 수 있는 곳으로, 매일 직접 구워내는 번과 오키나와 소고기로 만든 수제 패티의 맛이 좋다. 가게 이름은 미국영화 <스탠드 바이 미>의 주인공 이름 고든에서 착안했다. 오너가 미국 빈티지 애호가라 레스토랑 곳곳에 미국에서 수집한 빈티지 아이템들이 가득하다.

Data 지도 267p-B
가는 법 나하공항에서 국도 58번 따라 40분 주소 沖縄県中頭郡北谷町字砂辺100-530
전화 098-926-0234
운영시간 11:00~20:00
요금 햄버거 830엔~
홈페이지 www.instagram.com/gordies_okinawa

가격이 합리적인 회전초밥 전문점
구르메 회전초밥시장 グルメ回転すし市場

부담스럽지 않은 가격에 회전초밥을 먹을 수 있는 곳이다. 사진을 보고 주문할 수 있어 일본어를 못하더라도 주문하는 데 부담이 없다. 아메리칸 빌리지 내, 카니발 파크로 들어가기 전 사거리에 위치해 있다. 근해에서 잡은 싱싱한 해산물로 만든 초밥들이 입안에서 살살 녹아 항상 사람들로 붐빈다.

Data 미하마점
지도 267p-아래 가는 법 나하공항에서 국도 58번 따라 45분. 나하 버스터미널에서 20, 28, 29번, 나하공항에서 120번 버스 타고 구와에에서 내려 도보 3분. 또는 아메리칸 빌리지에서 도보 5분
주소 沖縄県中頭郡北谷町美浜2丁目4-5
전화 098-926-3222
운영시간 11:30~22:00(수요일 휴무)
요금 회전초밥 140엔~, 각종 튀김 300엔 홈페이지 www.gurumekaiten.com

선셋 비치의 노을을 즐기며 여유 있게 즐기는 저녁뷔페
추라티다 チュラティーダ | Chula Teeda

아메리칸 빌리지 선셋 비치 앞에 위치한 더 비치 타워 오키나와 호텔 1층에 있는 뷔페 레스토랑. 음식들이 깔끔하고 다양해 일본 관광객들에게도 평판이 좋다. 어린이 전용 뷔페 코너도 있어 아이들이 좋아할 만한 튀김, 카레 등의 메뉴를 맛볼 수 있다. 저녁 두 시간동안 5,500엔의 가격으로 바비큐, 맥주를 무제한 먹을 수 있는 씨사이드 테라스 바비큐가 인기다. 런치에는 카레&파스타 뷔페, 저녁에는 아구 샤브샤브 뷔페를 선택할 수 있다.

Data 지도 267p-아래 가는 법 나하공항에서 국도 58번 따라 45분(더 비치 타워 오키나와 호텔 1층), 아메리칸 빌리지 내 주소 沖縄県中頭郡北谷町美浜8-6 1F
전화 098-921-7711 운영시간 모닝 07:00~10:00, 런치 11:30~14:30, 디너 18:00~22:00(주문 ~21:00), 씨사이드 테라스 바비큐 18:00~22:00 요금 모닝 어른 3,300엔/런치 2,200엔 초등학생 1,100엔 / 디너 뷔페 5,500엔 / 시사이드 바비큐 5,500엔
홈페이지 www.hotespa.net/hotels/okinawa/dishes

오키나와시

고민가 화덕피자 레스토랑
야소카페 야마차 ヤソウカフェ Yamacha

효소주스와 화덕요리 체험공방을 운영하는 화덕피자 레스토랑 야마차는 오키나와시의 조용한 주택가에 위치해 있다. 가끔씩 화덕을 직접 만드는 방법도 가르친다는 뭔가 자급자족의 기운이 느껴지는 카페. 붉은 기와지붕이 인상적인 고민가와 야생차 텃밭이 함께 어우러져 한적한 평화로움이 감돈다. 이 집 요리의 특징은 뭐든 구워낸다는 것. 오너가 직접 제작한 화덕에서 피자와 그라탕을 구워 지글지글한 상태로 테이블에 대령한다. 효소나 화덕요리를 배우러 오는 미시족이 아이들을 데려올 수 있도록 배려한 다다미방과 장난감들을 보면 착한 사람들의 카페구나 하고 느낄 수 있다.

Data 지도 268p-F
가는 법 나하공항에서 차로 50분(오키나와미나미IC에서 6km)
주소 沖縄県沖縄市久保田1-21-12
전화 098-927-0554
운영시간 11:00~16:00 (수・목요일 휴무)
요금 화덕피자 1,100엔, 수수 그라탕 1,000엔
홈페이지 www.instagram.com/yasoucafe_yamacha

| 기노완시 |

아담한 스콘 가게
카페 니콜리 café nicoli

무뚝뚝하고 건조한 건물들 사이에 조그만 카페 니콜리가 있다. 스콘과 스무디, 커피를 파는 이 카페는 일본 첫 드라이빙의 긴장을 풀어주는 아담하고 소박한 인상이다. 밀가루에 돼지기름과 설탕을 넣고 믹스한 친스코 반죽과 스콘 반죽을 적절하게 섞어 만든 친스코 스콘이 인기. 주차는 우체국 뒤편에 위치한 기노완 시민 도서관 앞 주차장에 하면 된다.

Data 지도 267p-B
가는 법 나하공항에서 국도 58번 따라 30분 북상(오키나와 현립 중부 상업고등학교 근처)
주소 沖縄県宜野湾市我如古3-4-6
전화 098-897-5825
운영시간 10:00~19:00
요금 친스콘 180엔, 머핀 180엔, 스무디 500엔~
홈페이지 vent20220314.wixsite.com/website

| 기타나카구스쿠손 |

보기만 해도 침이 고이는 과일 타르트의 유혹
오하코르테 oHacorte'

과일타르트 전문점으로, 미나토가와 본점 이외에 마쓰오점, 오로쿠점, 나하공항점 등 세 곳의 체인점이 더 있다. 당도가 적은 생크림과 싱싱한 제철 과일로 만든 타르트를 커피와 함께 맛보고 있노라면 기분이 진정되면서 여행의 피로도 가신다. 커피 슈크림은 야심차게 개발한 신 메뉴로 한입 베어 물면 카페오레 향이 입안 가득 퍼진다. 달달한 타르트를 좋아하지 않더라도, 이곳에서는 부담 없이 맛있게 먹을 수 있다.

Data 미나토가와점(본점)
지도 282p **가는 법** 외국인 주택 타운 내 FLORIDA No.18
주소 沖縄県浦添市港川 2-17-1 No.18 **전화** 098-875-2129
운영시간 11:30~19:00(화요일 휴무)
요금 각종 타르트 334엔~
홈페이지 www.ohacorte.com

농부의 식사를 즐기는 카페
플라우만스 런치 베이커리 PLOUGHMAN'S LUNCH Bakery

'영국 농부의 식사'라는 콘셉트를 가진 런치와 효모빵을 맛볼 수 있다. 'Eat better, Feel better'라는 가게 캐치프레이즈가 당근 스프를 한입 떠서 먹는 순간 확 와닿는다. 오키나와 채소와 갓 구워낸 빵을 수프에 찍어 먹으면 속이 편안하고 맛까지 좋다. 조금 찾기 힘든 위치에 있는 것이 단점이지만, 한 번 가게 되면 그 매력에 빠져 다시 찾게 되는 맛과 분위기는 이곳의 인기 비결이다.

Data 지도 267p-B 가는 법 나하공항에서 나와 기타나카구스쿠 IC에서 현도 29·146번을 따라 나카구스쿠 공원 방면으로 1km. 40분 소요 주소 沖縄県中頭郡北中城村安谷屋 927-2 전화 098-979-9097
운영시간 09:00~16:00(일요일 휴무) 요금 A.M.플레이트 1,300엔, 당근과 토마토 스프 500엔, 수제 빵 200엔
홈페이지 ploughmans.net

OKINAWA BY AREA 03
중부

소스에 의존하지 않는 식재료 본연의 맛
랫 & 쉽 rat & sheep

쥐와 양이라는 독특한 이름의 레스토랑. 오키나와현산 염소를 재료로 한 '핀 더 햄버거'를 비롯해 '섬 채소 그린카레', '치킨 그릴' 등 지역에서 나는 식재료를 이용한 음식을 선보인다. 핀 더 햄버거는 염소고기 햄버거지만 염소고기 특유의 잡내가 나지 않는다. 사진작가로도 활동 중인 레스토랑 오너의 세련되고 모던한 취향을 블랙 앤 화이트 톤의 깔끔한 레스토랑 분위기에서 느낄 수 있다.

Data 지도 282p
가는 법 외국인 주택 타운 내 KANSAS No.43 **주소** 沖縄県浦添市港川2-13-9 **전화** 098-963-6488
운영시간 11:30~16:00(목요일 18:00~22:00, 금, 토요일 18:00~24:00 추가 영업, 일요일 휴무)
요금 핀 더 햄버거 990엔, 돌판 카레 770엔, 마늘 올리브오일 구이 270엔
홈페이지 ratandsheep2.ti-da.net

미나토가와 스테이트사이드 타운(외국인 주택타운)
港川ステイツサイドタウン

58번 국도 방향

- 18 🍴 오하코르테 미나토가와점 / oHacorte' 港川店
- 22 Ⓢ 아메리칸 웨이브 / American Wave
- 29 후지이이료텐 / 藤井衣料店
- 30 Ⓢ 포트리버 마켓 / PORTRIVER MARKET
- 43 Ⓡ 랫 & 쉽 / rat & sheep

차탄초

미국 빈티지 스타일을 원한다면 이곳으로
아메리칸 데포 American Depot

가게 이름 그대로 미국 직수입 상품들과 구제 의류, 패션 소품을 판매한다. 1층은 서핑 브랜드, 티셔츠, 여성 아이템이 중심이고, 2층에는 미국, 유럽에서 온 구제의류가 가득하다. 오키나와에서 가장 많은 구제 의류를 보유하고 있는데, 가격도 저렴하고 한국에서 볼 수 없는 특이한 구제 의류들이 많이 있다. 특히 밀리터리룩과 소품들은 희귀한 아이템들이 다양하게 갖추어져 있다. 1980년대 가죽 플라이트 재킷 등 공군 관련 의류는 사이즈만 맞으면 꼭 구매해야 할 레어 아이템이다. 아메리칸 빌리지 사인을 보고 직진하면 가장 먼저 눈에 띄는 곳이라 꼭 들어가 보게 되는 가게이다.

Data 지도 267p-아래
가는 법 아메리칸 빌리지 사인을 지나 사거리에서 오른쪽으로 대각선, 데포 빌딩 A동 1층 **주소** 沖縄県中頭郡北谷町字美浜9-2 デポ A.B.C A館1階
전화 098-926-0888
운영시간 10:00~21:00
홈페이지 www.depot-abc.com/shop/american-depot

머리에서 발끝까지 변신 가능한 대형 편집숍
데포 아일랜드 Depot Island | デポアイランド

아메리칸 빌리지 내 리조트 타운 '데포 아일랜드' A동에 위치한 캐주얼웨어 숍. 1층에서 캐주얼웨어와 수입 잡화를 판매하고, 2층에서 '리안스푸너Reyn Spooner', '선 서프Sun Surf' 등 다양한 브랜드의 오키나와 전통의상 가리유시를 판매한다. 가리유시는 하와이 알로하셔츠와 비슷하지만 오키나와 전통 문양이나 특산품 등이 그려져 있어 오키나와 여행을 추억하는 기념품으로 그만이다. 이름에서 느껴지듯이 미국 대형 편집숍 느낌의 데포 아일랜드에서는 머리부터 발끝까지 토털 코디가 가능하도록 패션의 모든 것을 다루고 있다.

Data 지도 267p-아래
가는 법 아메리칸 빌리지 내, 데포 아일랜드 빌딩 A동
주소 沖縄県中頭郡北谷町美浜9-1 デポアイランドビル A棟 **전화** 098-926-3322
운영시간 10:00~21:00
요금 티셔츠 2000엔~5000엔, 청바지 3000엔~10,000엔
홈페이지 www.depot-island.co.jp/shop

아메리칸 빌리지 내 대형쇼핑몰
이온 차탄점 AEON Chatan | イオン北谷店

패션을 중심으로 생활용품 숍, 대형 슈퍼마켓 등이 한자리에 모인 일본의 대표적 대형 체인몰로 아메리칸 빌리지 내에 위치하고 있다. 몰 내부에 20~40대 여성들에게 인기 있는 일본 패션브랜드를 비롯하여 60개 이상의 점포가 모여 있다. 특히 1층의 대형 슈퍼마켓에는 한국인들도 좋아하는 일본 스낵류나 소소한 생활잡화 등이 모여 있어 오키나와만의 상품이 아닌 대중적 일본 쇼핑을 즐기고 싶은 사람에겐 천국 같은 곳이다. 매주 같이 묶음으로 파는 아이템들은 개별로 사는 것보다 저렴하게 구매할 수 있다.

Data 지도 267p-아래 가는 법 아메리칸 빌리지 내 7Plex 영화관 옆 주소 沖縄県中頭郡北谷町字美浜8-3 전화 098-982-7575 운영시간 식품 08:00~23:00, 생활용품 09:00~22:00 홈페이지 www.aeon-ryukyu.jp/store/aeon/chatan

오키나와 오리지널 티셔츠 숍
랜치 RANCH

데포빌딩 B동에 위치한 오키나와 디자이너의 티셔츠 숍이다. '로로LOLO'라는 귀여운 강아지 로고가 그려진 간판이 귀엽고, 그 인상만큼 상품들이 눈에 쏙쏙 들어오게 예쁜 아이들이 많다. 신생아 의류, 성인 패션제품 등 다른 곳에서는 볼 수 없는 따뜻한 색감과 디자인이 많으니 들르면 저절로 지갑 문이 열리게 되는 곳.

Data 지도 267p-아래 가는 법 아메리칸 빌리지 내 데포 빌딩 B동 주소 沖縄県中頭郡北谷町字美浜9-12 デポビル-B 운영시간 11:00~19:00 전화 098-982-7008 요금 토트백 1,210엔~ 홈페이지 www.ranch-boku.com

Tip **아메리칸 빌리지에서 쇼핑으로 피곤할 땐?**
오키나와 최초의 천연 온천 스파 추라유 ちゅらーゆ

선셋 비치를 바라보며 지하 1,400m에서 솟아나는 풍부한 수량의 천연 온천을 즐길 수 있다. 실내외 온천 이외에도 수영복을 입고 들어갈 수 있는 풀 존 등 다양한 시설이 있다. 더 비치 타워 오키나와 호텔 투숙객은 무료.

Data 지도 267p-아래 가는 법 아메리칸 빌리지 근처, 더 비치 타워 오키나와 호텔 옆 주소 沖縄県中頭郡北谷町 美浜 2番地 전화 098-962-2611 운영시간 10:00~21:00 요금 어른 700~1,300엔, 어린이 600~800엔(시간대 별로 다름) 홈페이지 www.hotespa.net/spa/chula-u

패션, 음식, 예술이 다 모여 있는 복합문화공간
아카라 Akara

아카라 빌딩은 미술관과 갤러리, 패션숍, 레스토랑 등이 모여 있는 복합문화시설이다. 아카라의 건물은 자유분방한 선으로 오키나와의 자연을 표현해내고 있는 오키나와 대표 아티스트 '보쿠넨'의 독창적인 건축 작품인데, 건물 2층에서 보쿠넨의 작품을 전시하고 있다. 갤러리에서는 상설전은 물론 계절마다 다양한 작가의 기획전을 개최하며 예술 작품, 패션, 아티스트 소품 등을 전시 판매한다. 빌딩 내의 의류 편집숍 하부 박스 Habu Box는 고품질의 독창적 디자인으로 오키나와에서 인기 있는 유명 숍으로, 나하 고쿠사이도리에 본점이 있다.

Data 지도 267p-아래
가는 법 아메리칸 빌리지 내 AKARA 건물 주소 沖縄県中頭郡北谷町美浜9-20 AKARA
전화 098-926-2764
운영시간 11:00~21:00 (보쿠넨 미술관, 갤러리 11:00~20:00)
홈페이지 www.akara.asia

기노완시

크고, 저렴하고, 없는 게 없다! 완소 전국체인 할인점
메가돈키호테 기노완점 MEGAドンキホーテ 宜野湾店

일본 최대 할인점인 돈키호테의 업그레이드 버전인 메가돈키호테. 일반 돈키호테 매장보다 널찍한 공간에 마트식으로 깔끔하게 진열되어 있어 쾌적한 쇼핑이 가능하다. 일용품에서 패션 브랜드까지 없는 게 없다. 재미있는 캐릭터 상품, 필수품 등이 다양하게 구비되어 있다. 가격까지 저렴하고, 면세 대응이 가능한 곳으로 한국 관광객들에게는 널리 알려진 쇼핑 장소. 나하에서 아메리카 빌리지로 가는 길에 있으며, 주말에는 사람들로 붐비고 주차 자리도 확보하기 어려우니 주중에 이용할 것을 추천한다.

Data 지도 267p-B
가는 법 나하공항에서 국도 58번 따라 45분 주소 沖縄県宜野湾市大山7-7-12
전화 0570-050-201
운영시간 09:00~05:00
홈페이지 www.donki.com

오키나와의 롱 라이프 디자인
디앤디파트먼트 오키나와 바이 플라자 3 D&DEPARTMENT OKINAWA by PLAZA 3

'롱 라이프 디자인'이라는 전체를 아우르는 콘셉트를 가지고 있는 디앤디파트먼트는 도쿄, 오사카, 삿포로에 이어 오키나와에서도 만날 수 있다. 일부러 찾지 않으면 절대 스치지 않을 곳이지만 디자인을 사랑하는 사람이라면 한번 꼭 찾아가 보라고 추천하고 싶은 곳. 건물 2층에 있는 디앤디파트먼트 오키나와에서는 소도시 오키나와에 숨어 있는 아이템들이지만, 유행에 조금도 흐트러지지 않을 롱 라이프 디자인 콘셉트로 새롭게 재해석한 센스 있는 물건들이 가득하다. 투박한 류큐 유리공예 글라스, 오키나와 아와모리, 오키나와의 대표 브랜드인 오리온 맥주나 블루실 로고를 새겨 넣은 골판지 노트 등 디앤디파트먼트의 믿을 만한 안목에 손을 들어주고 싶다. 전통적인 아이템들도 관점에 따라 현대적 디자인으로 재발견될 수 있고, 이런 새로운 발견에 소소하게 지출이 많아지는 곳이다. 숍 안 쪽에는 유니존UNIZON이라는 북 카페가 있는데 조용히 책을 읽으면서 여유로운 시간을 보낼 수 있다.

Data **지도** 267p-B
가는 법 나하공항에서 차로 약 50분 **주소** 沖縄市久保田 3-1-12 プラザハウスショッピングセンター 2F
운영시간 11:00~19:00 (화요일 휴무)
전화 098-894-2112
홈페이지 www.d-department.com/ext/shop/okinawa.html

우라소에시

누군가의 드레스 룸을 엿보는 느낌
아메리칸 웨이브 American Wave

도쿄에서 일하던 미국 켄터키주 출신의 오너가 오키나와에 여행 왔다가 반해 정착하면서 오픈한 빈티지 숍. 주택을 개조한 숍은 맨즈 룸, 우먼즈 룸으로 나누어져 있어 마치 누군가의 집을 방문해 드레스 룸을 구경하는 듯한 느낌을 준다. 미국인 오너와 이야기할 기회가 있다면 빈티지 제품의 연대나 스토리를 꿰고 있는 오너의 기억력에 감탄하게 될 것. 빈티지를 정말 사랑하는 오너이니만큼, 숍의 안목을 믿어 봐도 좋다.

Data 지도 282p
가는 법 미나토가와 스테이트사이드 외국인 주택 타운 내 FLORIDA No.22
주소 沖縄県浦添市港川2-16-9 전화 098-988-3649
운영시간 11:00~19:00
요금 1960년대 빈티지 파티 목걸이 5,250엔, 1950년대 빈티지 드레스 10,800엔
홈페이지 americanwave.jp

하와이의 느긋함을 즐기며 쇼핑하라
포트리버 마켓 PORTRIVER MARKET

입소문을 타고 관광객의 발길이 늘어가고 있는 미나토가와 외국인 주택단지에서 예쁜 것이라면 뭐든지 파는 편집숍이다. 하와이의 느긋한 느낌을 주는 가게를 만들고 싶었다는 주인 부부는 의류 브랜드 빔스BEAMS에서 일한 경험을 살려 그들의 까다로운 눈썰미를 통과한 인테리어 소품, 유기농식재료, 의류 등을 판매한다. 이곳의 좋은 점은 장식을 위한 제품이 아닌 생활에 바로 쓰고 싶은 상품들을 판매한다는 것. 가볍게 먹을 수 있는 샌드위치와 스무디, 자체 블랜딩한 커피도 판매한다. 항구가 있는 쪽이어서 가게 이름을 포트리버라고 지었다고.

Data 지도 282p
가는 법 나하공항에서 국도 58번 따라 45분. 미나토가와 스테이트사이드 외국인 주택 타운 내, NEVADA No.30
주소 沖縄県浦添市港川 2-15-8 전화 098-911-8931
운영시간 11:00~18:00
(화,목,토요일 12:30~, 수, 일요일 휴무)
요금 유리잔 1,540엔~
홈페이지 www.portrivermarket.com

일본 본토 인기 브랜드를 만날 수 있는 곳
후지이이료텐 藤井衣料店 | 후지이 의류점

가게 표지판도 나와 있지 않은 주택 창가에, 가지런히 놓인 생활도기가 소박한 멋을 풍긴다. 의류와 잡화를 파는 이곳에선 주택의 넉넉한 공간을 살려 앞쪽에는 오키나와 작가의 도예작품들을, 안쪽에는 가게 주인이 엄선한 일본 브랜드 제품을 전시하고 있다. 손에 착 감기는 느낌이 매력적인 류큐 공방, 전통무늬를 현대적으로 재해석한 무로오 가마, 독자적인 작가 세계를 보여 주는 보노호의 작품 등 매력적인 도예 작품들이 한데 모여 있다. 의류 제품은 오키나와 기후와 풍토에 맞는 일본 및 해외 브랜드 제품이다. 덴쿠마루의 TIGRE BROCANTE는 오너가 개인적으로 좋아하는 브랜드로, 질 좋은 고급 원단에 아름다운 인디고 염색이 질리지 않는 은은한 매력을 풍긴다.

Data 지도 282p
가는 법 나하공항에서 국도 58번 따라 45분. 미나토가와 스테이트사이드 외국인 주택 타운 내 NEVADA No.29
주소 沖縄県浦添市港川2-15-7
전화 098-877-5740
운영시간 11:30~18:30 (수요일 휴무)
요금 보노호 접시 5,500엔~
홈페이지 fujii536.com

요미탄

대가의 연륜이 묻어나는 공간
갤러리 기야 ギャラリー囍屋

차와 요리, 그것을 담아내는 생활도예에 관심 있는 사람에게 요미탄 야치문노사토(도자기 마을)는 오키나와 여행의 필수 코스. 오키나와를 대표하는 도예작가 오미네 씨 집안의 공방이 마을의 가장 끝자락에 자리 잡고 있다. 소박하고 투박한 매력의 오키나와 도자기에 간결한 세련미까지 더해진 그의 작품은 도쿄 갤러리에서 하루 만에 매진되는 인기를 누리고 있다. 공방의 인기작품인 페르시안 블루 시리즈는 선명하고 강렬한 색감으로 다른 오키나와 야치문 도자기와의 차별화를 꾀한다. 한국에서도 전시회를 몇 차례 연 적 있고 한국 도자기 장인과도 교류를 활발히 진행하고 있다고. 사방에서 빛이 들어오도록 설계된 일본 주택 스타일의 갤러리 안 풍경이 보는 이를 평화롭게 만든다. 나이 든 고양이 한 마리가 마루에 배를 비비며 졸고 있고 아무데나 툭 놔둔 듯한 작가의 도자기에서조차 대가의 연륜이 묻어난다.

Data 지도 268p-F
가는 법 나하공항에서 국도 58번 따라 60분. 요미탄 도자기 마을 내 **주소** 沖縄県読谷村座喜味2653-1 **전화** 098-958-2828 **운영시간** 10:00~17:00(수요일 휴무) **요금** 블루 찻잔 세트 10,909엔 **홈페이지** www.instagram.com/giyarari95

4명의 작가가 함께 하는 생활도자기 판매점
기타가마 매점 北窯売店

공동 가마를 사용하는 4명의 요미탄 도예작가들의 생활도예품을 판매하고 있는 숍이다. 사람들이 부담 없는 가격에 생활도기를 구입하고 즐길 수 있도록 요미탄 도자기 마을을 알리자는 취지로 오픈한 것. 전문 도예가의 작품은 무조건 비쌀 거라는 선입관을 가질 필요는 없다. 가마에서 정성스레 구운 생활 도예품들을 저렴하게 구매할 수 있는 데다, 작가마다의 개성이 살아있어 보는 재미도 충분하다. 일본 생활도기를 좋아하는 사람이라면 들러서 득템할 아이템들이 제법 많다.

Data 지도 268p-F
가는 법 나하공항에서 국도 58번 따라 60분. 요미탄 도자기 마을 내 **주소** 沖縄県中頭郡読谷村座喜味2653-1 **전화** 098-958-6488 **운영시간** 09:30~17:30 **요금** 접시 4,180엔~, 컵 4,400엔~ **홈페이지** kitagama.com

오키나와 도예계를 이끄는 작가의 공방
야마다 신만 갤러리
Shinman Yamada Gallery | 山田真萬ギャラリー

야마다 신만은 현대 오키나와 도예계를 대표하는 작가 중 한 사람으로, 국내뿐 아니라 외국에서도 활발한 전시와 작품 활동을 하고 있다. 요미탄 도자기 마을의 한적한 끝자락에 그의 공방 겸 갤러리 숍이 있다. 역동적인 붓놀림과 진중하고 세련된 색채가 작품의 특징. 고급 도자기 라인부터 생활도기까지 다양하게 전시되어 있다. 오키나와의 바다를 닮은 쪽빛 도자기와 투박하지만 자유로운 모양의 도기들을 보고 있노라면 자기를 데려가라고 손짓하는 것 같다.

Data 지도 268p-F 가는 법 나하공항에서 국도 58번 따라 60분. 요미탄 도자기 마을 내 주소 沖縄県読谷村座喜味 2653-1 전화 098-958-3910 운영시간 17:00(12:00~13:00 휴무) 요금 도자기 컵 2,000엔~7,000엔

자연을 닮은 글라스
글라스 히즈키 日月 hizuki

일상의 풍경을 닮은, 물방울처럼 투명한 글라스 공방. 교토 출신의 작가 오야부 미호 씨의 히즈키 글라스는 어떤 공간에서도 어떤 음식을 담아도 어울리는 자연스러운 멋을 추구하는 것이 특징이다. 빛에 따라 블루 그레이 톤의 유리색이 변하기도 하는데, 틀에 맞추지 않는 디자인과 몽글몽글한 기포가 수줍은 소녀처럼 사랑스러워서, 두고두고 애용하고 싶어진다. 요미탄 한적한 시골마을에 위치한 공방 겸 갤러리 숍은 히즈키의 인기와 더불어 어느새 일본 전역의 팬들이 찾는 숨은 명소가 되었다. 유리로 만든 긴 물방울 모양의 화병과 투명한 컵은 스테디셀러 아이템.

Data 지도 268p-B 가는 법 나하공항에서 국도 58번 따라 60분
주소 沖縄県読谷村渡慶次273 전화 098-958-1334 운영시간 10:00~17:00
(일요일 휴무) 요금 화병 4,400엔~ 홈페이지 www.hizuki.org

SLEEP

| 차탄초 |

오키나와 관광, 쇼핑의 메카 아메리칸 빌리지를 즐겨라
비치 타워 오키나와 호텔 The Beach Tower Okinawa Hotel

오키나와에서 석양이 가장 아름다운 비치로 유명한 선셋 비치 앞에 위치한 호텔. 오키나와 여행자들 사이에서 빼놓을 수 없는 새로운 복합시설인 아메리칸 빌리지 내에 있는 호텔로 더 유명하다. 지상 24층의 객실은 오키나와에서 7색의 오묘하고 푸른 바다를 감상할 수 있는 오션뷰 형태이다. 투숙객은 호텔 옆에 위치한 오키나와 최초 옥외 온천 풀장과 노천 온천이 있는 복합시설 '추라유'를 이용할 수 있다. 시간을 맞추면 온천 풀장에서 환상적인 석양을 감상할 수 있다.

Data 지도 267p-B
가는 법 나하에서 차로 국도 58번을 타고 약 45분. 또는 나하공항에서 리무진버스 A에어리어 차탄·기노완 코스로 65분 주소 沖縄県中頭郡北谷町浜 8-6 전화 098-921-7711 요금 트윈룸(조식 포함) 2인 1실 이용시 1인 요금 13,500엔~ 홈페이지 www.hotespa.net/hotels/okinawa

전망 욕장에서 즐기는 선셋 비치 야경
베셀 호텔 캄파나 오키나와 Vessel Hotel Campana Okinawa

쇼핑과 관광에 편리한 실속파 호텔로, 선셋 비치와 아메리칸 빌리지까지 도보 1분 거리에 있다. 90% 이상의 객실이 바다 조망이며, 군더더기 없이 세련되고 깔끔한 화이트 색상의 객실은 나 홀로 여행객은 물론 가족 여행객이 묵기에도 좋다. 10층 전망 욕장에서 바라보는 일출과 석양은 여행지에서 느끼는 자연의 아름다움을 다시 한 번 느끼게 해주니 놓치지 말 것. 조식은 오키나와 찬프루와 소바가 어우러진 일식과 양식 뷔페 스타일로 만족할 만하다.

Data 지도 267p-B
가는 법 나하에서 국도 58번을 따라 45분. 나하공항에서 리무진버스 A에어리어 차탄·기노완 코스로 65분 주소 沖縄県中頭郡北谷町美浜 9-22 전화 098-926-1188 요금 스탠더드 트윈룸 (조식 포함) 1인 8,000엔~ 홈페이지 www.vessel-hotel.jp/campana/okinawa

| 기타나카구스쿠손 |

자연치유력을 회복하는 EM 스테이
EM 웰니스 구라시노 핫코 라이프 스타일 리조트
EM ウェルネス暮らしの発酵ライフスタイルリゾート

유용미생물군인 'EM(Effective Microorganisms)' 기술을 이용한 순환형 농업을 실천하는 슬로우 라이프 스타일의 호텔. 일상에서 접하는 화학제품에서 벗어나 'EM' 제품들을 사용해 객실을 관리하기 때문에, 한층 편안한 공간으로 여성 고객들의 인기를 얻고 있다. 호텔에서는 자연 친화적인 순환 프로젝트를 운영하고 있는데, 그 예로 호텔 레스토랑에서 사용하는 채소는 손님들이 안심하고 먹을 수 있도록 농약을 치지 않고 유기 비료를 사용한 유기농법 자가 재배 작물들이다. 호텔 내의 EM 스파 코라손 오키나와는 EM 가공 세라믹에 여과한 물을 사용하고, 건물 외벽과 내벽 재질까지 건강한 소재를 사용해 그야말로 자연 치유력 그 자체를 체험할 수 있는 곳이다. 호텔이 위치한 기사바노오카喜舎場の丘는 야경 명소로도 유명한 곳이어서 스파에서 바라보는 태평양과 동중국해의 경치는 어느 호텔보다도 근사하다. 전망이 좋은 호텔 주변은 고급 주택, 별장지로 조성되어 있어 아침에 산책하기 좋다. 스파 조식을 포함한 특별 플랜도 있으니 홈페이지를 체크하도록 하자.

Data **지도** 267p-B **가는 법** 나하공항에서 차로 40분. 80분
주소 沖縄県北中城村喜舎場 1478
전화 098-935-1500
요금 스탠다드 트윈룸(조식 포함) 2인 1실 이용시 1인 요금 9,000엔~
홈페이지 kurashinohakko.jp

| 기노자손 |

아열대 낙원에서 보내는 릴랙스타임
리브맥스 암즈 칸나 리조트 빌라 LIVEMAX AMMS CanNa Resort VILLA

짙은 코발트블루의 바다가 눈앞에 펼쳐진 코티지 빌라 스타일의 호텔. 9천 평이 넘는 리조트 내에는 레스토랑, 숍이 있는 본관 건물과 30동의 빌라만 있어 별장 같은 분위기를 즐길 수 있고, 여유로운 개별 공간에서 조용하게 여유를 즐길 수 있다. 리조트 부지 내에는 아열대 남국의 정서와 오키나와의 정서가 잘 어우러져 있으며, 이국적인 나만의 공간에서 몸과 마음의 휴식을 충분히 취할 수 있다. 햇살이 따뜻한 오션뷰의 야외 수영장에서는 좋아하는 음악을 들으면서 편안함을 즐겨 보자. 캐노피 스타일의 시몬스 침대가 제공하는 편안한 잠자리, 오키나와의 건강한 식자재를 이용한 아침식사까지 나에게 제대로 된 휴식을 선물하자.

Data **지도** 269p-C
가는 법 나하공항에서 차로 60분
(기노자 IC에서 2km)
주소 沖縄県国頭郡宜野座村字漢那397-1 **전화** 098-968-7011
요금 할리우드 트윈
(4인 가능, 조식 포함) 1인 11,111엔~
홈페이지 www.livemax-resort.com/okinawa/canna

요미탄손

오키나와에서 만나는 남부 유럽 휴양지 감성
호텔 닛코 아리비라 ホテル日航アリビラ

오키나 중부의 눈부시게 투명한 자연 그대로의 해변, 니라이 비치 바로 앞에 자리한 남유럽 스타일 리조트 호텔이다. 붉은 기와와 하얀색 외벽을 비롯해 로비 인테리어나 가구 하나하나까지 갤러리 공간처럼 세심한 배려를 기울였다. 로마 시대의 스파 시설을 본뜬 릴랙스 풀에서는 1일 3회 빛과 음악을 통한 힐링 타임이 있다. 오키나와 휴양리조트의 대표적인 호텔로, 2014년에는 개업 20주년을 맞아 객실의 1/3을 새 단장했다. 호텔 해변에서는 글라스 보트, 웨이크 보드, 웨이크 스탠드 보드, 승마 체험 등 다양한 프로그램을 즐길 수 있다. 간조 시간 전후로 3시간 정도는 수심이 무릎 아래 정도로 깊지 않아 안심하고 바다 수영을 즐길 수 있다. 액티비티 프로그램은 리조트 콘세르주에서 예약할 수 있다(내선 53).

Data 지도 268p-B
가는 법 나하공항에서 차로 60분(이시이 IC에서 13km). 또는 나하공항 리무진버스 B에어리어 코스 타고 90분
주소 沖縄県読谷村儀間600
전화 098-982-9111
요금 슈페리어 트윈룸 (조식 포함) 1인 23,100엔~
홈페이지 www.alivila.co.jp

언덕 위 하얀 집
코랄 가든 세븐 풀즈 Coral Garden 7 Pools

언덕 위의 하얀 집에서 동중국해와 멀리 이에지마섬을 바라볼 수 있는 콘도미니엄 스타일의 호텔. 지하 1층의 공용 풀장과 라운지에서 분리된 객실은 실내 계단을 통해 2층부터 4층까지 사용할 수 있고, 2층 테라스와 주방 겸 거실, 3층 욕실과 4층 객실까지 탁 트인 바다 경관을 감상할 수 있다. 오키나와의 바다를 내 집 풀장처럼 오롯이 즐기고 싶은 커플이나 가족에게 최적의 조건이다. 6동의 객실밖에 없으니 오키나와에서 프라이빗하게 휴가를 보내고 싶은 커플이라면 서둘러 언덕 위 하얀 집으로!

Data 지도 268p-B
가는 법 나하공항에서 차로 60분(이시이 IC에서 11km)
주소 沖縄県読谷村長浜718-3 전화 098-958-7565
요금 1동 1박 18,500엔~
홈페이지 cg7-okinawa.com

Okinawa By Area
04

북부
北部

오키나와의 대자연을 만끽하고 싶다면 북부로 오라. 오키나와 하면 떠오르는 대표적 관광지 추라우미 수족관이 있는 북부에는 울창한 자연휴양림이 많다. 얀바루라 불리는 아열대숲은 희귀한 동식물이 가득한 자연의 보고. 직접 카누를 타고 즐기면서 액티브하게 자연 속 시간을 가져보자.

북부

미리보기

세계에서 두 번째로 큰 수족관 '추라우미 수족관'과 북부 자연 '얀바루'를 오롯이 느끼는 에코 투어로 오키나와 여행의 방점을 찍자. 58번 국도를 타고 최북단까지 올라가 해안선 드라이브까지 한다면, 숲과 바다, 해변까지 모두 만끽하는 토털 패키지가 완성된다.

ENJOY

오키나와 여행 하면 빠지지 않는 추라우미 수족관, 최고 절경의 만자모는 두말하면 잔소리, 절대 빠뜨려서는 안 될 여행 스폿들이다. 고리지마섬과 야가지시마섬을 연결하는 길이 1,960m의 고리 대교는 오키나와에서 가장 유명한 드라이브 코스로 섬과 섬으로 이어진 오키나와의 진짜 매력을 느낄 수 있게 해준다. 사방에 펼쳐진 에메랄드빛 투명한 바다를 비롯해, 오키나와 북부는 볼거리들로 가득 차 있다. 얀바루라 불리는 북부의 자연에서 카누를 타고 게사시강 맹그로브 숲을 감상하는 에코투어 체험도 추천하고픈 체험 여행 중 하나.

EAT

북부 지역에서 가장 유명한 맛집 도로는 일명 '소바로드'라 불리는 84번 국도. 소바 가게들이 두 집 건너 한 집 수준으로 모여 있어 전통 방식으로 만든 리얼 오키나와 소바를 먹을 수 있다. 얀바루 자연 속에 숨어있는 레스토랑들에서는 자연의 내음을 코끝으로 흡수하며 입으로는 오키나와 자연식 정찬을 즐기는 호사를 누릴 수 있다. 또한 58번 해안도로의 카페들도 빠뜨리면 안 되는 곳이다. 어메이징한 바다 전망을 자랑하는 카페에서의 망중한은 잊을 수 없는 오키나와 추억을 만들어준다.

BUY

쇼핑보다는 자연과 함께 느릿느릿 휴식을 즐길 수 있는 지역. 따로 주목할 만한 쇼핑센터가 있지는 않지만, 느릿느릿 여행하다 보면 레스토랑이나 카페 옆 아주 작은 상점에서 재미있는 오키나와 핸드메이드 작품을 만날 수도 있다. 58번 국도를 따라 북상하면 할수록 오키나와의 시골 풍경이 정겹다. 북부 토산품을 구매하고 싶다면 이곳 도로변에 위치한 휴게소에 들러보라. 얀바루 나무로 만든 목각공예품 등 북부 토산품과 공예품을 전시, 판매한다.

북부
📍 1일 추천 코스 📍

본섬 남부와 중부는 관광지로 개발되고 리조트들도 많이 들어서 있지만 북부의 자연은 여전히 인간의 손을 거치지 않은 미지의 영역이 많다. 에코 여행지로 제격. 오키나와의 진짜 숲과 바다를 만나고 싶다면 북부로 가자.

만자모
바닷가 기암괴석의 절경을 산책하며, 드라마 속 주인공 되기

→ 자동차 60분

추라우미 수족관
고래상어와 만타(쥐가오리) 구경, 에메랄드 비치 산책

→ 자동차 5분

비세마을 후쿠기 가로수길
1,000그루의 울창한 후쿠기나무 사이로 미로 같은 마을 산책

↓ 자동차 30분

얀바루 카누 체험
에코투어의 시작, 게사시강을 따라 숲 속 카누 체험

← 자동차 90분

고리 대교
길다 길어~ 일본 최장 다리를 타고 고리지마섬 해안 드라이브

북부 찾아가기

어떻게 갈까?

1. 렌터카
나하공항에서 추라우미 수족관이 있는 해양박공원까지는 일반도로(58번 → 884번) 3시간, 고속도로로는 1시간 20분 정도 가다 교다許田 IC로 들어가 50분 더 달려야 한다. 최북단 헤도미사키까지는 교다 IC에서 2시간 정도 소요된다.

2. 일반버스
나하공항에서 111번 고속버스를 타면 나고 버스터미널까지 갈 수 있고, 류큐버스와 오키나와버스가 공동 운행하는 120번을 타면 나하 버스터미널, 중부 지역을 지나 류큐무라, 만자모, 부세나 비치 등에 정차해 종점 나고 버스터미널에 도착한다. 또한 공항에서 나하 시내를 지나 나고 시청, 모토부 항, 추라우미 수족관, 나키진 성터를 운행하는 얀바루 급행버스를 이용할 수 있다. 나하 버스터미널에서는 20, 77번 등이 나고 버스터미널까지 운행된다.
류큐버스 098-852-2510 오키나와버스 098-862-6737 얀바루 급행버스 0980-56-5760

3. 리무진버스
나하공항 국내선 터미널 앞에서 온나손 지역의 주요 호텔까지 운행하는 C에어리어 리무진과 만자모 주변, 부세나 해중공원 주변 리조트까지 운행하는 D에어리어 리무진, 나고에서 모토부 일대의 호텔까지 운행하는 E에어리어 리무진이 있다.

C에어리어
나하 버스터미널, 호텔 문비치, 호텔 몬테렐 오키나와 스파&리조트, 쉐라톤 오키나와 선마리나 리조트, 리잔 씨 파크 호텔, ANA인터컨티넨탈 만자 비치 호텔

D에어리어
나하 버스터미널, 가리유시 비치 리조트 오션 스파, 더 부세나 테라스, 오리엔탈 호텔 오키나와 리조트&스파, 더 리츠칼튼 오키나와

E에어리어
나하 버스터미널, 나고 버스터미널, 호텔 리조넥스 나고, 모토부항, 로열뷰 호텔 오키나와 추라우미, 호텔 오리온 모토부 리조트 앤 스파

Data 전화 098-869-3301(공항리무진 안내 센터)
Fax 098-869-3302 홈페이지 okinawabus.com

어떻게 다닐까?

나고 시청, 모토부항, 추라우미 수족관, 나키진 성터를 운행하는 얀바루 급행버스やんばる急行バス를 이용하거나, 나고 버스터미널을 중심으로 북부 지역으로 운행하는 노선버스를 이용할 수 있다. 하지만 워낙 넓은 지역이고 버스 운행 횟수가 적기 때문에 렌터카, 택시 또는 주요 관광지를 돌아볼 수 있는 투어버스를 이용하는 것이 편리하다.

| 나고 버스터미널 주요 노선 |
추라우미 수족관, 비세마을(65번, 66번, 70번), 만자모, 류큐무라(20번, 120번), 모토부항(65번, 66번), 세소코 비치(76번), 나키진 성터(66번), 오쿠마 비치(67번), 헤도미사키(67번)

A	B

헤도미사키
辺戸岬

다이세키린잔
大石林山

오니시산
尾西岳

니시메산
西銘岳

C	D

이수 호
伊集の湖

구니가미손
国頭村

데루쿠비산
照首山

다카시지산
タカシジ山

구니가미 촌사무소
国頭村役場

펜치치산
フェンチチ岳

오쿠마 비치
オクマビーチ

JAL 프라이빗 리조트 오쿠마
JAL Private Resort OKUMA

아다 가든 호텔 오키나와
Ada GARDEN HOTEL OKINAWA

안바루 마나비노모리
やんばる学びの森

히지 폭포
比地大滝

요나하산
与那覇岳

E	F

네쿠마치지산
ネクマチヂ岳

아카마타산
赤又山

이유산
伊湯山

시오야후지
塩屋富士

오기미손
大宜味村

다마치지산
玉辻山

후쿠가미 호
福上湖

히가시 촌사무소
東村役場

히가시손
東村

0 2km

얀바루
やんばる

모토부・나키진・나고 本部・今帰仁・名護

이에지마섬
伊江島

고리지마
古宇利島

추라우미 수족관

나키진손
今帰仁村

야가지지마섬
屋我地島

호텔 오리온 모토부 리조트
オリオンハッピーパーク

미치노에키 교다
道の駅許田

부세나 비치
ブセナビーチ

더 부세나 테라스
The Busena Terrace

더 리츠 칼튼 호텔 오키나와
The Ritz-Carlton Okinawa

오리엔탈 호텔 오키나와 리조트&스파
Oriental Hotel Okinawa Resort & Spa

만자모
万座毛

ANA 인터컨티넨탈 만자 비치 리조트
ANA Intercontinental Manza Beach Resort

글라시타 Glacitta
온나손
恩納村

피라니아 다이버즈 오키나와

기노자손
宜野座村

긴초
金武町

류큐무라
琉球村

요미탄손
読谷村

우루마시
うるま市

가데나초
嘉手納町

오키나와시
沖縄市

모토부·나키진·나고
本部·今帰仁·名護

A

이에지마섬
伊江島

와지 전망대
湧出展望台

이에손
伊江村

릴리필드 공원
リリーフィールド公園

시로야마산
城山

B

나티야가마
ニャティヤ洞

비세마을 후쿠기 가로수
備瀬のフクギ並木

호텔 오리온 모토부 리조트&스파
ホテルオリオン本部リゾート&スパ

해양박공원
海洋博公園 Ocean Ex

추라우미수족관

에메랄드 비치

E

가진
花人

아라가키 젠자이야
新垣ぜんざい屋

데우치소바 기시모토 식당
手打ちそば きしもと食堂

세소코 비치
瀬底ビーチ

모토부
本部町

F

세소코지마섬
瀬底島

모토부항
本部港

모토부초
本部町

I

J

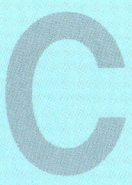

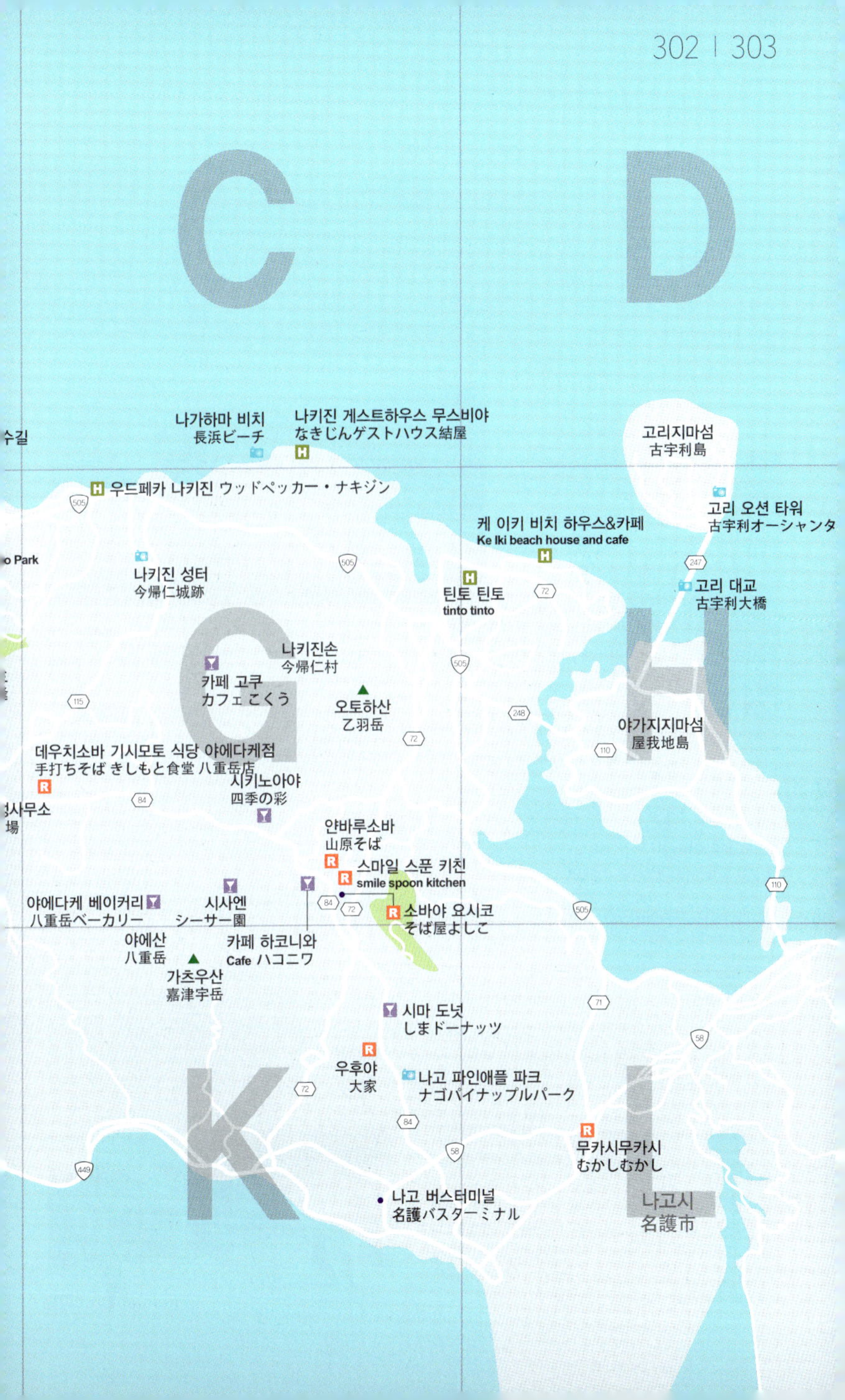
C
D
나가하마 비치
長浜ビーチ
나키진 게스트하우스 무스비야
なきじんゲストハウス結屋
고리지마섬
古宇利島
수길
우드페카 나키진 ウッドペッカー・ナキジン
고리 오션 타워
古宇利オーシャンタ
케 이키 비치 하우스&카페
Ke Iki beach house and cafe
o Park
나키진 성터
今帰仁城跡
틴토 틴토
tinto tinto
고리 대교
古宇利大橋
G
H
나키진손
今帰仁村
카페 고쿠
カフェ こくう
오토하산
乙羽岳
야가지지마섬
屋我地島
데우치소바 기시모토 식당 야에다케점
手打ちそば きしもと食堂 八重岳店
시키노아야
四季の彩
사무소
場
얀바루소바
山原そば
스마일 스푼 키친
smile spoon kitchen
야에다케 베이커리
八重岳ベーカリー
시사엔
シーサー園
소바야 요시코
そば屋よしこ
야에산
八重岳
카페 하코니와
Cafe ハコニワ
가츠우산
嘉津宇岳
시마 도넛
しまドーナッツ
우후야
大家
나고 파인애플 파크
ナゴパイナップルパーク
K
L
무카시무카시
むかしむかし
나고 버스터미널
名護バスターミナル
나고시
名護市

온나손

기암괴석의 절경
만자모 万座毛

동중국해를 바라보는 해안에 툭 튀어나온 기암괴석 만자모는 높이 20m의 석회암 절벽과 그 위에 천연 잔디가 자란 독특한 형상. 오키나와의 손꼽히는 절경이다. 1726년 류큐왕 쇼케이가 '만 명이 앉기에 충분히 넓은 곳'이라 극찬한 것에서 만자모万座毛라 이름이 유래되었다고 한다. 바다를 따라 산책로가 조성돼 있어 걷기 좋은데, 다만 난간이 없는 곳도 있고 절벽이 가파르니 주의를 요한다. 바다를 향해 툭 튀어나온 단애에는 오랜 세월 파도 침식 작용으로 큰 구멍이 만들어졌는데, 측면에서 보면 코끼리를 닮아 있어 가장 인기 있는 장소이다. 드라마 〈괜찮아, 사랑이야〉의 데이트 장면이 이곳에서 촬영되었다.

Data **지도** 300p-l **가는 법** 나하공항에서 고속도로 타고 60분(야카屋嘉 IC에서 6km). 또는 나하 버스터미널에서 20번이나 나하공항에서 120번 버스 타고 90분 후 온나손야쿠바마에恩納村役場前에서 내려 도보 15분. 나고버스터미널에서 20번, 120번 나하 방향 하행선 이용 50분 **주소** 沖縄県国頭郡恩納村恩納 **전화** 098-966-1202 (온나손 경제관광과)

오키나와의 민속촌
류큐무라 琉球村

오키나와 각지에 남아 있던 100년 넘은 민가들을 이전해 옛 류큐마을의 모습으로 재현한 류큐무라는 우리나라 민속촌 같은 곳이지만 규모가 작아 마을을 휙 둘러보기 좋다. 일본 사극 드라마나 영화 촬영지로도 사용되고 있으며, 한국 드라마 〈여인의 향기〉, 〈괜찮아, 사랑이야〉도 이곳에서 촬영했다. 구역마다 다양한 테마로 꾸며져 있는데, 민가에서 직접 직조하는 체험이나 술 주조장에서 일본식 소주 아와모리의 셀프 메이드 라벨을 붙이는 등의 간단한 체험을 할 수 있다. 시간을 맞출 수 있다면 홈페이지에서 전통 민속공연 시간을 체크하고 갈 것. 류큐무라 광장에서 열리는 무료 민속공연은 색다른 탈이나 민속의상들을 구경하고 전통 오키나와 춤도 즐길 수 있어 의외로 재미있다. 물소가 연자방아를 끌어 사탕수수를 빻는 전통 흑설탕 제조 풍경은 관광객들에게 인기 있는 사진 촬영 스폿.

Data **지도** 300p-l **가는 법** 나하공항에서 고속도로 타고 1시간(이시카와 IC에서 7km). 또는 나하 버스터미널에서 20번 이나 나하공항에서 120번 버스 타고 60분 후 류큐무라에서 하차(60분). 나고 버스터미널에서 20번, 120번 나하 방향 하행선 이용 1시간 20분 **주소** 沖縄県国頭郡恩納村山田 1130 **전화** 098-965-1234 **운영시간** 10:00~16:00 **요금** 어른 1,500엔, 고등학생 1,200엔, 어린이 600엔 **홈페이지** www.ryukyumura.co.jp

모토부초

스노클링 포인트로 유명한 세소코지마섬의 비치
세소코 비치 瀬底ビーチ

북부 모토부 반도와 세소코 대교로 연결되어 있는 세소코지마. 면적 2.99㎢의 작은 섬이라 차로 몇 분이면 돌아볼 수 있다. 1,000엔이라는 유료 주차료 때문에 원성을 듣고는 있지만, 세소코 비치의 수질만큼은 정말 최고. 약 800m의 천연 비치, 풍부한 산호초과 열대어군, 최고의 투명도를 자랑하며 스노클링 포인트로 유명하다. 먼 바다까지 가도 수심이 얕아 가족여행객이 물놀이하기 좋지만 점점 상업화되어 가는 것이 흠. 세소코지마 안에는 섬을 둘러싼 동네 비치들이 많은데, 수영이 금지된 곳도 있으니 표지판을 잘 살펴보자.

Data 지도 302p-F
가는 법 나하공항에서 고속도로 타고 2시간 10분 (교다 IC에서 22km). 일반버스 이용 시 나고 버스터미널에서 76번 타고 40분, 비세공민관에서 내려 도보 10분 (운행편이 적어 확인 필수). 추라우미 수족관에서 차로 20분
주소 沖縄県国頭郡本部町瀬底 5750
전화 0980-47-2386
운영시간 09:00~17:00 (7~9월 ~17:30)
홈페이지 www.sesokobeach.jp

로맨틱한 비치 가로수길 걷기
비세마을 후쿠기 가로수길 備瀬のフクギ並木

모토부 반도 동쪽 끝에 있는 어촌 비세마을에는 1,000여 그루의 후쿠기(일본 망고스틴)가 심어진 가로수길이 아름다운 장관을 연출한다. 오키나와에서는 예부터 태풍으로부터 마을을 보호하기 위해 후쿠기나무를 방풍림으로 사용해 왔는데, 수령이 300년 넘는 나무들이 어느새 미로처럼 마을 골목골목에 들어서 가로수 길을 만들었다. 그 덕에 조그만 어촌 마을이 특별히 로맨틱한 장소로 느껴지기까지 한다. 추라우미 수족관이 있는 해양박공원과 가까우니 수족관 방문 후 들르면 좋다. 마을 입구에 있는 자전거 대여소에서 자전거를 빌려도 좋고, 수소차를 타고 마을 투어를 해도 좋다. 수소차는 약 30분 소요되며 어른 4인 기준으로 2,000엔이다(비수기에 운행 횟수 적음). 천천히 마을길을 걸으면 꿈 속 어딘가를 걷고 있는 착각이 들 정도로 운치가 있으니, 북부에 왔다면 꼭 한번 걸어 보자. 마을 입구부터 가로수길 끝 지점까지는 걸어서 1시간 30분 정도 걸린다.

Data 지도 302p-B
가는 법 나하공항에서 일반도로 3시간, 고속도로로 2시간 30분 (교다 IC에서 30km). 일반버스 이용 시 나고 버스터미널에서 65, 66, 70번 타고 65분, 비세 데구치에서 내려 도보 5분. 또는 추라우미 수족관에서 차로 5분
주소 沖縄県国頭郡本部町備瀬
전화 0980-47-3641 (모토부 관광협회)

오키나와 추라우미 수족관이 있는 공원
해양박공원 海洋博公園 | Ocean Expo Park

1975년 개최된 오키나와 국제해양박람회장에 설치된 국영공원으로 수족관, 돌고래 극장, 식물원, 해양문화관 등 다양한 시설이 갖추어져 있다. 그중 백미는 역시 오키나와 추라우미 수족관. 오키나와를 소개하는 팸플릿이나 관광책자에 절대 빠지지 않는 필수 코스이다. 2002년 오픈했고 세계에서 세 번째로 큰 규모를 자랑하는 수족관 안에서 거대한 고래상어가 유유히 헤엄치는 모습을 볼 수 있다. 수족관 외에도 볼거리가 많고 이에지마섬이 정면으로 보이는 공원은 산책하기도 좋다. 규모가 방대해 다른 시설로 이동 시 전기유람차를 이용하는 것이 좋다. 전기유람차는 1회 300엔, 1일 패스 500엔으로 수족관과 돌고래 쇼만 볼 예정이라면 굳이 구매할 필요가 없다.

Data **지도** 302p-F **가는 법** 나하공항에서 일반도로 3시간, 고속도로로 2시간(교다 IC에서 27km). 버스 이용 시 나하공항에서 얀바루 급행버스 타고 기념공원앞 정류장 하차(2시간 20분). 또는 나고 버스터미널에서 65, 66, 70번 타고 기념공원앞 정류장 하차(50분) **주소** 沖縄県国頭郡本部町石川424 **전화** 0980-48-2741 **운영시간** 3~9월 08:00~19:30, 10~2월 08:00~18:00(12월 첫째 주 수·목요일 휴관) **요금** 공원 무료입장 **홈페이지** oki-park.jp/kaiyohaku

1. 돌고래 라군 イルカラグーン
해양박공원에서 무료로 돌고래를 바로 눈앞에서 관찰할 수 있는 곳. 조련사들이 돌고래의 습성, 몸의 구조, 점프 방법 등을 설명해 준다. 돌고래에게 먹이를 주는 체험도 할 수 있다.
· 돌고래 먹이주기 체험(예약 불필요. 선착순)
운영시간 10:00, 11:00, 12:00, 13:30, 15:30
요금 500엔

2. 에메랄드 비치 エメラルドビーチ
해양박공원 옆에 위치한 Y자형의 인공 비치로, 순백색의 모래해변과 초록빛 바다의 조화가 아름답다. 인공 비치라 산호가 없어 스노클링 포인트는 아니지만 공원 내 비치인 만큼 관리가 잘 되어 수질이 좋다. 멀리 이에지마섬까지 보이는 아름다운 전망을 자랑하며 수족관에서 도보로는 약 20분, 전기유람차도 운행 중이다. 비치 용품 대여 시 보증금 1,000엔이 있으며 반납할 때 환불해준다. 비치에서 제일 가까운 주차장은 P9 에메랄드 게이트 주차장으로 무료 이용 가능하다.
운영시간 4~10월

3. 오키짱 극장 オキちゃん劇場

무료 돌고래 쇼가 펼쳐진다. 돌고래 수가 많아 쇼가 다채롭게 진행되며 가족 여행객들에게 특히 인기 있는 곳.
• 돌고래 쇼(20분) 운영시간 10:30, 11:30, 13:00, 15:00, 17:00

4. 오키나와 추라우미 수족관

沖縄美ら海水族館 | Okinawa Churaumi Aquarium

한국 드라마 〈상어〉의 촬영지이자 가장 인기 있고 유명한 관광지. 오키나와 하면 이곳이 떠오른다. 구로시오의 바다라고 불리는 수조는 폭 35m, 깊이 10m, 길이 27m, 용량 7,500톤의 세계 최대 규모로 보는 사람을 압도한다. 수조 안에는 고래상어, 쥐가오리를 비롯해 약 70종 16,000마리의 해양생물들이 살고 있다. 수조를 바라보며 앉을 수 있는 공간이 있으니 잠시 앉아 오키나와의 바다를 감상해보자. 수족관은 4개의 테마로 이루어져있는데 차례로 보다 보면 바다 위에서 가장 심해로 천천히 내려가는 듯한 느낌을 받는다. 바다 전망이 아름다운 4층 입구의 테마는 바다로의 초대, 3층은 산호와 얼대어를 관찰할 수 있도록 한 산호초 여행, 2층은 대형 수조가 있는 구로시오의 여행, 1층은 심해로의 여행이다.

운영시간 3~9월 08:30~20:00, 10~2월 08:30~18:30, 폐관 1시간 전까지 입장(12월 첫째 수·목요일 휴관)
요금 어른 2,180엔, 고등학생 1,440엔, 중학생 이하 710엔
홈페이지 churaumi.okinawa

 Tip

• **수족관 유용 팁!**
1. 무료 음성안내(PDA)가 한국어, 영어, 중국어 버전으로 있고, 1주일 전 메일이나 전화로 예약 가능
2. 입장권은 절대 버리지 말 것! 수족관 입장권이 있으면 열대 드림 센터 이용 시 50% 할인
3. 오션블루 수조 앞 테이블은 유료

• **수족관 카페 오션블루** Ocean Blue
1층 대형 수조 옆에 위치한 카페. 맥주, 아이스크림, 스파게티 등 간단한 식음료를 제공한다. 대형 수조 바로 앞 테이블은 항상 인기 만점.
운영시간 3월~9월 08:30~19:30, 10~2월 08:30~18:00

• **구로시오 탐험 수상 관람코스**
'구로시오의 바다'라 불리는 대형 수조 위에서 관람하는 인기 프로그램으로, 수족관 물고기들의 생태에 대한 해설도 들을 수 있다. 일본어 가능자에게 추천. 1층 전용 엘리베이터를 이용한다.
운영시간 08:30~11:00 / 17:30~영업 종료

| 나키진손 |

옛 영광의 발자취를 따라
나키진 성터 今帰仁城跡

류큐왕조 건립 이전에 남부 지역은 남산왕, 중부는 중산왕, 북부는 북산왕이 통치했다는 삼왕 시대의 유적지이다. 크고 작은 8개 성곽의 흔적이 약 1.5km 길이로 구불구불 이어져 장관을 이룬다. 혼마루本丸 유적에서 보이는 전망도 아름답다. 13세기 이곳을 통치하던 북산왕은 절벽이 많고 기복이 심한 지형 덕분에 적으로부터 보호받으며 류큐왕국의 수도 슈리만큼 번영을 이루었다고 한다. 매년 1월 하순에는 아름다운 벚꽃을 볼 수 있고, 나키진 마을 역사문화센터에는 성터에서 출토된 유물들이 전시되어 있다.

Data **지도** 303p-G
가는 법 나하공항에서 고속도로 타고 2시간 20분(교다 IC에서 28km). 일반버스 이용 시 공항에서 얀바루 급행버스 혹은 나고 버스터미널에서 66번 타고 나키진 성터 입구에서 내려 도보 15분
주소 沖縄県国頭郡今帰仁村今泊5101 **전화** 0890-56-4400 (나키진손성벽관리사무소) **운영시간** 08:00~18:00(5~8월 ~19:00)
요금 어른 600엔, 중·고교생 450엔 **홈페이지** nakijinjoseki-osi.jp

| 나고시 |

로맨틱한 섬 드라이브
고리 대교 古宇利大橋

고리지마섬과 야가지시마섬을 잇는 다리. 총길이 1,960m로 대교 중간 부분에 이르면 도로 양쪽 바다와 섬 풍경이 한눈에 들어온다. 고리지마를 차로 일주하면 약 8km로 20분 정도 걸린다. 도로 옆으로 작은 비치들과 카페들이 있어 수영도 즐기고 드라이브도 하기 좋은 섬이다. 통행료는 무료.

Data **지도** 303p-H **가는 법** 나하공항에서 고속도로 따라 2시간 10분(교다 IC에서 22km), 추라우미 수족관에서 차로 30분 **주소** 名護市屋我地島 (야가지시마), 今帰仁村古宇利島(고리지마)
전화 0980-56-1057(나키진손관광협회)
홈페이지 nakijinson.jp

고리지마의 새로운 명소 오픈!
고리 오션 타워 古宇利オーシャンタワー

고리지마와 야가지시마를 잇는 고리 대교를 지나 고리지마로 들어서면 섬을 내려다볼 수 있는 전망 명소가 있다. 바로 고리 오션 타워. 전망 타워와 전 세계에서 수집한 1만 점 이상의 조개 박물관, 전망 레스토랑, 쇼핑센터가 있다. 대교를 따라 이어지는 바다 풍경을 보고 있노라면 가슴 속까지 시원해진다.

Data **지도** 303p-H **가는 법** 나하공항에서 고속도로 타고 2시간 15분(교다 IC에서 25km), 추라우미 수족관에서 차로 35분 **주소** 沖縄県国頭郡今帰仁村古宇利538
전화 0980-56-1616 **운영시간** 10:00~17:00(주말 공휴일 ~18:00, 연중무휴) **요금** 어른 1,000엔, 어린이 500엔
홈페이지 www.kouri-oceantower.com/kr

맥주 공장에서 생맥주 한 잔, 캬하~
오리온 해피 파크 オリオンハッピーパーク

이곳은 오키나와의 대표 맥주 '오리온 맥주'의 나고 공장으로, 공장을 견학하고 시음하는 체험 행사가 열린다. 맥주 홀릭이라면 절대 지나칠 수 없을 터! 견학 40분에 시음 20분까지 총 1시간 정도 소요된다. 매일 개최하고 있지만 방문객과 예약 손님이 많으니 미리 예약한 후에 방문하는 것이 좋다. 한편 오리온 생맥주를 시음하면서 공장 내부에 있는 레스토랑에서 식사도 주문 가능하다. 맥주 라벨에 귀엽게 그려진 세 개의 별은 오리온 맥주의 로고인데, 별 세 개가 나란히 있는 오리온 별자리를 형상화했다는 것이 정설. 일설로는 1957년 나고 공장이 지어질 당시 미군정 통치하에 있었던 오키나와현 미군 총사령관이 '쓰리 스타'였기 때문이라고도 한다.

Data 지도 300p-F
가는 법 나하공항에서 고속도로 타고 1시간 40분(교다 IC에서 7km), 나고 버스터미널에서 차로 10분
주소 沖縄県名護市東江2-2-1
전화 예약문의 0980-54-4103
운영시간 견학접수 10:00~16:00 (10회 실시, 수,목요일 휴무, 12월31일~1월3일 휴관)
요금 성인 500엔, 어린이 200엔
홈페이지 www.orionbeer.co.jp/happypark

온통 파인애플 세상~
나고 파인애플 파크 ナゴパイナップルパーク

오키나와는 열대 과일의 천국! 그중에서도 파인애플을 테마로 한 공원 시설이다. 현도 84번 모토부초 방향으로 달리다 보면 오른쪽에 대형 파인애플 설치물을 보고 금방 찾을 수 있다. 관내에서는 귀여운 파인애플 전동 카트를 타고 파인애플 농장과 열대 식물들을 구경할 수 있다. 오키나 북부 나고 만의 조개와 전 세계에서 수집한 1만여 종류의 다양한 조개를 전시하고 있는 패류전시관도 둘러 볼 수 있다. 하지만 나고 파인애플 파크에서 가장 인기가 있는 곳은 바로 파인애플 과즙과 파인애플 파이, 초콜릿 등 관련 식품을 시식할 수 있는 코너. 일본 최초의 파인애플 와인도 맛볼 수 있다. 공원도 귀엽고 색다르지만 시식코너와 기념품 숍에서 더 큰 즐거움을 느낄 수 있다.

Data 지도 303p-K
가는 법 나하공항에서 고속도로 타고(교다 IC에서 12km) 1시간 50분, 또는 나고 버스터미널에서 70번 타고 메이요다이가쿠에서 하차. 추라우미 수족관에서 35분
주소 沖縄県名護市為又1195
전화 0980-53-3659
운영시간 09:00~18:00
요금 고등학생 이상 1,200엔, 중학생 이하 600엔
홈페이지 nagopine.com

Theme
오키나와 북부 얀바루やんばる의 대자연을 만끽하라!

울창한 숲을 가리키는 '얀바루'는 아열대숲이 울창한 희귀 야생동물들의
서식지다. 오키나와 동식물의 보고면서 오키나와 사람들의 여름 피서지로
사랑받는 얀바루는 비치 & 에코 여행을 즐기기 위한 최적의 스폿!

아열대숲에서 마이너스 이온을 만끽하자
얀바루 마나비노모리 やんばる学びの森 | 얀바루 배움의 숲

아열대 정글 숲을 체험할 수 있는 얀바루 마나비노모리는 자연 트레킹을 할 수 있는 산책로와 레스토랑, 숙박시설을 갖춘 자연 교육센터이다. 자연 해설사가 얀바루 숲의 사계절 자연 변화와 동식물 생태에 대해서 직접 설명해 주는 가이드 워크 프로그램이 운영되며, 아열대 정글 숲의 해설을 들으면서 카누로 호수를 건너 얀바루 숲을 트레킹할 수 있는 투어 등 다양한 자연 체험 프로그램이 준비되어 있다. 투어 참가를 위해서는 반드시 예약이 필요하다. 자연 그대로의 얀바루 동식물을 관찰하기 위해서는 긴 소매의 얇은 재킷과 방수화를 신고, 여름에는 모자를 준비하자.

Data 지도 299p-F
가는 법 나하공항에서 고속도로 타고 3시간(교다 IC에서 53km)
주소 沖縄県国頭郡国頭村安波 1301-7 **전화** 0980-41-7979
운영시간 08:30~17:30
요금 네이처 트레일 입장료 어른 300엔 / 가이드 워크 어른 3,500엔 / 아열대 정글 카누(5~10월) 어른 6,500엔
홈페이지 yanbaru-manabi.com

Talk 얀바루는 오키나와 북부의 나고시보다 더 위쪽에 있는 오기미손, 히가시손, 구니가미손 지역을 지칭한다. 1972년 서해안을 따라 달리는 58번 도로가 생기기 전에는 구니가미손까지 가는 육로가 없어 배를 타야 했을 만큼 야생의 땅이었다고 한다.

오키나와 최북단 전망 포인트
헤도미사키 辺戸岬 | 헤도 곶

오키나와 본섬의 최북단이며 58번 도로를 따라 왼쪽 바다 경치를 보면서 달리다 보면 도착하는 최종 지점. 태평양과 동중국해가 이어지는 바다의 거친 파도가 융기한 산호 절벽을 때리며 내는 소리와 우렁차고 가파르게 솟아 있는 해안 절벽이 장관을 이룬다. 오키나와 해안 국정공원으로 지정되어 있으며, 웅장한 모습이 자연에 대한 경외감을 느끼게 한다. 날이 맑은 날은 22km 떨어져 있는 가고시마현의 요론지마섬과 오키노에라부지마섬까지 볼 수 있어, 새해 해돋이 스폿으로도 유명하다. 헤도미사키는 경승지인 동시에 전후 미군정 당시 일본으로 국토 복귀운동을 했던 거점지로, 이를 기념하는 투쟁비가 세워져 있다. 헤도미사키 근처에 있는 얀바루쿠이나(오키나와 뜸부기) 모양의 전망대에서 기념사진 한 컷 찍을 것.

Data 지도 299p-B
가는 법 나하공항에서 고속도로 타고 3시간 20분(교다 IC에서 59km). 또는 나고 버스터미널에서 67번 타고 헤도나버스터미널에서 내려 구니가미촌영버스오쿠쿠선으로 갈아 타 헤도미사키 입구에서 내린 후 도보 10분
주소 沖縄県国頭郡国頭村辺戸
전화 0980-41-2622(구니가미촌 관광과) **홈페이지** kunigami-kikakukanko.com/itiran/06.html

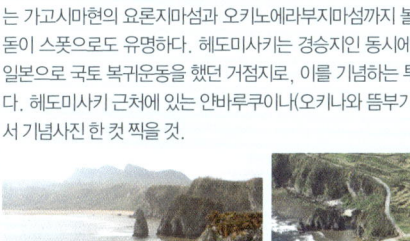

얀바루의 경이로운 트레킹
다이세키린잔 大石林山

다이세키린잔은 헤도미사키에서 차로 10분 거리에 있는 기암석의 산악지역이다. 얀바루 자연의 트레킹을 즐길 수 있는 자연공원이면서 오키나와현 국정공원으로 지정되어 있다. 오키나와 북부의 자연 깊숙한 곳으로 이어진 봉우리 아시무이安須杜는 예로부터 성스러운 지역으로 여겨지던 곳으로 기암석, 거석, 아열대숲 등 4개의 얀바루 산책 코스가 있어 각 코스별로 30분 정도 산책을 즐길 수 있다.

❶ **추라우미 전망 코스** 오키나와 최북단의 헤도미사키와 요론지마까지 전망
❷ **아열대 자연림 코스** 거대한 가주마루(뽕나무과 상록교목)와 6만 그루의 소철군락을 따라 산책하는 코스
❸ **거석 석림 코스** 2억 년 전의 석회암층이 융기한 열대 카르스트 지형을 체험
❹ **배리어 프리 코스** 폭 3미터 정도의 평탄한 우드 데크 산책로가 정비되어 있어 연장자들도 안심하고 산책을 즐길 수 있는 코스

Data 지도 299p-B
가는 법 나하공항에서 고속도로 타고 약 3시간(교다 IC에서 53km). 또는 헤도미사키에서 차로 10분
주소 沖縄県国頭郡国頭村宜名真 1241
전화 0980-41-8117
운영시간 09:30~16:30
요금 어른 1,200엔, 어린이 550엔
홈페이지 www.sekirinzan.com

5월에는 백합축제길로
이에지마섬 伊江島

추라우미 수족관에서 바다 건너로 보이는 이에지마는 오키나와현에서 아홉 번째로 큰 섬이다. 모토부항에서 이에지마항으로 가는 페리를 타면 30분 만에 도착한다. 평일에는 하루 4회 페리가 왕복하고 있어 당일치기 자전거 여행이나 조용한 섬 산책으로 인기가 높다. 이에항에서 바로 자전거를 빌려서 이에지마 닷츄(오키나와어로 끝이 뾰족하다는 뜻)로 불리는 해발 172m의 바위산 구즈쿠야마城山, 와지 전망대, 릴리필드 공원을 둘러보자. 지마미라고 불리는 땅콩은 이 섬의 특산품으로 유명한데, 이 땅콩으로 만든 지마미 두부는 고소하니 맛도 좋고 건강식으로도 유명하다. 한편 매년 4월에는 백합 축제와 마라톤 축제가 개최된다. 대체로 평탄한 지형이라 반나절이면 섬을 둘러볼 수 있으며, 자전거는 이에지마항 바로 앞에 자전거를 걸어 놓은 TM Planning에서 빌릴 수 있다. 자전거 대여료는 1일 1,500엔.

Data 지도 300p-A
가는 법 나하공항에서 고속도로 타고 2시간 10분(교다 IC에서 20km), 또는 나하공항에서 리무진버스 E에어리어 타고 2시간 10분 후 하차, 모토부항에서 페리로 30분(이에항)
전화 0980-49-3519 (이에지마 관광협회)
홈페이지 www.iejima.okinawa

와지 전망대 湧出展望台

깎아지른 듯한 단애에서 바다를 내려다볼수 있는 이에지마의 전망대. 멀리 푸른 바다에서 밀려오는 파도가 단애 끝으로 하얗게 부서지는 거친 풍광이 일품이다.

Data 지도 302p-A
가는 법 이에항에서 차로 15분(5.5km) 주소 沖縄県伊江村東江上

냐티야가마 ニャティヤ洞

오키나와 전쟁 당시 방공호로 많은 사람의 목숨을 구한 동굴로, 많은 사람들이 들어가 있을 수 있다고 하여 센닌동굴千人洞이라고 불리기도 한다. 동굴을 지나면 눈앞에 푸르디푸른 바다가 펼쳐져 과거의 아픈 흔적은 찾아보기 힘들다.

Data 지도 302p-A
가는 법 이에항에서 차로 8분 (3km) 주소 沖縄県伊江村川平

릴리필드 공원 リリーフィールド公園

이에지마의 대표적인 축제인 백합축제가 열리는 곳으로, 4월 말부터 백합이 만개하는 5월 초가 되면 100만 송이의 백합이 장관을 이루며, 섬 전체가 관광객으로 들썩인다. 4월에 오키나와를 여행한다면 이에지마행을 추천한다. 에메랄드빛 바다와 푸른 하늘 아래 하얀 백합 융단은 섬 전체를 로맨틱한 분위기로 만든다.

Data 지도 302p-A 가는 법 이에항에서 차로 15분(3km)
주소 沖縄県伊江村東江上3087 요금 입장 무료

Tip

* 여름방학 기간 7월 중순~8월 31일 1일 5회 운행, 골든위크·연말연시 1일 8회 운행

이에지마 교통 정보

페리

모토부항 출발 전화 0980-47-3940	09:00	11:00	15:00	17:00
이에항 출발 전화 0980-49-2255	08:00	10:00	13:00	16:00

요금 왕복 어른 1,390엔, 어린이 710엔 / 차량 승선료 왕복 4,810엔
(운전자 1명 포함, 홈페이지 ferryyoyaku.iejima.org 또는 전화로 사전 예약 필수) 홈페이지 www.iejima.org

자전거 TM Planning
가는 법 이에항 바로 앞 전화 0980-49-5208 요금 1일 1,500엔 운영시간 09:00~18:00(4월~10월)

택시 이에지마 교통
요금 기본료 470엔, 30분 2,000엔~ 이용 시 전화 연락(0980-49-3855)
섬 일주 예약 필요

노선버스 이에버스
항구를 기점으로 페리 도착 시간에 맞춰 운행(1일 6~8회) 전화 0980-49-2053

나키진손

바다 전망의 건강식 레스토랑
카페 고쿠 カフェ こくう

동중국해를 바라보는 언덕 끝에 있는 자연식 요리 레스토랑. 일본 지바현에서 요리사로 일하던 남편과 채식주의자인 부인이 만나 우리 몸에 좋은 음식만을 만든다. 14가지 약초를 넣어 끓인 차는 한 모금 한 모금 목으로 넘길 때마다 피로가 풀린다. 오키나와 예술가들이 만든 생활도자기에 소박하게 담겨 나온 음식과 주인 부부의 여유롭고 행복한 에너지가 음식의 맛을 더 배가시킨다. 유기농 현미로 만든 오키나와 스타일 영양밥 주시와 된장국, 나키진손에서 재배한 유기농 샐러드와 반찬이 약초차와 함께 나오는 고쿠 플레이트는 여행에 지친 몸과 마음을 든든하게 채워준다.

Data **지도** 303p-G **가는 법** 나하공항에서 고속도로 타고 2시간(교다 IC에서 20km), 추라우미 수족관에서 차로 30분 **주소** 沖縄県今帰仁村諸志2031-138 今帰仁サンシティ希望ヶ丘敷地内
전화 0980-56-1321
운영시간 11:30~16:00(디너는 문의)
(월·일요일 휴무)
요금 고쿠 플레이트 1,300엔~
홈페이지 www.instagram.com/cafe_koku_okinawa

| 나고시 |

아구요리 전문 레스토랑
우후야 大家

오키나와 전역에 있는 백 년 된 고택들이 모여 류큐요리 전문 레스토랑으로 재탄생했다. 이곳에서는 얀바루 청정자연에서 자란 최고급 흑돼지를 뜻하는 아구요리를 맛볼 수 있는데 제주 흑돼지처럼 오키나와 아구도 오키나와 명품 흑돼지 브랜드로 일본 내에서 명성이 높다. 육질이 부드럽고 마블링도 예술. 한입 먹으면 그 다음엔 정신없이 젓가락만 바쁘다. 런치타임에는 1일 30식 한정으로 아구소바 세트를 판매하는데, 오키나와 흑돼지와 오키나와 소바를 함께 맛볼 수 있으며, 가격은 1,800엔이다. 저녁 6시 이후에는 코스요리만 주문 가능하며 아구 샤브샤브 코스, 아구 철판구이 코스 등 오키나와 흑돼지 아구를 메인으로 한 5가지의 코스요리를 선보인다. 가격대는 3,100엔~7,350엔으로 다양하다. 오키나와에서 촬영된 드라마 〈괜찮아, 사랑이야〉의 촬영지이기도 하다.

Data 지도 303p-K
가는 법 나하공항에서 고속도로 타고 2시간(교다 IC에서 14km), 고리 대교에서 차로 30분, 추라우미 수족관에서 차로 30분 주소 沖縄県名護市中山90
전화 0980-53-0280 운영시간 11:00 ~17:00, 18:00~22:00
요금 오키나와 소바 869엔, 아구 샤브샤브 코스 3,100엔~
홈페이지 www.ufuya.com

자급자족 콘셉트의 소바 전문점
무카시무카시 むかしむかし

자급자족이 꿈이라는 소바 가게 주인장의 꿈을 그대로 실현한 소바 가게. 천연 간수를 이용해 직접 뽑는 면과 가게 뒤편 넓은 텃밭에서 기른 채소를 주재료로 소바를 만들고 있다. 심지어 뒷산에 방목하는 산양(히자ヒージャ)도 소바 재료로 쓴다고 하니 이대로 가다가는 소바를 담는 그릇마저 주인이 만들고 있을지 모른다는 생각도 든다. 요리 잡지에 수차례 소개된 바 있으며, 오키나와 사람들이 고향에서 먹던 전통 소바 맛을 느꼈으면 하는 바람으로 소바를 만들고 있다고. 재미있는 콘셉트의 가게지만 심플하고 소박한 전통 소바보다 국물에 기름기가 많고, 오키나와 채소의 독특한 향이 있어 담백한 맛을 즐기는 사람들의 입맛에는 조금 무거울 수도 있다.

Data 지도 303p-L
가는 법 나하공항에서 고속도로 타고 약 1시간 55분(교다 IC에서 13km), 추라우미 수족관에서 차로 20분, 만자모에서 차로 40분
주소 沖縄県名護市中山694-1
전화 0980-54-4605
운영시간 11:30~18:00, 완판 시 종료 (둘째 넷째 주 목요일 휴무)
요금 히자소바(대) 1,350엔, 히자소바(소) 1,050엔

섬 도넛 가게
시마 도넛 しまドーナッツ

나고시 시가지에서 조금 떨어진 곳에 있는 작은 도넛가게. 시마 두부의 비지를 베이스로, 베니이모(자색 고구마)나 지마미(땅콩)등 지역 특산품을 사용해 도넛을 만든다. 오사카 출신의 주인이 오키나와에 여행을 왔다가 오키나와의 매력에 빠져 정착하게 되었다고. 시마 도넛은 시간이 조금 지나도 딱딱해지지 않고 여전히 부드럽다. 아기엄마라고는 도저히 믿어지지 않는 미모의 젊은 엄마 마호 씨가 아이를 위해 안심하고 먹을 수 있는 도넛을 만들고 싶다는 마음으로 정성스레 만든다. 스태프들이 전부 젊은 엄마들로 이루어져 있고, 즐겁게 으쌰으쌰 하며 만드는 밝은 기운 때문인지 가게에 들어가 도넛만 사고 나와도 기분이 좋아진다. 일반 도넛보다 기름기가 적고, 특히 고소하면서도 쫀득한 식감이 일품이다.

Data 지도 303p-K
가는 법 나하공항에서 고속도로 타고 1시간 50분(교다 IC에서 10km), 추라우미 수족관에서 차로 35분, 만자모에서 차로 35분
주소 沖縄県名護市伊差川270
전화 0980-54-0089
운영시간 11:00~15:00 (완판 시 종료, 공휴일 휴무)
요금 플레인 180엔, 시나몬 200엔, 지마미(땅콩) 200엔
홈페이지 www.instagram.com/shimadonuts_okinawa

| 모토부초 |

수타 소바의 대명사
데우치소바 기시모토 식당 手打ちそば きしもと食堂

일본 유명연예인들도 오키나와에 오면 꼭 들른다는 소바집. 100년 전통의 탱글탱글한 수타면이 특징이다. 장작불에 돼지뼈와 삼겹살, 가다랭이포를 넣어 서서히 국물을 우려내 깊은 감칠맛이 난다. 몇몇 소바집은 개성이 강해 입맛에 맞지 않는 곳도 있는데, 이곳 소바는 담백하면서도 진한 맛 때문에 팬이 많은 편. 소바는 그릇 사이즈에 따라 대자, 소자로 구분되며, 어린이라면 소자가 적당하다. 줄을 서서 먹더라도 소박하고 오래된 분위기를 즐기고 싶다면 본점을, 줄 서서 오래 기다리긴 싫다면 가게 규모가 큰 야에다케점을 이용하면 된다.

Data 지도 302p-F **가는 법** 나하공항에서 고속도로 타고 약 2시간 10분 (교다 IC에서 23km) **주소** 沖縄県国頭郡本部町渡久地5 **전화** 0980-47-2887
운영시간 11:00~17:30 (완판 시 종료, 수요일 휴무) **요금** 소바(대) 850엔, 소바(소) 700엔

단팥죽만 파는 집념의 가게
아라가키 젠자이야 新垣ぜんざい屋

50년 역사의 오키나와 단팥죽 맛집이다. 길게 줄 서있는 사람들의 분위기에 휩쓸려 나도 모르게 줄을 서게 되는데, 모두가 이곳에서 파는 단 하나의 메뉴를 찾아 온 손님들이다. 그건 바로 흑설탕으로 버무린 팥 위에 빙수를 갈아 고명처럼 얹은 아이스 단팥죽. 일반적으로 알고 있는 단팥죽과 달리 오히려 팥빙수에 가까우며, 하루 300개 한정 판매하기 때문에 개점하자마자 동이 나기도 한다. 기시모토 식당 들어가는 골목 입구에 있으니 놓치지 말 것.

Data 지도 302p-F
가는 법 고속도로 타고 2시간 10분(교다 IC에서 23km)
주소 沖縄県国頭郡本部町字渡久地11-2
전화 0980-47-4731
운영시간 12:00~18:00, 완판시 종료(월요일 휴무)
요금 아이스 단팥죽 300엔

향긋한 빵 냄새를 따라 산기슭을 올라가면
야에다케 베이커리 八重岳ベーカリー

야에다케 베이커리는 야에다케의 산기슭에 위치한 작은 산장 같은 빵집으로, 1977년부터 오키나와 지역 주민들에게 사랑받고 있는 곳이다. 최근에 일본 방송과 여행 책자에 소개되면서 관광객에게도 인기를 얻고 있다. 한적한 시골길을 따라 얀바루 숲을 지나 야에다케 중턱에 도착하면, 빵 굽는 구수한 냄새가 식욕을 자극한다. 매일 12시 전후에 빵과 쿠키를 굽는데, 맑은 날씨에는 산 정상까지 15분 정도 올라가 빵을 먹어도 좋다. 전통이 오래된 지역 빵집이지만, 최근에 도쿄의 유명 빵집에서 일했던 고하라 씨 부부가 빵집에 합류하면서 천연 효모를 사용하는 등 새로운 빵집으로 거듭나고 있다. 시콰사(플랫레몬으로도 부르는 감귤류 과일)와 버찌로 만든 천연 효모를 사용한 빵과 오키나와 흑설탕을 사용한 쿠키 등이 인기 있다.

Data 지도 303p-G
가는 법 나하공항에서 고속도로 타고 1시간 50분(교다 IC에서 18km), 추라우미 수족관에서 차로 27분
주소 沖縄県本部町伊豆味1254
전화 0980-47-5642
운영시간 09:00~17:00(토요일 휴무)
요금 사과잼빵 180엔, 시마 두부 비지빵 420엔(수요일만 판매)
홈페이지 yaedake.com

창밖으로 얀바루의 자연이 한눈에
시키노아야 四季の彩

예쁜 인테리어보다 전망에 승부를 거는 오키나와의 카페 중에서도, 평소 식물과 정원 가꾸기를 좋아하는 방문객이라면 놓치지 말아야 할 필수 레스토랑. 오키나와 하면 바다가 대표적이지만 북부 자연숲을 즐기기 위해 오는 관광객들도 많다. 카페의 창가에서 북부의 자연 풍경을 제대로 즐길 수 있다. 가드닝이 잘 된 깔끔한 정원도 인상적이다. 창가 테이블들은 모두 전면이 훤히 보이는 통유리 벽을 통해 바깥 풍경을 감상할 수 있도록 배치되어 있다. 탁 트인 경치도 아름답지만 카페 텃밭에서 수확한 채소를 이용한 요리들과 디저트들도 만족할 만한 맛이다. 채소조림, 삼겹살조림(라우테), 고야 샐러드, 오키나와 소바, 잡곡밥이 함께 나오는 정식 메뉴에서 오키나와 자연밥상의 매력을 느껴보자.

Data 지도 303p-G
가는 법 나하공항에서 고속도로 타고 1시간 50분 (교다 IC에서 17km), 고리 대교에서 차로 23분 주소 沖縄県本部町伊豆味371-1
전화 0980-47-5882
운영시간 11:00~15:00
(월·화요일 휴무)
요금 시폰 케이크 세트 800엔, 시키노아야 정식 1,000엔

기시모토 식당의 분점
데우치소바 기시모토 식당 야에다케점 手打ちそば きしもと食堂 八重岳店

2004년 10월 오픈한 기시모토 식당의 분점. 소바 로드라 불리는 84번 도로의 야에다케八重岳 산기슭에 자리해 있다. 소바의 맛과 가격은 본점과 동일하고 좌석 면에서 본점에 비해 여유가 있는 편이다. 추라우미 수족관까지 15분 정도 거리이므로 가는 길에 가볍게 오키나와 소바 한 그릇으로 속을 채우고 가는 것도 좋다. 주차장이 넓어 렌터카 여행족들이 편리하게 이용할 수 있다.

Data 지도 303p-G
가는 법 나하공항에서 고속도로 타고 2시간(교다 IC에서 18km) 주소 沖縄県国頭郡本部町伊野波350-1
전화 0980-47-6608
운영시간 11:00~19:00
(완판 시 종료) 요금 소바 특대 950엔, 대 850엔, 소 700엔

전망 카페라면 이쯤 되어야
가진호 花人逢

오키나와를 소개하는 책자에는 빠짐없이 등장하는 전망 좋은 카페. 좁은 언덕길을 굽이굽이 올라가다 보면 넓은 주차장과 함께 카페 가진호가 나타난다. 카페 마당의 테라스 좌석에서 식사를 하며 이에지마, 세소코지마가 있는 바다를 한눈에 조망할 수 있어, 맛있는 음식으로는 물론 눈으로도 호사를 누릴 수 있다. 워낙 인기가 있는 곳이라 일찍 움직여도 대기자가 많아 기다리는 건 각오해야 한다. 피자를 전문으로 하며 향긋하고 쫀득한 맛이 경치만큼이나 자랑거리다. 단맛이 나는 안바루 지역 오쿠니린도 용천수를 사용한다. 현금 지불만 가능하다.

Data **지도** 302p-F
가는 법 나하공항에서 고속도로 타고 약 2시간(교다 IC에서 26km), 추라우미 수족관에서 차로 25분
주소 沖縄県国頭郡本部町山里 1153-2 **전화** 0980-47-5537
운영시간 11:30~19:00(화·수요일 휴무) **요금** 피자 M사이즈 2,600엔, S사이즈 1,300엔
홈페이지 kajinhou.com

클래식한 내추럴 카페
스마일 스푼 키친 smile spoon kitchen

숲 속의 하얀 집에 들어서면 마치 호텔 레스토랑처럼 정갈하고 레트로한 실내 분위기가 편안한 느낌을 준다. 추라우미 수족관의 돌고래 조련사 출신인 주인부부가 직접 운영하고 있는 카페 레스토랑으로, 딱딱한 코스요리라기보다는 가정식 서양 코스요리를 먹을 수 있다. 지역 채소와 식재료를 이용한 소박한 수프, 전채요리, 메인요리, 직접 만든 디저트와 음료 등이 빈티지한 식기에 담겨져 나온다.

Data **지도** 303p-G
가는 법 나하공항에서 고속도로 타고 1시간 40분(교다 IC에서 14km), 추라우미 수족관에서 차로 22분
주소 沖縄県国頭郡本部町 伊豆味2795-1 **전화** 0980-47-7646
운영시간 11:00~17:00(수요일 휴무)
요금 런치 코스 1,900엔~
홈페이지 www.instagram.com/smilespoon_okinawa

시원하고도 깊은 국물 맛이 그리울 땐
소바야 요시코 そば屋よしこ

오키나와 전통음식으로 유명한 데비치는 바로 오키나와식 돼지족발. 그런데 오키나와 소바 토핑으로 데비치라? 뭔가 특이한 조합이다. 하지만 파, 양상추를 가득 넣어 만든 데비치 소바가 이 가게의 자랑거리. 데비치가 들어가 있는 소바가 일반적이진 않지만, 시원하면서 깊은 맛이 우러나는 국물이 충분히 매력적이다. 면 한 젓가락 집으면서 이걸 어떻게 먹지, 통째로 뜯어야 하나 걱정되지만 입으로 뜯으면 쭈욱~ 하고 부드럽게 찢어진다. 한입 먹으면 여행으로 지친 몸이 보약을 먹은 듯하다.

Data **지도** 303p-G **가는 법** 나하공항에서 고속도로 타고 1시간 40분(교다 IC에서 13km) **주소** 沖縄県国頭郡本部町伊豆味 2662 **전화** 0980-47-6232 **운영시간** 10:00~17:00 (금요일 휴무) **요금** 데비치 소바 700엔

얀바루의 숲이 눈앞에 병풍처럼 펼쳐지는
시사엔 シーサー園

얀바루의 자연을 내 정원 안에 들이겠다는 오너의 집념이 느껴지는 카페다. 전면이 뻥 뚫린 2층 툇마루에서 한 폭의 그림 같은 풍경을 감상할 수 있다. 전혀 꾸미지 않고 자연스러운 정원은 주인이 20년 동안 가꾸어 온 노력의 산실이라 더욱 놀랍다. 오키나와의 전통과자인 징빙煎餠과 흑설탕 단팥죽은 정원만큼 자연스럽고 추억 돋는 맛이다.

Data **지도** 303p-G **가는 법** 나하공항에서 고속도로 타고 1시간 50분(교다 IC에서 18km), 고리 대교에서 차로 27분 **주소** 沖縄県本部町伊豆味1439 **전화** 0980-47-2160 **운영시간** 11:00~18:00(월요일 휴무) (월요일·공휴일인 경우 다음날 휴무) **요금** 오키나와식 징빙 600엔 **홈페이지** www.instagram.com/yachimunkissa.shisaen/

오키나와 여행에는 빼놓을 수 없는 유명 맛집
얀바루소바 山原そば

오키나와 소바 전문점으로 입소문이 나있는 곳. 가게 문을 열기 전부터 길게 줄을 설 정도로 맛에 대한 명성이 자자하다. 오키나와 소바 도로를 달리다가 점심시간 전인데도 많은 차량과 사람들로 북적거리는 집이 있다면 그곳이 바로 얀바루소바. 기다리기 귀찮아 무시하고 지나친다면 두고두고 후회할 곳! 돼지뼈와 가다랭이포를 넣고 감칠맛을 살린 시원하고 깔끔한 국물 맛이 그야말로 일품이다. 완판 시 종료되니 가능한 서둘러야 얀바루소바의 맛을 직접 확인해볼 수 있을 것이다. 추라우미 수족관까지 25분 정도 거리로, 아침 일찍 서둘러 소문난 맛집에서 소바 한 그릇으로 배를 채우고 움직이는 것은 어떨까. 가게 바로 옆에 비교적 넓은 주차장이 있다.

Data 지도 303p-G 가는 법 나하공항에서 고속도로 타고 1시간 50분(교다 IC에서 17km) 주소 沖縄県国頭郡本部町伊豆味70-1 전화 0980-47-4552 운영시간 11:00~16:00(월·화요일 휴무) 요금 소키소바(돼지등뼈) 대 900엔, 소 700엔, 삼겹살소바 800엔

조용한 얀바루 숲 속 민가 레스토랑
카페 하코니와 Cafe ハコニワ

조용한 숲길에 자리 잡은 오키나와 옛 민가 스타일의 소박한 건강식 레스토랑. 추천 메뉴로는 오키나와 섬 채소를 듬뿍 사용한 오늘의 플레이트. 건강한 흑미밥에 채소수프, 섬 채소 모둠요리, 케이크까지 나온다. 그 외에도 디저트 메뉴, 바게트 샌드위치 등으로 가벼운 식사를 즐길 수 있다. 내부는 모던하고 차분한 느낌으로, 화려하지 않은 앤티크 가구들로 꾸며져 북부 특유의 자연스러움을 담았다. 레스토랑 인근에서 도자기 가마를 운영하는 남편의 도예작품도 전시 판매하고 있다. 무로오 가마를 운영하는 남편의 도예작품은 담백하고 모던한 느낌이다.

Data 지도 303p-G 가는 법 나하공항에서 고속도로 타고 1시간 40분(교다 IC에서 14km), 추라우미 수족관에서 차로 24분 주소 沖縄県本部町伊豆味2566 전화 0980-47-6717 운영시간 11:30~17:30(수·목요일 휴무) 요금 하코니와 오늘의 플레이트 1,000엔, 허니토스트 세트 850엔 홈페이지 www.instagram.com/cafe_haconiwa

| 온나손 |

렌터카 여행자들의 휴식처
미치노에키 교다 道の駅許田

교다 IC 근처에 있는 휴게소로, 관광객뿐만 아니라 현지인들에게도 인기가 있다. 휴게소 내에 있는 얀바루 물산센터에서 농가직송 고야, 파인애플, 망고 같은 열대과일 등 얀바루 지역의 농산품과 흑설탕, 오키나와 전통과자 등의 특산품을 판매한다. 푸드코트에는 방금 튀겨낸 채소튀김이나 일본 어묵, 만두 등을 즐길 수 있는 레스토랑들이 나란히 입점해있다. 무더운 날 인기 메뉴는 역시 아이스크림. 휴게소에서 파는 흑설탕, 우유 소프트 아이스크림은 최고 인기 메뉴 중 하나이다. 2층에 위치한 야외 테라스에서는 시원한 바닷바람을 즐기며 식사와 바다 풍경을 함께 즐길 수 있고 장시간 운전으로 피곤한 경우 낮잠을 즐길 수 있도록 배려한 라운지도 있다. 휴게소 편의시설도 잘 갖추어져 있어 렌터카 여행객의 휴식처로 최적의 장소이다.

Data 지도 300p-F
가는 법 나하공항에서 국도 58번 따라 북상해 1시간 30분. 고속도로 이용 시 교다 IC에서 3분 **주소** 沖縄県名護市許田 17-1 **전화** 0980-54-0880
운영시간 08:30~19:00
요금 오키나와 소바 670엔, 선물용 지마미 두부 594엔 (3개입) **홈페이지** www.yanbarub.co.jp

류큐 글라스 공방 겸 숍
글라시타 Glacitta

해양박공원으로 올라가는 58번 국도변에 바로 인접, 접근성이 좋은 류큐 유리 공예 공방 겸 카페이다. 색을 넣지 않은 투명하고 심플한 디자인의 류큐 유리 제품이 주를 이루며 폐유리병을 재료로 한 재생유리잔, 디저트그릇 등을 숍 내부에 있는 가마에서 구워낸다. 리사이클링 제품이라 기성제품처럼 일률적이지 않고 제각각 다른 개성이 있어 보는 재미가 있다. 테토테토 てとてと, 로브스토 LOBSTO 등 류큐 유리 공방들의 제품들도 판매하며, 카페도 함께 운영 중이다.

Data 지도 300p-I
가는 법 나하공항에서 고속도로 타고 50분(야카 IC에서 4.7km), 주차가능
주소 沖縄県国頭郡恩納村恩納6347 **전화** 098-966-8240
운영시간 11:00~17:30
요금 무스비 글라스 1,980엔
홈페이지 www.glacitta.com

SLEEP

| 나고시 |

최고급 리조트 스타일은 바로 여기
더 부세나 테라스 ザ・ブセナテラス | The Busena Terrace

오키나와의 풍토와 자연을 대표하는 아열대숲에 둘러싸인 부세나곶에 1997년, 더 부세나 테라스가 오픈했다. 자연과의 조화로움, 자연으로의 회귀라는 콘셉트 아래 하이엔드 리조트에서 누릴 수 있는 세련된 공간과 세심한 서비스를 제공한다. 오키나와 해변 최고의 입지와 더불어 760m의 하얀 모래 비치는 마치 부세나곶의 테라스 같다. 객실 형태는 스탠더드 플로어와 클럽 플로어, 클럽 코티지가 있고 모든 객실에는 탈라소테라피(해수요법)의 세계적인 브랜드 딸고Thalgo의 뷰티 제품을 비치해두었다. 심플한 화이트와 베이지 색에 최대한 자연스러운 인테리어가 오히려 스타일리시한 분위기. 창밖에 보이는 대자연 속에 둘러싸여 편안한 휴식을 즐길 수 있다. 호텔에서는 요가, 스트레칭, 테니스 등 스포츠 활동을, 비치에서는 스노클링, 마린워크, 스쿠버 다이빙을 비롯해 선셋 크루즈, 패러세일링 등 해양 프로그램을 운영한다.

Data **지도** 300p-F **가는 법** 나하공항에서 고속도로 타고 1시간 20분(교다 IC에서 5km). 또는 나하공항 리무진버스 D에어리어 타고 1시간 20분 **주소** 沖縄県名護市喜瀬1808 **전화** 0980-51-1333 **요금** 스탠더드 플로어 2인 1실 이용시 1인 요금 19,800엔~(조식 포함), 선셋 크루즈 5,500엔~(드링크 포함) **홈페이지** www.terrace.co.jp/busena

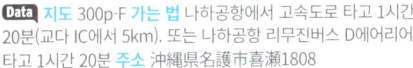

여심을 사로잡는 럭셔리 리조트
더 리츠칼튼 호텔 오키나와 ザ・リッツ・カールトン沖縄 | The Ritz-Carlton, Okinawa

전 세계적으로 최고의 호텔 서비스로 명성이 높은 리츠칼튼 그룹에서 2012년 오키나와에 오픈한 리조트호텔이다. 오키나와 전통건축 형태인 붉은 지붕과 하얀 석벽은 마치 류큐왕국의 성과 같은 장엄한 외관을 이룬다. 수상 정원과 풀장을 따라 이어진 로비와 차분한 서재에서는 일상에서 벗어난 나만의 시간을 즐길 수 있다. 호텔의 객실 안에는 오키나와 작가들의 독창적인 작품들이 곳곳에 전시되어 있어 마치 갤러리를 품은 듯 세련된 공간을 연출했다. 방 안에서 바라다보이는 나고 만과 모토부 반도의 풍광은 덤, 나고 만은 오키나와 본토의 해안 중에서도 가장 아름다운 풍광을 자랑하는 지역 중 하나다. 97실의 전 객실에는 어느 객실에서도 바다와 하늘을 보며 자연광을 즐길 수 있는 넓은 테라스와 욕조가 있다. 또한 호텔 옆에 위치한 스파에서는 최고급 식물 엑기스를 원료로 사용한 영국 ESPA 제품의 트리트먼트와 옥외 풀장, 숲 속 월풀 욕조, 풍화 산호 암반욕으로 일상의 피로와 스트레스를 떨쳐버리고 새로운 에너지를 얻을 수 있다. 진정한 럭셔리는 오키나와의 자연에서 최상의 서비스를 함께 체험하는 것. 시간이 이대로 멈춰버려도 좋을 최고의 순간을 선물한다.

Data 지도 300p-F
가는 법 나하공항에서 고속도로 타고 1시간 20분(교다 IC에서 5km). 또는 나하공항에서 D에어리어 리무진 버스 타고 1시간 30분
주소 沖縄県名護市喜瀬1343-1
전화 0980-43-5555
요금 시기에 따라 변동되므로 이용 시 호텔에 확인
홈페이지 www.ritzcarlton.com/jp/hotels/japan/okinawa

신나는 물놀이 후 스파에서 힐링 타임
오리엔탈 호텔 오키나와 리조트&스파
Oriental Hotel Okinawa Resort & Spa

세계적인 호텔 그룹인 메리어트 인터내셔널의 리조트 호텔. 관내에는 170m 길이의 오키나와 최대급의 가든 풀장, 스파, 에스테 살롱, 트레이닝 룸, 비치 상품과 오키나와 기념품을 판매하는 편집숍을 비롯해 지역의 신선한 식재료를 이용한 5군데의 레스토랑 등 흥미로운 시설들이 갖추어져 있다. 특히 인터내셔널 뷔페 스타일의 조식은 오키나와산 참치덮밥, 따끈따끈한 오키나와 전통 사타 안다기와 찬푸르 메뉴 등 오키나와다운 음식도 맛볼 수 있다. 객실 베란다 옆에는 오키나와 자연과 조화를 이룬 리조트의 멋진 풍광을 바라보며 휴식을 취할 수 있는 리빙 룸이 배치되어 있다. 아로마 스파와 사우나, 야외 스파 시설이 있어 오키나와의 푸른 하늘과 시원한 해풍을 맞으며 노천 스파를 즐기는 호사를 누릴 수 있다. 리조트 앞 가리유시 비치에서는 씨 워크, 패러세일링 등 신나는 해상 스포츠도 즐길 수 있다.

Data 지도 300p-F
가는 법 나하공항에서 고속도로 타고 1시간 10분(교다 IC에서 5km). 또는 나하공항에서 D에어리어 리무진버스 타고 1시간 30분
주소 沖縄県名護市喜瀬1490-1
전화 0980-51-1000
요금 슈페리어룸(조식 포함) 2인 1실 이용시 1인 요금 13,500엔~
홈페이지 www.okinawa.orientalhotels.com

조용한 오키나와 자연에 둘러싸인 80만 평의 메가 리조트
카누차 리조트 カヌチャリゾート | Kanucha Resort

80만 평의 넓은 리조트 부지 내에 카누차 비치, 3종류의 풀장, 8개 스타일의 호텔 동, 골프장 등이 있어 프리미엄 리조트에 대한 기대를 충족시켜 준다. 내 집 같은 휴가라는 콘셉트의 객실은 스탠더드 타입조차도 스위트룸처럼 넓고 높은 천장과 시원스럽게 배치된 큰 창이 여유로운 분위기다. 호텔 내에는 숲과 바다에 둘러싸인 가든 풀장과 비치 사이드 풀장이 있고, 조몬 산호가 군생하는 카누차 비치에서는 보드라운 모래사장을 거닐거나 신나게 물놀이를 해도 좋다. 아쉬운 마음이 든다면 신비로운 아열대숲을 재현한 실내 풀에서 휴식을 취하면 된다. 비치에서는 글라스 보트를 타고 산호 관광을 하거나, 간조 시간에 리조트 앞에 있는 무인도 구지라섬 체험을 할 수 있다. 여유로운 휴가를 즐기는 여행객에게는 리조트 주변 1.8km의 조깅 코스나 오키나와 요리와 도예를 배울 수 있는 문화체험 프로그램도 있어 만족감을 더해 준다.

Data 지도 301p-G
가는 법 나하공항에서 고속도로 타고 1시간 30분(교다 IC에서 21km). 또는 나하공항에서 카누차 셔틀버스 타고 1시간 40분(2,200엔 예약제)
주소 沖縄県名護市安部156-2
전화 0980-55-8880
요금 트윈룸(조식 포함) 2인 1실 이용시 1인 요금 15,000엔~
홈페이지 www.kanucha.jp

구니가미손

비치와 에코 투어를 함께 즐기다
JAL 프라이빗 비치 & 리조트 오쿠마 オクマ プライベートビーチ&リゾート

오키나와에서도 순백의 천연 백사장과 투명한 바다로 유명한 오쿠마 비치와 어우러진 코티지 호텔. 객실은 전용 라운지가 있는 가든 빌라 자연 속에 둘러싸인 빌라 등 6개 타입이 있고 애견과 함께 숙박할 수 있는 방도 준비되어 있다. 오쿠마 비치의 해양 액티비티 프로그램과, 얀바루 에코 투어, 야외 유수풀과 아이들도 안심하고 이용할 수 있는 어린이용 풀 등 가족이 함께 즐길 수 있는 다양한 시설이 있다. 호텔 내에 있는 씨 사이드 사우나에서는 오쿠마 비치를 바라보면서 피로를 풀 수 있다. 호텔 내에는 오키나와 특산품과 전통 공예품, 세공품, 식료품 등을 판매하는 기념품 상점과 수영복, 비치샌들, 비치웨어 등을 판매하는 부티크도 있어 간단한 쇼핑을 즐길 수 있다.

Data 지도 299p-C
가는 법 나하공항에서 고속도로 타고 2시간(교다 IC에서 36km). 또는 나하공항에서 노선버스 111번 타고 나고 버스터미널에서 67번으로 환승해 3시간 반 (3,110엔), 오쿠마 비치 입구에서 내려 도보 15분. 사전예약시 버스정류장까지 송영버스 가능
주소 沖縄県国頭郡国頭村奥間913
전화 0980-41-2222
요금 메인코티지(최대 4명) 2인 이용 시 1인 11,800엔~, 시기에 따라 다양한 프로모션 요금 (홈페이지 확인)
홈페이지 okumaresort.com

얀바루 숲 속 힐링 리조트
아다 가든 호텔 오키나와 Ada GARDEN HOTEL OKINAWA

오키나와 최북단의 얀바루 숲에 둘러싸인 자연 건강 콘셉트의 리조트. 오키나와 북부의 얀바루 지역은 아열대 동식물이 그대로 보존되어 있는 자연의 보고인 만큼, 리조트에서는 얀바루의 자연을 체험할 수 있는 최적의 조건을 누릴 수 있다. 오키나와 최대 규모의 폭포인 히지 폭포 트레킹과 맹그로브 카누, 무인도 스노클링 등 에코 투어를 체험할 수 있다. 특히 호텔 내에서는 요리를 비롯해 어떤 곳에도 수돗물을 일절 사용하지 않고, 얀바루 깊은 숲 속의 미네랄이 풍부한 천연수만을 사용한다. 셰프가 직접 산으로 들어가 식재료를 구하는가 하면, 무농약으로 직접 재배한 건강한 채소와 제철 식재료를 이용하기 때문에 요리의 맛도 특별하다. 얀바루의 대자연에서 새소리를 들으며 아침을 맞이하는 여행, 오키나와 여행의 포인트를 힐링으로 잡았다면 바로 이곳이 제격이다.

Data 지도 299p-D
가는 법 나하공항에서 고속도로 타고 3시간(교다 IC에서 63km)
주소 沖縄県国頭郡国頭村安田1285-95 **전화** 0980-41-7070
요금 스탠더드 트윈(2인1실, 조식 포함) 1인 6,650엔~
홈페이지 www.ada-hotel.net

| 모토부 |

추라우미 수족관까지 도보 이용 가능한
호텔 오리온 모토부 리조트 & 스파
ホテルオリオン本部リゾート&スパ | Hotel Orion Motobu Resort & Spa

오키나와 하면 떠오르는 바로 그곳 추라우미 수족관이 있는 해양박공원 바로 옆에 위치한 스파 리조트 호텔. 모토부 반도 동쪽 끝에는 추라우미 수족관과 비세마을이 있는데, 호텔에서 도보로 갈 수 있는 거리에 있다. 객실은 오션 윙과 클럽 윙으로 나뉘어 있는데 전 객실이 바다 전망이라 오키나와 북부의 넓은 하늘과 바다를 바라볼 수 있다. 특히 호텔 배치는 이에지마섬 조망을 위한 설계로, 날씨가 좋은 날은 정면에 이에지마가 바로 바라다보인다. 오션 윙 5층에 위치한 모토부 온천 추라우미노유에서는 지하 1,500m의 천연 온천에 몸을 담그고 수평선 위에 떠있는 이에지마를 감상하며 온천을 즐길 수 있다. 선선한 오후에 1,000여 그루의 후쿠기나무 가로수길이 장관을 이루는 어촌 비세마을을 산책하면 더할 나위 없이 운치가 있다.

Data **지도** 300p F **가는 법** 나하공항에서 고속도로 타고 2시간 40분(교다 IC에서 27km). 또는 나하공항 리무진버스 E에어리어 타고 2시간 15분 **주소** 沖縄県国頭郡本部町備瀬148-1 **전화** 0980-51-7300 **요금** 오션트윈룸 1인 16,000엔~ **홈페이지** www.okinawaresort-orion.com

| 온나손 |

그 유명한 만자모가 바로 눈앞에
ANA 인터컨티넨탈 만자 비치 리조트 ANA INTERCONTINENTAL Manza Beach Resort

전 객실에서 기암괴석 모양의 만자모와 아름다운 만자 비치의 절경을 감상할 수 있는 비치 리조트. 천혜의 입지 조건을 자랑하는 리조트 비치에서는 해양 스포츠와 크루즈, 서핑, 다이빙, 낚시 등의 다양한 프로그램을 체험할 수 있고, 3월 중순부터 11월 초까지 운영하는 만자 오션 파크에는 아이들이 즐거워할 아이템이 많다. 야외 풀장과 해양심층수를 배합한 대욕장도 완비되어 있다. 스포츠를 좋아하는 여행객을 위한 1day 멤버카드를 구입하면 테니스, 농구, 배구, 배드민턴 등도 이용할 수 있다. 아침 7시부터 10시까지 운영하는 아침 장터에서는 온나손 수산협동조합의 우미부도(바다포도)와 아사(해초류)를 비롯해, 오키나와 청정 환경에서 수확한 계절 과일과 농산물, 사탕수수로 만든 흑설탕, 천연 소금 등을 판매하니 아침 식사 후에 꼭 방문해보자.

Data **지도** 300p-J **가는 법** 나하공항에서 고속도로 타고 1시간(야카 IC에서 7.7km). 또는 나하공항에서 리무진버스 C에어리어 타고 1시간 40분 **주소** 沖縄県国頭郡恩納村瀬良垣2260 **전화** 0120-056-658 **요금** 트윈룸(조식 포함) 2인 1실이용시 1인 요금 12,300엔~, 만자오션파크 어른 4,500엔(12세 미만 어린이 3명까지 동반 가능) **홈페이지** www.anaintercontinental-manza.jp

나키진손

슬로우 라이프 스타일을 제안하는
틴토 틴토 tinto tinto

고리지마섬과 옷파마 비치를 전망할 수 있는 코티지 타입의 아담한 숙소. 오키나와 북쪽 한적한 나키진손의 작은 시골길을 따라, 한적한 바다 입구 위치해 있다. 마치 남유럽의 시골 별장 같은 하얀 장식의 외관과 앙증맞은 간판이 그림책의 한 장면 같다. 잔디 위를 뒹굴다가 근처 바다를 산책하고, 볕 좋은 자리에서 나른한 오후를 보내는 그런 꿈같은 상상을 이루게 해 주는 곳이다. 틴토 틴토 곳곳에는 여행이 주는 행복과 여행을 통해서 자기 자신으로 돌아갈 수 있는 시간을 소중히 여긴다는 주인 부부의 손길이 닿아 있어 무척 편안하고 행복한 에너지를 느낄 수 있다. 객실은 야외 테라스에서 고리지마가 보이는 화양실 타입, 잔디 정원에서 바다가 보이는 다다미 타입이 있다. 조식은 카페 룸에서 부부가 오키나와 식자재로 직접 만든 가정요리를 제공한다. 흑미밥과 고야, 유시두부 등의 오키나와 스타일과 잉글리시머핀 샌드위치 같은 서양스타일이 기본. 계절마다 조금씩 다르지만 매일 건강해지는 메뉴라 즐겁다. 객실이 2개밖에 없고, 슬로우 라이프를 즐기는 일본인들에게 어느새 입소문이 나서 예약을 서둘러야 한다.

Data 지도 303p-H 가는 법 나하공항에서 고속도로 타고 2시간 10분(교다 IC에서 22km). 또는 나하공항에서 안바루 급행버스 타고 리조트호텔 베르파라이소벨프라인에서 하차(2시간 40분, 정류장에서 연락하면 픽업 가능) 주소 沖縄県国頭郡今帰仁村渡喜仁385-1 전화 0980-56-5998 요금 세미더블룸(2인1실, 조식 포함) 1인 11,000엔~ 홈페이지 tintotinto.com

캠핑카에서 즐기는 아웃도어 스타일의 얀바루
우드페카 나키진 ウッドペッカー・ナキジン

안바루라 불리는 아열대숲 울창한 자연의 보고 북부에서 오키나와 대자연을 만끽할 수 있는 트레일러형 숙박 시설이다. 북부 나키진손에 위치하며, 숙소 내에 비치로 연결된 야외 테라스와 스파, 야외 풀장, 카페 등의 시설이 완비되어 있다. 트레일러는 디럭스 타입과 릴랙스 타입이 있고, 야외 바비큐 등 아웃도어 감각으로 오키나와를 즐길 수 있다. 오키나와의 대표적인 관광지인 추라우미 수족관과 로맨틱한 가로수길인 비세마을까지 차로 10분 거리이다.

Data 지도 303p-G 가는 법 나하공항에서 고속도로 타고 2시간 10분(교다 IC에서 30km) 주소 沖縄県国頭郡今帰仁村今泊681 전화 0980-56-1010 요금 트윈룸(조식 포함) 2인 1실 이용시 1인 요금 11,800엔~, 바비큐코스 1인 2,000엔 홈페이지 woodpecker-nakijin.com

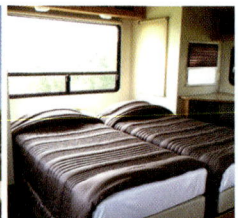

시골집 같은 따뜻함을 느낄 수 있는
나키진 게스트하우스 무스비야 なきじんゲストハウス結屋

북부의 넓은 바다 앞에 위치한 게스트하우스이다. 무스비야는 인연을 맺는 집이라는 뜻으로, 게스트하우스의 손님들이 서로 인연을 맺을 수 있도록 8시에 반찬을 같이 나누어 먹는다든가, 가족적인 분위기를 지향한다. 그래서인지 일본 내 젊은 배낭 여행자들의 인기를 한 몸에 받고 있기도. 객실은 도미토리 타입과 프라이빗 타입 중 선택할 수 있다. 식사는 제공되지 않지만, 직접 재료를 준비해서 요리를 할 수 있는 제법 큰 주방 공간이 있어 손님들끼리 자연스럽게 함께 식사를 하기도 한다. 도보 5분이면 숙소에서 수영복을 입고 바로 갈 수 있는 거리에 자연 비치가 있어 해수욕을 하거나 아침 산책하기에도 좋다. 낯선 사람들과 어울릴 용기를 가진 여행자라면 시도해 보시라. 투숙객들과 함께 얀바루 에코 투어와 섬 샌들 만들기 체험 등의 프로그램도 있다.

Data 지도 303p-C
가는 법 나하공항에서 고속도로 타고 2시간 20분 (교다 IC에서 28km). 또는 나하공항에서 얀바루 급행버스 타고 2시간 35분, 나키진손야쿠바 今帰仁村役場 하차(정류장에서 연락하면 픽업 가능)
주소 沖縄県国頭郡今帰仁村仲尾次609
전화 090-8827-8024
요금 도미토리 2,200엔, 1인실 3,500엔~
홈페이지 musubiya.co

Okinawa By Area
05

미야코지마섬
宮古島

산호초가 아름다운 해양 레저의 섬들이 모인 미야코 제도. 눈부신 바다 위로 떠있는 크고 작은 8개의 섬들, 그 중심에 미야코지마가 있다. 아름다운 해안선, 순백의 백사장, 코발트블루의 투명한 바다색은 사방이 바다인 오키나와에서도 손꼽힐 만큼 아름답다. 해양 스포츠를 사랑하는 구릿빛 젊은 이들의 발길이 끊이지 않는 이유다.

미야코지마섬
미리보기

오키나와 본섬에서 남서로 약 300km 떨어진 곳에 위치하며 오키나와현에서 네 번째로 큰 섬이다. 미야코 제도의 주 섬인 미야코지마는 산호초와 기암괴석, 아름다운 비치로 유명하며 여름이면 해양 스포츠를 즐기는 사람들로 붐빈다. 매년 여름 일본 철인3종경기가 열리는 곳이기도 하다.

ENJOY
미야코지마의 매력은 역시 비치와 바다. 섬이 크지 않아 남북으로 이동하면서 유유자적 비치들을 돌기만 해도 좋다. 3월부터 10월경까지 해수욕을 즐길 수 있고, 연중 해양 레저를 즐길 수 있다. 남으로 구리마지마섬, 북으로 이케마지마섬이 다리로 연결되어 있는데 이케마지마 북쪽은 다이빙, 스노클링 포인트로 유명하다. 요나하마에하마 비치와 스나야마 비치의 긴 백사장은 해수욕하기도 좋지만 그 자체로 아름다운 풍경을 만든다.

EAT
섬의 서쪽에 위치한 히라라 항구 근처는 섬의 번화가로 주점과 레스토랑 등이 모여 있다. 특히 시모자토 거리 쪽은 숍과 레스토랑, 밤늦게까지 문을 여는 주점들이 모여 있는 곳. 이곳의 일본식 주점에서 미야코산 맥주를 즐겨 보자. 김치가 메뉴에 있는 주점도 있다.

BUY
미야코지마에서 가장 유명한 쇼핑 아이템은 역시 소금. 일명 눈꽃소금(설염, 유키시오)으로 통하는 미야코지마의 소금은 청정해역의 바닷물로 만든 최상급이다. 식재료로 쓰일 뿐 아니라 미용제품으로도 출시되어 있다.

어떻게 갈까?
미야코지마로 이동하는 가장 빠른 방법은 역시 항공. 나하에서 50분, 이시가키지마에서 30분이면 도착한다. 도쿄, 오사카에서 미야코지마로 오는 직항편도 운행 중이다. JAL, ANA 등 일본 국내 항공사에서는 출발 날짜에 맞추어서 사전 예매하면 통상 요금보다 훨씬 싸게 항공권을 구매할 수 있다. 잘 보면 50% 이상 할인되는 초특가 상품도 찾을 수 있다. 가끔 미야코지마 직항 전세기 상품이 나오면 찬스!

어떻게 다닐까?
오키나와 주변 섬은 대중교통이 그리 발달하지 않았다. 미야코지마 내에서는 렌터카나 택시로 다니는 것이 좋고, 레저를 즐긴다면 자전거를 렌트해서 다녀도 좋다. 현지 여행사의 관광버스를 타고 포인트 관광을 할 수도 있다. 5~8월에는 성수기이니 최소 2주전 예약하는 것이 좋다. 다라마지마는 히라라 항구에서 배편을 이용해 2시간 정도 소요된다.
OTS 렌터카 0980-72-1104
미야코지마 스카이 렌터카 0980-72-2233
오가미 해운 0980-72-5477
다라마 해운 0980-72-9209
미야코 택시사업협동조합 0980-72-4123

미야코지마섬
📍 1일 추천 코스 📍

섬 둘레는 약 100km로 차로 4시간 정도면 일주가 가능하다. 너무 무더워지기 전인 아침에 수영을 즐기고, 렌터카로 섬 이곳저곳을 드라이브하며 유유자적, 흐느적흐느적 즐겨보자.

요나하마에하마 비치
가벼운 아침 수영과 산책

→ 자동차 7분

류구성 전망대
구리마지마 전망 감상, 구리마대교 근처 레스토랑에서 식사

→ 자동차 30분

히가시헨나곶
등대에서 인력거 타고 꽃길 따라 바람 따라~

↓ 자동차 50분

니시헨나곶
등대에서 일몰 감상

← 자동차 10분

이케마 대교
이케마지마에서 즐기는 한적한 드라이브

← 자동차 45분

스나야마 비치
프라이빗한 해변 느낌의 스나야마 비치 산책

미야코지마의 대표 비치
요나하마에하마 비치 与那覇前浜ビーチ

미야코지마를 대표하는 비치로 구리마지마와 구리마 대교를 마주보는 약 7km의 해안을 따라 위치해 있다. 백사장의 면적이 넓어서 관광객이 많아도 복잡하게 느껴지지 않아 느긋하게 해수욕을 즐기기 좋다. 폭신폭신한 백사장에 발이 들어갈 때마다 찜질 효과도 있다. 해안은 수심이 얕아 가족 여행객들도 부담 없이 즐길 수 있다. 물이 무척 투명해 패러세일링을 하면서 바라보는 바다는 신비한 투명 그 자체. 4월이면 전 일본 철인3종 경기(트라이애슬론) 중 수영 경기가 이곳에서 열린다.

Data 지도 334p-E
가는 법 미야코공항에서 차로 20분
주소 宮古島市下地与那覇
전화 0980-79-6611(미야코관광협회)
요금 파라솔 2,000엔
홈페이지 miyako-island.net

구리마지마의 파노라마 뷰 즐기기
류구성 전망대 竜宮城展望台

미야코지마 남서부에 위치해 미야코지마에서 다리를 건너 갈 수 있는 구리마지마는 대부분의 농가에서 사탕수수와 담뱃잎을 키우는 조용한 농촌마을이다. 이곳 구리마지마에 다리 건너편의 미야코지마를 한눈에 조망할 수 있는 류구성 전망대가 있는데, 요나하마에하마 비치 맞은편에 있는 이 전망대는 대만 건축 양식의 3층 전망대이다. 오래되어 낡은데다 이끼까지 끼어 있어 처음에는 의아스럽지만, 계단으로 올라가서 전망을 보면 그야말로 명불허전. 요나하마에하마 비치와 구리마 대교가 내려다보이는 아름다운 해안 라인의 미야코지마 최고 전망이 이곳에 숨어 있다. 길이 1,690m의 구리마 대교를 지나면 망고 스무디를 파는 음료수 스탠드, 레스토랑, 괜찮은 물건들이 많이 있는 공방 숍이 있으니 시간이 된다면 잠깐 차를 세우고 둘러볼 것을 추천한다.

Data 지도 334p-E
가는 법 미야코공항에서 차로 20분 **주소** 宮古島市下地来間
전화 0980-79-6611(미야코관광협회) **요금** 무료
홈페이지 miyako-island.net

아치형 바위산과 흰 백사장이 매력적인
스나야마 비치 砂山ビーチ

히라라 시내에서 북쪽으로 약 4km만 가면 스나야마 비치에서 망중한을 즐길 수 있다. 아치 형태의 바위산 등 자연 경치가 아름답고 백도화지 같이 유난히 흰 백사장 등으로 인기 있는 해변이다. 나무숲으로 그늘진 산책로를 따라 제법 가파른 모래 언덕을 넘어가면 푸르고 투명한 바다와 희디 흰 백사장의 절경과 턱하니 마주하게 된다. 바닷가에 도착하면 구멍이 뚫린 큰 바위를 볼 수 있는데 그 아래 그늘에서 더위를 피하고 바다를 감상할 수 있다. 비치 규모는 그리 크지 않은 편이나 올망졸망한 자연 풍광이 사람을 편안하게 만든다. 관광객이 많지 않은 5, 6월의 비치는 한적하면서도 수영을 즐길 수 있을 만큼 더워 마치 프라이빗 비치에서 수영하는 듯한 호스스런 느낌이 들게 하기도.

Data 지도 334p-C
가는 법 미야코공항에서 차로 20분
주소 宮古島市平良荷川取705
전화 0980-79-6611(미야코관광협회)
홈페이지 miyako-island.net

미야코 제일의 경승지에서 인력거 타기
히가시헨나곶 東平安名崎

바다를 향해 2km 정도 길게 뻗어 있는 곶의 끝 부분에 히가시헨나 등대가 있어, 이곳까지 천천히 걸어가고 있노라면 시원한 바닷바람에 흥이 절로 난다. '일본 100경' 중 하나로 뽑힐 만큼 눈이 호스스러운 곶과 등대의 풍경 외에도, 철마다 각양각색으로 산책로를 물들이는 꽃들이 무척 아름답다. 등대까지는 그늘 없는 길을 제법 걸어야 하니 모자와 물을 꼭 챙겨 올 것. 주차장이 곶 중간 부분에 위치하고 있고, 주차장에서 등대까지는 걸어서 10분 정도 소요된다. 도보 외에 등대로 가는 방법도 있으니, 바로 인력거 타기다. 곶을 따라 일주하는 관광 인력거 도야打八는 히가시헨나곶만의 색다른 풍경이다. 인력거꾼이 들려주는 류큐 민요를 들으며 훨씬 여유롭게 곶을 돌아볼 수 있으니 이내 황홀경에 빠진다. 등대 위에서 보는 바다 전망도 절대 놓칠 수 없는 미야코지마의 절경! 일출 포인트로도 유명하다.

Data 지도 334p-F 가는 법 미야코공항에서 차로 40분
주소 宮古島市城辺町保良 전화 0980-79-6611(미야코관광협회), 090-1561-1444(인력거) 운영시간 등대 09:00~16:00
요금 입장료 어른 200엔, 인력거 어른 1인 편도 1,000엔, 왕복 2,000엔
홈페이지 miyako-island.net

OKINAWA BY AREA 05
미야코지마섬

열대어가 수놓는 눈부신 스노클링의 천국
요시노 해안 吉野海岸

히가시헨나곶과 가까운 요시노 해안은 스노클링 포인트로 인기가 높다. 해변의 폭이 넓고 수심이 얕아 초급자나 어린이들도 쉽게 스노클링을 즐길 수 있다. 바다거북의 산란지로도 유명하고 산호초가 해변 가까이에 있어 이를 요리조리 헤집고 다니는 열대어 구경도 재미나다. 원래는 현지인들이 주로 애용하는 조용한 해변이었지만 입소문이 나면서부터 여름이면 비치파라솔이 점차 늘어가고 상업화되고 있는 추세. 하지만 사람들이 붐비지 않는 4월에도 따뜻한 햇볕 아래 스노클링을 즐길 수 있다. 그늘이 적으니 자외선차단제와 선글라스도 잊지 말고 챙겨가도록 하자. 시즌이면 바다 근처에 스노클링 장비 대여소가 오픈하며, 대여료는 2,000엔이다. 해안 입구에 있는 유료주차장에 주차한 후 셔틀버스를 타고 비치로 이동한다.

Data 지도 334p-F
가는 법 미야코공항에서 차로 35분, 히가시헨나곶에서 차로 5분 **주소** 宮古島市城辺吉野 **전화** 0980-79-6611 (미야코관광협회)
요금 주차 1일 500엔
홈페이지 miyako-island.net

> **Tip** **미야코지마 다이빙 스노클링 스쿨**
> 미야코지마 주변부 바다는 물이 깨끗하고 투명한데다 파도가 높지 않아, 물가에만 가도 심장이 쿵쾅거리는 초심자들도 쉽게 다이빙을 배울 수 있다. 대부분 예약제로 운영되니 사전에 미리 체크해 두자.
>
> **Data** 에코 가이드 카페
> **가는 법** 히라라항 마린터미널 1층 **전화** 0980-75-6050
>
> **Data** BIG WAVE 마린 서비스
> **가는 법** 요시노해안 주차장 내 **전화** 080-6499-1173

| Theme |

미야코지마 캘린더

아름다운 오키나와의 자연이 생생하게 살아있는 미야코지마는 축제의 섬! 철인3종 경기와 록 페스티벌 등 즐길거리가 가득가득하다. 축제 시즌에 방문한다면 놓치지 말고 즐거움에 흠뻑~ 취해보자.

미야코 해수욕장	4월 초~ 10월 중순	매년 4월 첫 번째 일요일이 미야코지마 해수욕 개장일이다. 10월 중순까지는 해수욕을 즐길 수 있다.
야비지 산호초군락	4월 초	이케마지마에서 북쪽으로 10km 떨어진 바다에서 간조 시에만 나타나는 산호초를 보며 산책을 즐길 수 있다.
전 일본 트라이애슬론	4월 초	수영 3km, 자전거 155km, 마라톤 42.195km의 철인3종 경기가 개최된다.
미야코지마 록 페스티벌	10월 중순	지역 출신 아티스트를 비롯해, 10팀 정도의 유명 밴드가 참여해 라이브 공연을 펼친다.
오리온 비어 페스티벌	8월 초	이시가키시 중심에 있는 신에이공원에서 맥주 축제가 열린다. 매년 수천 명의 사람들이 무더운 날씨 속 시원한 맥주와 라이브 음악을 즐기기 위해 이 페스티벌을 찾는다. 입장료 무료, 나이 제한도 없다.

 **드라이브 중 이 분을 봐도 놀라지 마세요! 섬 교통안전 지킴이 미야코 마모루 군**

신호등도 섬 통틀어 하나밖에 없는 이 평온한 지역에 있기에는 조금 기괴하게 보이는 교통안전 마스코트 미야코 마모루 군. 섬 일주 드라이브 중 종종 도로에서 만나게 되는데, 저승사자를 연상시키는 하얀 얼굴이 무섭다기보다 헛웃음을 짓게 한다. 미야코 마모루 군은 당신을 지켜주는 교통안전 마스코트일 뿐이니 교차로에서 불쑥 나타나도 놀라지 말자!

섬에서 즐기는 일몰의 시간
니시헨나곶 西平安名崎

미야코지마의 북서쪽 끝에 있는 곶. 전망대 위에 올라 풍력발전 풍차와 이케마지마로 이어지는 이케마 대교의 시원한 풍광을 감상할 수 있다. 전망대에서 휴식하며 곶 주변을 산책하거나 근처 미야코 말 방목장도 구경할 수 있다. 아름다운 일몰로 유명한 곳이니만큼 한번쯤 들러 붉게 물든 해변을 감상해보자. 여름의 일몰 시간은 대략 19:30~20:00이다.

Data 지도 334p-A **가는 법** 미야코공항에서 차로 35분 **주소** 宮古島市平良狩俣 **전화** 0980-79-6611 (미야코관광협회) **홈페이지** miyako-island.net

미야코지마 대표 드라이브 코스
이케마 대교 池間大橋

미야코지마와 이케마지마를 잇는 1,425m의 다리로 미야코지마를 대표하는 드라이브 코스다. 대교를 따라 해양레저의 메카 이케마지마로 들어가면 북동쪽에 야비지라고 불리는 천연기념물 산호초 군락이 있다. 매년 음력 3월 3일을 전후로 해서 해수면에 떠오르는데, 이를 보기 위해 수많은 관광객들이 찾는다.

Data 지도 334p-A **가는 법** 미야코공항에서 자동차로 35분 **전화** 0980-79-6611(미야코관광협회) **홈페이지** miyako-island.net

시원한 바다풍경 보며 따끈따끈 온천욕
시기라 황금온천 シギラ黄金温泉

약알칼리성의 염분을 함유한 천연 온천. 미야코지마 시기라 지역의 지하 1,250m에서 솟아나는 원천을 이용하며 풍부한 수량을 자랑한다. 미야코지마의 에메랄드 컬러의 바다를 바라보며 노천 온천을 즐길 수 있는 전망 온천과 수영복 착용으로 가족이나 커플이 이용할 수 있는 정글 풀장, 카페와 에스테, 사우나 등의 시설도 있어, 해양 스포츠를 즐긴 후 나른한 몸의 피로를 풀 수 있다.

Data 지도 334p-E **가는 법** 미야코공항에서 차로 25분, 시기라 베이 리조트 근처 **주소** 宮古島市上野新里1405-223 **전화** 0980-74-7340 **운영시간** 11:00~21:00 **요금** 입장료 성인 1,530엔(주말, 공휴일 1,630엔), 11세 이하 820엔(주말, 공휴일 920엔) **홈페이지** shigira.com

히라라 중심부

이탈리아식 젤라토를 맛볼 수 있는
리코 젤라토 RICCO gelato

착색료와 향료를 사용하지 않고 미야코산 우유와 섬 재료를 이용해 매일 가게에서 직접 만드는 젤라토를 맛볼 수 있다. 망고 젤라토에 럼을 추가한 칵테일 젤라토와 미야코지마 특산물인 흑콩으로 만든 젤라토는 쫀득쫀득하니 아무리 먹어도 질리지 않는 맛이다. 타피오카 음료도 파는데 아이스크림을 얹은 타피오카 음료의 맛은 무궁무진한 디저트계의 새로운 맛을 선사한다. 진한 우유의 맛과 쫄깃쫄깃한 타피오카, 거기에 아이스크림까지 감탄이 절로 나온다.

Data 지도 335p-B
가는 법 미야코공항에서 차로 15분, 히라라 중심부 시모자토 거리에 위치
주소 宮古島市平良下里550
전화 0980-73-8513
운영시간 11:00~18:00(식사 주문 21:00까지, 화요일 휴무)
요금 젤라토 480엔~
홈페이지 www.ricco-gelato.com

섬에서 와인과 피자가 생각날 때
보클리즈 레시피 Bockly' Recipe | ボックリーのチョッキ

시모자토 거리 중심가의 코너에 위치한 칵테일&와인 바이다. 흰 벽에 푸른색 상호가 크게 그려져 있어 눈에 금방 띈다. 규모는 작지만 그 덕에 열대과일 칵테일을 마시며 옆에 있는 손님들과도 쉽게 친해질 수 있다. 혼자 들러도 전혀 어색하지 않고 편안한 분위기. 주인도 편하게 손님을 응대하고 오는 손님들도 외지인들과 가볍게 수다 떠는 것을 좋아하는 분위기라 한 번 가면 단골가게처럼 자꾸 가게 되는 곳이다. 미야코지마산 채소로 만든 안주거리나 피자, 파스타 등 음식이 깔끔하고 맛있으며 와인 또한 엄선된 자연파 와인들로 구비되어 있다. 문어를 얇게 썰어 칠레산 향신료를 살짝 뿌린 섬 문어 카르파치오가 추천 안주.

Data 지도 335p-E
가는 법 미야코공항에서 차로 15분, 히라라 중심부 시모자토 거리에 위치 **주소** 宮古島市平良下里598-2 **전화** 0980-72-6644
운영시간 18:00~21:00
(일요일 휴무)
요금 하이볼 850엔~, 안주 400엔~
홈페이지 www.instagram.com/bockley_no_chokki

미야코지마의 전통가무를 즐길 수 있는
우사기야 미야코지마점 うさぎや宮古島店

"아 맥주 맛있다. 이곳 분위기는 나를 안드로메다로 빠지게 하는군." 방명록을 보니 웃음이 피식 나온다. 흔치 않은 한국인의 방명록 메모가 눈에 띄는 이곳은 이미 밖에서부터 활기찬 분위기를 느낄 수 있다. 미야코지마의 나이트라이프를 제대로 즐길 수 있는 민속주점이다. 미야코지마 향토 음식을 즐기며 민요 라이브와 전통무용을 눈앞에서 볼 수 있다. 미야코지마 맥주와 안주에 취해 스태프들의 손에 이끌려 어느새 다른 손님들과 어울려 흥겹게 춤을 추고 있을지도 모른다. 바삭한 고구마튀김인 이모카리 イモカリ 가 추천 메뉴. 맛있게 먹고 기분 좋게 취할 수 있는 곳이다. 공연은 7시에 1부, 9시에 2부로 진행되며 30분 전에 미리 가는 것이 좋다. 우사기야 라이브 공연(700엔)과 테이블 차지(300엔) 요금이 별도로 있으니 미리 알고 가자.

Data 지도 335p-B
가는 법 미야코공항에서 차로 10분, 히라라 중심부에 위치
주소 宮古島市平良下里2
전화 0980-79-0881
운영시간 17:00~24:00
요금 이모카리 680엔, 사시미 850엔~
홈페이지 usagiya-miyako.com

| 우에노 |

시원한 전망 카페에서 즐기는 팥빙수 한 그릇
카페 둔카라야 カフェ とぅんからや

전망 좋은 테라스 앞에 앉아 파노라마로 펼쳐지는 바다 뷰를 바라보며 달콤한 순간을 맛볼 수 있다. 카페 둔카라야는 티다가 가마의 도예가 가족들이 공방과 함께 운영하는 곳으로, 공방에서 여러 가지 체험과 소품 구입이 가능하다.

Data 지도 334p-E
가는 법 미야코공항에서 차로 20분 **주소** 宮古島市上野新里1213 **전화** 0980-76-2674
운영시간 11:00~17:00 (월요일 휴무)
요금 아이스크림 500엔
홈페이지 www.nangokutida.com

카페 둔카라야 옆 공방
티다가 가마 & 티다 太陽が窯 & Tida

원래 미야코지마 도예가 사도야마佐渡山安公의 공방이 있던 곳에 카페 둔카라야와 잡화점 티다를 차례로 오픈했다. 사도야마 씨 가족이 운영하는 공방 티다가 가마에서는 신청하면 도예 체험과 캔들 만들기 체험 등을 할 수 있고, 티다에서는 캔들, 생활도자기 등 여러 가지 소품들을 판매하고 있다. 히라라 항구 쪽에도 잡화점 Tida가 있다.

Data 지도 334p-E
가는 법 미야코공항에서 차로 15분 주소 宮古島市上野字新里1214
전화 0980-76-2266
운영시간 09:00~19:00
요금 오리지널 시사 만들기 체험 3,300엔

미야코산 다랑어와 새우로 스시 한 접시
스시야 가츠간 すし屋かつ勘

호텔 브리즈 베이 마리나 앞에 위치한 스시 레스토랑. 일본 전국에서 선별해온 신선한 생선뿐만 아니라 미야코지마에서 나는 다랑어, 흰살생선, 새우 등으로 미야코지마의 스시를 만든다. 가격은 비싼 편이지만, 맛도 분위기도 고급스러운 스시 전문점이다.

Data 지도 334p-E 가는 법 미야코공항에서 차로 20분 주소 宮古島市上野宮国746-8 전화 0980-74-7320
운영시간 17:00~22:00(수요일 휴무) 요금 스시 코스 6,600엔~ 홈페이지 shigira.com/restaurant/katsukan

바다 전경이 멋진 피자 전문 레스토랑
카페 & 피자 레스토랑 스타더스트 가든 カフェ&ピッツァレストラン スターダストガーデン

시기라 리조트 내에 위치한 이탈리안 레스토랑. 별채처럼 따로 분리되어 있어 리조트에 숙박하지 않아도 분위기 있는 식사나 카페 타임을 즐길 수 있다. 표고 28m 높이의 언덕에 위치해, 미야코지마의 푸른 바다를 한눈에 내려다보며 피자나 파스타, 열대 과일 팬케이크 등의 디저트를 즐길 수 있다. 밤에는 선명한 미야코지마 하늘의 별을 바라보며 분위기 있는 이탈리안 디너를 맛볼 수 있다. 런치타임에는 화덕에서 직접 구워주는 피자가 인기 메뉴로, 리조트 투숙객은 물론 관광객이 많이 찾으니 미리 예약을 해두는 것도 좋다. 테라스석에는 애견을 동반할 수 있도록 되어 있으니 놀라지 말 것.

Data 지도 334p-E
가는 법 미야코공항에서 차로 25분 **주소** 宮古島市上野新里 1405-226 **전화** 0980-74-7225
운영시간 카페·런치 11:30~14:30, 디너 17:00~22:00(목, 일요일 휴무) **요금** 런치 피자 1,800엔~, 런치 파스타 1,800엔~, 2인 디너 코스 11,000엔
홈페이지 shigira.com/restaurant/stardust-garden

골라먹는 재미가 있는 포장마차 스타일 레스토랑
류큐노카제 파이카지 포장마차촌 琉球の風 南風屋台村

오키나와 요리는 물론, 태국, 중국 등 아시아 음식 메뉴와 바비큐까지 80종류의 메뉴를 즐길 수 있는 푸드코트 형태의 레스토랑으로 시기라 리조트 내에 있다. 섬에서 나지 않는 몇 안 되는 식재료 외에 오키나와산 재료들만 사용하고 있는데 레스토랑 벽에 그에 대한 설명을 붙여놓을 만큼 현산 식재료에 대한 자부심이 강하다. 라이브 무대와 야외 테라스 형태의 좌석 배치로, 매일 밤에 이사와 오키나와 전통음악 공연이 열린다. 관람료가 없으니, 야외 테라스에서 식사를 하면서 오키나와 분위기에 흠뻑 빠져 보자. 담백한 국물의 미야코지마 소바 주먹밥과 샐러드를 곁들인 소면 세트 등 식욕을 당기는 다양한 메뉴들을 골라 먹을 수 있다. 단품 메뉴도 다양한데 미야코지마산 모즈쿠(해초류 큰실말)에 식초와 간장을 섞은 모즈쿠 무침은 새콤하니 식욕을 돋운다.

Data 지도 334p-E
가는 법 미야코공항에서 차로 20분 **주소** 宮古島市上野宮国 761-1 **전화** 0980-74-7410
운영시간 17:00~22:00
요금 미야코 마제소바 800엔, 모즈쿠 550엔
홈페이지 shigira.com/restaurant/paikaji

특선 미야코 소고기와 미야코산 해산물을 호화롭게 즐기는
류구엔 琉宮苑

시기라 리조트 내에 위치한 숯불구이 레스토랑. 현지에서도 구하기 힘든 한정수량의 특선 미야코 소고기와 섬 돼지 아구, 섬 부근에서 잡은 해산물을 숯불구이 형태로 맛볼 수 있는 숯불구이 전문점이다. 미야코 소고기에는 뭐니뭐니 해도 아와모리 한 잔. 리조트 내의 천연 온천을 즐긴 후 바다 풍경을 보며, 고기 한 점에 아와모리를 즐기고 싶다면 예산에 맞추어서 이용해 볼 수 있다. 세트 메뉴에서 일품요리까지 다양한 메뉴가 준비되어 있으니 주머니 사정에 맞추어서 이용하자.

Data 지도 334p-E
가는 법 미야코공항에서 차로 25분. 시기라 황금온천 맞은편
주소 宮古島市上野宮国 974-7
전화 0980-74-7229
운영시간 17:00~22:00
요금 세트 메뉴 4,400엔(2인 이상)
홈페이지 shigira.com/restaurant/ryuguen

| 구리마지마 |

스무디 전문점에서 망고 한 잔
아오소라 팔러 AOSORA パーラー

구리마 대교를 건너자마자 나오는 스무디 전문숍으로 야카야카 맞은편에 위치해 있다. 미야코지마에서 자란 망고, 바나나 등의 남국 과일을 재료로 신선한 스무디를 만드는데 종류가 총 20종류다. 생활도예와 유리공예품을 판매하고 있는 동명의 숍 아오소라와 잡화점 가주마루가 옆에 있다. 같은 주인이 운영 중이다. 잠시 쉬면서 쇼핑도 하고 가볍게 음료를 마실 수 있는 쉼터 같은 곳이다. 최고 인기 메뉴는 미야코지마산 망고 스무디. 설탕 따위는 절대 흉내낼 수 없는 자연 그대로의 단맛이 그대로 입안으로 풍덩한다. 무더운 여름이면 가장 그리워지는 맛이다.

Data 지도 334p-E
가는 법 미야코공항에서 차로 25분(구리마지마)
주소 宮古島市下地来間104-1
전화 0980-76-3900
운영시간 10:00~17:00
요금 망고 스무디 726엔
홈페이지 www.aosoragr.com/aosora-parlor

섬 카페에서 느긋느긋 놀멍놀멍
야카야카 ヤッカヤッカ

구리마 대교를 건너자마자 섬 초입에 세련된 카페와 숍들이 모여 있어 나도 모르게 차를 세우게 된다. 그중에서도 카페 겸 레스토랑인 야카야카는 '아무것도 안 할 자유'라는 섬의 콘셉트를 그대로 보여주는 곳이다. 살랑살랑 불어오는 바람을 느끼며 의자 그네에 앉아 있으면 마음이 평온해진다. 나무숲으로 둘러싸여 바깥에서 보면 잘 드러나지 않지만 넓은 마당과 상대적으로 작은 카페 구조가 재미있다. 섬 재료를 활용해 만든 카레와 햄버거 스테이크, 디저트 등을 만든다. 매운 낙지 라이스나 코코넛과 부드러운 치킨을 넣은 카레는 우리 입맛에 딱 맞는 런치 메뉴. 아이스커피와 먹기 딱 좋은 달콤한 디저트들도 다양하게 준비되어 있다. 게스트하우스도 함께 운영하고 있다.

Data 지도 334p-E **가는 법** 미야코 공항에서 차로 25분(구리마지마) **주소** 宮古島市下地来間126-3 **전화** 0980-74-7205 **운영시간** 11:30~17:00 (재료 소진 시에 영업종료) **요금** 미야코 소고기 카레 1,200엔, 미야코지마산 망고 소스 레어 치즈 케이크 550엔 **홈페이지** cafe.miyakojimacity.jp

구리마지마에서 맛보는 섬 과일 디저트
라쿠엔노카지쓰 楽園の果実

낙원의 과실을 뜻하는 라쿠엔노카지쓰에서는 구리마지마와 미야코지마의 제철 과일을 재료로 한 디저트를 맛볼 수 있다. 아낌없이 과일을 사용한 파르페는 갓 딴 과일의 신선함이 그대로 느껴진다. 6월 말부터 9월 말까지는 망고 시즌으로 이 숍의 망고 파르페는 꼭 먹어볼 것! 과일을 재료로 한 잼이나 젤리 등도 판매한다. 구리마지마 류구성 전망대 근처에 위치해 있다.

Data 지도 334p-E **가는 법** 미야코공항에서 차로 20분 **주소** 宮古島市下地来間 476-1 **전화** 0980-76-2991 **운영시간** 4~10월 11:00~ 19:00(11~3월 ~18:00) **요금** 망고 파르페 1,880엔 **홈페이지** rakuen-kajitsu.jp

히라라 중심부

미야코지마 캐릭터 소품점
디자인 매치 DESIGN MATCH

미야코지마 번화가인 시모자토 거리에 있는 디자인 소품 숍으로, 주얼리 숍 데즐리 옆에 위치해 있다. 미야코지마의 라이프스타일을 모티브로 한 다양한 디자인 잡화들을 판매하고 있어 선물용 소품 구입에 적합한 곳이다. 도쿄 디자이너 출신의 오너가 결혼 후 오키나와로 이사하면서 오픈한 숍은 섬 자체의 소박한 매력에 도쿄의 세련된 유머를 가미했다. 섬의 교통 지킴이 마스코트인 마모루가 그려진 가방이나 패브릭들은 뭔가 좀 괴기스럽지만 웃음을 자아내는 일본 특유의 블랙 유머가 느껴진다. 저승사자처럼 생긴 마모루 손수건은 선물용으로 괜찮은 선택. 사케 전문점에서 사용하는 앞치마나 아와모리 칵테일 계량 컵 등 가지고 싶은 아이템들도 제법 많다.

Data 지도 335p-B
가는 법 미야코공항에서 차로 10분 **주소** 宮古島市平良下里572-3
전화 0980-79-0239
운영시간 10:00~18:00
요금 티셔츠 3,500엔, 토드백 1,300엔 **홈페이지** designmatch.ciao.jp

오키나와 디자이너들의 편집숍
웨더 퍼미팅 오키나와 WEATHER PERMITTING OKINAWA

오키나와에서 활동하는 디자이너들의 의류 및 소품을 주로 판매한다. 디자이너 의류가 많고 가격대가 좀 센 편이라 관광객 모드로 사기엔 좀 부담스럽지만 류큐 빈가타 염색을 적용한 데님 의류라든가 고급 의류브랜드 겐조 스타일의 모던하면서도 실험적인 디자인의 의류 등이 다양하게 구비되어 있어 둘러보며 아이쇼핑하기 좋다. 오키나와 디자이너가 만든 대부분의 의상이 그렇듯 입으면 가볍고 편안하지만 고급 소재를 사용해 품위를 놓치지 않는 것이 이곳 의류의 특징. 미야코지마에서 만든 고급 마직물 원피스도 그런 세련된 아이템 중 하나. 물론 사도 좋다. 주머니만 넉넉하다면.

Data 지도 335p-E
가는 법 미야코공항에서 차로 10분 **주소** 宮古島市平良下里598-2 **전화** 0980-72-0468
운영시간 11:00~20:00
요금 현금만 가능. 빈가타문양 샌들 15,000엔, 메시지 유리병 1,575엔
홈페이지 www.weather-permitting.com

비키니를 못 챙겨왔다면 바로 이곳!
버니즈 마켓 BERNIE'S Market

버니즈 그룹Bernie's group이라는 감각적인 디자인 회사에서 운영하는 아웃도어 의류 전문점이다. 1층에 위치한 버니즈 마켓 이외에 크레페 전문점과 퓨전 아시안 푸드 레스토랑 등 디자인 회사에서 운영하는 숍과 레스토랑이 같은 건물에 입점해 있다. 히라라 중심부의 이면도로에 있어 그냥 지나치기 쉽지만 내부에 디자이너가 셀렉트한 감각적인 브랜드들이 많으니 놓치지 말길. 컬러풀하면서도 세련된 비키니나 구릿빛으로 태닝한 피부에 어울릴 만한 티셔츠들이 많다. 빌라봉이나 퓨마 등 해외 스포츠 의류 브랜드 중 여름 레저용품 중심의 상품이 많은데 선탠한 구릿빛 피부에 딱 어울리는 것들로 가득 차 있다. 섬 숍들의 특징은 절대 손님을 재촉하지 않는다는 것. 느릿느릿 보고 있어도 눈치주지 않아 편하게 쇼핑을 즐길 수 있다.

Data 지도 335p-B 가는 법 미야코공항에서 차로 12분 주소 宮古島市平良西里251-10 전화 0980-75-3123
운영시간 11:30~19:00(목요일 휴무)
요금 티셔츠 4,950엔
홈페이지 www.miyako-bernies.jp

핸드메이드 쥬얼리 숍
데즐리 DESLIE

비치 리조트에 어울리는 핸드메이드 쥬얼리 및 비치웨어를 판매한다. 미야코지마의 번화가에 위치한 숍으로 젤라토 가게 리코 젤라토 맞은편에 위치해 있다. 기분 좋은 미소를 항상 띠고 있는 젊은 오너가 산호, 천연석, 실버 등의 재료로 직접 디자인한 제품을 판매한다. 넓고 세련된 인테리어의 매장 안에 디자이너의 작업실이 함께 있어 디자이너가 쥬얼리를 만드는 과정을 지켜볼 수 있다. 아기자기하면서 컬러감이 있는 재료들을 사용해, 화려함이 느껴지는 디자인의 쥬얼리에서 오너의 개성이 느껴진다. 쥬얼리 외에 의류도 판매하고 있는데 꽃무늬가 그려지거나 화려한 색감의 남성 셔츠는 의외로 세련미가 넘친다.

Data 지도 335p-B 가는 법 미야코공항에서 차로 10분 주소 宮古島市平良下里 572 전화 0980-73-4076
운영시간 10:30~20:00(동절기 ~19:00)
요금 은반지 3,960엔~
남성 셔츠 13,000~27,000엔
홈페이지 deslie-shop.jp

히라라 외곽

미야코지마 전통문화를 직접 체험하고 느낄 수 있는 곳
미야코지마 시 체험 공예촌 宮古島市体験工芸村

마치 시골마을을 방문한 듯 민가 형태의 체험 공방들이 한 채씩 띄엄띄엄 위치해 있어 산책하듯 다니며 시사 만들기, 염색, 직조, 조개 공예 등의 체험을 즐길 수 있다. 작가의 작품 제작 모습을 직접 볼 수도 있고, 공방 내부에서 작가의 작품들을 전시, 판매도 하고 있어, 지역 전통 문화를 직접 체험하고 둘러보기 적합하다.

Data 지도 334p-C
가는 법 미야코공항에서 차로 15분 주소 宮古島市平良東仲宗根添1166-286 전화 0980-73-4111, 운영시간 10:00~18:00 (연중무휴, 공방에 따라 임시 휴일 상이) 요금 직물공방 매트 짜기 체험(60분) 2,200엔, 도예공방 시사 만들기 체험(60분) 3,300엔
홈페이지 miyakotaiken.com

석회암반수로 걸러낸 무공해 청정 해수염
미야코지마 설염 제염소 宮古島雪塩製塩所

산호초가 풍부한 미야코지마의 지층은 석회암으로 이루어져 있는데, 구멍이 숭숭 뚫린 이 암석들은 바다에서 들어오는 해수의 불순물을 제거하는 역할을 한다. 이렇게 걸러진 청정 해수를 가지고 만든 설염(유키시오)은 미야코지마에서만 만들 수 있는 무공해 해수염. 세계 식품 올림픽에서 수상할 정도로 마그네슘, 칼륨 등 영양 성분이 풍부하다. 워낙 유명해 오키나와 전역의 설염 매장에서 소금을 구입할 수 있지만, 미야코지마 설염 제염소에서 바라보는 이케마 대교의 풍경이 꽤나 낭만적이니 시간 여유가 있다면 방문해 보자. 이곳에서 판매하는 소금 소프트 아이스크림도 별미인데, 짜지 않고 달콤하면서 소금맛이나 꽤 신기하다. 뜨거운 여름에 여행하면서 물에 설염을 조금 넣어서 다니면 일사병 예방에도 좋다. 미야코지마 공항과 나하 시내에도 지점이 있다.

Data 지도 334p-A
가는 법 미야코공항에서 차로 30분 주소 宮古島市平良狩俣191
전화 0980-72-5667
운영시간 09:00~18:30 (9월~3월 ~17:00)
요금 설염 120g 756엔, 유키시오 소프트 아이스크림 400엔 홈페이지 www.yukishio.com

구리마지마

주목받는 오키나와 도예가들의 작품은 다 여기에
아오소라 青空

오키나와 출신 도예가들의 도자기와 류큐 글라스 공예품을 판매하는 편집숍이다. 작은 핸드메이드 작품이나 여행의 기념품이 될 만한 소품도 있으니 구매 욕구가 마구 샘솟는다. 미야코지마의 바다를 닮은 컬러풀한 글라스는 꼭 데리고 오고 싶은 아이템.

Data 지도 334p-E
가는 법 미야코공항에서 차로 구리마 대교 경유해 25분
주소 宮古島市下地来間104-1
전화 0980-76-2400 **운영시간** 10:00~18:00
요금 머그컵 3,300엔, 유리컵 5,430엔
홈페이지 www.aosoragr.com/ryukyu-zakka-aosora

이국적 아이템들이 가득한 잡화점
가주마루 がじゅまる

네팔, 태국 등에서 공정무역으로 들여온 소품과 비치웨어를 파는 이국적인 잡화점. 액세서리, 샌들 등 빼곡히 진열되어 있는 작은 아이템들마저 나름의 개성이 느껴져, 구석구석 보고 또 보면서 시간 가는 줄 모르는 마법 같은 공간이다. 독특하고 재기 넘치는 생활용품들도 판매하고 있어 지금 당장 쓰지 않더라도 한두 점은 손에 쥐고 나오게 되는 매력 넘치는 핫플레이스다.

Data 지도 334p-E
가는 법 미야코공항에서 차로 구리마 대교를 경유해 25분
주소 宮古島市下地来間104-1
전화 0980-76-2939
운영시간 10:00~18:00
요금 티셔츠 3,500엔, 토트백 1,100엔
홈페이지 www.aosoragr.com/gajumaru-kurima-island

| **Theme**

미야코 핫 아이템이 옹기종기
류큐노카제 아일랜드 마켓 琉球の風 アイランドマーケット

시기라 리조트 단지에 있는 특산품 숍이자 레스토랑으로, 미야코지마 특산품을 비롯해 야에야마 제도의 아와모리, 과자, 액세서리 등도 함께 판매하고 있다. 오키나와 요리 및 아시안 요리, 바비큐를 즐길 수 있는 파이카지 포장마차촌도 이곳에 있어 쇼핑과 식사를 함께 할 수 있는 복합공간이다.

Data 지도 334p-E **가는 법** 미야코 공항에서 차로 20분, 호텔 브리즈 베이 마리나 바로 맞은편
주소 宮古島市上野宮国761-1
전화 0980-74-7410
운영시간 09:00~22:00
홈페이지 shigira.com/restaurant/paikaji

미야코의 눈꽃소금 유키시오雪塩
미야코 제일의 특산품! 미야코지마 천연 바닷물로 만들어진 최상급 소금으로 관광객들이 오키나와에 오면 빠지지 않고 구매하는 쇼핑 아이템 중 하나. 오키나와 소금은 미네랄 성분이 풍부해 일본 본토에서 인기가 높다.
요금 유키시오(120g) 756엔

미야코산 맥주
미야코산 맥주는 다른 지역 맥주에 비해 가벼우면서도 목넘김이 부드럽다. 섬에 갈 때마다 그 섬에서 만든 맥주를 마셔볼 것. 오키나와산 과일 시콰사나 패션프루트의 과당을 넣어 만든 과일향 맥주도 있고 심지어 섬 고추향 맥주도 있다.
요금 맥주 330ml 648엔

미야코의 교통안전을 책임지는 마모루 군 아이템
저승사자 같이 생겨 은근 무섭지만 자꾸 보면 정이 간다. 마모루 군을 모델로 쿠키, 마우스패드 등의 여러 재미난 아이템을 판매하고 있다. 미야코공항 2층 쇼핑 구역에서도 구입 가능하다.
요금 쿠키 648엔, 마우스패드 470엔

미야코지마 천연화장품 히라라 Hirara
미야코지마에서 자라는 식물들에서 영양소를 추출해 넣어 미네랄이 풍부한 스킨케어 제품.
요금 무농약 페이셜워시 4,104엔, 바디워시 4,104엔

미야코산 고추 소스 도가라시 島がらし
오키나와산 고추를 특산 소주인 아와모리에 담가 만들어, 타바스코보다도 매운 오키나와의 소스. 오키나와 소바 등에 조미료로 사용된다.
요금 도가라시(대) 864엔, (소) 324엔

SLEEP

낙원 리조트의 모든 것을 체험할 수 있는 곳
시기라 베이사이드 스위트 알라만다
Shigira Bayside Suite ALLAMANDA

전 객실이 스위트룸인 프리미엄 리조트 호텔로, 모든 객실이 미야코지마의 눈부신 바다를 볼 수 있도록 배치되어 있다. 객실은 코티지 타입에 전용 풀이 있는 로열 스위트와 본관 옆 풀빌라 라군에 위치한 스위트 빌라, 본관에 위치한 슈페리어 스위트, 독립된 풀빌라 형태의 프리미엄 하우스가 있다. 리조트 곳곳에서는 남국의 컬러풀한 꽃과 나무들에 둘러싸여 미야코지마의 풍광과 자연을 감상할 수 있다. 100만 평의 넓은 시기라 리조트 단지에는 시기라 베이사이드 스위트 알라만다 호텔 외에도, 골프장, 원천 노천 온천인 시기라 황금 온천, 레스토랑, 비치, 시기라곶 등이 있어, 호텔에서 카트를 빌려 타고 리조트 구석구석을 둘러볼 수 있다. 카트는 사전 예약한 면허증 소지자만 유료로 이용 가능하다.

Data 지도 334p-E
가는 법 미야코공항에서 차로 15분, 송영버스 이용 가능 (사전예약)
주소 宮古島市上野新里 926-25 전화 0980-74-7100
요금 슈페리어 스위트룸 (조식 포함) 2인 1실 이용시 1인 요금 27,500엔~
홈페이지 shigira.com

시내 번화가 근처에 위치해 편리한
호텔 아토르 에메랄드 미야코지마 HOTEL ATOLL EMERALD Miyakojima

미야코지마 마린터미널 근처에 있는 시티 리조트 호텔. 이라부지마, 시모지지마까지 이동이 편리하고, 시내 번화가까지 도보 10분 거리에 위치해 미야코 향토 음식점이나 카페, 쇼핑을 즐기기에 안성맞춤인 호텔이다. 객실에서도 미야코지마의 바다를 내려다볼 수 있어 위치도 좋고 전망도 좋은 호텔 중 하나. 미야코지마를 대표하는 비치인 파이나가마 비치까지 도보 3분 거리여서 비치에서 느긋한 시간을 보낼 수 있다. 비치까지 가지 않더라도 3층에 있는 야외풀에서 바다를 조망하며 수영을 즐길 수 있다. 항구 근처에 있어 아무래도 아침이면 일찍 출항하는 배들로 약간의 소음이 들린다. 다른 일본 호텔에 비해 방 크기가 꽤 넓은 편으로 쾌적한 여행을 즐길 수 있다.

Data 지도 335p-B 가는 법 미야코공항에서 차로 10분
주소 宮古島市平良 下里108-7 전화 0980-73-9800
요금 스탠더드 트윈룸 (조식 포함) 2인 1실 이용시 1인 요금 10,450엔~
홈페이지 www.atollemerald.jp

호텔 앞 비치에서 즐기는 아침 산책의 여유를 느끼자
미야코지마 도큐 호텔&리조트 MIYAKOJIMA TOKYU HOTEL & RESORT

구리마지마와 구리마 대교를 마주보는 약 7km의 해안 요나하마에하마 비치 앞에 위치한 리조트 호텔. 248개의 객실마다 전망 베란다가 있고, 호텔 내에서는 풀장과 스파, 테니스 코트, 바비큐 하우스 등의 시설을 이용할 수 있다. 호텔 앞의 요나하마에하마 비치에서는 다양한 해양 스포츠 프로그램을 체험할 수 있고, 투숙객 대상으로 할인혜택을 제공하는 서비스도 있으니 미리 예약하도록 하자. 백사장의 면적이 넓어서 관광객이 많아도 복잡하게 느껴지지 않고 느긋하게 해수욕을 즐기기 좋다. 수심이 얕아 가족 여행객들이 부담 없이 즐길 수 있고, 파우더 같은 폭신폭신한 백사장을 맨발로 산책하는 기분도 좋다. 새벽에는 모닝 크루즈를 타고 30분 정도 바다로 나가 시원한 아침을 맞이할 수 있다.

Data 지도 334p-E 가는 법 미야코공항에서 차로 10분, 송영버스 있음(사전예약) 주소 宮古島市下地与那覇914 전화 0980-76-2109 요금 스탠더드 트윈 오션윙(조식 포함) 2인 1실 이용시 1인 요금 12,100엔~ 홈페이지 www.tokyuhotels.co.jp/miyakojima-h

세상의 낙원을 표현한 풀빌라 리조트
더 시기라 THE SHIGIRA

시기라 리조트 단지 내에 있는 풀빌라 리조트로, 단 10동의 풀빌라만 있는 최고급 호텔이다. 오키나와의 붉은 지붕과 온수 정원 풀장, 자쿠지와 넓은 테라스의 스파베드가 화려한 공간을 연출한다. 더 시기라의 프라이빗한 공간에서는 푸른 하늘과 코발트 블루의 바다를 오롯이 내 것으로 즐길 수 있다. 또한 산호초에 둘러싸여 있는 리조트 내의 시기라 비치에서는 다양한 해양 액티비티를 체험할 수 있다. 프라이빗 공간에서 심신이 온전히 릴랙스되는 느낌으로 꿈같은 시간을 보낼 수 있는 대신 비용은 만만치 않다는 게 단점.

Data 지도 334p-E 가는 법 미야코공항에서 차로 15분, 송영버스 가능(사전예약) 주소 宮古島市上野新里 1405-3 전화 0980-74-7240 요금 스위트 빌라 2인 1실 이용시 1인 요금 123,750엔~ 홈페이지 shigira.com/hotel/shigira

온 가족이 함께 즐기는 리조트
호텔 브리즈 베이 마리나
HOTEL BREEZE BAY MARINA

시기라 리조트 단지 내에서 특히 가족 여행, 그룹 여행에 적합한 리조트호텔이다. 3개의 숙박동 중 타워관은 전 객실에서 미야코지마의 푸른 바다를 조망할 수 있고 본관에는 다양한 형태의 객실과 더불어 애견이 함께 숙박할 수 있는 도그룸이 별도로 준비되어 있다. 장기간 숙박하면서 여유롭게 여행을 즐길 수 있는 콘도미니엄 타입의 객실도 있다. 시기라 리조트 내의 시기라 비치에서는 스노클링, 카약, 체험 다이빙 등 다양한 해양 스포츠를 즐길 수 있다. 호텔에서 비치까지는 무료 송영 서비스가 있다.

Data 지도 334p-E 가는 법 미야코공항에서 차로 10분, 무료 송영버스(사전예약) 주소 宮古島市上野宮国784-1 전화 0980-76-3000 요금 스탠더드 트윈룸(조식 포함) 2인 이용시 1인 요금 17,000엔~ 홈페이지 shigira.com/hotel/breezebay

Okinawa By Area

06

야에야마 제도
八重山諸島

이시가키지마섬 | 다케토미지마섬 | 이리오모테지마섬

오키나와 본섬 나하에서 1시간의 비행이면 닿을 수 있는 야에야마 제도. 아름답고 조용한 섬들이 옹기종기 모여 '어서 와서 여기 좀 앉아 보라'고 손짓한다. 파도 소리 들으며 비치에서 멍 때리는 치유의 시간이 절실하다면 이 섬들은 그대들의 천국이 될지도 모르니 기대하시라.

OKINAWA BY AREA 06
야에야마 제도

치유의 섬을 찾아 떠나는
야에야마 제도

이시가키지마를 비롯해 모두 7개의 섬들이 모인 야에야마 제도는 일본 본토로부터 가장 멀리 떨어져 있고 오키나와 본섬보다 대만과 더 가까운 곳이다. 야에야마의 경제·관광 중심지인 이시가키지마에서 시작해 '동양의 갈라파고스'라 불리는 야생의 섬 이리오모테, 가장 오키나와다운 곳이라 할 수 있고 붉은 기와와 하얀 모랫길이 인상적인 섬 다케토미까지 오키나와에서도 개성 넘치는 당일치기 테라피 여행을 떠나보자.

야에야마 제도의 개성 넘치는 섬들

1. 이시가키지마
야에야마 제도의 경제, 관광의 중심섬. 일본 100경 중 하나인 가비라 만이 있고, 리조트 시설도 잘 구비돼있다.

2. 이리오모테지마
'동양의 갈라파고스'라 불릴 정도로 섬 90퍼센트가 아열대숲으로 뒤덮여 있다. 일본 남국 최고의 자연의 보고로 생태관광이 인기이다. 이시가키 페리터미널에서 고속선으로 40분.

3. 다케토미지마
전통마을이 그대로 보전되어 있어 가장 오키나와다운 섬이다. 시사가 웃고 있는 붉은 기와를 구경하며 자전거 에코 여행을 즐길 수 있다. 이시가키 페리터미널에서 고속선으로 10분.

4. 일본 최남단 유인도, 84개의 성좌를 볼 수 있는 별의 고향 하테루마지마
5. 일본에서 가장 늦은 석양을 볼 수 있는 요나구니지마
6. 사탕수수와 목장 풍경이 한가로운 고하마지마
7. 상공에서 하트모양처럼 보이는 구로지마

인기만점 당일치기 패키지투어

1. 이리오모테지마, 유부지마, 다케토미지마 세 섬을 하루 만에 도는 코스

섬과 섬을 페리로 이동하고 버스 관광과 물소차 관광을 할 수 있다. 시간 여유가 없는 여행광을 위한 코스. 페리 회사마다 코스와 요금은 조금씩 다르다. 약 8시간 소요되며 요금은 12,700~14,700엔.

Data 가는 법 이시가키항 페리터미널(리토터미널)에서 출발

2. 이리오모테지마의 나카마강 카누 래프팅과 폭포 트레킹 어드벤처 코스(4~9월)

이리오모테지마의 맹그로브 숲을 체험하는 인기 코스로 카누 초보자도 안심하고 즐길 수 있다. 약 9시간 30분이 소요되며 요금은 14,700엔이다.

Data 가는 법 이시가키항 페리터미널(리토터미널)에서 출발

야에야마 대자연의 첫 관문
이시가키지마 石垣島

일본 100경의 하나로 꼽히는 가비라 만을 비롯해 아름다운 해변과 경승지들이 많은 이시가키지마섬은 야에야마의 대자연으로 들어서기 위한 첫 관문이다. 아름다운 섬 풍경과 다양한 해양 액티비티를 즐길 수 있어 일본인들의 워너비 스폿이기도 하다. 바다색이 투명에 가까운 그린에서 깊은 코발트블루로 시시각각으로 변하는 가비라 만, 만타(쥐가오리)와 함께 수영할 수 있는 다이빙 스폿, 섬을 따라 도는 해안도로의 절경 등 볼거리와 즐길거리로 가득하다. 또한 이시가키규(이시가키산 흑소고기) 역시 이시가키지마에서 빼놓을 수 없는 명물로, 고베규의 원조 격이 이시가키의 흑소라고 하니 이시가키규의 명성을 알 만하다. 야에야마 소바도 이곳만의 별미. 이시가키항 페리터미널과 고속버스터미널이 있는 섬 중심가에 향토요리 음식점과 선물가게들이 모여 있어서 식사 후에 쇼핑을 즐길 수 있다. 한편 730교차로 주변과 이시가키 공설시장이 있는 유그레나 몰이 쇼핑의 중심지이므로, 렌터카가 있다면 730교차로 주변의 공영 주차장을 이용하자.

이시가키지마
📍 1일 추천 코스 📍

해안도로가 잘 정비되어 있고 해안을 따라 볼거리도 풍성해 렌터카로 섬을 일주하기 그만이다. 섬 일주 시간은 렌터카로 약 4시간, 주위 둘레는 139.2km이다.

이시가키공항에서 출발

→ 자동차 20분

다마토리자키 전망대
전망 좋은 고원지대에서 즐기는 파노라마 뷰

→ 자동차 25분

히라쿠보자키 등대
최북단의 바다와 광활한 초원 만끽

↓ 자동차 70분

우간자키 등대
거친 사나이의 매력이 있는 해안가 산책

← 자동차 15분

스쿠지 비치
해변 나무 그늘 아래에서 잠시 휴식

← 자동차 5분

가비라 만
글라스보트 타고 환상적인 열대어 구경

↓ 자동차 25분

유그레나 몰
이시가키 타운의 쇼핑 아케이드에서 쇼핑하고 먹고, 또 쇼핑하고!

이시가키지마
찾아가기

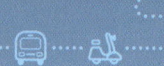

어떻게 갈까?

나하공항에서 이시가키공항까지 직항편(JTA、ANA、RAC、솔라시드에어)이 시간별로 운항되며, 도쿄, 오사카, 후쿠오카 등의 대도시에서도 이시가카로 오는 직항편(JTA、ANA、피치항공、솔라시드에어)이 매일 1~2회 운항된다. 나하에서 비행기로 1시간 거리. 국내선 가격은 시즌에 따라서 분기별로 나오는데, 가격대가 천차만별이긴 하지만 조기 예약에 따른 다양한 할인 서비스가 있으므로 각 홈페이지를 확인하고 미리 예약하도록 한다.

ANA항공 홈페이지 www.ana.co.jp/ko/kr
JTA 일본 트랜스오션 항공 홈페이지 jta-okinawa.com
RAC 류큐 에어 커뮤터 홈페이지 rac-okinawa.com
피치항공 홈페이지 www.flypeach.com
Solaseed Air 홈페이지 www.solaseedair.jp

이시가키 페리터미널 石垣離島ターミナル

야에야마 제도를 여행할 때 반드시 거쳐 가는 곳이다. 터미널 내에 이시가키지마와 이웃 섬 사이를 운항하는 정기 여객선 창구, 여행사, 기념품 가게, 수하물 보관소 등이 설치되어 있다. 정기 여객선 창구에서 페리 패스를 구매할 수 있는데 섬의 개수에 따라 가격이 달라진다. 페리 패스와 옵션투어 패키지를 구매할 수도 있으니 페리터미널 내 여객선 창구나 여행사에 문의하자. 선박회사에 따라 티켓을 공유할 수 있고, 구입한 선박회사 이외의 배를 이용할 수도 있다. 수하물 보관함은 정문 현관, 동쪽 입구 현관, 서쪽 입구 현관에 각각 위치하며 이용료는 대 500엔, 소 300엔이다. 여행사를 이용해서 섬 투어를 할 경우 여행사에서도 일정 요금을 받고 짐을 보관해 준다.
지도 363p-E **가는 법** 이시가키공항에서 공항선 버스로 40분 **홈페이지** www.isigakizima.net

어떻게 다닐까?

1. 렌터카
노선버스가 있지만 편수가 적어 섬 관광을 하려면 아무래도 렌터카가 최고다. 섬을 일주하는 해안도로의 전망이 아름다운데다 도로에 차량이 많지 않고 도로 정비도 잘 되어있어, 운전 경력이 있다면 금방 익숙해진다. 렌터카를 사전에 예약하면 스태프가 도착 시간에 맞춰 마중을 나와 수속을 도와준다.

2. 택시
택시 기본요금은 470엔 정도. 관광택시로 관광지를 둘러보고 설명도 들을 수 있어 편리하지만 가격은 제일 비싼 편. 단 여러 명이 함께 이용하면 비용을 절약할 수 있으며, 호텔 여행 부스에 문의하면 된다.

3. 렌터바이크
혼자 자유롭게 섬을 둘러보고 싶다면 렌터바이크도 도전해 볼만하다. 50cc 스쿠터도 있으며, 주차를 걱정할 필요가 없고 작은 골목길도 다닐 수 있다는 장점이 있다.

4. 버스
이시가키공항에서 4계통·10계통의 공항선 버스를 이용하면 이시가키 중심부에 자리한 버스터미널까지 이동할 수 있다. 이 중 10계통은 닛코 야에야마와 ANA 인터컨티넨탈 이시가키 리조트를 경유한다. 공항과 버스터미널 간 이동 소요시간은 35~45분이며 편도 운임은 540엔이다.
운행시간: 이시가키 버스터미널 출발 06:10~21:00, 이시가키공항 출발 07:10~20:50

> **Tip** 주요 경로 이동시간&교통비
> **이시가키공항 ↔ 이시가키항 페리터미널, 고속버스터미널**
> 버스 35~45분(540엔), 택시 30분(약 4,000엔), 렌터카 30분(이시가키항 페리터미널 주차 1시간 100엔). 페리터미널에서 고속버스터미널까지 도보 5분
>
> **버스터미널 ↔ 가비라 만**
> 편도 운임 730엔(45분), 중요한 관광지 몇 곳을 돌고 오는 투어버스도 버스터미널에서 이용 가능.

OKINAWA BY AREA 06
야에야마 제도

이시가키지마섬
石垣島

0 2 4km

A

B 히라쿠보자키 등대
平久保崎灯台

이시가키지마 선셋 비치
石垣島サンセットビーチ

바다의 교실
海の教室

다마토리자키 전망대
玉取崎展望台

클럽메드 가비라 이시가키
クラブメッド石垣島

노소코다케산
野底岳

스쿠지 비치   가비라 가든
底地ビーチ   KabiraGarden

우간자키 등대
御神崎灯台

가비라 만
川平湾

요네하라 해안
米原海岸

야에야마 야자수군락
ヤエヤマヤシ群落

C   D

가든 파나
ガーデンパナ

오모토다케산
於茂登岳

신이시가키공항
新石垣空港

이시가키시
石垣市

반나 공원 バンナ公園

후사키 비치
フサキビーチ

반나다케산
バンナ岳

시마아이
Shimaai

이시가키 중심부 石垣中心部

기타우치 목장
きたうち牧場

마에자토 비치
マエザトビーチ

ANA 인터컨티넨탈 이시가키 리조트
ANAインターコンチネンタル石垣リゾート

E   F

이시가키 중심부
石垣中心部

362 | 363

100m

- 미야라돈치 정원 宮良殿内庭園
- 난토 민속자료관 南嶋民族資料館
- 아무리타노니와, 소시테온가쿠 あむりたの庭、そして音楽
- 산핀 공항 さんぴん工房
- 이시가키지마 키즈 石垣島キッズ
- 시마아이 Shimaai
- 하코가메 箱亀
- 야에야마 박물관 八重山博物館
- 카페 마히마히 Café Mahi Mahi
- 이시가키 벤긴 石垣ペンギン
- 이시가키 시공설시장 石垣市公設市場
- 아치코코 비 스토어 ACHICOCO B Store
- 마루하치라 선물의집 丸八おみやげ店
- 730교차점 730交差点
- 도우도우 どうどう
- 쓰키노토리 月の鳥
- 이시가키지마 てしごとやな石垣島
- 유그레나 가든 euglena GARDEN
- 카약 야에야마공방 Kayak八重山工房
- 섬 요리집 파이누시마 島料理の店南の島
- 데시고토야 이시가키지마
- 이시가키 버스터미널 石垣バスターミナル
- 이시가키 시청 石垣市役所
- 다케토미정 사무소 竹富町役場
- 이시가키항 페리터미널 石垣港離島ターミナル
- 시민가이칸도리 市民会館通り
- 신에이 공원 新栄公園
- 쇼코엔 구장 小公園球場
- 시민회관 市民会館
- 미사키초 美崎町
- 이시가키항 石垣港

OKINAWA BY AREA 06
야에야마 제도

ENJOY

일본 100경의 하나, 그림 같은 풍경의 그곳
가비라 만 川平湾

이시가키지마에서 꼭 들러야 할 관광 스폿을 뽑으라면 항상 언제나 이곳. 섬 내 최고의 절경으로 손꼽히는 가비라 만은 일본 100경의 하나로 소개될 정도로 아름다움을 뽐낸다. 가장 아름다운 해변으로 손꼽히지만 산호초 보호구역이며 조류의 흐름이 세서 수영이나 다이빙이 금지된 곳이다. 바다 내부를 감상하고 싶다면 비치에 줄지어 서있는 글라스 보트에 탑승할 것. 약 250종류의 열대어와 산호초가 있는 바다 내부를 감상할 수 있다. 오묘한 바다색의 광경을 한눈에 내려다보려면 공원 전망대가 베스트. 형형색색의 아름다운 블루 톤은 시간대별로 다른 매력을 뿜어낸다.

Data 지도 362p-C
가는 법 이시가키공항에서 차로 40분 주소 石垣市石垣島川平934 전화 0980-82-1535 (이시가키시 관광문화과)
요금 글라스보트 어른 1,300엔, 어린이 650엔
홈페이지 www.ishigaki-navi.net/si_kabirawan

히비스커스 꽃이 일 년 내내 피는 전망대
다마토리자키 전망대 玉取崎展望台

이시가키지마의 북부에 있는 전망대로 일 년 내내 히비스커스 꽃을 볼 수 있다. 다마토리자키는 산호초가 발달한 해안선과 섬의 가장 좁은 육지 지역에 해당하는 곳으로 길고 좁은 지형이 특징이다. 히비스커스가 핀 산책로를 따라 전망대에 오르면 앞쪽으로는 깊이에 따라 층층이 달라지는 푸른빛 오묘한 바다가, 북쪽으로는 히라쿠보자키의 절경이 펼쳐진다.

Data 지도 362p-D
가는 법 이시가키 페리터미널에서 차로 30분, 이시가키 공항에서 차로 20분
주소 石垣市伊原間
전화 0980-82-1535 (이시가키시 관광문화과)
홈페이지 www.ishigaki-navi.net/si_tamatori

야생의 숲을 거닐고 싶다면
야에야마 야자수군락 ヤエヤマヤシ群落

이시가키지마의 다른 관광지와는 사뭇 느낌이 다른 야자수 군락 지역이다. 이시가키지마와 이리오모테지마에만 있는 야에야마 야자수가 울창한 정글 숲을 이루고 있다. 야에야마 야자수는 제일 큰 나무가 25m에 이르며, 국가 천연기념물로 지정되어 있다. 이외에도 천선과나무(뽕나무 과의 활엽 관목) 등이 자생하고 있으며, 야생 열대림을 자연 그대로의 모습으로 볼 수 있어 탄성이 절로 나온다.

Data 지도 362p-C
가는 법 이시가키 시내에서 차로 35분
주소 石垣市桴海554 **전화** 0980-82-1535 (이시가키시 관광문화과) **홈페이지** www.ishigaki-navi.net/si_yaeyamayashi

이시가키지마 최북단의 등대
히라쿠보자키 등대 平久保崎灯台

이시가키지마는 차량 운행이 적으면서도 도로가 잘 정비되어 있고 자연환경이 빼어나 드라이브하기에 최적의 섬이다. 이시가키공항에서 차로 40분 정도를 달려 이시가키 흑소 방목지를 지나면 섬 최북단에 히라쿠보자키 등대가 나타난다. 광활한 초원에서 풀을 뜯으며 유유자적하고 있는 흑소들의 모습도 이시가키 자연 절경 중 하나이다. 등대에서 보는 바다는 높은 곳에서도 산호초가 선명하게 보일 정도로 맑고 투명하다.

Data 지도 362p-B
가는 법 이시가키공항에서 국도 390번 경유해 45분
주소 石垣市石垣島平久保234-50 **전화** 0980-82-1535 (이시가키시 관광문화과) **홈페이지** www.ishigaki-navi.net/si_hirakubozaki

OKINAWA BY AREA 06
야에야마 제도

Data 지도 362p-E
가는 법 이시가키공항에서 차로 35분
주소 石垣市登野城2241-1
전화 0980-82-6993(반나공원 관리사무소)
홈페이지 www.banna7.com

도심 근교 공원에서 섬의 파노라믹 뷰 즐기기
반나 공원 バンナ公園

이시가키 시내 중심부에서 약 4km 떨어진 곳에 위치한 반나 산 일대 공원. 해발 230m 높이에 있는 산 전망대에서 이시가키지마의 해안선과 바다 전경을 즐길 수 있다. 3개의 전망대와 연결되는 숲속 산책로와 가족 여행객이 즐길 수 있는 놀이 광장 등 다양한 시설이 내부에 있다. 공원 내 도로가 잘 정비되어 있어 전망대까지 차로 이동 가능하여(전망대 앞 광장에 주차 공간 있음) 쉽게 이시가키지마와 주변 섬 풍경을 감상할 수 있다. 특히 달걀처럼 생긴 철새 관찰소의 전망대에서 보는 이시가키지마와 주변 섬 풍경이 절경이다.

이시가키지마의 부엌
이시가키시 공설시장 石垣市公設市場

남국의 열대과일부터 이시가키 흑소까지 이시가키시에서 나는 식재료를 모두 볼 수 있는 시장으로 유그레나 몰 내부에 있다. 1층과 시장 건물 앞 노점에는 식재료 상점들이 중점적으로 모여 있다. 당도가 높기로 소문난 이시가키 바나나나 패션프루트 같은 열대과일들, 이시가키 흑소를 파는 고급 식재료 전문점, 근해에서 잡은 해산물 가게까지 식욕을 자극하는 음식재료들이 그득그득하다. 부엌이 있는 게스트하우스에 머문다면 이런 재료를 사서 요리를 해보는 것도 섬을 즐기는 방법 중 하나가 될 것이다. 2층은 이시가키지마 특산물 판매 센터가 있다. 아와모리를 시음해 보거나 여러 토속 식재료들을 시식할 수 있도록 시식 코너도 잘 마련되어 있어 일단 맛을 본 후 구매할 수 있는 장점이 있고, 이곳에서만 살 수 있는 한정품들도 있다. 한정품은 매장 상황에 따라 달라지며 제철에 생산된 재료로 만든 고추기름 등 식재료가 대부분이다. 2021년 리뉴얼하면서 시장 내에 식사 공간을 마련했다.

Data 지도 363p-B
가는 법 이시가키항 페리터미널에서 도보 10분 **주소** 石垣市大川208
운영시간 점포에 따라 다름(09:00~21:00, 2·4주 일요일 휴무)
홈페이지 ishigaki-kousetsu-ichiba.com

이시가키지마 최서단의 일몰 명소
우간자키 등대 御神崎灯台

이시가키지마의 가장 서쪽에 위치한 등대. 흐린 날 이곳을 방문하면 높고 거친 파도가 몰아치는 왠지 음산한 기운이 서린 서해 바다의 매력을 느낄 수 있다. 최서단으로 이시가키지마의 대표적 일몰 장소이기 때문에 날씨가 좋은 날 저녁 무렵이면 드라이빙 온 사람들로 붐빈다. 특히 봄에는 등대 주위로 백합이 만발해 순백의 아름다운 꽃길이 장관을 연출해 무척 아름답다. 비가 오는 날이나 바람이 부는 날에는 강풍이 아주 세게 부는 곳이므로 등대 쪽으로 올라갈 때 주의할 것.

Data 지도 362p-C 가는 법 이시가키 공항에서 차로 35분 주소 石垣市石垣島埼枝
전화 0980-82-1535(이시가키시 관광문화과) 홈페이지 www.ishigaki-navi.net/si_uganzaki

바다 순둥이 만타와 만나기
만타 스크럼블 マンタスクランブル

만타 스크럼블은 섬 북쪽 지역인 가비라 만 앞바다로, 쥐가오리가 자주 발견되는 곳이다. '만타'가 바로 쥐가오리를 뜻하는데, 만타는 폭 6.8m의 최고 기록이 있는 세계 최대의 가오리다. 몸집은 크지만 호기심이 많고 순해서 다이버들이 항상 같이 수영하고 싶어 하는 어종 중 하나이기도 하다. 거대 가오리와의 즐거운 수영 때문인지, 최대 수심 15m, 평균 약 8m 가량 되는 만타 스크럼블은 오키나와 다이버들의 최고 인기 다이빙 스폿이다. 만타와 수영을 하고 싶다면 다이빙 스쿨에서 보트를 타고 나가 얕은 곳에서

연수를 받은 다음, 쥐가오리 스폿으로 이동하면 된다. 주의사항은 쥐가오리를 만지거나 쫓지 않을 것. 날씨나 바다 상황에 따라 볼 수 없는 경우도 있다.

Data 지도 072p 가는 법 가비라 만에서 보트로 약 7분. 시내에서 보트로 약 50분

| Theme |
이시가키지마 비치 리스트

파우더 같이 미세한 입자의 모래는 햇빛에 눈부시게 빛나고 바다는 투명에 가까운 블루.
섬의 대표적 해변 이외에도 곳곳에 숨겨진 해변이 많다. 드라이브 도중 아름다운
해변이 눈에 띈다면 잠깐 차를 세우고 해변에서 휴식을 취해볼 것.

스쿠지 비치 底地ビーチ

가비라 만에서 차로 약 10분 거리에 있는 섬 대표 해변. 수심이 얕아 가족여행에 적합하다. 새하얀 모래사장에 스트릭타카수아리나 숲이 있어 기분 좋은 나무 그늘을 만든다. 비치는 뜨거워도 나무 그늘 안은 시원해서 도시락을 가지고 와 독서를 하거나 낮잠을 즐길 수 있다.

Data 지도 362p-C
가는 법 이시가키공항에서 차로 40분
주소 石垣市川平185－1 **전화** 0980-84-4885
운영시간 09:00~18:00(7월~8월 ~19:00)

요네하라 해안 米原海岸

캠핑장을 갖춘 아름다운 해변. 캠핑장이 있어 매점, 샤워장, 화장실 등 기타 시설이 잘 되어있다. 무릎까지만 들어가도 화려한 열대어를 볼 수 있을 정도로 투명하다. 스노클링에 매력적인 장소이지만 조수의 흐름이 빠른 곳이니 수영보다는 산책이나 모래사장에서의 망중한을 즐기는 것이 적합한 비치이다.

Data 지도 362p-C **가는 법** 이시가키공항에서 차로 30분
주소 石垣市米原 **전화** 0980-82-1535

Tip 여름에는 맹독성 해파리가 있을지도 모르니 아무 곳에서나 수영은 금물이다.

마에자토 비치 マエザトビーチ

ANA 인터컨티넨탈 이시가키 리조트에 속한 비치. 시내에서 가장 가까운 비치이다. 숙박을 하지 않더라도 비치 이용이 가능하다. 호텔에 속한 비치답게 여러 액티비티를 즐길 수 있고 샤워장, 화장실 등 제반 시설이 잘 갖추어져 있다. 비치 이용료는 따로 없지만 시설을 사용할 경우 요금을 내야 한다. 안전요원이 항상 상주하므로 안심할 수 있다.

Data 지도 362p-E 가는 법 이시가키공항에서 차로 20분 주소 石垣市石垣島真栄里354-1 전화 7111(ANA 인터컨티넨탈 이시가키 리조트) 운영시간 3월 중순~10월 말 09:00~18:00

후사키 비치 フサキビーチ

섬 서쪽에 위치한 후사키 리조트 빌리지에 있는 해변이다. 선셋 스폿으로 유명해 해 질 녘에 관광객들이 모인다. 수심이 얕고 잔잔해 가족 여행에 적합하고 해양 액티비티가 다양하다. 해변의 왼쪽에 있는 부두에서 아름다운 일몰의 광경을 볼 수 있다.

Data 지도 362p-E
가는 법 이시가키공항에서 차로 35분 주소 石垣市新川冨崎1625 전화 0980-88-7000 운영시간 09:00~17:30(11월~2월 ~16:30) 홈페이지 www.fusaki.com/shimajikan/activity/172

이시가키지마 선셋 비치 石垣島サンセットビーチ

섬 북부에 있는 비치로 물 투명도가 높다. 스노클링, 바다 카약 등 해양 스포츠를 즐길 수 있다. 요네하라 해안 비치나 호텔 앞 비치보다 유명세가 덜해 사람들이 많지 않지만 그 덕분에 한적하게 망중한을 즐기기 좋다. 주차장 들어가는 입구가 좁으니 반대편에서 차가 오는지 미리 체크한 후 들어가도록 하자.

Data 지도 362p-B
가는 법 이시가키공항에서 차로 40분
주소 石垣市平久保234-323 전화 0980-89-2234
운영시간 5월1일~10월15일 09:30~18:00
요금 시설 이용료 어른 500엔, 어린이 250엔 / 주차료 1일 500엔
홈페이지 www.i-sb.jp

EAT

아주 독특한 오카나와의 건강식
유그레나 가든 euglena GARDEN

이시카키에 있는 유그레나 농장에서 운영하는 오픈 테라스 카페. 공설시장에 바로 인접해 있는 오카와大川 지역에는 최근 세련된 카페와 가게들이 속속 들어서고 있는데, 이곳 또한 그들 중의 한 곳이다. 일본 특유의 유난 떨지 않는 모던한 세련미가 배어있는 인테리어가 사람을 편안하게 쉴 수 있도록 배려한다. 이시카키산 유그레나 식재료를 이용한 창작 요리를 선보이고 있다. 유그레나는 비타민, 미네랄, 아미노산 등 영양소 함량이 높으면서 소화 흡수율이 다른 해조류에 비해 월등히 높아 일본 내에서 건강 식재료로 새롭게 부각되고 있다. 이시카키산 유그레나는 특히 그 품질이 우수하다. 다시마와 맛이 거의 흡사한데 해조류 향을 선호하지 않는 사람에게는 맞지 않을 수 있다. 새로운 건강식에 관심이 있다면 도전해 볼 것.

Data **지도** 363p-B **가는 법** 이시가키항 페리터미널에서 도보 8분 (유그레나 몰 근처) **주소** 石垣市大川270-2
전화 0980-87-5711 **운영시간** 08:00~20:00 **요금** 런치 1,320엔~, 고야 스무디 880엔 **홈페이지** www.euglena.jp/midorijiru/garden

이시가키지마 가정집의 부엌 같은 곳
아무리타노니와, 소시테온가쿠 あむりたの庭、そして音楽

'아무리타의 정원, 그리고 음악'이라는 멜랑콜리한 가게 이름에서 느낄 수 있듯이, 레스토랑 안은 세계 각국의 음악과 음식, 디자인 서적으로 가득 차 있고 작게나마 공연할 수 있는 공간도 마련되어 있다. 셰프이자 뮤지션인 아내와 디자이너 출신 남편이 함께 운영하는 이곳에서 아내는 할머니로부터 배운 이시가키 전통 가정식 요리에 도쿄의 레스토랑에서 일한 경험을 접목해 섬과 본토의 새로운 퓨전 요리들을 선보이고 있다. 근해 생선, 채소, 아열대 과일 등 이시가키지마 식재료를 충분히 사용한 창작 요리가 참신하다. 가게에 영어 메뉴도 준비돼있어 음식 고르기가 수월하며 베지테리언 메뉴도 있다. 한편 도쿄에 거주하다 이시가키지마 출신 아내를 따라 이시가키지마로 와 터를 잡은 남편은(아내의 미모를 보면 이해가 된다) 다양한 영화 상영회와 라이브 콘서트 등을 기획해 선보이고 있다.

Data **지도** 363p-B **가는 법** 이시가키항 페리터미널에서 도보 12분 (유그레나 몰 근처) **주소** 石垣市大川282 大櫻ビル1階南 **전화** 0980-87-7867
운영시간 점심 11:00~15:00, 저녁 18:30~21:00
요금 소키소바 990엔, 파스타 1,000엔~ **홈페이지** amuritanoniwa.com

크로켓이 맛있는 집
이시가키지마 키즈 石垣島キッズ

지역 주민의 칭찬이 자자한 곳으로, 유그레나 몰 내에 있는 수제 크로켓 가게이다. 크로켓을 비롯해 야에야마 소바, 이시가키 소고기로 만든 햄버거 스테이크 등을 맛볼 수 있다. 이시가키지마 어딜 가든 꼭 빠지지 않는 재료는 바로 이시가키 흑소 아닐까. 이곳의 흑소 크로켓은 겉은 바싹, 속은 부드러우면서 기름기가 적어 몇 개를 먹어도 질리지 않는다. 크로켓과 소바 국물의 조화도 좋다. 맑은 국물과 둥글고 가는 면이 바로 야에야마 소바 스타일. 약간의 단맛이 나는 것이 특징이다. 오징어 먹물 크로켓도 다른 곳에서는 먹을 수 없는 별미다.

Data 지도 363p-C
가는 법 이시가키항 페리터미널에서 도보 약 10분 (유그레나 몰 내)
주소 石垣市大川203-1 **전화** 0980-83-8671
운영시간 점심 12:00~14:00, 18:00~21:00
요금 크로켓 정식 850엔, 야에야마 소바 550엔,
크로켓 단품 250엔 **홈페이지** ishigakijima-kids.jimdosite.com

저렴한 섬 가정식 요리
섬 요리점 파이누시마 島料理の店 南の島

원래 지역 주민들에게 인기 있는 맛집이었다가 입소문으로 점차 관광객들의 발길이 잦아지고 있는 가정식 요리 전문점이다. 오키나와 가정에서 먹을 수 있는 요리들이 섬 아주머니들의 손맛으로 만들어진다. 음식들이 깔끔하고 군더더기 없는데다 가격도 저렴한 편이라 항상 만석이다. 이시가키 소불고기부터 생선회까지 있을 건 다 있고, 저녁이 되면 지역 단체손님들로 떠들썩하니 분위기도 흥겨워진다.

Data 지도 363p-B
가는 법 이시가키항 페리터미널에서 도보 8분 (유그레나 몰 근처)
주소 石垣市大川224
전화 0980-82-8016
운영시간 점심 11:00~15:00 (주문 ~14:30), 저녁 17:00~23:00 (주문 ~22:30), 일요일 휴무
요금 야에야마 소바 600엔, 정식 세트 800엔~

가비라만 바로 앞 맛집
가비라 가든 Kabira Garden

가비라 만 공원 입구에 있는 레스토랑으로, 입구로 들어가면 좌측은 레스토랑, 우측은 레스토랑 겸 식재료 숍으로 나뉘어져 있다. 제철 채소를 사용한 깔끔한 오키나와 가정식이 맛있는 집이다. 단층 전통가옥의 형태를 살려 만든 외관과 깔끔한 인테리어가 인상적이지만 규모가 크다 보니 단체 관광객이 많아 조금 소란스럽다.

Data 지도 362p-C
가는 법 이시가키공항에서 차로 30분
주소 石垣市川平917-1
전화 0980-88-2440 **운영시간** 쇼핑 09:30~17:00, 레스토랑 11:00~14:30 **요금** 야에야마 소바 1,000엔, 야에야마 소바 정식 1,500엔, 이시가키산 돈까스 정식 2,000엔
홈페이지 www.kabiragarden.com

이시가키 흑소하면 이 가게!
기타우치 목장 きたうち牧場

이시가키 흑소하면 떠오르는 대표 레스토랑으로, 목장에서 직접 키운 프리미엄 흑소를 사용한다. 이시가키 흑소는 오키나와 외교 정상 회담에서 식재료로 사용돼, 미국 클린턴 대통령의 극찬을 받아 유명세를 떨치기 시작했다고 한다. 유그레나 몰이 있는 중심지에서 살짝 벗어나 있지만 워낙 유명해 항상 손님들로 바글바글하다. 영어 메뉴가 있어 주문하기 편하고 세트 메뉴도 푸짐하게 잘 나온다. 마블링이 환상적인 흑소와 함께 나오는 소스는 우리나라 불고기 소스 맛. 김치도 메뉴에 있는데 한국 김치보다 살짝 달다. 저녁에 렌터카 없이 홀가분하게 왔다면 이시가키 맥주를 마시며 하루의 피로를 풀어보자. 가게는 본래 상호였던 야키니쿠킨조 하마사키 본점焼肉金城浜崎本店에서 기타우치 목장으로 이름을 바꾸었다. 하마사키 본점 외 근처에 미사키점이 있고 도쿄, 오사카에도 같은 계열의 이시가키 흑소 전문점이 있다.

Data 지도 362p-E
가는 법 이시가키공항에서 차로 30분 **주소** 石垣市浜崎町 2-3-24
전화 0980-83-7000
운영시간 런치 11:30~14:30, 디너 16:30~22:00
요금 야에야마산 소고기 오마카세 11,880엔~
홈페이지 krs-beef.jp/company_restaurants/hamasaki

허브나라에서 즐기는 차 한 잔의 평화
가든 파나 Garden PANA | ガーデンパナ

이시가키지마에서 자란 민트, 바질, 레몬그라스 등의 허브 등을 주재료로 허브믹스나 페퍼 등을 제조해 판매하는 가든 파나. 허브 정원과 이시기키지마의 바다를 조망하며 식사를 할 수 있는 직영 레스토랑을 함께 운영한다. 카페와 숍, 허브 농장이 함께 있고 바다까지 조망할 수 있어 편안하게 식사를 하고 난 후, 바닷바람을 맞으며 산책을 즐기기 좋은 레스토랑이다. 허브 농장에서 갓 수확한 허브가 들어간 토마토 수프와 빵은 속을 편안하게 하는 브런치 메뉴. 이시가키산 망고로 만든 톡 쏘는 망고 소다는 여름 더위를 날려준다. 허브 정원에서는 라이브 콘서트나 허브 가든파티 등 재미있는 이벤트가 많이 열린다. 숍에서는 이시가키지마의 햇빛을 듬뿍 받고 자란 허브 향신료나 허브 소금 등을 판매한다. 다만 가비라 만에서 우간자키 등대로 가는 길의 작은 마을에 위치해 렌터카가 없으면 가기 불편하다.

Data **지도** 362p-C **가는 법** 이시가키공항 또는 시 외곽에서 차로 30분 **주소** 石垣市崎枝239-14 **전화** 0980-88-2364 **운영시간** 10:00~16:00 **요금** 이시가키 소고기 카레 1,320엔, 야채 스프 1,320엔 **홈페이지** gardenpana.com

이시가키지마의 핫한 숍들은 다 이곳에
유그레나 몰 ユーグレナモール

이시가키에서 페리를 탈 수 있는 페리터미널에서 걸어서 5분 정도 거리에 위치한 이시가키 쇼핑의 중심지. 나하의 고쿠사이도리와 헤이와도리의 축소판으로 섬의 유일한 아케이드 거리다. 내부에 이시가키 공설시장과 기념품 가게, 레스토랑, 개성 강한 숍들이 입점해 있다. 아케이드 내부에 전통가옥 형태의 무료 휴식 코너도 마련되어 있다. 간식거리와 선물을 살 예정이거나 시장 구경을 하려면 무조건 이곳으로~

Data 지도 363p-B
가는 법 이시가키항 페리터미널에서 도보10분 **주소** 石垣市大川203
운영시간 09:00~20:00
(점포마다 다름, 2·4주 일요일 휴무)
홈페이지 www.EUGLENAMALL.com

핸드메이드 패브릭 브랜드숍
마루히라 선물의 집 丸平おみやげ店

핸드메이드 패브릭 브랜드 마루히라 패브릭 이시가카|Maruhira Fabric Ishigaki가 오픈한 패브릭용품 전문점이다. 숍을 구경하는 중에도 오너가 바느질에 집중하고 있어 손바느질의 정성이 와 닿는다. 이시가키지마의 명물 쥐가오리 '만타' 모양의 코스터는 선물용으로 호응이 아주 좋다. 패브릭 제품에 이름 라벨을 박아주는 서비스도 있어 일본인에게 인기가 많으나, 시간이 많이 걸리는 것이 단점이다.

Data 지도 363p-C
가는 법 이시가키항 페리터미널에서 도보 10분(유그레나 몰 내)
주소 沖縄県石垣市大川206 上原ビル1F北
전화 0980-82-3790
운영시간 10:00~18:00
요금 핸드메이드 북커버 1,700엔, 네임키홀더 900엔
홈페이지 maruhira.base.shop

유그레나 몰 안 도예숍
산핑 공방 さんぴん工房

이시가키 시장 내에 위치한 도예 상점. 부부가 운영하는 작은 숍으로, 도예가인 남편이 생활도예를 만들고, 부인이 가방 같은 패브릭 아이템들을 만들어 판매한다. 야에야마의 자연과 동물들을 소재로 한 아이템들을 제작하고 있고, 재치 만점의 귀여운 상품들이 많다.

Data 지도 363p-C 가는 법 이시가키항 페리터미널에서 도보 10분 (유그레나 몰 내) 주소 石垣市 大川203-1 전화 0980-83-1699 운영시간 11:00~18:00(일요일 휴무) 요금 수건 1색 700엔, 2색 800~900엔 홈페이지 sanpinkobo.com

거북이 마스코트가 귀여운 숍
하코가메 箱亀 | Hacogame

두 평 남짓 조그만 가게의 마스코트는 '상자 거북'이라는 의미의 하코가메. 여성, 어린이를 위한 의류를 판매하는 곳으로 무심히 걷다 보면 지나칠 만큼 작은 가게지만 가게 앞에 걸린 티셔츠의 독창적인 디자인을 보면 한 번쯤 들어가게 되는 곳이다. 액세서리, 도예, 빈가타 염색 티셔츠 등, 가게가 작아도 있을 건 다 있다.

Data 지도 363p-C
가는 법 이시가키항 페리터미널에서 도보 10분
주소 石垣市 大川10-1
전화 0980-87-9772
운영시간 09:00~21:00
요금 만타 티셔츠 2,750엔, 파우치 1,760엔~
홈페이지 hacogame.okinawa

카페 공간이 있는 양과자점
메무이제과 メームイ製菓

이시가키지마를 대표하는 과자가게. 카페 오키나와의 전통과자 친스코를 귀여운 만타 모양으로 만든 '만타칭'은 기념품으로 인기 최고다. 초코와 일반 두 종류의 맛을 즐길 수 있는 친스코 세트가 추천하는 아이템. 친스코 외에도 케익과 카스테라를 구입할 수 있는데, 너무 달지 않은 일본 디저트의 맛을 잘 살려 계속 먹어도 질리지 않는다.

Data 지도 363p-C 가는 법 이시가키항 페리터미널에서 도보 10분
주소 沖縄県石垣市新栄町12-10 전화 0980-82-3788
운영시간 11:00~19:30(수, 일요일 휴무) 요금 만타칭 1봉(2개입) 105엔
홈페이지 www.memui.jp

이시가키 아트와 식재료의 집합소
갤러리 & 잡화카페 이시가키 펭귄
ギャラリー＆雑貨カフェ 石垣ペンギン

이시가키 공설시장 인근의 토속적인 식당 골목을 걸어가다 보면, 코너에 어울리지 않게 세련된 분위기를 풍기는 가게가 있다. 이곳은 바로 이시가키지마의 유행 아이템들을 한 번에 접할 수 있는 갤러리 겸 잡화점 이시가키 펭귄. 섬 토박이 아티스트들의 작품을 중심으로 일본 신진 작가들의 다양한 작품들을 전시하고 있다. 입지 않는 옷으로 마스크를 만들어 쓰고 사진 촬영을 하는 워크숍 등 특이하고 재미있는 이벤트를 비정기적으로 진행하고 있으니 장기 여행자들은 한 번 참가해 볼만하다. 생활 잡화, 식품 등 섬에서 생산되는 각종 아이템들을 판매하고 있으며 이시가키 향신료 마켓 코너에는 이시가키산 유기농 후추, 이시가키 고추기름(라유) 등 식재료들을 판매하고 있다.

Data 지도 363p-B
가는 법 이시가키항 페리터미널에서 도보 8분(유그레나 몰 근처)
주소 沖縄県石垣市大川199-1
전화 0980-88-7803
운영시간 10:00~18:00 (일요일·비정기 휴무)
요금 이시가키 고추기름 888엔
홈페이지 penshoku.com

여자들과 아이들이 좋아할 만한 아이템이 가득
도우도우 どぅどぅ | Dou Dou

유럽, 아시아에서 가져온 의류, 생활 소품을 판매하는 숍으로 입구부터 주인의 세련된 감각이 느껴진다. 외국에서 오래 생활해 영어가 능통한 주인의 눈썰미가 보통은 아니다. 제품 하나하나 사고 싶은 것들로 가득 차있어 지금껏 절제해온 쇼핑 욕구가 순간 봉인 해제될지도 모른다. 이곳의 강점은 아이들 장난감, 생활 소품, 패션 의류들이 예쁘면서도 가격대는 합리적이라는 것. 동네 젊은 엄마들의 사랑방 같은 곳이다.

Data 지도 363p-B 가는 법 이시가키항 페리터미널에서 도보 12분 (유그레나 몰 근처) 주소 石垣市大川280-8 전화 0980-82-9330
운영시간 비정기 영업 홈페이지 doudouonline.thebase.in

야에야마 제도 예술가들의 작품을 볼 수 있는
카약 야에야마 공방 Kayak 八重山工房

부엉이 마스코트가 귀여운 이곳의 오너는 부엉이처럼 눈이 동글동글하고 넉살 좋은 두 명의 섬 사나이들이다. 손님을 방해하기 싫어해 조용히 앉아 있다가 말을 붙이기 시작하면 보디랭귀지로 수다를 신나게 떤다. 야에야마 제도 디자이너들의 수준 높은 공예품과 유기농 라이프 스타일 제품을 파는 가게로 아트디렉터 출신답게 눈썰미가 좋다. 오쿠하라 유리제작소에서 만든 와인 잔은 류큐 유리 제품으로 기존의 목이 긴 와인 잔이 아닌 아와모리 잔과 비슷하다. 와인과 맥주 겸용이라고. 류큐 부엉이를 모티브로 디자인한 빈센트 반 고흐 티셔츠의 고흐는 부엉이 울음소리를 표현한 것이라고 한다. 주인도 손님도 모두가 즐거운 숍.

Data 지도 363p-B
가는 법 이시가키항 페리터미널에서 도보 8분(유그레나 몰 근처)
주소 石垣市大川270-1
전화 098-87-5696
운영시간 10:00~20:00
요금 티셔츠 2,930엔~
홈페이지 www.kayak8.com

반짝반짝 빛나는 수공예 소품에 홀리다
데시고토야 이시가키지마 てしごとや石垣島

섬의 작은 라이프 스타일 숍 데시고토야는 리사이클링 제품들이 반짝반짝 빛나는 아이디어를 거쳐 얼마나 멋진 상품으로 변하는지 보여준다. 후쿠오카에서 이주한 오너가 이시가키지마 수공예품 작가들의 아기자기한 작품들을 모아 판매하고 있다. 폐목으로 만든 소품 가구들, 조각천을 이어 붙인 앙증맞은 손지갑 등 지역 예술가들이 만든 작품을 구매하니 왠지 아티스트들의 독창적 놀이에 함께 동참하는 기분이 든다.

Data 지도 363p-B
가는 법 이시가키항 페리터미널에서 도보 8분(유그레나 몰 근처)
주소 石垣市大川210-2 전화 070-8586-6425
운영시간 10:30~19:00 요금 키홀더 500엔
홈페이지 www.instagram.com/teshigotoya.isigaki

OKINAWA BY AREA 06
야에야마 제도

이시가키지마의 자연을 입다
시마아이 Shimaai

염색 작가 오하마 쓰요시의 공방. 직접 자연 농법으로 재배한 식물을 수확, 염료로 만든 후 염색까지 한 천을 이용해 가방, 의류 등을 디자인해 동명의 브랜드로 출시한다. 페리 터미널 근처에 작은 숍이 마련되어 있다. 화학비료나 제초제를 전혀 사용하지 않은 백 퍼센트 오가닉 제품들로, 천연 염색으로 만들어진 남색과 오렌지색이 고급스럽고 우아하다.

Data 지도 362p-E
가는 법 이시가키항 페리터미널에서 도보 10분(유그레나 몰 내)
주소 沖縄県石垣市大川205
전화 0980-87-5580
운영시간 14:00~19:00
요금 토트백 13,500엔~, 동전지갑 3,850엔
홈페이지 shimaai.com

섬 패셔니스타를 위한 공간
쓰키노토리 月の鳥

유그레나 몰 근처에 있는 아시안 잡화점. 발리 등 동남아시아에서 수입한 비치 의류, 잡화, 액세서리를 판매한다. 한류 드라마 팬이라는 스텝이 한국인 관광객을 만나면 드라마 이야기로 반겨준다. 편안한 비치 원피스 및 티셔츠 등 저렴한 아이템이 많으니 잘 찾아볼 것.

Data 지도 363p-B
가는 법 이시가키항 페리터미널에서 도보 8분(유그레나 몰 근처)
주소 石垣市大川 280-6
전화 0980-87-6407
운영시간 12:00~19:00

| Theme |
이시가키 기념품점에 가면 얘들은 꼭 있다!

이시가키지마의 자연이 만들어내는 싱싱한 식재료의 맛에 힘을 실어주는 것은 그 자연이 만들어낸 향신료와 양념들. 기념품으로 사가면 선물용으로도 좋고 집에서 양념 하나로 창작요리를 개발해낼 수도 있다.

흑설탕 허니 시럽
黒糖ハニーシロップ
이시가키산 흑설탕으로 만든 흑설탕 시럽. 아이스커피 만들 때 딱 좋다. 미네랄이 풍부한 진짜 흑설탕이라 몸에 좋다. 정제된 설탕 맛에 익숙하다면 조금 독특하게 느껴질 수도 있다.
요금 1,460엔

이시가키지마 아라비키 이치미
石垣島粗挽き一味
일본에서도 매운 고추 마니아들에게 인기가 많은 이시가키지마 고춧가루. 고야 컴퍼니 제품으로 우동, 라멘 같은 국물요리에 쓸 수 있어 한국인에게도 유용하다.
요금 648엔

이시가키지마 고추기름(라유)
石垣島ラー油
이시가키산 고추와 우콘 등을 섞어 만든 이시가키산 라유는 다양한 요리에 사용할 수 있어 인기 아이템. 다른 고추기름에 비해 매운 맛이 덜하다.
요금 888엔~

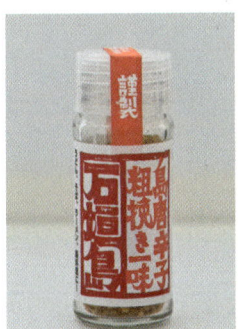

진저 시럽 Ginger Syrup
일본의 여러 여성 잡지에도 소개된 흑설탕 생강시럽으로, 모든 제조공정이 이시가키 공방에서 수작업으로 진행된다. 일본 최남단 하테루마지마波照間島섬의 흑설탕 100%로 만든 흑설탕시럽과 일본산 생강 100%로 만든 생강시럽 등이 있다. 생강차나 칵테일로 만들어 마실 수 있고 요리에도 사용된다. 유그레나 몰 내부 기념품 가게에서 살 수 있다.
요금 흑설탕 생강시럽 120ml 1,393엔, 솔티레몬 생강시럽 120ml 1,436엔
홈페이지 www.ishigaki-ginger.com

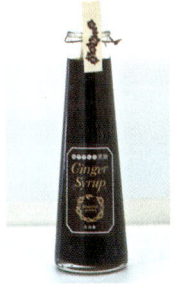

SLEEP

이시가키 최고의 로케이션을 자랑하는 곳
클럽메드 카비라 이시가키 クラブメッド島石島

그림 같은 풍경으로 일본 100경 중 하나에 속하는 가비라 만에 위치한 리조트 호텔. 이시가키에서 가장 아름다운 해변으로 손꼽히는 곳. 호텔 리셉션을 지나면 눈앞에 펼쳐지는 호텔 풀장과 가비라 만의 전경은 입이 떡 벌어질 정도로 장관을 이룬다. 리조트 내에서는 G.O 스태프(상주 스태프)가 키즈 프로그램을 비롯한 다양한 액티비티 프로그램을 서포트 해준다. 호텔에 머무는 동안 식사와 액티비티 등을 추가 요금 없이 자유롭게 이용할 수 있는 '프리미엄 올 인클루시브' 시스템이므로, 휴식이 필요한 어른에도 마음껏 뛰놀고 싶은 아이에게도 만족스러운 호텔이다. 특히 오묘한 바다색과 형형색색의 열대어, 산호가 있는 가비라 비치의 바닷속을 감상할 수 있는 클리어 카약은 한번 도전해볼 만하다. 가비라의 아름다운 블루 톤은 시간 별로 다른 매력을 뿜어낸다.

Data **지도** 362p-C **가는 법** 이시가키공항에서 차로 40분 **주소** 石垣市川平石崎1 **전화** 예약문의 02-3452-0123 (클럽메드 코리아), 0980-844-600(리조트) **요금** 슈페리어룸(항공료 포함 올인클루시브 패키지) 어른 1인 1,290,000원~ **홈페이지** www.clubmed.co.kr

시내 번화가에 위치해 편리한 리조트
ANA 인터컨티넨탈 이시가키 리조트
ANAインターコンチネンタル石垣リゾート

이시가키 시내 타운과 페리터미널에 근접해 있어 야에야마 제도의 섬으로 이동하기 좋다. 시내 관광도 매우 편리한 리조트 호텔. 400m의 하얀 백사장이 이어진 마에자토 비치와도 접해 있어 스노클링, 카약, 마린제트, 바나나보트 및 스쿠버다이빙 등을 즐기며 신나는 휴가를 보내기에 적합하고, 안전요원도 상주하고 있어 안심할 수 있다. 호텔에 속한 비치이지만 액티비티 시설 이용 시에는 이용료를 지불해야 한다. 신나는 물놀이 후에는 호텔 내의 타라소 스파 사우나에서 심신의 피로를 풀 수 있다. 스파에는 이시가키산 해양심층수, 고야, 히비스커스, 시콰사, 해초 등을 이용한 트리트먼트 등의 특별한 힐링 프로그램도 있다.

Data **지도** 362p-E
가는 법 이시가키공항에서 차로 20분. 또는 ANA 인터컨티넨탈 경유 공항노선 버스(계통10) 타고 30분 **주소** 石垣市 真栄里 354-1 **전화** 0980-88-7111 **요금** 2인1실(조식 포함) 1인 27,000엔~ **홈페이지** www.anaintercontinental-ishigaki.jp

붉은 기와지붕 아래 작은 마을
다케토미지마 竹富島

이시가키지마에서 출발하는 가장 인기 있는 섬 여행 스폿 중 하나인 다케토미지마섬. 대단한 관광명소가 있다기보다는 가장 오키나와스러운 섬 마을 그 자체가 매력적인 곳이다. 중요 건축물 보전지구로 지정된 마을은 하얀 모랫길과 붉은색 기와지붕이 따스한 정취를 만들어내고, 자동차도 거의 다니지 않는 에코 마을이다. 자전거로 두세 시간이면 볼 수 있는 작은 섬이니 하루 정도 숙박하면서 여유로운 시간을 가져보자. 섬 근해에서 잡은 보리새우가 별미다. 탱글탱글 씹히는 맛도 놓치지 말자.

어떻게 갈까?
이시가키항 페리터미널에서 다케토미지마까지 고속선으로 약 10분, 페리로 약 15분 소요된다. 30분~1시간 간격으로 고속선과 페리가 운행되며 편도 요금은 790엔, 왕복 요금은 1,520엔이다. 편수가 많아 별도로 예약 없이 항구에서 바로 구매할 수 있지만, 성수기에는 미리 확인하는 게 좋다.
아에야마 관광페리 www.yaeyama.co.jp / 안에이 관광 www.aneikankou.co.jp /
이시가키 드림 관광(IDT) ishigaki-dream.co.jp

어떻게 다닐까?
섬 둘레가 약 9.2km 정도로 작은 섬이라 택시, 렌터카가 없다. 편하게 여행하고 싶다면 물소차 관광투어를 이용할 수 있지만 뭐니 뭐니 해도 이 섬의 매력은 차 없는 도로를 신나게 달리는 자전거 여행이다. 항구에 도착하면 페리 선착장 왼편으로 각종 투어를 위한 셔틀버스들이 대기 중이며 사전에 예약하지 않더라도 항구에서 물소차 관광, 자전거 대여 등 투어 신청이 가능하다. 투어를 신청하면 셔틀버스를 타고 마을 대여소로 이동했다가, 투어를 마치면 다시 항구까지 데려다준다. 항구에서 마을 중심부까지 도보로 갈 경우 20분 정도 소요되며, 천천히 마을을 즐기고 싶은 경우 도보도 나름 운치 있다. 한편 마을에서 순회버스를 운행 중이나 비정기적이다. 자전거 대여는 하루 2,000엔, 시간당 500엔이다.

자전거 대여
니타관광 전화 0980-85-2103
도모리 관광 0980-85-2335

순회버스
다케토미지마 교통 전화 0980-85-2154
요금 다케토미항 ~ 마을 편도 300엔

다케토미지마
📍 1일 추천 코스 📍

다케토미지마 여행의 대세는 자전거 투어! 섬을 다 돌아보는 데 반나절도 걸리지 않는다. 추천 코스는 나고미 탑을 중심으로 한 마을 투어와 비치를 돌아보는 것.

다케토미항
미니버스를 타고 마을 입구 대여점으로 이동(5분), 자전거 타고 출발!

→ 자전거 3분

나고미 탑
탑에 올라가 전망 감상 후 다케토미 전통마을 둘러보기

→ 자전거 3분

가든 아사히
점심은 다케토미지마의 명물 보리새우 런치세트

↓ 자전거 5분

가이지 비치
별모양 모래가 유명한 비치. 남국 분위기를 만끽하며 행운의 별모래를 찾아보자

← 자전거 5분

곤도이 비치
자외선 차단 확실하게 하고 비치로~

← 자전거 5분

니시산바시
거대한 이리오모테지마섬을 배경으로 사진 찰칵!

↓ 자전거 10분

자전거 대여점
자전거 반납하고 다케토미항으로 돌아가기

OKINAWA BY AREA 06
야에야마 제도

- 하토마지마섬 鳩間島
- 이시가키지마섬 石垣島
- 이시가키공항 石垣空港
- 고하마지마섬 小浜島
- 우에하라항 上原港
- 고하마항 小浜港
- 다케토미히가시항 竹富東港
- 페리터미널 離島ターミナル (약 40분)
- 이리오모테지마섬 西表島
- 다케토미지마섬 竹富島
- 오하라항 大原港
- (고속선으로 약 10분)
- 구로지마섬 黒島

다케토미지마섬 竹富島

0 — 500m

- 다케토미히가시 페리터미널 (다케토미항) 竹富東港
- 다케토미히가시코 竹富東港
- 조몬야 実験工房縄文屋
- 야라보소바 やらぼそば
- 규비지터센터 旧ビジターセンター
- 니시산바시 西桟橋
- 아일랜드 Island
- 소바도코로 다케노코 そば処竹乃子
- 가든 아사히 ガーデンあさひ
- 마치나미칸 町並み館
- 하야 나고미 카페 Haa Ya nagomi-café
- 나지카 ナージカー
- 중요전통건물군 보존지구
- 곤도이 비치 コンドイビーチ
- 나카스지코모토야 仲筋幸本屋
- 아틀리에 고코야 アトリエ五香屋
- 난초안 南潮庵
- 호시노야 다케토미지마 星のや竹富島
- 가이지하마 カイジ浜
- 치로린무라 ちろりん村
- 아이야루 비치 アイヤル浜(星砂の浜)
- 가이지 비치 カイジビーチ

ENJOY

바다를 등지고 누우니 하늘 아래 나뿐이야
곤도이 비치 コンドイビーチ

눈부신 하얀 모래와 맑고 투명한 파란 바다가 아름다운 해변으로 파도가 거의 치지 않아 수영하기 좋은 비치이다. 바다 멀리까지 산호가 많지 않고 부드러운 모래로 이루어져 열대어 구경이 목적이라면 스노클링을 하는 재미는 덜하겠지만, 한가롭게 수영을 즐기며 시간 보내기에 그만인 곳이다. 휴게소는 여름에만 오픈한다.

Data 지도 384p-E
주소 八重山郡竹富町竹富 コンドイビーチ
가는 법 다케토미 페리 터미널에서 자전거로 10분. 가이지 비치에서 자전거로 5분
전화 0980-82-5445 (다케토미초 관광협회)
홈페이지 painusima.com/52

별도 따다 줄 것만 같은 그대와의 로맨틱한 밤
니시산바시 西桟橋

섬의 서쪽 선착장으로, 정면에 이리오모테지마가 보인다. 일몰과 무수한 별이 반짝이는 아름다운 밤하늘을 감상할 수 있는 로맨틱 포인트로 유명해, 저녁이 되면 카메라와 삼각대를 든 사람들과 연인들이 속속 모여든다.

Data 지도 384p-C
주소 八重山郡竹富町 字竹富地先
가는 법 다케토미 페리 터미널에서 자전거로 5분
전화 0980-82-5445 (다케토미초 관광협회)

OKINAWA BY AREA 06
야에야마 제도

별을 다 따다 숨겨놓은 걸까?
가이지 비치 カイジ浜

호시즈나(별모래) 해변으로도 불리는 이곳은 곤도이 비치에서 자전거로 5분 거리에 위치한 아름다운 해변이다. 조류의 흐름이 빨라 수영이 금지되어 있지만 신기하게도 별 모양의 모래를 볼 수 있어 사람들의 인기를 한몸에 받고 있다. 아오이 유우가 출연한 일본 영화 〈편지〉를 보면 해변에서 별모래 기념품을 파는 모습이 나오는데, 영화처럼 해변 옆 작은 간이 기념품 가게에서 별모래 기념품이나 엽서들을 판다. 모래사장에서 손바닥에 모래를 올려놓고 별모양 모래를 찾는 사람들의 모습을 볼 수 있는데, 별모래를 찾는 데는 인내심이 필요하다. 해변의 모래는 가지고 갈 수 없다. 매점에서 구매해야 한다.

Data 지도 384p-E
주소 竹富町竹富カイジ浜
가는 법 다케토미 페리 터미널에서 자전거로 15분. 곤도이 비치에서 자전거로 5분
전화 0980-82-5445 (다케토미초 관광협회)
홈페이지 www.taketomizima.net/k-kaiji.php

물소차 타고 야에야마 전통마을 둘러보기
물소차 투어 水牛車

다케토미 전통마을을 돌아보는 대표적인 관광투어. 가이드가 연주하는 산신 음악을 들으며 물소차를 타고 마을을 둘러본다. 흰 모래가 깔린 좁은 골목길을 걷는 것보다 조금 빠른 속도로 둘러볼 수 있다. 소요 시간은 약 30분. 항구에 배가 도착하면 물소차 관광 투어를 위한 셔틀버스가 기다리고 있으니 버스를 타고 마을 입구에 가서 투어를 신청하면 된다. 관광이 끝나면 다시 항구까지 데려다준다.

Data 다케토미관광센터
가는 법 다케토미항에서 무료 셔틀버스 운행
전화 0980-85-2998
운영시간 08:30~17:00
요금 어른 2,500엔

Tip 다케토미 중요 전통 건축물 보전지구

1987년 중요 전통 건축물 보존지구로 선정되었다. 다케토미의 가옥들은 붉은 기와지붕에 류큐 석회암을 쌓아 올린 오키나와 전통 건축양식으로 지어졌고, 지금도 옛 모습 그대로 보존되고 있다. 붉은 지붕 위의 귀여운 시사 형상은 집을 지키는 부적이다. 가끔 출입구로 들어서면 담장이 앞을 가로막고 있는 집도 볼 수 있는데, 악귀는 직진만 한다고 믿는 전통적인 설계의 하나이다. 하얀 모래가 깔린 골목길, 사계절 구분 없이 아름답게 피어있는 꽃들도 이곳의 매력을 더해준다.

EAT

멍 때리며 빙수 먹기 딱 좋은 카페
하야 나고미 카페 Haa Ya nagomi-café

다케토미지마 마을의 중심인 나고미 탑 바로 옆에 위치해 있다. 민박 숙소 2층에 위치한 진짜 섬 카페 분위기의 이곳은 입구에 쳐놓은 발이 바람에 살랑살랑 흔들려 마치 파도 같다. 카페 안에서 나고미 탑과 마을 전경을 감상할 수 있어 한동안 앉아 마을 풍경만 바라보기 좋은 곳이다. 오키나와식부터 타국의 향신료를 사용한 에스닉 요리까지 다양한 메뉴가 있으며 오후 2시 반부터 3시 반 정도까지는 식사만 가능하다. 요리 외에도 이곳의 사탕수수 파르페는 무더운 여름의 갈증을 가시게 하기 그만이다. 니시산바시나 곤도이 비치로 가는 길에 잠시 쉬어갈 만한 곳으로 추천.

Data 지도 384p-C
가는 법 다케토미 페리 터미널에서 자전거로 8분
주소 八重山郡竹富町竹富 379 2F 전화 0980-85-2253
운영시간 10:00~17:00, 19:00~22:00
요금 사탕수수 파르페 650엔

섬마을 모히토를 즐겨라
치로린무라 ちろりん村

테이블에 앉아 있으면 사방으로 막힌 곳 없이 트여있는 풍경이 매력적인 곳이다. 이 집의 망고 스무디는 일본 여행 블로거들에게 후한 평가를 받고 있다. 생망고를 즉석으로 갈아 만들어 방금 따온 듯 싱싱한 망고 맛이 그대로 전해진다. 배의 갑판을 모티브로 한 인테리어는 군더더기 없는 섬 카페 특유의 심플함이 느껴진다. 밤에는 모히토 등 칵테일을 파는 주점으로 변신한다.

Data 지도 384p-E **가는 법** 다케토미 페리 터미널에서 자전거로 8분 **주소** 八重山郡竹富町竹富653 **전화** 0980-85-2007 **운영시간** 10:00~24:00 **요금** 망고 스무디 1,000엔, 구아바 쑥 허브티 500엔, 다케토미지마 모히토 900엔 **홈페이지** taketomichirorin.jp/

전통 있는 섬 소바 가게
소바도코로 다케노코 そば処竹乃子

1975년 오픈해 2대째 운영 중인 전통 있는 소바 가게. 일본 여행객들이 다케토미지마에 오면 꼭 들른다는 맛집 중 하나. 점심시간에는 항상 붐비는 곳으로 콩나물과 돼지고기 고명을 얹은 야에야마 소바는 국물이 시원해 후룩후룩 마시기 좋다. 밥 위에 스팸을 얹어 김으로 두른 스팸 주먹밥은 300엔의 별미. 바삭바삭한 스팸의 겉면이 식욕을 돋운다. 민박집도 함께 운영 중이다.

Data 지도 384p-C **가는 법** 다케토미 페리 터미널에서 자전거로 8분 **주소** 八重山郡竹富町竹富101-1 **전화** 0980-85-2251 **운영시간** 10:30~16:00, 19:00~21:00 **요금** 야에야마 소바(소) 700엔, 소키소바 1,000엔 **홈페이지** soba.takenoko-taketomi.com

새우 채소 소바가 맛있는 곳
야라보소바 やらぼそば

다케토미지마 레스토랑들에 흠이 있다면 가정집을 개조해 만들고 간판도 잘 내걸지 않아 그 앞에 있으면서도 레스토랑인지 확신이 안 선다는 점. 야라보소바 역시 마찬가지인데다, 휴일도 비정기적이라 먹을 수 있느냐 마느냐는 사실 복불복이다. 하지만 다케토미산 새우로 국물을 우려낸 채소 소바나 새우들이 듬뿍 들어간 새우 채소 소바는 오키나와 소바가 영 별로라는 사람도 감탄할 만한 맛이다.

Data 지도 384p-C **가는 법** 다케토미 페리 터미널에서 자전거로 8분 **주소** 沖縄県八重山郡竹富町竹富107 **전화** 0980-85-2268 **운영시간** 11:00~16:00 **요금** 채소 소키소바 1,150엔, 소키소바 950엔

보리새우튀김이 유명한 레스토랑
가든 아사히 ガーデンあさひ

아름다운 노을이 유명한 니시산바시 근처 레스토랑. 우미부도, 고야 찬프루 등 깔끔한 오키나와 가정식을 선보이고 있는 이 집의 별미는 보리새우튀김. 튀김옷을 얇게 입혀 속은 보드랍고 밖은 바삭한 맛이 일품이다. 아사히 A세트는 1,250엔으로 흑소 햄버거 스테이크, 보리새우, 생선튀김, 소시지, 샐러드, 밥이 함께 나온다. 10년을 만났어도 여전히 잘해주는 남자친구 같은 맛이랄까. 몇 번을 방문해도 변함없이 맛있다. 레스토랑 별미들을 한꺼번에 맛볼 수 있어 가격 대비 만족도도 높은 편이다. 런치메뉴는 11시부터 14시까지만 주문 가능하니 시간에 맞춰서 갈 것.

Data 지도 384p-C
가는 법 다케토미 페리터미널에서 자전거로 8분 주소 八重山郡竹富町竹富163-1
전화 0980-85-2388 운영시간 11:00~15:00, 18:00~21:00 요금 소키 소바 750엔,
돼지고기 카레 1,050엔 홈페이지 garden-asahi.okinawa

섬 조개로 만들어진 알록달록한 소품들 감상하기
아일랜드 Island

다케토미지마에서 일몰이 유명한 니시산바시로 가는 입구에 위치한 작은 기념품 숍. 다케토미 고민가의 느낌을 그대로 살린 예쁜 정원이 인상적이다. 일본 본토에 살다 다이빙이 좋아 이주한 주인이 직접 다케토미지마와 이리오모테지마에서 채집한 조개로 여러 작품들과 액세서리를 만들어 전시 및 판매를 한다. 조개 세공체험도 할 수 있다. 3시간 정도 걸리며 사전예약제로 운영된다.

Data 지도 384p-C 가는 법 다케토미항에서 자전거로 8분 주소 八重山郡竹富町竹富 164-5 전화 0980-85-2403 운영시간 10:00~17:00 요금 야광 조개목걸이 3,500엔, 조개세공체험 3,800엔

자연소재 액세서리 숍
난초안 南潮庵

섬에서 채취한 열매나 조개 등의 천연 소재로 만든 액세서리와 독특한 문양이 그려진 오리지널 티셔츠 등을 판매하고 있다. 숍이라기보다 작가의 공방에서 작품을 구경하는 느낌이 더 든다. 나무를 깎아 비녀나 열매 모양으로 만든 액세서리는 저마다 모양이 달라 세상에서 하나뿐인 작품들이다.

Data 지도 384p-E **가는 법** 다케토미항에서 자전거로 8분 **주소** 八重山郡竹富町竹富637 **전화** 0980-85-2040 **운영시간** 11:00~21:00 **요금** 티셔츠 2,800엔, 구슬 팔찌 2,800엔

섬 집 도예공방
아틀리에 고코야 アトリエ五香屋

마치 누군가의 집을 방문한 듯 따뜻하고 손때 묻은 공간에서 직접 도자기를 만들어 기념할 수 있는 다케토미지마의 도자기 공방이다. 시사 체험(연중)과 도자 체험(4~11월) 등 다양한 공예 프로그램이 준비돼있다. 다케토미지마의 흙으로 빚은 이곳의 도자기들은 투박한 모양이지만 소박한 섬의 자연과 기후와 잘 어우러져 더욱 정감이 간다. 나무 테이블 위에 턱하니 무심하게 놓인 찻잔도 멋스럽기만 하다. 민가를 개조한 공방에서는 갤러리처럼 전시를 해놓은 한편 판매도 겸하고 있으니, 오키나와 본섬에서 도자기 구입이나 체험의 기회를 놓쳤다면 망설이지 말고 이곳을 찾자. 체험으로 만든 물건은 2~3개월 후 배송료 별도로 받을 수 있다.

Data 지도 384p-E **가는 법** 다케토미항에서 자전거로 10분 **주소** 八重山郡竹富町竹富1478-1 **전화** 0980-85-2833 **운영시간** 10:00~17:00 **요금** 도자 체험 4,000엔, 시사 체험 4,000엔, 풍경 2,500엔, 접시 1,500엔 **홈페이지** www.atelier-gokouya.com

SLEEP

다케토미 마을을 원형대로 재현한 최고급 호텔
호시노야 다케토키지마 星のや竹富島

오키나와에서 가장 오키나와스러운 풍경을 그대로 보존하고 있는 타케토미지마의 최고급 리조트. 예부터 전해져 내려오는 섬의 전통과 역사를 새롭게 재해석, 다케토미의 예전 모습으로 리조트가 설계되었다. 리조트 안을 걷고 있으면 섬 마을 골목길을 걷고 있는 듯하다. 오키나와 고건축 양식에서 지붕 위의 시사는 화재와 악령을 막아주는 역할을, 굿구라는 돌담은 태풍 등의 강풍으로부터 집을 보호하고 외부와의 가림막 역할을 하며, 툇마루는 모두 기분 좋은 남풍의 기운을 느끼도록 남향으로 향하고 있다. 리조트의 인테리어와 설계는 자연친화적이면서 섬에 대한 보존의식으로 가득 차 있다. 객실의 거실에 앉아 정원을 바라다보면 마치 다케토미지마에 살고 있는 듯한 느낌이 든다. 조식은 야에야마식 일식 세트와 양식 세트, 석식은 섬 채소와 허브, 신선한 해산물, 육류를 이용한 프렌치 코스를 즐길 수 있다. 24시간 이용할 수 있는 타원형 온수풀장은 전장 46m로 풀에 누워 시시각각 달라지는 푸른 하늘과 별로 가득한 밤하늘을 감상할 수 있다. 오키나와에서 단 하루만 묵어야 한다면 단연 여기! 1박만 할 경우 최소 한 달 전에 예약해야 한다.

Data **지도** 384p-F **가는 법** 이시가키항 리토터미널에서 다케토미행 고속선 10분, 항구에서 호시노야 전용차로 8분 **주소** 沖縄県八重山郡竹富町竹富 **전화** 050 3134-8091(예약), 0980-84-5888(도착 후 연락처) **요금** 2인 1실 이용시 (조식 포함) 1인 요금 38,000엔~ **홈페이지** hoshinoya.com/taketomijima

대자연의 숨소리가 들리는
이리오모테지마 西表島

천연자연보호구역으로 지정돼있는 나카마강, 일본 최대 규모의 맹그로브 숲, 천연기념물 야에야마 야자수 군락까지 그야말로 자연 그대로의 자연. 그러다보니 보기 드문 희귀 야생동물의 천국이기도 하다. 이리오모테 야생 고양이를 비롯해 일본에서 가장 작은 독수리종인 칸무리와시 등 다양한 희귀동물이 살고 있어 자연의 보고에 발을 딛는 순간 경이로움에 할 말을 잃는다. 이리오모테지마섬의 90%가 정글과 맹그로브 숲으로 뒤덮여 있어 트레킹, 카누 체험 등의 에코 투어를 즐기기에도 제격이다. 한편 항구에서는 이리오모테 야생고양이가 그려진 에코백이 인기리에 판매되는 중이다.

어떻게 갈까?

이리오모테지마에는 항구가 두 곳이다. 남서쪽에 위치한 오하라항은 나카마강 크루즈의 출발지로 이시가키항 페리터미널에서 고속선으로 약 35분(왕복 3,960엔) 걸린다. 북쪽에 있는 우에하라항은 약 40분(왕복 5,170엔) 소요된다. 오하라항은 1일 12편, 우에하라항은 1일 7편 정도 운행되지만 시즌에 따라 운행 횟수는 조정된다.
야에야마 관광페리 www.yaeyama.co.jp / 안에이 관광 www.aneikankou.co.jp

어떻게 다닐까?

오키나와에서 본섬 다음으로 큰 섬으로 둘레 약 130km, 면적이 285㎢이다. 섬 내에서 노선버스, 택시, 렌터카를 이용할 수 있지만 효율적으로 섬을 여행하는 방법은 자신에게 맞는 투어를 미리 예약하고 오는 것. 렌터카가 주는 자유로움은 없지만 하루 동안 이리오모테지마를 효과적으로 볼 수 있다는 장점이 있다. 이시가키항 페리터미널 내의 여행사 부스에서 레저투어나 관광투어에 대한 정보를 얻고 예약할 수 있다. 렌터카 이용 시 해안도로인 국도 215번을 따라 주요 관광지가 있다. 아열대 정글이 울창한 내륙은 도로가 없는 경우가 많아 크루즈를 이용해야 한다. 노선버스는 오하라항과 우에하라항 사이를 하루에 4번 운행한다. 버스 1일 패스는 1,050엔, 3일 패스는 1,570엔이다.
홈페이지 www.iriomote.com

〈노선버스 시간표〉

08:06	08:44	09:03
10:56	11:37	11:56
12:57	13:36	13:56
16:26	17:02	17:21

우에하라항	유부물소차 승차장	오하라항
08:57	08:20	08:00
10:37	09:59	09:36
15:00	14:22	14:00
16:27	15:49	15:30

이리오모테지마
📍 1일 추천 코스 📍

일본 최대의 열대우림이 있는 이리오모테지마. 대자연에 몸을 살포시 맡기고 비경 속으로 천천히 발을 디뎌보자.

오하라항
이시가키지마에서 배 타고 오하라항 도착

→ 도보 3분

맹그로브 크루즈 체험
나카마강에서만 즐길 수 있는 에코 투어

→ 자동차 20분

유부지마섬
물소차 타고 강 건너 열대 꽃의 낙원 유부지마로

↓ 자동차 43분

우에하라항
이시가키지마로 출발

← 자동차 10분

호시스나노 하마
별모래도 모으고 스노클링도 즐기고~

OKINAWA BY AREA 06
야에야마 제도

ENJOY

카약과 크루즈 즐기기
나카마강 仲間川 | Nakamagawa

섬 남동부에 위치한 나카마강 지역은 이리오모테지마에서 세 번째로 긴 강으로 면적은 200헥타르에 달한다. 일본 최대 규모의 맹그로브 숲이 있어 크루즈 투어와 카약 투어 같은 에코 투어가 특히 인기 있는 지역이다. 뿌리가 문어발 모양의 야에야마히로기ヤエヤマヒルギ, 쭉 뻗은 모양의 오히로기オヒルギ 등 천연기념물로 지정된 6종류의 맹그로브 종 식물이 자생하고 있다. 또한 바다에서 강으로, 강에서 폭포로 이어지는 동안 다양한 모양의 맹그로브 식물군뿐만 아니라 앞으로 걷는 병정게 무리들과 운이 좋으면 지름 20cm가 넘는 거대 재첩까지도 구경할 수 있다. 나카마강 크루즈는 보통 70분 정도의 유람 시간이 소요되며 이시가키항 페리터미널에서 투어 포함으로 구매하거나 오하라항구 내에서 구매할 수 있다. 조금 더 활동적으로 즐기고 싶다면 카약과 정글 트레킹을 함께 하는 투어를 추천한다. 바다에서 강으로 카누를 타고 이동해 나라 폭포ナーラの滝까지 트레킹 하는 코스로, 나라 폭포는 물이 맑고 깊어 물놀이를 즐기기 최적의 장소다. 약 9시간 정도 소요되어 좀 하드한 코스이지만 이리오모테지마를 제대로 즐기기에 그만이다. 투어 회사에 따라 스케줄과 금액이 조금씩 다르며, 성인 요금은 10,500엔 정도. 출항 시간은 조수와 날씨에 따라 변경될 수 있다.

Data 지도 393p-B
가는 법 이시가키에서 오하라항까지 고속선 35분
주소 八重山郡竹富町南風見201
(동부관광東部観光)
전화 0980-85-5304
운영시간 08:30~16:30
요금 맹그로브 크루즈
어른 2,000엔,
초등학생 1,000엔

아열대 동식물의 보고
우라우치강 浦内川 | Urauchigawa

오키나와에서 가장 긴 강으로 강 양쪽은 맹그로브 숲으로 뒤덮여 있다. 우라우치강에서 즐길 수 있는 대표적인 투어는 우라우치 다리에서 강 상류까지 정글 크루즈를 타고 갔다 오는 유람선 투어(약 1시간). 상류에서 내려 일본 폭포 100경 중 하나인 간피레 폭포까지 잘 정비된 트레킹 도로를 따라 산책할 수 있다. 유람선 투어 외에도 마류도 전망대, 간피레 폭포까지 가는 유람선과 트레킹을 포함한 에코 투어(약 5시간), 사가리 꽃 워칭 투어(약 2시간) 등 다양한 정글 체험 투어도 운영하고 있다. 유람선 투어는 예약이 필요 없지만 트레킹과 사가리 꽃 워칭 투어 등은 반드시 사전 예약을 해야 한다.

Data 지도 393p-A
가는 법 우에하라항에서 차로 15분. 또는 이시가키항에서 안에이관광安栄観光이 운행하는 배를 타면 우에하라항에서 무료 송영버스 이용 가능
주소 유람선 선착장 八重山郡竹富町上原870-3
전화 0980-85-6154(우라우치관광)
운영시간 08:30~16:30(우라우치관광)
요금 유람선 투어 2,200엔, 에코 투어(유람선+트레킹) 8,500엔, 사가리바나 워칭 투어 6,500엔
홈페이지 www.urauchigawa.com

여름 새벽에만 즐길 수 있는 아주 특별한 꽃놀이
사가리바나 サガリバナ **워칭 투어**

사가리 꽃Barringtonia racemosa은 이리오모테지마를 대표하는 맹그로브 종류의 꽃으로, 밤에 피기 시작해 아침이면 지기 때문에 웬만한 집념을 가지고 있지 않고서는 보기 힘든 신비스러운 꽃이다. 6월 하순부터 7월 중순까지 이른 새벽에 카누를 타고 나카마 강으로 나가면 사가리 꽃의 환상적인 아름다움을 담

으려는 사진작가들의 셔터 소리가 강의 적막을 가른다. 향기로운 꽃내음에 아침도 상쾌하게 시작할 수 있다. 사가리 꽃을 제대로 보려면 새벽 6시에 우라우치강 하류 선착장에서 출발해 중류에서 카누로 갈아타는 사가리바나 워칭 투어를 신청하자. 이시가키 페리터미널에 있는 페리 회사에서 워칭 투어를 예약하거나 여행사로도 예약이 가능하다.

Data 우리우치관광 **주소** 八重山郡竹富町上原870-3 **전화** 0980-85-6154 Fax 0980-85-6921

OKINAWA BY AREA 06
야에야마 제도

앞은 꽃의 낙원 유부지마, 뒤는 이리오모테의 정글
유부지마섬 아열대 식물낙원 由布島 亜熱帯植物楽園

둘레가 2.5km밖에 안 되는 유부지마는섬 전체가 아열대 식물원이다. 유부란 오키나와 방언으로 모래톱을 뜻하는데, 강에서 흘러온 모래가 쌓여 섬이 만들어졌기 때문이다. 이 작은 섬에서는 히비스커스, 부겐빌레아 등 남국의 아름다운 꽃 가득한 숲을 거닐며 산책을 즐길 수 있다. 한때는 학교도 있는 마을이었으나 태풍 재해로 인해 주민들이 떠났고, 현재는 관광지로 개발되어 자연친화적 콘셉트의 레스토랑, 카페, 아열대 식물원 등이 여행자들의 발길을 이끈다. 섬 자체의 아름다움도 즐길거리지만 유부지마의 가장 큰 매력은 아무래도 이리오모테지마와 유부지마를 오가는 물소차들. 섬과 섬 사이가 약 400m인데다 수심이 가장 깊은 곳이 1m 정도밖에 되지 않아 물소차를 타고 건너가서 섬에서 쉬다 나올 수 있다. 소요 시간은 약 15분 정도로 가이드의 산신(기타처럼 연주하는 오키나와 전통악기) 연주를 들으며 바닷길을 느리고 한가롭게 건너갈 수 있다. 이리오모테지마로 건너와 유부지마를 바라보면 섬 풍경과 무리지어 건너오는 물소차들의 모습이 장관을 이룬다. 물소차는 이리오모테지마에서 09:30~15:15까지 매시 15분, 45분에 출발하고 유부지마에서는 매시 정각과 30분에 출발한다.

Data 지도 393p-B
가는 법 이리오모테 오하라항에서 차로 20분. 또는 노선버스 타고 유부지마 물소차 타는 곳 (스이규샤노리바水牛車乗り場)까지 22분
주소 八重山郡竹富町古見689
전화 0980-85-5470
운영시간 09:00~16:00
(시기별로 변동)
요금 입장료 어른 700엔
입장료+물소차 어른 2,000엔
홈페이지 www.yubujima.com

Talk 이리오모테 야생 고양이
1965년 처음 발견되었고 이리오모테지마에만 있는 야생 고양이. 천연기념물로 지정되어 있지만 점점 개체수가 줄고 있어 고양이 터널을 만드는 등 보호에 노력하고 있다.

행운을 가져오는 별모래 찾으러~
호시스나노 하마 星砂の浜

섬 북쪽에 위치한 별모래 해변. 사람들이 쪼그리고 앉아 별모래를 찾고 있다. 행운을 가져다준다는 별모래는 사실 진짜 모래는 아니고 유공충이라는 원생동물의 골격이 해변에 쌓여 모래와 바닷물에 마모되면서 모양이 별처럼 만들어진 것. 찾는 것이 생각보다 어렵지 않아 손바닥에 모래 한 움큼 쥐면 별모래가 제법 나온다. 비치 입구에서도 기념품으로 판매하고 있다. 산호와 열대어가 많아 해수욕이나 스노클링에도 인기인 비치이다. 바다 앞의 작은 섬들과 비치 사이로 자연 풀이 생겨 수심도 깊지 않아 놀기 좋다. 비치에 있는 펜션 호시노스나ペンション星の砂의 레스토랑에서 바라보는 바다는 눈이 시리게 푸르다.

Data 지도 393p-A
가는 법 우에하라항에서 차로 5분. 또는 오하라항에서 차로 50분 전화 0980-82-5445 (다케토미 관광협회)
홈페이지 iriomote.com/top/hoshisuna

이리오모테지마 어드벤처 투어

❶ 만사쿠 투어 Mansaku Tour
바다 카약, 카누 투어 전문점으로 반일 코스부터 2박3일 코스까지 다양한 투어가 있고 영어 서비스도 가능하다. 홈페이지 www.cosmos.ne.jp/mansaku

❷ 노부스 투어 Nobus Tour
탄광 유적 코스, 동굴 탐험 코스 등 다양한 코스가 마련되어 있다. 홈페이지 iriomote-nobus.com

유부지마의 아담한 아이스크림 가게
유부지마 차야 由布島茶屋

유부지마의 동쪽 만타 해변에 위치한 작은 아이스크림 가게. 젤라또와 소프트 아이스크림을 판매한다. 가게 앞 비치에서 고하마지마섬을 비롯해 가야마지마, 이시가키지마, 구로지마, 아라구스지마를 한눈에 조망할 수 있다. 매점 정도의 작은 규모이기 때문에 테이블이 몇 석 되지 않고 전망이 좋아 자리 잡기가 항상 힘들다. 하지만 바로 앞에 산책할 수 있는 해변도 있으니 자리가 없다고 실망하지 말 것. 이리오모테산 과일로 만든 수제 젤라토가 인기인데 이리오모테산 흑설탕과 호박 젤라또가 연신 상냥하게 웃는 가게 매니저의 추천 아이템이다. 오키나와의 전통술인 아와모리 맛 아이스크림도 있으니 한 번 도전해보자. 첫 맛은 달고 끝 맛은 씁쓸해 진정한 달콤 쌉쌀한 맛을 즐길 수 있다.

Data 지도 393p-B
가는 법 유부지마에서 물소차 하차 후 도보 10분 **주소** 八重山郡竹富町古見 689 **전화** 0980-85-5470 **운영시간** 10:30~15:45 **요금** 젤라토 410엔

주인이 없어서 더 정직한 가게
무인판매소 無人販売所

우에하라 마을 중심부에 있는 가와미쓰川満 슈퍼 건너편에 무인판매소가 있다. 채소와 과일 등을 무인으로 판매하니 물건을 집고 상자에 돈만 넣고 오면 끝. 바로 그 자리에서 먹을 수 있게 잘라서 파는 이리오모테산 파인애플은 크기는 작지만 당도가 높고 신선해 절대 그냥 지나칠 수 없는 간식거리다. 쪼옥 즙을 빨아들이며 한입 베어 물었을 때의 그 달콤한 식감이란. 게다가 이곳의 모든 채소나 과일은 작은 묶음으로 포장해 50~300엔의 염가로 판매하고 있어 가격도 부담 없다. 갓 따온 싱싱한 채소라 여행자의 입장이라도 한 묶음 사서 요리 해보고픈 욕구를 불러일으킨다. 우에하라항에서 도보 3분 거리에 있으니 배를 기다리는 동안 잠깐 들러 입안 가득 퍼지는 파인애플의 달콤함을 놓치지 말자.

Data 지도 393p-A
가는 법 우에하라항에서 도보 4분
주소 가와미쓰 슈퍼 八重山郡竹富町上原547-1
요금 파인애플 바 50엔

별모래 비치의 절경 레스토랑
호시노스나 星の砂 | HOSHINOSUNA

비치 앞에 있는 유일한 레스토랑으로, 근해에서 잡은 해산물과 유기농 섬 채소를 이용한 다양한 요리를 선보인다. 이리오모테지마 맹그로브에서 잡은 게 요리 가사미가니がさみがに는 이리오모테지마의 별미로 고소한 게살 맛이 일품이다. 유기농 채소를 이용한 섬 매크로 바이오틱 요리(뿌리부터 껍질까지 그대로 섭취하며, 장수식으로 알려져 있다)도 속에 부담을 주지 않고 즐길 수 있는 신 메뉴이다. 레스토랑에서는 고지대의 테라스에 앉아 별모래 백사장과 바다 풍광을 아주 멀리까지 감상할 수도 있다. 통창으로 이루어진 레스토랑의 내부는 소박한 시골카페 느낌으로, 커피 한 잔 시켜놓고 한참 멍 때리고 책을 읽어도 아무도 눈치주지 않을 것 같은 정이 느껴지는 공간이다. 숙박뿐만 아니라 다이빙, 요가 클래스까지 즐길 수 있는 펜션 호시노스나ペンション星の砂와 함께 영업 중이다.

Data 지도 393p-A
가는 법 우에하라항에서 차로 5분 **주소** 八重山郡竹富町上原 289-1 **전화** 0980-85-6448
운영시간 12:00~20:00(08:00~09:00(모닝은 예약으로 운영)
요금 가사미가니 3,800엔~, 찬프루 볶음정식 850엔, 매크로바이오틱 플레이트 980엔
홈페이지 www.hoshinosuna.ne.jp/restaurant

여행준비 컨설팅

여행의 가장 설레는 순간은 어쩌면 여행을 떠나기 전 준비하는 시간일지도 모른다. 군침 도는 여행 블로그의 음식 사진에 상상을 더해 눈빛을 반짝거리다 보면 여행이 우리 앞으로 훌쩍 다가온다. 어처구니없는 에피소드로 가득 찰지 모를 여행이라도, 떠나기 전 흥분되는 이 순간을 차근차근 준비해 보자. 날짜에 맞춰 여행준비를 하나하나 시작하는 이 순간 이미 당신의 여행은 시작된다.

D-50

MISSION 1 여행일정을 계획하자

1. 여행의 형태를 결정하자

여행은 크게 패키지와 자유여행으로 나눌 수 있다. 패키지여행은 자유여행에 비해 저렴하고 특별한 준비 없이 가이드만 따라다니면 된다는 게 장점. 다만 동선이나 시간 분배에 있어 자유롭지 못하다는 흠이 있다. 패키지여행을 선택했다면 항공권과 일정, 호텔, 옵션 투어 등 조건을 꼼꼼히 살펴보자. 항공권에서 숙박까지 알아서 해결할 자유여행자라면, 패키지여행에 비해 준비하고 결정해야 할 것들이 많다. 하지만 자기의 스타일에 맞는 여행을 계획할 수 있다는 장점이 있다.

2. 출발 일을 정하자

오키나와 지역은 아시아나항공에서 직항편이 취항한 이래, 최근에는 진에어, 제주항공, 티웨이항공에서도 매일 직항편이 운행하고 있어 출발일이 자유롭다면 얼마든지 저렴한 티켓을 구할 수 있다. 일본은 한국과 거의 계절이 같지만 오키나와만큼은 예외. 겨울에도 온화한 기온을 유지해 딱히 여행을 피해야 하는 기간은 없다. 여름에는 태풍이 가끔 오기는 하지만 5~6월 장마 시즌이 끝난 7~9월은 화창한 푸른 하늘의 오키나와를 제대로 즐길 수 있다. 오키나와는 일본인들의 인기 있는 여름 여행지이기도 해 연말연시와 4월 말~5월 초의 골든 위크, 여름 최성수기에는 일본 관광객들과 해외 관광객들이 많이 방문해 모든 것들이 최고 가격이 된다. 그렇기 때문에 어느 정도 최성수기가 지나고 여전히 바다 수영을 즐길 수 있는 9월 하순~10월 말까지를 추천하고, 3월~4월, 해수욕이 아니라면 2월, 11월의 오키나와 여행도 괜찮다.

3. 여행 기간을 결정하자

일정은 자신의 휴가 기간과 예산을 고려해서 정하자. 보통 오키나와 본섬의 대도시 나하는 2박 정도 잡으면 슈리성 등 관광명소와 쇼핑 거리를 어느 정도 돌아볼 수 있다. 일정에 맞춰 여행하려면 렌터카 이용이 도움이 된다. 길게 뻗어있는 58번 국도를 타고 나하에서 북부 지역까지 쭉 훑어보는 데 3~4일 정도 걸린다. 남부는 크지 않지만 느긋하게 바다를 감상하며 드라이브를 즐길 수 있으니 하루 정도 시간을 빼서 해수욕도 하고 여유를 부리기에 좋다. 본섬 이외 주변 섬을 여행한다면 항공스케줄을 고려해 일정을 잡는 것이 좋다. 섬으로 가는 저가 항공권을 구매했다면 운항 스케줄에 맞춰 스케줄을 짜도록 한다.

MISSION 2 여행예산을 짜자

1. 항공권, 승선권 얼마나 할까?

이전에는 비싼 관광지라는 인식이 강했지만 항공 편수가 많아지고 항공료도 내리면서 부담스럽지 않은 가격으로 갈 수 있는 여행지라는 이미지로 바뀌고 있는 추세이다. 일반적으로 최성수기가 아니면, 세금 및 유류세를 제외하고 저가 항공사는 왕복 30만 원대, 국적기는 40만 원대에 티켓을 구매할 수 있다. 오키나와 섬과 섬을 이동하는 경우, 일본 현지 저가 항공사(Peach, SKYMARK 등)의 얼리버드 티켓은 5만 원 미만에도 구할 수 있다. 또 여행기간 1주일 이내로 변경과 취소가 불가능한 티켓들은 약간 더 저렴하다.

2. 숙박비는 얼마나 들까?

여행 경비 중 항공료를 제외하고 가장 큰 비중을 차지하는 비용이 숙박비. 각자 선택하는 숙소의 수준에 따라서 엄청난 비용 차이가 발생한다. 일본은 저렴하면서도 깔끔한 숙소가 많이 있지만 대부분 1인당 요금을 받는 것에 유의하자. 화장실과 욕실을 공동으로 사용해도 상관없다면 저렴한 게스트하우스 형태의 숙소를 찾을 수 있다. 시기에 따라서는 1박에 2,000~3,000엔에도 방을 구할 수 있다. 화장실과 욕실이 딸린 비즈니스호텔이라면 5,000~8,000엔 선으로 조식이 포함된 객실을 얻을 수 있다.

3. 식비는 얼마나 들까?

카페의 모닝은 700엔 전후, 런치는 1,000엔 전후, 저녁은 2,000엔 전후, 선술집에서 술과 안주를 곁들여 배를 채우려면 4,000엔 전후로 생각하면 된다. 물, 캔 커피, 음료 등을 파는 자판기는 100~150엔. 끼니를 편의점 도시락으로 해결할 수도 있는데, 도시락은 300엔부터이다. 편의점에서 음식을 데워주지만 한국처럼 먹을 수 있는 장소는 거의 없다.

4. 교통비는 얼마나 들까?

오키나와는 자동차 중심 사회이다. 나하를 제외하고는 자동차를 대중교통처럼 이용하고 숍도는 주차장 시설이 되어 있는 곳이 많다. 나하는 '유이레일'이라 불리는 모노레일이 운행 중이고 웬만한 스폿은 이 교통수단 하나로 거의 해결된다. 기본요금은 구간에 따라 달라지는데(230엔~), 1일 800엔 패스나 2일 1,400엔 패스도 있으니, 동선이 정해졌다면 치밀하게 계산해서 자신에게 유리한 쪽을 택한다. 렌터카 비용은 일본 물가에 비해 비싸지 않은 편. 경차일 경우 1일 렌터비는 5,000엔 정도로 우리나라와 다르지 않다.

5. 입장료는 얼마나 들까?

시설에 따라 많이 다르다. 원하는 목적지가 있다면 인터넷 서핑이나 관광청에서 정보를 체크할 것. 박물관이나 미술관 등에서 특별전을 할 경우 별도로 입장료를 받는 경우가 있다.

6. 비상금은 얼마나 필요할까?

일본은 신용카드가 되지 않는 곳이 많으니 환전을 충분히 여유 있게 하자. 해외에서 인출할 수 있는 현금 카드의 지점 위치를 미리 알아두는 것도 도움이 된다. ATM, 혹은 가맹점에 따라 취급이 불가능하거나 오류가 발생하기도 하므로 카드는 2종 이상(VISA, MASTER, AMEX, JCB 등) 가져가는 것이 좋다. 비상금은 최소 1만 엔 이상을 별도로 준비하자.

D-45
MISSION 3 여권을 확인하자

1. 어디에서 만들까

여권은 외교통상부에서 주관하는 업무지만 서울에서는 외교통상부를 비롯한 대부분의 구청에서, 광역시를 비롯한 지방에서는 도청이나 시구청에 설치되어 있는 여권과에서 편리하게 발급받을 수 있다. 인터넷 포털 사이트에서 '여권 발권 기관'을 검색하면 서울 및 각 지방 여권과에 대한 자세한 안내를 받을 수 있으니 가까운 곳을 선택해 방문하자.

2. 어떻게 만들까?

전자여권은 타인이나 여행사의 발급 대행이 불가하기 때문에 본인이 신분증을 지참하고 직접 신청해야 한다.

여권 발급 신청 준비물
① 여권 발급 신청서(해당기관에 구비되어 있음)
② 여권용 사진 2매(가로 3.5 cm × 세로 4.5cm)
③ 가족관계 증명서, 남성은 병역증명서(제출하지 않아도 되는 경우가 많지만 예외일 경우가 있으니 되도록 준비하자)
④ 신분증(주민등록증이나 운전면허증)
⑤ 발급수수료 전자여권(10년) 53,000원

여권 발급 절차
여권 종류에 따른 필요 서류와 여권사진을 챙긴다 → 거주지에서 가까운 관청의 여권과로 간다 → 발급신청서 작성 → 수입인지 붙이기 → 접수 후 접수증 챙기기 → 3~7일 경과 → 신분증 들고 여권 찾기

3. 여권을 잃어버렸거나 기간이 만료됐다면?

재발급 신청을 한다. 절차는 여권 발급 때와 비슷하지만 재발급 사유를 적는 신청서가 더 추가되고, 분실했을 경우 분실신고서를 구비해야 한다. 25세 이상의 군 미필자는 병무청 홈페이지에서 신청서를 작성하며, 신청 2일 후 홈페이지에서 국외여행 허가서와 국외여행 허가증명서를 출력할 수 있다. 국외여행 허가서는 여권 발급 신청 시 제출하고, 국외여행 허가증명서는 출국할 때 공항에 있는 병무신고센터에 제출한 후 출국신고를 마치면 된다. 만 18세 미만의 미성년자는 부모의 동의하에 여권을 만들 수 있다. 여권을 신청할 때는 일반인 제출서류에 가족관계증명서를 지참해 부모나 친권자, 후견인 등이 신청할 수 있다.

4. 비자 VISA

일본은 우리나라와 비자면제협정을 체결하고 있어 90일 이내 단기체류 관광 목적으로 일본에 입국하는 경우 따로 비자를 받지 않아도 된다. 단, 여권 만료기간은 최소 3개월 이상 남아 있어야 하며, 6개월 이상이면 안심할 수 있다.

MISSION 4 항공권을 확보하자

1. 어떻게 살까?

같은 항공권이라도 항공사나 여행사마다 판매 가격이 다르다. 항공권을 구매할 때는 항공사와 여행사 사이트 등을 두루 살피는 것이 좋다. 여러 여행사에서 내놓은 항공권 가격을 한꺼번에 비교해 볼 수 있는 사이트도 있다. 항공과 숙박 모두 여행사가 판매하는 것이 요금이나 조건이 더 좋은 경우도 있으니 에어텔 상품을 이용하는 것도 좋다.

2. 어떤 표를 살까?

나하공항까지는 인천에서 비행시간이 2시간 15분으로 길지 않다. 대한항공, 아시아나항공, 제주항공, 진에어, 티웨이가 매일 운항한다. 직항 이외에도 일본 각지를 경유한 오키나와행 항공편도 있다. 각 홈페이지에서 저렴한 티켓을 판매하므로 우선 홈페이지를 먼저 체크해보자. 일본 현지의 대도시(도쿄, 오사카, 후쿠오카 등)를 경유해서 갈 경우, 오키나와행 항공편수가 많으니 본토의 딴 지역을 여행하고 오키나와로 이동하는 여행 스케줄을 잡아볼 수도 있다.

3. 주의할 사항

티켓 조건을 확인하자
저렴한 항공권은 가격 확정을 위해 바로 구매해야 하는 경우가 있다. 또 변경 및 취소가 불가능하거나 수수료를 많이 물어야 하는 경우가 많으므로 조건을 꼭 확인한다. 그리고 왕복으로 구매한 경우, 탑승하지 않으면 돌아오는 편이 무효가 되는 경우도 있다. 예약하는 여행사가 다르더라도 동일 항공사에 이중으로 예약을 하면 사전 경고 없이 예약 모두가 취소되므로 주의하자.

유류할증료와 TAX를 확인하자
항공사와 경유지를 따라서 유류할증료의 차이가 많이 난다. 액면가는 저렴하지만 유류할증료까지 합하고 나면 오히려 비싸지는 경우도 많다.

발권일을 지키자
아무리 예약을 해두었어도 발권하지 않았으면 내 표가 아니다. 특히 좌석이 넉넉하지 않은 성수기에는 발권을 미루다가 좌석예약이 취소될 수도 있으니 주의할 것. 유류할증료 또한 발권일에 따라서 결정된다.

좌석확약을 받았는지 확인하자
좌석확약이 안 된 상태로 출국하면 돌아오는 항공편을 구하기가 어려울 수 있다. 항공권의 'Statue'란에 OK라고 적혀 있는지 확인하고 미심쩍으면 해당 항공사에 직접 전화해 좌석확약 여부를 확인하자.

항공권 취급 여행사
인터파크투어 travel.interpark.com
웹투어 www.webtour.com
여행박사 www.drtour.com
온라인투어 www.onlinetour.co.kr
에어몰 www.airmall.co.kr
투어익스프레스 www.tourexpress.com

D-35
MISSION 5 숙소를 예약하자

1. 일본 숙소의 종류

호텔
일반적으로 떠오르는 호텔로 외국계 호텔뿐 아니라 일본계 호텔체인도 많다. 일단 규모가 커서 찾기 쉽고 비치에 인접한 대형 리조트들은 다양한 해양 액티비티 시설을 갖추고 있어, 호텔 안에서 즐길 거리도 많다. 관광지도에도 랜드마크로 표시되어 있는 경우가 많으며, 숙소에서 보내는 시간이 많을 경우 편의 시설을 꼼꼼히 살피고 선택하도록 한다.

비즈니스호텔
저렴하면서 프라이버시가 보장돼 일본인들이 출장 시 많이 이용하는 소규모의 호텔이다. 최근에는 관광객들도 많이 이용하면서 체인점도 많아졌으며, 시내 중심가 및 역 앞에서 눈에 띄는 도미인, 도요코인이나 다이와로이넷 등도 비즈니스호텔 체인이다. 교통의 요지에 인접해 있어 대중교통 이용이 편리하다. 비즈니스 맨의 이용이 잦은 편이라 스모킹 룸에 들어갔을 때 냄새가 배어 있는 경우도 있기 때문에 흡연자가 아니라면 반드시 논 스모킹 룸을 달라고 요구할 것.

도미토리
유스호스텔처럼 한 방에 다른 사람들과 함께 머물면서 욕실이나 부엌, 화장실 등을 공동으로 사용하는 형식의 숙소. 세계 각국에서 온 여행자들과 만나고 교류할 수 있는 기회가 많다. 방값은 저렴한 편이지만 통금이나 한 방에 머무는 사람들의 성별 등을 미리 확인하는 것이 좋다. 일본은 일행별로 방이 확보되는 타입의 도미토리도 어렵지 않게 찾아볼 수 있다.

게스트하우스 & 민박
주인이 머물면서 숙박시설을 관리하는 시스템으로 우리가 생각하는 시골집의 방 한 칸을 내주는 민박이라는 개념이 아니다. 본토에서 이주한 트렌디한 젊은 가족들이 운영하는 개성 있는 민박이 많고 보통 욕실이 딸린 독채나 룸을 제공한다. 가격도 시설에 따라 호텔보다 비싼 경우도 있고 대부분 조식 포함이다. 한적한 곳에서 조용하게 휴가를 보내고 싶은 사람들에게 적합하다.

2. 어떻게 예약할까?

Check1 호텔 예약 사이트를 적극 활용하자. 잘 찾아보면 저렴하게 이용 가능한 플랜이 있고 대부분 영어 혹은 한국어 서비스가 가능한 곳도 많다.
Check2 호텔 내의 자체 프로모션을 항상 체크할 것! 가끔씩 호텔 내의 프로모션으로 조기 예약 플랜 등이 더 나을 때가 있다.
Check3 여행사의 에어텔 상품을 활용한다. 숙박업소들은 여행사에 프로모션 가격을 제공하는 경우가 많아 개인이 예약하는 것보다 저렴한 경우가 있다.

자란넷 www.jalan.net(한국어 지원)
아고다 www.agoda.com(한국어 지원)
라쿠텐 트래블 travel.rakuten.com(한국어 지원)
호텔스닷컴 www.hotels.com
부킹닷컴 www.booking.com

MISSION 6 여행정보를 수집하자

1. 책을 펴자

최소한의 노력으로 최대한의 정보를 얻을 수 있는 것이 가이드북이다. 가이드북을 통해 오키나와 본토 및 주변 섬 지역에 대한 감을 잡고, 관심이 가는 부분은 추가로 다른 서적을 찾아보자.

2. 인터넷을 열자

인터넷에서는 본인들이 직접 체험한 생생한 느낌을 전해들을 수가 있어 도움이 된다. 평소 취향이 비슷한 사림이 있었다면 그들의 의견을 소중히 해도 될 것이다. 다만 개인 블로그의 특성상 주관적인 경험이나 선입견에 입각해 쓴 경우도 많다는 점은 알아두자. 여행정보를 얻을 수 있는 인터넷 카페나 여행사들이 운영하는 홈페이지나 카페에서도 유용한 정보들이 많다.

3. 사람을 만나자

오키나와를 미리 체험한 이들의 조언도 무시할 수 없다. 또 궁금한 부분이나 원하는 팁에 대한 정보를 바로 체크할 수 있다는 점에서 좋다. 사소하게 놓치기 쉬운 준비 사항들부터 폭넓은 여행에 이르기까지 즐겁게 대화하면서 삶과 여행을 배워보자.

4. 스마트폰에 유용한 앱(어플)을 다운받자

오키나와 및 일본여행과 관련된 앱들을 각기 앱스토어에서 다운받을 수 있다. 또 간단한 회화 관련 앱도 급할 때는 요긴하게 쓰인다. 여행 시의 경비지출이 신경 쓰인다면 가계부 앱이 도움이 된다.

D-10

MISSION 7 각종 증명서를 발급받자

1. 여권 사본

여권을 잃어버렸을 때를 대비해 사진이 있는 부분을 복사해서 따로 보관한다. 여권 크기의 사진도 두 장 정도 준비해 두자. 하지만 잃어버리지 않는 것이 가장 좋다.

2. 국제학생증

일본에서는 대학생이 성인으로 분류되어 특별한 할인 혜택이 없다. 초·중·고등학생인 경우에는 나이를 증명하면 같은 할인혜택을 받을 수 있으니 신분증으로 여권을 상시 휴대하자.

3. 국제운전면허증

오키나와 지역을 여행할 때에는 렌터카를 이용해야 할 경우가 많다. 자동차 중심사회이므로 대중교통보다는 렌터카가 훨씬 편리하다. 단 나하 시내는 차가 많고 주차장 요금도 비싸니 대중교통을 이용하는 것이 좋다. 국제운전면허증은 전국운전면허 시험장이나 지정 경찰서(발급가능 경찰서의 확인)에서 신청하며 약 30분 정도면 발급되며 발급일로부터 1년 유효하다.

발급신청 준비물 본인 여권, 운전면허증, 여권용 사진 또는 칼라반명함판 1매, 수수료 8,500원

4. 여행자 보험

일본 의료비는 비싸기 때문에 만약을 생각해서 가입하는 것이 좋다. 혹시라도 일어날 수 있는 자연재해의 피해에 대해서도 상해보험으로 보상받을 수 있는 것이 있으니 약관을 미리 확인해 두자. 해외에서 질병, 또는 사고로 병원에서 치료를 받을 경우 보통 진단서와 영수증 등을 귀국 후 보험회사에 제출해야 보험금 지급이 된다. 또한 휴대품 도난이나 파손 시 20만 원 정도 보상되는 경우가 있는데, 이때에는 경찰서의 리포터가 필요할 수 있다. 보험 회사마다 규정이 다르니, 콜센터를 통해 문의하도록 하자.

여행자 보험은 왜 들까?

외국인이 낯선 곳에서 여행을 하면서 어떤 일을 겪게 될지 누구도 예상할 수 없는 일. 더구나 야외 활동이 많아지는 만큼 다치거나 아파서 병원에 가게 될 수도 있고 귀중품을 도난당하는 일도 생길 수 있다. 이런 경우를 대비하는 것이 바로 여행자 보험이다.

보상 내역을 꼼꼼히 따져보자

패키지여행 상품을 신청하면 보통 포함되는 것이 '1억 원 여행자 보험.' 얼핏 대단해 보이지만, 사망할 경우 1억 원을 보상한다는 뜻일 뿐, 도난이나 상해 보상금이 1억 원이라는 뜻은 아니다. 사실 여행자가 겪게 되는 일은 도난이나 상해가 대부분. 이 부분에 보장이 얼마나 잘 되어 있는가를 꼼꼼히 확인해보자. 보험비가 올라가는 핵심요소는 바로 도난보상금액! 보상금액의 상한선이 올라가면 내야 할 보험료도 비싸진다.

보험 가입은 미리 하자

여행자 보험은 인터넷이나 여행사를 통해 신청할 수 있고 출발 직전 공항에서 가입할 수도 있다. 당연히 공항에서 드는 보험이 가장 비싼 편. 미리 여유 있게 가입해서 한 푼이라도 아끼자. 항공사 마일리지 적립 등 혜택을 주는 보험 상품도 많다. 보험사의 정책에 따라서 보험 혜택이 불가능한 항목들(고위험 액티비티 등)도 있으니 미리 확인할 것.

증빙 서류는 똑똑하게 챙기자

보험증서와 비상연락처는 여행가방 안에 잘 챙겨두자. 도난을 당하거나 사고로 다쳤을 경우, 경찰서나 병원에서 받은 증명서와 영수증 등은 잘 보관해야 한다. 도난을 당했다면 가장 먼저 경찰서로 가서 도난증명서부터 받을 것. 서류가 미비하면 제대로 보상받기 힘들다.

보상금 신청은 제대로 하자

귀국 후에는 보험회사 서류들을 보내고 보상금 신청 절차를 밟는다. 병원 치료를 받은 경우 병원 진단서와 병원비 영수증 등을 꼼꼼하게 첨부한다. 도난을 당했을 경우 물품의 가격을 증명할 수 있는 쇼핑 영수증도 첨부할 수 있다면 좋다.

MISSION 8 알뜰하게 환전하자

현금 Cash

신분증을 확인하거나 수수료가 붙는 일 없이 지갑에서 바로 꺼내서 사용할 수 있다. 급격한 환율 상승 시기라면 여행 중에 미리 확보해둔 현금 덕을 톡톡히 볼 수 있다. 그러나 분실이나 도난 등 사고를 당하면 보상받을 길이 없으니 각별히 주의하자. 여행지에 도착하자마자 사용해야 할 현금은 한국에서 미리 환전할 것. 대부분의 티켓판매기에서는 고액권 지폐도 모두 사용 가능하나, 버스나 일반 자판기에서는 1,000엔 지폐와 동전만 사용 가능한 경우도 있다.

신용카드 Credit Card

현금에 비해 안전하다. ATM에서 급할 때 현금서비스를 받을 수도 있다. 환율 하락 시기에는 내가 쓴 금액보다 적은 금액이 청구되기도 한다. 그러나 일본에서는 신용카드 사용이 한국만큼 보편화되어 있지 않으니 주의하자. 식당이나 숍에 들어갈 경우 자신이 가진 신용카드 가맹점인지 먼저 확인할 것. 현금이나 일본 현지 은행의 신용카드만 사용 가능한 곳이 있다. 해외에서 사용한 금액에 비례해서 은행에서 정한 요율(보통 1~2.5%)로 수수료가 부과되니 염두에 두자. 후불제 호텔인 경우에 체크인 시에 보증용으로 신용카드를 요구하기도 하므로 사용 예정이 없더라도 준비해 가면 좋다. 신용카드가 해외에서 사용 가능한 카드인지, 할부를 할 경우에는 어떻게 하는지 확인해 둔다. 할부는 해외에서 일시불로 결제 후 한국에 돌아가 카드 회사에 할부신청을 해야 하는 경우가 많다. 또 일본에서는 카드로 결제하는 경우 대부분 어떻게 결제할 건지를 물어보는데 '일시불로 해주세요(잇카츠데 오네가이시마스)'라 답하면 된다.

현금카드 Debit Card

내 통장에 있는 현금을 현지 화폐로 바로 인출할 수 있다. 현지 은행 ATM에서 필요할 때 원하는 만큼만 출금할 수 있어 미리 환전할 필요도 없다. 카드 뒷면에 'Plus'나 'Cirrus' 글자가 있는지 미리 확인하고, 해당 은행에 '해외인출 가능 여부'를 한 번 더 문의하면 확실하다. ATM에 따라 약간의 수수료가 붙는데, 출금 시점의 환율이 적용되기 때문에 여행 도중 환율이 올라가면 미리 환전하지 않은 것을 후회할 수도 있다. 한국에서 발급받은 시티은행의 현금카드로 일본 내의 시티은행 ATM에서 출금할 경우, 인출 금액의 0.2%와 1달러의 수수료가 붙는다. 일본어, 혹은 영어로 메뉴가 표시되니 은행 관련 표현을 알아두면 좋다.

D-1

MISSION 9 완벽하게 짐 꾸리자

꼭 가져가야 하는 준비물

여권 없으면 출국부터 불가능하다. 여권 사본은 2~3장 따로 보관해 두고 여권용 사진도 몇 장 챙겨두자. 자신의 이메일이나 휴대폰에 여권을 스캔해 저장해 두면 비상시 유용하다.

항공권 전자티켓이라도 예약확인서를 미리 출력해 두자. 공항으로 떠나기 전 여권과 함께 반드시 다시 확인하고 현지 숙박 예약증도 준비해두자. 또 현지에서 사용할 교통패스 등을 미리 구매했다면 현지에서 실제 티켓으로 교환할 수 있는 장소에 대해서도 체크해 두자.

여행경비 현금, 여행자수표, 신용카드, 현금카드 등을 빠짐없이 준비하자. 현지에 도착해서 바로 사용할 현금도 체크.

각종 증명서 국제학생증, 여행자 보험 등

의류 & 신발 반팔, 긴팔, 바람막이 점퍼 외에 고급식당에 갈 때 입을 정장 등 상황에 맞는 옷과 신발, 물놀이를 위한 수영복과 아쿠아슈즈, 모자를 챙기자. 사시사철 따뜻한 오키나와지만, 겨울철에 남국이라고 방심하지 말 것. 반드시 겉옷을 챙기도록 한다. 공동 샤워실을 이용하는 호스텔 등의 숙소 이용 예정자라면 샤워 시 사용할 슬러퍼도 준비하면 편리하다.

가방 여권, 지갑, 책, 카메라 등을 넣어 다닐 수 있는 가볍고 작은 가방도 별도로 준비하자.

우산 가벼운 3단 접이식 우산 준비. 스콜이나 태풍이 지나가는 지역이라 가끔씩 예고도 없이 폭우가 쏟아진다.

전대 도미토리를 주로 이용할 배낭여행자라면 필요하다. 여권과 현금을 보관하기에 숙소 사물함이 100% 안전하지는 않으니 중요 물품은 몸에 지니자.

세면도구 호스텔을 이용할 예정이라면 치약, 칫솔, 샴푸, 수건 등을 챙겨가자.

화장품 작은 용기에 덜어서 가져갈 것.

비상약품 감기약, 소화제, 진통제, 지사제, 반창고, 연고 등

생리용품 평소 자신이 사용하던 것을 발견하기가 쉽지 않으니 한국에서 미리 챙겨가자.

어댑터 일명 '돼지코'. 일본에서 사용하는 것은 플러그 모양이 우리나라와 다른 11자 모양이다. 일본은 100V 전압을 사용하므로 프리볼트인 노트북, 휴대전화 등을 충전하려면 플러그를 꼭 가져가자(현지에서는 구하기 쉽지 않다).

가이드북 정보가 없으면 여행이 힘들어진다.

휴대전화 로밍을 해가면 비상시에 편리하다. 알람시계로 쓰기에도 좋다.

자외선 차단제 & 선글라스 오키나와 여름 햇빛은 상당히 강렬하니 자외선 차단제와 선글라스를 꼭 준비해 갈 것. 햇볕에 타는 것이 싫다면 양산도 준비하자.

가져가면 편리한 준비물

반짇고리 단추가 떨어지거나 가방이 망가졌을 때 유용하다.

소형 자물쇠 소매치기 방지를 위해 가방의 지퍼 부분을 잠가두면 든든하다.

지퍼백 젖은 빨래나 남은 음식 보관 등 용도는 무궁무진

소형 변압기 프리볼트(100~240V에 자유롭게 사용 가능하다는 뜻)가 아닌 가전제품을 사용할 예정이라면 필요하다.

소음제거 귀마개 소음에 민감하다면 호스텔의 도미토리를 이용할 경우나 비행기 안에서 잠을 청할 때 유용하다.

MISSION 10 나하국제공항으로 입국하자

입국심사

입국심사장에서는 외국여권 소지자와 일본인 방문자 및 특별 영주자로 구분해 줄을 선다. 작성한 입국카드를 입국심사대에 제출하면 몇 가지 질문을 하는데 보통 여행 목적, 머무는 기간, 숙박지 등에 관한 것이다. 이때 심사관이 출국항공권을 보여 달라고 할 수 있으니 꺼내기 쉬운 곳에 보관하자. 질의문답이 끝나면 심사관이 지문 채취 기계를 가리키는데, 양손의 검지를 대고 소리가 날 때까지 꾹 누른다. 지문을 남긴 다음에는 작은 화면을 보라고 하는데, 그 위에 카메라가 달려 있어 본인의 얼굴이 나온다(모자나 선글라스는 벗어야 한다). 사진을 찍고 나면 여권에 입국 실을 붙여주고, 출국심사에 내야 할 출입국카드를 붙여준다.

수하물 찾기

해당 항공편이 표시된 레일로 이동해 짐을 찾는다. 수하물이 분실됐다면 배기지 클레임 태그Baggage Claim Tag를 가지고 분실신고를 한다.

세관

세관 신고할 것이 없으면 녹색 사인Nothing to declare쪽으로 나간다. 일본 입국시의 면세범위는 아래와 같다.

주류 3병(각 760ml)
담배 200개비
향수 2온스
그 외는 해외 시가 합계 20만 엔까지

MISSION 11 나하 공항에서 지역으로 이동하기

자, 공항에 도착하면 드디어 본격적인 오키나와 여행이 시작된다. 나하 시내로 이동할 경우 모노레일을 이용하거나 버스, 택시 등 여러 교통수단을 이용할 수 있다. 모노레일을 이용해서 나하 버스터미널이 있는 아사히바시역까지 갈 경우 10분이면 도착할 정도로 도심이 가깝다. 다른 지역으로 이동할 경우, 국제선 터미널 옆에 위치한 국내선 터미널 쪽으로 가면 리조트호텔행 리무진버스와 중부 지역과 북부 지역으로 가는 고속버스, 일반 버스들이 있는데 영어가 통하지 않는 경우가 많으니 탑승 전 일본어(한자)로 된 지명을 종이에 미리 적어 준비해 가서 운전사에게 보여주고 행선지 확인 후, 탑승하는 것이 안전하다. 원하는 지역으로 가는 버스가 없을 경우, 나하 버스터미널로 가서 도착지에 근접한 지역으로 이동하면 된다.

꼭 알아야 할 오키나와 상식

이건 알아두자!

오키나와현은 50개의 유인도와 수많은 무인도로 이루어져 있다. 이 책에서는 관광객들이 주로 찾는 오키나와 본섬, 본섬 주변의 게라마 제도, 이시가키지마섬·이리오모테지마섬·다케토미지마섬이 있는 야에야마 제도, 미야코지마섬이 있는 미야코 제도를 다루었다. 오키나와를 처음 가는 사람들은 주로 오키나와 본섬을 보고 오키나와를 다 보았다라고 생각하지만 본섬에서 떨어져 있는 주변 섬들도 볼거리, 즐길 거리가 가득하다.

- **시차** 한국과 차이가 없다.
- **기후** 일본에서 유일한 아열대 해양성 기후지역으로 일년 내내 온난하고 쾌적하다. 5, 6월이 장마 시즌이고 7~9월 사이 태풍이 지나가는 경우가 있다. 여름엔 강렬한 햇볕이 내리쬐니 자외선차단 크림, 모자 등을 준비하자. 겨울이라도 10도 이하로 떨어지는 날이 거의 없고 두꺼운 겨울 코트를 입을 일 없이 재킷이나 스웨터 정도면 충분하다.
- **통화** 엔을 사용하며, 100엔에 957원(2023년 5월 기준)이다.
- **긴급번호** 119로 우리나라와 같이 응급환자와 화재를 함께 처리한다.
경찰은 110번이고 바다재해 신고는 118이다.
- **다국어 콜센터** 관광객을 위한 공공 서비스, 관광 안내, 통역, 재해 대처법 등을 무료로 지원받을 수 있다.
한국어 0570-077203, 098-851-9554

오키나와 관광정보 사이트 visitokinawajapan.com/ko
재단법인 오키나와 관광 컨벤션 뷰로 www.ocvb.or.jp
오키나와현 공식 홈페이지 www.pref.okinawa.jp
오키나와 재해 정보 사이트(기상, 태풍, 지진) bousai-okinawa.my.salesforce-sites.com
오키나와 관광정보(일본어) www.okinawastory.jp

오키나와 평균기온 (나하시 기준)

1월	2월	3월	4월	5월	6월	7월	8월	9월	10월	11월	12월
17.0℃	17.1℃	18.9℃	21.4℃	24℃	26.8℃	28.9℃	28.7℃	27.6℃	25.2℃	22.1℃	18.7℃

오키나와 지역 축제

오키나와 지역에서는 계절별 지역별 크고 작은 다양한 축제와 이벤트가 열린다. 연중 내내 날씨가 좋아 여름 불꽃축제, 맥주축제부터 겨울의 자전거대회까지 끊임없이 이어진다. 코로나로 중지된 축제를 재개하고 있으나 변동이 많다. 관광사이트에서 최신 정보를 확인하자.

봄　오키나와 국제영화제(나하시, 4월)
　　　히가시손 진달래 축제(히가시손 쓰쓰지에코파크, 3월 상순~하순)
　　　전일본 트라이애슬론 미야코지마 대회(미야코지마 섬, 4월 중순)
　　　이에지마 섬 백합 축제(이에 섬 릴리필드 공원, 4월 하순~5월 상순)
　　　나하 하리(나하시 나하항 신항 부두, 5월 3일~5일)
여름　차탄 니라이 하리(차탄초 피셔리나 정비용지, 6월 중순)
　　　시포트 차탄 카니발(차탄초 선셋 비치, 7월 초)
　　　피스 풀 러브 락 페스티벌(오키나와 시민 야외스테이지, 7월 중순)
　　　해양박공원 섬머 페스티벌(에메랄드 비치, 7월 중순)
　　　여름축제 in 나하(나하시 고쿠사이도리, 8월 첫 번째 일요일)
　　　오키나와 전도 에이사 축제(오키나와시 코자 운동공원 등, 8월 하순~9월 상순 3일간)
가을　나하 오오쓰나히키 축제(나하시 일대, 10월 중순 토·일·월요일)
　　　슈리성 부흥제(10월 말~11월 초)
　　　오키나와 산업축제(나하시 오우노야마 공원 내 현립무도관, 10월말 금·토·일요일)
　　　미히마 할로윈 코스튬 콘테스트(차탄초 아메리칸 빌리지, 10월 말)
　　　쓰보야 야치문도리 축제(나하시 쓰보야 야치문도리, 11월 중순)
겨울　NAHA 마라톤(나하시, 12월 첫 번째 일요일)
　　　요미탄잔야키 도자기 시장(요미탄손 요미탄잔야키 광장, 10월 중순 주말, 12월 중순 주말)
　　　슈리성 공원「신춘의 연회(나하시 슈리성, 1월 1일~3일)
　　　오키나와 마라톤(오키나와시, 2월 초)

이건 꼭 읽자!
오키나와 여행 주의사항

NO.1
여권소지는 필수! 꼭 지참하자
국제신분증인 여권은 가급적 어딜 가든 지참하도록 하자. 경찰이 신분확인을 위해 여권 제시를 요청할 수도 있다. 알코올음료를 마실 경우 혹시 있을 수 있는 신분증 확인에도 사용된다.

NO.2
간단한 일본어를 알아가자
오키나와가 이전 미군정의 지배를 받았고 지금도 미군기지가 있는 곳이라고 해도 모든 사람들이 영어를 알아들을 것이라 오해하지 말자. 다른 일본 지역에 비해 영어가능자가 많긴 하지만 영어가 쉽게 통하지 않기는 마찬가지. '익스큐즈미'보다 '스미마센'이 말을 들어줄 확률이 높다. 길을 잃고 싶지 않다면 지도를 확실히 챙기고 스마트폰에 일본어 어플을 넣어 가면 물건을 살 때 편리하다. 명사만으로도 어느 정도 원하는 정보를 얻을 수 있다.

NO.3
현금을 충분히 가지고 가자
한국 사람들은 현금보다 카드로 결제하는 것이 훨씬 익숙하지만 일본에서는 호텔 및 큰 슈퍼, 백화점 등을 제외하고 편의점이나 소규모 숍에서는 카드를 사용할 수 없는 경우가 많다. 레스토랑에서는 식사를 하기 전 소지하고 있는 카드로 결제가능한지 먼저 확인할 것. 식사 후 카드결제가 안돼 낭패를 보는 경우가 더러 있다.

NO.4
팁은 없다
만약 테이블에 팁을 놓고 나왔다면 점원이 돌려주려 달려 나올지도 모른다.

NO.5
흡연소를 확인하자
나하시 전역과 오키나와 일부에서는 노상흡연이 금지되어 있다. 담배를 피우고자 할 때에는 흡연구역을 확인하자. 주로 편의점이나 호텔 뒤쪽에 재떨이와 흡연공간이 마련되어 있다.

사진 제공
〈Okinawa Convention & Visitors Bureau〉, 〈ANA InterContinental ISHIGAKI RESORT〉,
〈Okinawa Information IMA〉, 〈RITOU.COM〉, 〈슈리성 공원〉, 〈차탄초 사무소〉, 〈이에지마 관광협회〉,
〈미야코지마 관광협회〉, 〈이시가키시 관광교류협회〉, 〈다케토미초 관광협회〉, 〈자마미손 관광협회〉,
〈해양박공원·오키나와 추라우미 수족관〉

INDEX

ENJOYNG

331번 남해안 국도	090
58번 국도	087, 089
가비라만	364
가쓰렌 성터	275
가이지 비치	386
강가라 계곡	249
게라마 제도	067, 071, 201
고래상어 다이빙	070
고리 대교	308
고리 오션 타워	308
고리지마섬	090
고마카지미섬 스노클링	069
고쿠사이도리	190
곤도이 비치	385
구다카지마섬	083, 250
그린 더 보드 컬쳐	072, 219
글라스 보트	077
긴초초 이시다타미미치	194
나간누지마섬	067, 201
나고 파인애플 파크	309
나카구스쿠 성터	276
나카마강	394
나키진 성터	308
나티야가마	313
노렌 플라자	200
뉴파라다이스도리	093
니라이 비치	065
니라이카나이 다리	245
니시바마 비치	200
니시산바시	385
니시헨나곶	340
다마우둔	198
다마토리자키 전망대	365
다이세키린잔	080, 311
다이이치마키시 공설시장	124, 191
다케토미지마섬	084
도카시쿠 비치	199
동남식물낙원	273
디너 크루징	077
류구성 전망대	336
류큐가라스무라	157, 244
류큐무라	304
류탄	198
릴리필드 공원	313
만자 비치	064
만자모	304
만타 스크럼블	367
무라사키무라	104, 273
물소차 투어	386
미나토가와 스테이트사이드 타운	276
미바루 비치	062, 247
미야기 해안	270
미하마 아메리칸 빌리지	270
반나 공원	366
부세나 비치	064
비비 비치 이토만	065
비세마을 후쿠기 가로수길	305
사카에마치 시장	125, 193
선셋 비치	271
세나가지마섬	251
세소코 비치	061, 305
세화우타키	248
슈리성 공원	195
스나야마 비치	337
스탠드 업 패들보드	074
시기라 황금온천	340
시사 신사	105
쓰보야 도자기박물관	192
쓰보야 야치문도리	192
쓰보야 야키카마모토 이쿠토엔 체험교실	103
아라하 비치	061, 271
아오노 동굴	068, 070
아자마산산 비치	247
아하렌 비치	199
야에야마 야자수군락	365
안바루 마나비노모리	081, 310
에메랄드 비치	060
에코스피릿 라이드 & 워크 인 난조 시티	086
오도 해안 스노클링	068
오리온 해피 파크	309
오모로마치	193
오우지마섬	251
오쿠마 비치	063
오키나와 월드	246
오키나와 추라우미 수족관	076
오키나와 현립 박물관·미술관	100, 193
와지 전망대	313
요나하마에하마 비치	336
요미탄 야치문노사토	272
요시노 해안	338
욘나푸드	109
우간자키 등대	367
우라우치강	395
우키시마도리	093
웨일 왓칭	077

INDEX

유부지마섬
아열대 식물낙원 396
이시가키시 공설시장 366
이시가키지마 섬 다이빙
포인트 072
이에지마섬 312
이케마 대교 340
이케이 비치 062, 274
잠파곶 272
치넨 반도 087
카누차 비치 065
크루징 투어 073
투르 드 오키나와 086
해양박공원 306
해중도로 091, 275
해피 서핑 오키나와 074
헤도미사키 311
헤이와도리 상점가 191
헤이와키넨코엔 245
호시스나노 하마 397
후루자마미 비치 200
후사키 비치 383
히가시헨나곶 337
히라쿠보자키 등대 365
히즈시 비치 200
히자야가와 맹그로브
카약 투어 079
히지오타키 트레킹 080

EATING

가든 아사히 389
가든 파나 373
가비라 가든 372
가진호 127, 319
고디즈 278
고류 204
구르메 회전초밥시장 278
기타우치 목장 372
내추럴 카페 올리브노키 254
데우치소바 기시모토 식당 121, 316
데우치소바 기시모토 식당
야에다케점 318
덴푸라 나카모토센교점 255
라쿠엔노카지쓰 346
랫 & 쉽 282
류구엔 345
류도 207
류큐노카제 파이카지
포장마차촌 344
리코 젤라토 341
무인판매소 398
무카시무카시 315
바 아울 206
벤리야 125, 212
보라초스 141, 208
보클리즈 레시피 341
부쿠부쿠차야 가리산판 215
산고커피 205
섬 요리점 파이누시마 371
세화노사토 132, 206
소바도코로 다케노코 388
소바야 요시코 320
소이 211
슈리소바 122, 213
스마일 스푼 키친 319
스시야 가츠간 343

스타벅스 고쿠사이도리
마키시점 207
시마 도넛 134, 316
시사엔 132, 320
시키노아야 131, 318
식당 카리카 253
아라가키 젠자이야 317
아메리카 식당 205
아무리타노니와,
소시에온가쿠 370
야야구 식당 119, 215
아오소라 팔러 345
야기야 121, 257
야라보소바 122, 388
야마노차야 라쿠스이 252
야소카페 야마차 108, 279
야에다케 베이커리 317
야카야카 346
얀바루소바 122, 321
오우지마 해산물 식당 256
오이나리안 135
오토야 204
오하코르테 280
요시자키 식당 118, 211
우리즌 119, 212
우사기야 미야코지마점 342
우키시마 가든 107, 210
우후야 117, 315
유그레나 가든 370
유부지마차야 398
이시가키지마 키즈 371
이시다타미차야 마다마 131, 214
일식요리 쓰네 252

INDEX

지로보	124, 207	
추라티다	278	
치로린무라	388	
치킨 하우스	208	
카페 & 피자 레스토랑 스타더스트 가든	344	
카페 고쿠	127, 314	
카페 니콜리	135, 280	
카페 둔카라야	342	
카페 빈즈	254	
카페 쿠르쿠마	255	
카페 하코니와	321	
카페 롯지	129, 256	
커피 포토호토	213	
포케 팜	277	
플라우만스 런치 베이커리	133, 281	
하마베노차야	129, 253	
하야 나고미 카페	387	
하야테마루	277	
하와이안 카페 다이닝코아	128, 257	
한비 나이트 마켓	289	
헤키	206	
호시노스나	399	
홋토모토	135	
히바리야 커피	209	

SHOPPING

T 갤러리아 오키나와	152, 228
가루비 플러스 오키나와	217
가브 도밍고	101, 224
가이소	216
가주마루	350
갤러리 & 잡화카페 이시가키 펭귄	376
갤러리 기야	289
갤러리 쇼	223
구다카 민예점	220
구마 구와	150, 227
글라스 히즈키	149, 290
글라시타	322
기타가마 매점	151, 289
나하 메인 플레이스	153, 228
난초안	390
다카라 레코드	219
데시고토 야이시가키지마	377
데즐리	348
데포 아일랜드(복합단지)	153
데포 아일랜드(편집숍)	147, 283
도·요카리요	100, 227
도우도우	376
디앤디파트먼트 오키나와 바이 플라자3	099, 286
디자인 매치	347
랜치	284
류큐가라스무라 쇼핑센터	151
마루히라 선물의 집	374
마스야	216
망고 하우스	147, 220
메가돈키호테	285
메무이제과	375
미무리	143, 224
시사 신사	105, 221
미야코공항 시장	364
미야코지마 설염 제염소	349
미야코지마 시 체험공예촌	349
미치노에키 교다	322
버니즈 마켓	348
보노호	258
사쿠라자카 극장	225
산핑 공방	375
슈리 류센	145, 229
시마아이	378
쓰보야 야키카마모토 이쿠토엔	103, 226
쓰키노토리	378
아메리칸 데포	283
아메리칸 웨이브	140, 287
아오소라	350
아일랜드	389
아치코코 비 스토어	392
아카라	285
아틀리에 고코야	390
알로하 숍 파이카지	147, 217
야마다 신만 갤러리	150, 290
오키나와 아웃렛 몰 아시비나	153, 229
와시타 숍	155, 220
웍스 웨어 워크스	223
웨더 퍼미팅 오키나와	347
유그레나 몰	374
이온 자탄점	284
지사카스	226
차핫트	141, 258
카마니	226
카약 야에야마 공방	377
케루악	222
쿠쿠루 오키나와	143, 218
투이트리	139, 222

INDEX

티다가 가마 & 티다	343
티투티 오키나완 크래프트	144, 221
포트리버 마켓	287
하부 박스	219
하코가메	375
후지산 팩토리 스토어	225
후지이이료텐	288

SLEEPING

ANA 인터컨티넨탈 만자 비치 리조트	161, 327
ANA 인터컨티넨탈 이시가키 리조트	381
EM 웰니스 구라시노 핫코 라이프 스타일 리조트	163, 292
GRG 호텔 나하	233
JAL 프라이빗 비치 & 리조트 오쿠마	326
게스트하우스 시파파	173, 234
나키진 게스트하우스 무스비야	173, 329
다이와 로이넷 호텔 나하 고쿠사이도리	170, 233
더 리츠칼튼 호텔 오키나와	160, 324
더 부세나 테라스	160, 323
더 시기라	353
더블트리 바이 힐튼 나하	169, 235
도요코 인 나하 신도심 오모로마치	237
르와지르 호텔 & 스파 타워 나하	165, 237
리가 로얄 그랑 오키나와	169, 235
리브맥스 암즈 칸나 리조트 빌라	292
리치몬드 호텔 나하 구모지	171, 236
머큐어 호텔 오키나와	163, 236
미야코지마 도큐 호텔&리조트	353
베셀 호텔 캄파나 오키나와	291
비치 타워 오키나와 호텔	291
사잔 비치 호텔 & 리조트 오키나와	167, 261
시기라 베이사이드 스위트 알라만다	161, 352
아다 가든 호텔 오키나와	326
알몬트 호텔 나하 오모로마치	237
야마노코야	260
오키나와 나하나 호텔 & 스파	163, 236
오키나와 다이이치 호텔	171, 234
오리엔탈 호텔 오키나와 리조트&스파	166, 325
우드페카 나키진	328
유인치 호텔 난조	260
카누차 리조트	166, 325
카이자	162, 259
코랄 가든 세븐 풀즈	293
클럽메드 카비라 이시가키	167, 380
틴토 틴토	163, 328
햐쿠나가란	261
호시노야 다케토미지마	159, 391
호텔 JAL 시티 나하	170, 231
호텔 닛코 아리비라	160, 293
호텔 브라이온 나하	232
호텔 브리즈 베이 마리나	353
호텔 썬퀸	233
호텔 아토르 에메랄드 미야코지마	352
호텔 오리온 모토부 리조트 &스파	327